西医文化史

人与医学：医学知识入门

Man and Medicine

Henry E.Sigerist博士 著

胡适 序

朱晓 译注

海南出版社

原著初版为德文本
Einführung in die Medizin(1931)
本书译自英译本 *MAN AND MEDICINE*(1932)
英译者为 Margaret Galt Boise
MoGrath Publishing Company
1970 年重印本

目　录

1936 年中译本胡适序

原文题为"《人与医学》中译本序"，收入西格里斯著，罗宾生序，顾谦吉译，胡适校：《人与医学》，1936 年 4 月，上海商务印书馆。又载 1936 年 6 月 11 日天津《益世报·读书周刊》第 52 期；收入台北文星书店出版的《胡适选集》序言分册，1987 年 10 月收入岳麓书社《胡适书评序跋集》，又 2003 年 9 月收入安徽教育出版社《胡适全集》第 20 卷。

一九三三年，北平协和医学校代理校长顾临先生（Roger S. Greene）同我商量，要寻一个人翻译西格里斯博士（Henry S. Sigerist）的《人与医学》（*Man and Medicine*）。恰好那时顾谦吉先生愿意担任这件工作，我就推荐他去做。我本来希望中基会的编译委员会可以担负翻译的费用，不幸那时编委会没有余力，就由顾临先生个人担负这个译本的稿费。

顾谦吉先生是学农学的，他虽然学过生物学、生理学、解剖学，却不是医学的内行。他翻译此书时，曾得着协和医学校的几位教授的帮助。李宗恩博士和姜体仁先生曾校读译本全稿，给了译者最多的助力。

我因为自己爱读这本书，又因为顾临先生独立担任译费使这部书有翻译成中文的机会，其高谊可感。所以我自告奋勇担任此书"润文"的责任。此书译成之后，我颇嫌译文太生硬，又不免有错误，所以我决心细细重校一遍。但因为我太忙，不能用全力做校改的事，所以我的校改就把这部书的中译本的付印延误了一年半之久。这是我最感觉惭愧的。（书中有一些人名地名的音译，有时候先后不一致，我曾改正一些，但恐怕还有遗漏未及统一之处。）

今年美国罗宾生教授（G. Canby Robinson）在协和医学校做客座教授，我和他偶然谈起此书的翻译，他很高兴的告诉我，不但著者是他的朋友，这书英文本的译人包以丝女士又是他的亲戚，他又是怂恿她翻译这书的人。我也很高兴，就请他给这部中译本写了一篇短序，介绍这书给中国的读者。

英文本原有著者《自序》一篇，和美国赫普金大学魏尔瞿教授的卷头语一篇，我都请我的朋友关琪桐先生翻译出来了（罗宾生先生的《序》是我译的）。

有了这三篇《序》，我本可以不说什么了。只因为我曾许顾临先生写一篇介绍这书给中国读者的文字，所以在说明这书翻译的经过之外，我还是补充几句介绍的话。

西格里斯教授在《自序》里说："用一般文化做画布，在那上面画出医学的全景来——这是本书的计划，可以说是前人不曾做过的尝试。"这句话最能写出这部书的特别长处。这书不单是一部医学发达史，乃是一部用一般文化史作背景的医学史。

这部书当然是一部最有趣味的医学小史。著者领着我们去看人体结构的知识（解剖学）和人体机能的知识（生理学）的发达史；去看人类对于病人态度的演变史；去看人类对于病的观念的演变史；去看病理学逐渐演变进步的历史；去看人们诊断疾病，治疗疾病，预防疾病的学问技术逐渐进步的历史。每一门学问，每一种技术，每一个重要理论，各有他发展的过程，那就是他的历史。这种种发展过程，合起来就成了医学史的全部。

但每一种新发展，不能孤立，必定有他的文化背景，必定是那个文化背景的产儿。埋头做骈文律诗律赋八股，或者静坐讲理学的知识阶级，决不会产生一个佛萨利司（Vesalius），更不会产生一个哈维（Harvey），更不会产生一个巴斯脱（Pasteur）或一个郭霍（Koch）。巴斯脱和郭霍完全是十九世纪科学最发达时代的人杰，是不用说的。佛萨利司和哈维都是那十六七世纪的欧洲一般文化的产儿，都是那新兴的医科大学教育的产儿，——他们都是意大利的巴度阿（Padua）大学出来的。那时候，欧洲的大学教育已有了五百年的发展了。那时候，欧洲的科学研究早已远超过东方那些高谈性命主静主敬的"精神文明"了。其实东方文化的落后，还不等到十六七世纪——到了十六七世纪，高低早已定了，胜败早已分了：我们不记得十七世纪初期利玛窦带来的新天文学在中国已是无坚不摧的了吗？——我们的科学文化的落后还得提早两千年！老实说，我们东方人根本就不曾有过一个自然科学的文化背景。我们读了西格里斯先生的这部医学史，我们不能不感觉我们东方不但没有佛萨利司、哈维、巴斯脱、郭霍；我们简直没有盖伦（Galen），甚至于没有黑剥克莱底斯（Hippocrates）！我们在今日重读两千几百年前的《黑剥克莱底斯誓词》（此书的第七篇内有全文），不能不感觉欧洲文化的科学精神的遗风真是源远流长，怪不得中间一千年的黑暗时期始终不能完全扫灭古希腊、罗马的圣哲研究自然爱好真理的遗风！这个黑剌克莱底斯——盖伦的医学传统，正和那多禄某（Ptolemy）的天文学传统一样，虽然有错误，终不失为最可宝贵的古代科学的遗产。没有多禄某，也决不会有解白勒（Keppler）、葛利略（Galileo）、牛顿（Newton）的新天文学。没有黑剌克莱底斯和盖伦，也决不会有佛萨利司、哈维以后的新医学。——这样的科学遗产就是我们要指出的文化背景。

《人与医学》这部书的最大特色就是他处处使我们明白每一种新学理或新技术的历史文化背景。埃及、巴比伦的治疗术固然是古希腊医学的背景；但是希腊人的尚武精神，体力竞赛的风气，崇拜健美的人生观，等等，也都是那个文化背景的一部分。希腊罗马的古医学遗产固然是文艺复兴以后的新医学的文化背景；但是中古基督教会（在许多方面是敌视科学的）重视病人，看护病人隔离不洁的风气，文艺复兴时代的好古而敢于疑古的精神，巴罗克美术（Baroque Art）注重动作的趋势，全欧洲各地大学教育的展开，等等，也都是这新医学的文化背景的一部分。

这样的描写医学的各个部分的历史发展，才是著者自己说的“用一般文化作画布，在那上面画出医学的全景来”。这样的一部医学史最可以引导我们了解这世界的新医学的整个的意义。这样的一部医学史不但能使我们明白新医学发展的过程，还可以使我们读完这书之后，回头想想我们家里的阴阳五行的“国医学”在这个科学的医学史上能够占一个什么地位。

这部书不仅是一部通俗的医学史，也是一部最有趣味的医学常识教科书。他是一部用历史眼光写的医学通论。他的范围包括医学的全部，——从解剖学说到显微解剖学，人体组织学，胚胎学，比较解剖学，部位解剖学；从生理学说到生物化学，生物物理学，神经系统生理学；从心理学说到佛洛特（Freud）一派的心理分析，更说到著者最期望发达的“医学的人类学”；从疾病说到病理学的各个部分，说到病因学，说到解剖学、病原学，说到细菌学与免疫性，说到疾病的分类；从各种治疗说到各种预防，从内科说到外科手术，从预防说到公共卫生；最后说到医生，从上古医生的地位说到现代医生应有的道德理想。

这正是一部医学通论的范围。他的总结构是这样的：先说人，次说病人，次说病的征象，次说病理，次说病因，次说病的治疗与预防，最后说医生。每一个大纲，每一个小节目，都是历史的叙述，都是先叙述人们最早时期的错误见解与方法，或不完全正确的见解与方法，然后叙述后来科学证实的新见解与新方法如何产生，如何证实，如何推行。所以我们可以说这是一部用历史叙述法写的医学通论。每一章叙述的是一段历史，是一个故事，是一个很有趣味的历史故事。

这部书原来是为初级医学生写的，但这书出版以后，竟成了一部普通人爱读的书。医学生人人应该读此书，那是毫无问题的，因为从这样一部书里，他不但可以窥见他那一门科学的门户之大，范围之广，内容之美，开创之艰难，先烈之伟大，他还可以明白他将来的职业在历史上占如何光荣的地位，在社会上负如何崇高的使命。只有这种历史的透视能够扩大我们的胸襟，使我们感觉我们不光是一个靠职业吃饭的人，乃是一个要继承历史上无数伟大先辈的光荣遗风的人：我们不可玷污了那遗风。

我们这些不学医的“凡人”，也应该读这样的一部书。医学关系我们的生命，关系我们爱敬的人的生命。古人说，为人子者不可不知医。其实是，凡是人都不可不知道医学的常识。尤其是我们中国人更应该读这样的一部书。为什么呢？因为我们实在太缺乏新医学的常识了。我们至今还保留着的许多传统的信仰和习惯，平时往往使我们不爱护身体，不讲求卫生，有病时往往使我们胡乱投医吃药，甚至于使我们信任那些不曾脱离巫术的方法，甚至于使我们反对科学的医学。到了危急的时候，我们也许勉强去进一个新式医院；然而我们的愚昧往往使我们不了解医生，不了解看护，不了解医院的规矩。老实说，多数的中国人至今还不配做病人！不配生病的人，一旦有了病，可就危险了！

所以我很郑重地介绍这部《人与医学》给一般的中国读者。这部书的好处全在他的历史叙述法。我们看他说的古代人们对于医学某一个方面的错误思想，我们也可以明白我们自己在那个方面的祖传思想的错误。我们看他叙述的西洋医学每一个方面的演变过程，我们也可以明白我们现在尊为“国医”的知识与技术究竟可比人家第几世纪的进步。我们看他叙述的新医学的病理学，诊断方法，治疗方法，预防方法，我们可以明白为什么新式的医生要用那么麻烦的手续来诊断，为什么诊断往往需要那么多的时间，为什么医生往往不能明白断定我们害的什么病，为什么好医生往往不肯给我药吃，为什么好的医院的规矩那么严，为什么医院不许我自己的亲人来看护我，为什么看护病人必须受专门的训练，为什么我们不可随便求医吃药。总而言之，我们因为要学得如何做病人，所以不可不读这部有趣味又有用的书。

胡　适
一九三五，十一，十一
在上海沧州饭店

英译本卷首语

本书自从德文原版在一年前出版以来，得到了引人瞩目的成功；要求把本书翻译成各国文字的呼声也很热烈。对此，本书的读者会认为这是实至而名归，作者自己倒是觉得有一些诧异。

本书最初的设想是，提纲挈领地为刚刚开始学医的人们描绘在医学历史和社会文化背景之下现代医学的画面。本书有趣的叙述特色、对题材精致有序的编排、明白流畅的文体——博伊西女士的英语译文很好地保留了这种文体——作者阐述时所采用的宽容开明的原则，尤其是那些有着极大吸引力的历史论述，大概不至于减少医务界以及其他领域受过教育的读者对本书的喜爱。因为本书是以面向初学者的演讲为蓝本写成的，所以阐述之中简单的叙事方式，自始至终被保留了下来，没有列举引文出处、参考书目，也没有炫耀博学。

我还不曾见到过另外的一本著作，全面地论及了与本书同样广泛的领域。可以肯定：没有另一部书，对医学历史完整的视野与本书有同样的深度，同时还兼备对医学科学现状、医学技艺的丰富知识，并且洞见治疗技艺的学说及其实践在过去和现在的社会意义、文化意义和哲学意义。

西格里斯特教授在这本书中，不仅显示出了历史研究的趣味和文化价值，显示出了历史表述方法的优点，还显示了这些研究对医学知识、医学实践的现状及前景作出恰当的理解和阐明的基本必要性。比所有这些更为深远的是，西格里斯特教授关于医学史在医学的教育当中所起作用的思想。正如他在本书“人的精神和心灵”一章中所说：“开设有医学史课程的少数几所医学院近来已经认识到，他们的责任不单单在于促进历史论据的习得，而且，作为学科哲学仅有的代表，人们确实祈望他们来指明一条通往医学人类学的路径，因为他们是医务界仅有的哲理鼓吹者。”

简单是本书的阐述风格，既易懂又全无不必要的术语，不仅仅是学医的学生和行医的医生，哪怕就是一般的读者，也会被本书激发出一层又一层的审视来：本书纵览了当下关于健康或疾病时人体结构生理机能的知识所形成的医务习俗的故事；纵览了心理的各种作用；纵览了开创新纪元的种种发现；纵览了由观察和实验促成的学科进步；纵览了各个时代人们对于疾病的起源和性质的种种信条；纵览了各时各地的社会对病人的态度；纵览了医生的种种理想，以及这些理想在不同时期、不同地域里与当下社会文化现状的关系；纵览了宗教和体育对卫生学发展的影响；本书还纵览了医学就个人层面、社会层面而言，在生活与工作的关系当中所处的地位。

见多识广的读者一定不难看出，西格里斯特教授通晓某些社会问题，也相当熟悉当代那些多少带有争议的医学思想医学活动的潮流。他对所有这些问题的态度，读者们会很感兴趣的。

西格里斯特教授在《自序》中希望，医务人士在读他这本书时，也和他自己写这本书时一样，“重温学生时代那些难忘的印象”，我想，西格里斯特教授不至于失望的。这个目标并不太遥远，正如这目标对于西格里斯特教授来说不是遥不可及的一样，譬如，医务人士不妨翻开本书第252页，从那生动的一段开始重温：“我们作为学生所目睹的第一场手术，真是一段超乎寻常的经历。”

本书为开始学医的人提供了一个非常必要的总览，它总览了他所要学习的课程和他所要达到的目标。仔细阅读本书，将会使他能够带着更清晰的视角和更热衷的乐趣，在这漫长艰辛的从医路上继续前行，这么说是错不了的，而且我还敢说，本书将唤起他崇高的理想，使他成为一位更好的医生。

西格里斯特教授是伟大的大师祖德霍夫[1]的后继者，在莱比锡大学担任医学史教授和医学史研究院的院长，在他的专业里面他是一位杰出的教师、一位杰出的贡献者。他新近在欧美游学了六个月，先是在约翰·霍普金斯大学担任客座讲师，稍后又在大西洋和太平洋两岸不同的大学、不同的地点巡回演讲。正值他离开美国之际，他的大作的这个英译本问世，不但是最适时的、最受欢迎的，而且也会增进他在此间由私人交际、由公众演讲而赢得的良好印象。

威廉· H. 韦尔奇[2]

William H. Welch

译注：

1，祖德霍夫，Karl Sudhoff，1854—？德国著名的医学史学家，莱比锡大学教授，1902 年创办《医学史档案》杂志，1907 年创建医学史研究所。

2，韦尔奇，William Herry Welch，1850—1934，美国病理学家，领导约翰·霍普金斯大学，把它提到国家医疗中心的领导地位，在把现代医疗技术和教育引进美国方面也起了主要的作用。

英译本自序

这本书最初的打算是，使选择学医的年轻人了解他们的学习和研究以及他们日后的职业有些什么样的本质，引导并帮助他们透彻理解那些呈现在他们面前的纷繁难懂之处。我相信，如果让读者参与到一个观念的发展历程中去，那么他对这个观念的理解就会变得容易一些。因此，我求助于历史，把历史当作描述基本事实的一个工具。

本书以观察者的观点为开场白，讨论了其经验的意义，并且提纲挈领地描绘出种种问题和种种责任，无论是学生在学习过程中将要遇到的，还是医生在行医过程中终将遇到的。从大学里毕业出来的学生，已经接受了普通教育，我在此基础之上，将努力引导他进入医学的独特王国。

倘若本书也能够激发出医生们的兴趣来，这正合我意。正如我自己在写这本书的同时所体验到的一样，也许医生们在阅读本书时，可以重温他们学习阶段那些难忘的印象；他们可以发现，当按照其历史发展的脉络去处理一个材料时，常见的材料也会呈现出全新的面貌来。我们大家不是需要时时都把医学当作整体来看待的吗？

此外，本书第一次尝试以总的文化为背景，描绘医学的全景。一年以前本书在德国问世时，它也受到了医务界以外的众多人士的欢迎，我感到很惊喜。后来我在约翰·霍普金斯大学担任客座教师，在巴尔的摩小住了一段，又在美国作了一次巡回演讲，我发现，对于医学文化的诸多方面，美国存在有同样的兴趣，这些给了我深刻的印象。因此，我有理由相信眼下这个译本在说英语的国家里，不仅能吸引学医者和医生们，对门外汉也同样具有吸引力。本书已经出版有瑞典文本，法文和西班牙文的译本不久也将出版。

我要感谢本书的英文译者博伊西女士（Margret Galt Boise），她很好地保留了我原书的精神和风格，仿佛译文也是以面向学生的口语演讲为出发点的；我还要感谢韦尔奇教授有力的推介，韦尔奇博士是美国医学界的大师和泰斗，我曾有幸在他的研究所里工作；还有我的朋友，耶鲁大学医学院的富尔顿教授（Dr. John F. Fulton），他煞费苦心地从头到尾读我的校样；

还有我的出版人，诺顿先生（W. W. Norton），他对我的著作表现出了强烈的兴趣。

亨利 · E. 西格里斯特
1932 年 1 月
于莱比锡和巴尔的摩

1936 年版中译本罗宾生序

胡　适译

我们对于一部书的作者的认识，往往可以提高我们对于那部书的兴趣。因为我和西格里斯博士是朋友，又因为他的《人与医学》译成英文的事和我也有一点关系，所以胡适先生要我写几句话来介绍他和他的书给中国读者。

医学家各有专门，很少人能像西格里斯博士那样渊博，那样顾得到西方医学的全体的。他生长在瑞士国，瑞士位于欧洲中部，国土虽小，却充满着浪漫的意义，那儿的人都能说德意志、法兰西、意大利三国语言；那儿的风景之美和好客的风气吸引得西方各国的游人来游览。和平的瑞士人民都有一种国际的人生观，而西格里斯博士因为曾在各国居住过，又曾精研各国的历史，所以他的眼光格外广博。他的早年教育，多半在法国得的；他的医学研究是在他的本地沮利克大学做的；他在牛津大学留学过一个时期，因此和英国的学术生活是有接触的。他后来在来比锡大学担任那全德国最重要的医学史讲座，他这部《人与医学》就是在来比锡写的。

当美国娟利兰州，巴第马尔城的约翰赫普金大学的魏尔瞿(William H. Welch)教授——美洲医学界的一位泰斗，——辞去他的医学史讲座时，西格里斯博士接受了大学的请求，来继他的后任。西格里斯博士新近出版了一部《美国的医学》(*Medicine in America*)，此书表现出他不但是美国医学史的权威，又最熟悉美国民族的历史全部。他做魏尔瞿的继任者是最适宜的。

西格里斯博士又写了一部书，题为《伟大的医生》(*The Great Doctors*)，那部书是六十个名医的传记；他用他的生动有趣的文笔，借这六十位曾在医学进化史上留下不磨功业的人们的传记，来写医学史上的大事，其实是一部医学史。

他在这些通俗的医学史著作之外，他曾做了不少关于古代医学史的专题研究。他有语言的天才，精通各种古代语言，能读古写本书的原文，这也是他的研究所以最有成绩的一个原因。

西格里斯博士精神上还是一个少年人，他还不到五十岁。他的可爱的性情，他的文笔与口才的优美，他的广博的世界眼光，他的古史知识的渊博，这些美德并和起来使他成为一位重要的领袖。他在美国的讲学已有很可注意的影响了，他现在正帮助做到医学界与公众之间的相互了解与调适。

《人与医学》一书是著者在来比锡大学时，每年给医科新生的讲演。但此书的价值与功用实在不限于学医的人们，各国的普通的读者对这书都能感觉兴趣，所以西洋各种主要语言都有了此书的译本。中国今日的医学界与一般公众若求了解西洋医学教育与技术的背景、理想、方法，没有比这部书更适宜的了。

北平协和医学校教授罗宾生 序 一九三五，五，三

G. Canby Robinson

Visiting Professor of Medicine

Peiping Union Medical College

第一篇　人

人，只有人，才是医生思考和行动的中心。医生一切的努力，就是为了治愈人的种种疾病，为了使人免于疾病。疾病，可以使人体结构发生种种变化，可以使人体正常机能产生种种变异，甚至造成一种变化了的精神状态。为了有力地、明智地与疾病交战，为了引领病人祛病康复、回到他的工作台边，医生必须掌握既渊博又深刻的关于人的知识，而且首要的是关于健康人的**详尽的知识**。学医的学生把差不多一半的时间专用于研究正常的健康人，这并非偶然。毫无疑问，熟知健全人体的人，才会不负众望地精确观察、鉴定疾病的症状。假如我们想要治愈疾病，对疾病的观察和识别就都是绝对必要的。

与犹太基督徒和古希腊人的信仰截然不同，今天的自然科学把人看作进化程度最高的尘世实体。因此，我们首先要把人当作哺乳动物里超群的种类来研究，要弄清楚人与动植物的相似之处何在、在生物世界里人的处境怎样。

但是，对医生来说，单单建立在自然科学基础之上的观察，是不够的。医生要仔细考虑人在自然界里孤立的地位，也要认识到人是具有高度智慧的生命。他必须和人的整体打交道，必须对待生命体验的总和。

第一章　人体的结构

我们通过解剖尸体来研究人体的结构。要学会掌握活人，就要细察死尸。这是一种必要的替代，但是我们时刻不能忘记，器官的形态和器官之关联的某些方面在人死之后变了样，这一点 X 光图像就可以证明。

作为学医的年轻学生，我们有机会进入解剖室。一具具的尸体横陈在解剖台上，在实物教学课中为我们所用。我们学着使用这教具和器械，训练我们的双手做种种精细的动作，对于我们将来的职业，这些都是重要的训练。每一位医生，尽管他可能不是一位外科医生，都必须用他的双手来实施种种常规，这些常规都有赖于精巧的技能和灵巧的触感。如果医生练就了双手的机敏和器械使用的灵巧，病人就可以免遭许多不适和创痛。

我们学着解剖那肉体，进而洞察人类身体结构的诸多秘密。理论课固然非常重要，解剖室终归是解剖学教学真正的中心。我们从课堂上所有理论中学来的、从图解里所看到的一层层结构，现在都以立体的形态陈列在我们面前。这不再是复制品，而是真实的存在。以前在课堂上被拿来给我们作示范的标本，现在成了我们自己的创作。在这里，每一刀都揭示出一些新东西，别处还有哪里能让我们的眼睛得到比这更好的训练？在我们的眼前，我们所得到的直观的印象是亲眼所见的，还有什么可以在我们的脑海中留下比这更不可磨灭的印象？我们解剖的第一块肌肉，就是一件奇迹：无形无状的一团，居然变成了解剖技艺的成果；形态和结构可以辨别了，附着点和起端也清清楚楚；功能也可以指明了。先前死去的一切，现在又活生生的了。

人体解剖室是医学课程里最重要的体验了。在这里，学生第一次了解到死亡——他日后作为医生将时时眼见的那种死亡。因为这第一次，他未来职业的严重性和非比寻常给他留下了深刻的印象。我们往往会倾向于不重视这些用于研究的尸体，然而意义重大的事实是，我们一般是从同胞的尸体中获取知识的。对于尸体，流行的情绪是敬畏，只有为着研究死以保存生的目的，我们才有正当的理由给学生们提供解剖人体的机会。这个思想我们要常放在心头，如果将人体解剖室视同一个讲堂或者一个实验室，那我们就不必进到这解剖室里去了。

解剖学是现代医学的基础。凭借着解剖学的知识，西方医学经过努力获得了以往文化时期的医学所不曾有过的精巧和熟练。我们在区区几个学期里不怎么费力地学得的知识，真不知是多少世纪以来多少研究者工作成果的总和。

难以置信的努力、了不起的热忱和理想主义，被投入到了对这些知识的探索之中，而这些知识在今天是这样地唾手可得。

解剖学的种种萌芽都笼罩在黑暗之中。我们可以想象，原始人渐渐地注意到他自己的身体和手足，陆陆续续地给它们取了名字，方式和今天的儿童一个样。原始人在狩猎当中猎杀了各种动物，在宰杀动物的过程中他又渐渐地知道了区分不同的部位，挑选出可以吃的部位来。随着文化发展到了一个较高的程度，宰杀后动物的有些部位被用来祭神，献祭之后剩下的那些部位大家吃光。

在相当早的早期，这些原始人类肯定逐步地形成了种种推测，这些推测把他们在动物体结构上的发现和他们自己的身体联系了起来。在兴奋或竭尽体力之后他们胸脯里那狂跳的东西，一定与刚刚宰杀的动物胸脯里那有节奏跳动的东西相一致。先人们身受的种种严重的创伤也揭示了如此猜测的真实性。

人类开始沉思天地万物之**意义**的时候，在宏观宇宙与作为宇宙缩影的人之间，在我们身体的各个部位与和谐宇宙的各个部分之间，构想出了某些关联。今天，我们还保留着这种兼具宇宙色彩和神话色彩的解剖学术语。譬如，人体颈椎最上面的一节就是阿特拉斯[1]——扛起天之穹顶的神——支撑着人的头颅；我们平日里提到亚当的苹果、维纳斯丘[2]；还有，我们提到弯弯曲曲通往颞骨深处的那一段说的是内耳迷路[3]。

所有这些都是玄想的解剖学。一个器官的形状和结构，相比于它在人体小世界中的意义来说，是无足轻重的。这种观点在好几百年里支配着解剖学的观念，被柏拉图[4]和新柏拉图主义者[5]反复提及，犹太教神秘哲学[6]和各种神秘教义更是向来如此。

直到公元前600年乃至更早希腊人开始研究记载解剖学为止，我们在古代总也找不到记载解剖学的任何痕迹。科学上的好奇心，在这个时候觉醒了，大自然引起了人们的好奇和惊讶。为了弄明白动物体内发生的奥秘，它们被切割开来。希腊人描述记录了他们的观察中的发现以及种种推论，这还是一些不怎么自信的冒险。不过，据信亚里士多德[7]曾经肢解过差不多五十多种动物，步他的后尘，很多医师献身于这一类的研究。古希腊时期无与伦比的科学和学术中心亚历山大，为耕耘自然科学和解剖学提供了肥沃的土地。在那些研究者当中，希罗菲卢斯[8]和埃拉西斯特拉图斯[9]就是与科学知识的诸多进展联系在一起的名字。

旧的谬误往往得到新知识的纠正，有些谬误直到今天在我们的语言中还很显眼。例如，亚里士多德并没有区分神经与腱，二者被统称为神经元；甚至到今天，当我们提及一匹容易激动的马(a nervy horse)时，实际上我们想到的是一匹筋强力壮的马；还有，当代的大众化法语中的词汇nerf，也是同时意指神经和腱。

亚历山大一直是研究者们聚集在一起研究解剖学的中心。公元2世纪，希腊医师加伦[10]在亚历山大这个学术的源泉里，通过无数次解剖，学得了多年以后又经他更进一步推动的那些学问。他那些细部及精细都令人不可思议的解剖学著作，陆续被翻译成阿拉伯文和拉丁文，成为解剖学上一切问题的权威。一直到十六世纪，他的著作还被认为是无与伦比的、不容置疑的。

但是我们必须牢记，古代的解剖学大半还是动物解剖学。亚历山大的那一帮解剖学家固然有时能够瞥一眼人的器官，但是，如果我们可以根据那些早期著作中留下的片断作出判断的话，那些人的大部分叙述都不是针对人类的研究成果。有加伦的誓言为证：他只解剖动物。他们的科学探索有太多的玄想，以至于少有几例此类研究提供了所用何种动物的资料。肝就是肝，与其说这是一种实在的结构，还不如说是一个概念。

解剖学的主题是正常的人类身体：虽然染病的身体无可争议地被人视为医生的领地，健康的身体和死尸却并非确定无疑地许给了医生。对于人类自己的身体，不同的民族，态度各不相同，这也是审美、伦理道德和宗教诸多信条的结果。所有的人都赞同，尸体圣洁或者不洁，除非必要，不得触摸。希腊人发展出了一种活人的文化，使鲜活的人体在其所有的表现形式上集中地体现出人类形体之美，不过，对他们而言，死尸和人体的内部还是不洁的。没有必要去打破这些伦理道德的障碍，因为古代的治疗艺术呈现出了一种与我们全然不同的体系。本书后面的一章将说明古代医师们的思维完全是非解剖学的，并说明他们不能从人体的内部去关心疾病表象的发展。当时有名的医学院都坚持，解剖学对于医学研究并非绝对必要。既然到了这种程度，作为大自然的研究者，解剖一些动物，从动物推测出人体的结论，似乎就足够了。

外科学，作为医学的一个分支，离开了解剖学，总归是完全不可想象的。不碰尸体的古人们倒是表演出了一种令当时的人非常满意的外科学。骨外科的高度发展，要归功于体育运动的普遍流行以及种种损伤。不过，当时的外科学亟需的是局部解剖学知识，即人体某些部位的解剖学知识。由于有外科手术常规的约束，外科医师从其实践中获得的那一点点有限的知识就能够满足需求了，至于器官之间的系统关系，他不必充分知晓。

人类身体构造的发现，是西方的大成就，发现的起点是文艺复兴，它彻底地使治疗技艺发生了革命性的剧变。

基督教在人类身体方面的态度，无论如何没有促进解剖学的发展。身体与灵魂被置于尖锐的对比当中。灵魂的地位崇高，是人内在如神的本质；而身体，是尘世低下的组成部分，兽欲之所在，对它的照顾和关心不必太多。但是，不管这一切如何顽固，种种壁垒还是被打破了，解剖学也最终被确立了下来。

到14世纪，以波伦亚[11]为发源地，开始出现公开的尸体解剖，这个开端逐渐发展为所有医学院的一个特色。其中的原因在于，正是此时，才迫切需要医生从解剖学中了解肉体，这里特指人的身体。一开始，这些解剖仪式每年举办几次，就是在全体学生和所有医生面前示范一番。古人确信，他们已经掌握了人体的所有细节，尸体必须与古代的说明相符合，每当尸体与古书不符，与其把差错归咎于古代的研究者，还不如想当然地认为人体随着时间的推移发生了一点变化，那更容易说服人。传统的影响力固然强大，但是，种种禁忌总会被打破，道路将会变得畅通。

波伦亚大学的学生享受的不仅仅有挑选老师的自由，而且也有男女平等向学的自由。

文艺复兴造就了这一趋势。针对人类身体的态度转变，宗教的枷锁也松开了一些。在旧有的艺术典范的影响之下，对人的裸体形态之美的欣赏复苏了。但是，由于人们对人体的想象力已有欠缺，所以，从前出土的古代雕像塑像成了研究的题材，同时大自然本身也成了研究者的老师。艺术家们领先了一步，不过，他们的兴趣在于皮肤之下肌肉的作用和支撑身体

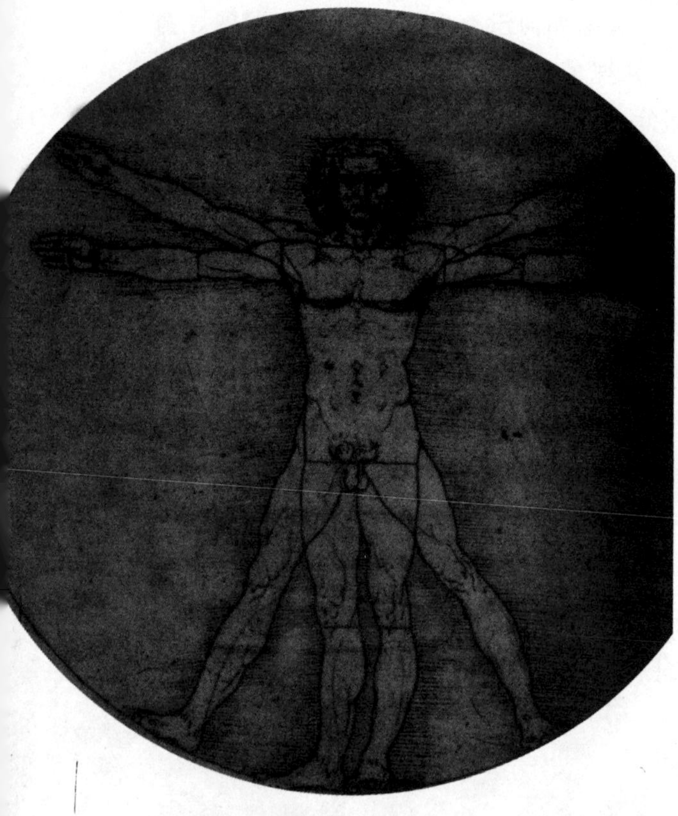

达·芬奇绘制的《维特鲁威人》，人体的比例图

的骨骼。从这一兴趣到机体内部的研究，只差一步之遥了，不过，这是决定性的一步。列奥纳多·达·芬奇[12]走出了这一步。他不满足于只是研究各种姿势变动中人体外在的形态，拿起刀子，解剖起来，他把所有的发现画成了几百幅图画。看不太清楚的部位，他尝试着用有创见的实验揭示出来，或者把液蜡注射到大大小小的血管里面。

列奥纳多·达·芬奇的科学工作只留下了一幅裸体躯干的画像[13]。他所计划的解剖学著作总也写不完，也就从未印刷成书，因而没有能够影响到科学的进程。不过，医生们倒也没有闲着。他们也解剖，尽管仍然墨守古人的绝对正确，不过他们学着观察，也以许许多多的小观察丰富并加深了解剖学的内容——一直到开创人体解剖学的伟大人物维萨里[14]出现，他为西方医学带来了决定性的转变。

维萨里像

我们要好好花一些功夫来研究这个人物的悲剧命运，因为他的生平和工作的关系密不可分。维萨里的祖上有几位是医生，他的父亲是

查理五世[15]的药剂师。1514—1515年间的除夕那天维萨里出生在布鲁塞尔，他很小的时候就带着永不满足的强烈欲望，着迷于研究自然，尤其是动植物的结构。因为有这样的冲动，他解剖了他所能抓到手的一切动物。他在卢万[16]上学，后来迁移到巴黎去研究医学。不过，这个时代的精神还没有对那里的解剖学教学发生作用，他只得自己设法，把东西弄到手，一旦有可能就从坟地、从行刑人那里弄些骨头来，一直练习到蒙着眼睛也能识别一块一块的骨头为止。战事迫使他回了故乡，当时新科学的国度意大利，又在召唤他。

维萨里《人体结构》的插图。

他搬到了威尼斯，结识了同乡的一个名叫迦尔卡[17]的艺术家，提香[18]的门生。这个同乡带他来到帕多瓦[19]。1573 年 12 月 5 日他在这里获得了一个学位，第二天他就被授予外科学教授的职位——当时的外科学包含着解剖学——时年 22 岁。紧接着的就是一个安静不下来的活跃期，似乎他知道，人的一生中有创造力的岁月上天不会给太多。履职四个月之后，他出版了一本小的解剖学图表集，附有六张大大的整版插图，其中三张是他自己画的，另外三张是他指导迦尔卡画的，这所有的图表都显示出了传统带来的浓重影响。这书当时就得到了人们的认可，可惜只有两本留存了下来。但这仅仅还只是开端。

威尼斯的出版商格温塔这时正在准备加伦著作的纪念版，一个由人文学者组成的写作班子被哄来编写这些书，维萨里承担了其中的解剖学著作。通过这一番从事写作的工作，维萨里获得了观念的自由。通过它，他认识到了加伦派医学和古代解剖学就是动物解剖学，认识到古人们没有人体结构的概念。传统的束缚松开了！要弄清楚的，不再是牛犊的、猪的或者猴子的身体结构，我们所要的真相是人的身体结构。既然书尽不可信，那么人体的知识就得由他自己努力从尸体上建立起来。维萨里希望达到目的，他达到了。1542 年 8 月 1 日，他的伟大著作，讨论人类身体结构的七本手稿完成（**《人体结构》**（*De corporis humani fabrica libri septem*），这一年他 27 岁。接下来，这书必须公布于世，维萨里意识到了其著作的历史意义，印刷必须以最大的谨慎去着手。书没有在以印刷机著称的威尼斯附近出版，而是在欧洲的心脏巴塞尔出版的。印刷用的铜凹版用骡子驮运，翻越阿尔卑斯山，维萨里自己走完了这段旅程。接着，1543 年他的惊人之作出版——660 个对折页，附有超过 300 幅图表，这是第一部关于人的解剖学。同时，为着教学的目的而策划的该书摘要，以拉丁文和德文翻译出版。

1543 年，维萨里完成了按骨骼、肌腱、神经等几大系统描述的巨著《人体结构》插图本。

维萨里 28 岁的时候，他生命的历程已经到达了顶峰。使命完成了，他已经达到了事业的终点，尽管他还有 21 年的寿命。他回到了意大利，很快与同事们失和。此后，跟他父亲先前做过的一样，他开始为皇帝效劳，先是担任国王查理五世的御医，后来是腓力二世[20]。他不时还会想出一些新计划，偶尔也会抓起笔，在要求修订他著作的第二版的时候，他引人注目地被卷入一些令人不快的争辩当中。直到 1564 年的一天，在茫然不安或者某种内疚的情绪驱使之下，他发起了一次到圣地巴勒斯坦的朝圣，此去再也没有回来。最后，他死在希腊的一个小岛上。

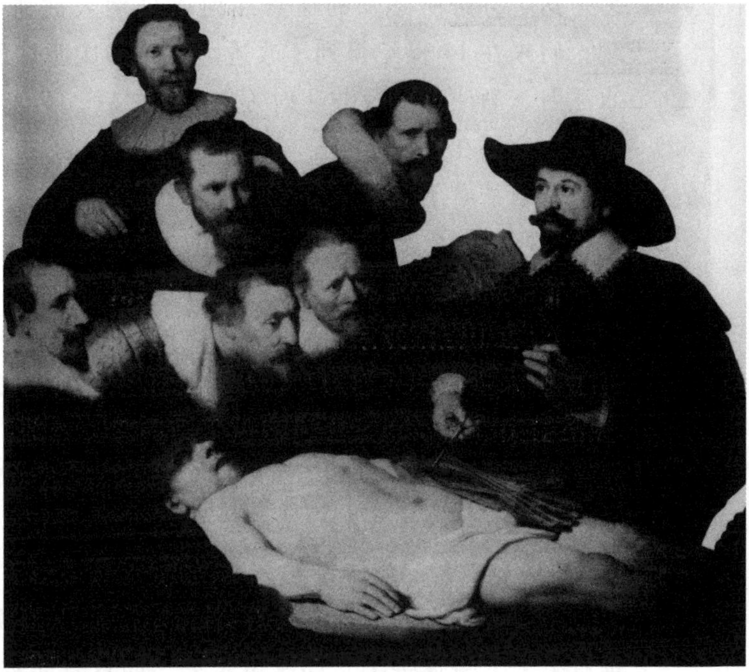

伦勃朗的画《解剖课》。画中描绘了阿姆斯特丹的解剖学教授尼古拉·特尔普的一堂课，外科行会的医生们聚精会神地聆听特尔普讲解。特尔普讲解解剖的才华不光有此画为证，一位名叫卡·巴尔雷奥斯的诗人写到："神威的手切开了苍白的肢体，特尔普开口吐出学问的言辞：听讲的人们，了解你自己吧，看我解开一个个部件，你会相信，在最最细微的地方，也有冥冥中上帝的存在。"

维萨里指明了解剖学的道路，创设了解剖学的方法，他的著作如丰碑耸立。但是，大量的难题悬而未决。解剖学吸引了整整一个世纪的关注，在帕多瓦，一所解剖学学校被创办了起来，在杰出的智者们指导之下，人才辈出，比如，法布里齐乌斯[21]、科隆博[22]、法洛皮奥[23]、卡塞利奥[24]。在波伦亚，有阿朗希乌斯[25]和瓦罗里[26]；在罗马，有埃乌斯塔乔[27]——这都是我们在解剖学当中常见的术语，跟植物学的术语一样，解剖学的术语把那些发现者的英名也流传了下来。

到这个世纪末，对解剖学关注的星星之火越过了阿尔卑斯山，解剖学在所有的大学渐渐地取得了日渐重要的地位，解剖技巧变得娴熟。列奥纳多·达·芬奇所熟知的血管注射术虽然久被遗忘，这时候又被人重新发现，后来在17世纪得到了改进。在许多次胆怯的尝试——比如空气注射、水注射、酒注射以及酸注射等等——之后，又发现可以用有色的液蜡，这东西至今还在使用，依靠它，解剖结构上的许多关系可以辨明；没了它，这些关系就看不清了。

研究者们在努力地工作，解剖，审视，描述，绘图。他们割开各种器官，把它们撕成碎片，泡在水里面以便于洞悉其中的结构。但是，人的眼力有限，处处总能遭遇上一种基本的物质，这种物质虽然看起来好像没有形状却能够组成种种器官，又像是各种体液［**主质**］的一种渗出物。就在这时，显微镜发明了，一下子眼界就开阔了。

13世纪末，意大利人开始制造眼镜。到最后，我们拥有了一套能使光折射的光学仪器。300年后荷兰的透镜制造商发明了望远镜，这为伽利略[28]制作显微镜提供了结构方面的灵感。这以后，视力更敏锐了，一个全新的世界呈现在我们面前。伽利略带着发明显微镜的热忱如此描述："苍蝇看上去大得像羔羊，浑身全是毛，而且有非常尖利的爪子，用这爪子它们可以在玻璃上停留行走，它们甚至可以用腿把自己倒吊起来。"在显微镜下面，一切都印入了人们的眼帘：各种植物、各种动物，还有一滴滴的水珠。尽管这些仪器很简陋，人们还是因它而大开眼界：纤毛虫、细菌、肌肉的条纹、纤维、骨细胞和血细胞。各种器官也有了形状；皮肤不再是包裹着身体的一张皮，而是一个有着细微分化的器官，从这个器官里，我们学会区分出好几个不同的层，以及汗腺、皮脂腺和皮下脂肪。

有这么两个人值得注意，他们在17世纪促进了显微镜学的多项研究。一位是医师，波伦亚的马尔皮基[29]，他研究各种植物的解剖，是为了更多地去描绘各种动物；还有一位是**对大自然极为好奇**[30]的科学票友——大自然的情人——代尔夫特的列文虎克[31]，其癖好就是磨制大大小小的透镜，建造并不断完善各种显微镜，而且只有他自己才知道他那些仪器的使用秘密。

从此，人们可以区分出两类解剖结构上的关系：一类是用裸眼可见的（**大体解剖学**），还有一类是只能通过扩展的视力才可见的（**显微解剖学**）。很明显，这种区分纯粹出于实用，只不过是严格按照字面意义去理解所见之物的特征，其中并没有本质的辨明，对我们的理解略有裨益而已。

显微解剖学的发展与它的技术进步有着密切的关系。显微镜的每一点改进，都带来了更开阔的视野。伽利略用的是**直接**光，布置光路以便使光线射向待查物；而列文虎克则跟我们今天的做法一样，透过待查物看到光。待查物下有镜子，镜子增强了光线，这是一项重大的改进。紧接着更重要的进步是，大大小小的消色差透镜的成功制造，这是不同种类的镜片组合在一起，这个透镜组能够以相同的方式作用于光线里所有的颜色成分；用不同的镜片组成物镜，成了更进一步的改进。

荣誉不能由显微镜独占，待查物体的处理也有改进之功。我们一直在剖检有机体的材料，所以我们必须使这些材料避免解体，必须使它们**固定**下来(例如使用酒精)。我们还要经常观察各种切片，为了一层一层的薄片切得下来，材料就必须**硬化**！如果人们切不出薄片，光线就不能透过切片，其中的结构就会看不清楚。所以，1812 年**切片机**的发明真是重要，这种设备使剖切尤其是切出一层层薄片成为了可能。到 19 世纪中叶，更重要的发现是，显微镜切片可以被染色，细胞中的各种组分与某种特定色料之间具有相应的亲和力。有了这种染色的方法，才有可能看清楚细胞结构的种种细节，从前没有这种处置的手段，这些细节就不曾得到识别。

对色彩鲜明的切片，我们现在已经习以为常了。所以，当我们想象一个器官之显微结构的时候，我们所设想的是一幅被苏木精—曙红之类的染色剂染成深深浅浅鲜艳的蓝色红色的画面。但是，我们绝不要忘记有生命的东西本不是这般色彩鲜艳的；不要忘记我们在这里讨论是无生命的解剖结构，一种代用品而已；也不要忘记我们所制备的材料有可能被我们扰乱了。所以，经常取一点活的标本放在显微镜下去观察，例如活体观察蛙舌上沿着大小血管流动的血液，还是颇有启发的。

早在 17 世纪，英国的植物学家胡克[32]发现了**植物细胞**，他观察软木的切片，发现其中有一种与蜂房相似的结构，可惜当时没有更多适当的仪器，他的这些观察没能更进一步。1773 年，意大利神父柯替[33]看到了水藻细胞质的流动。1833 年，布朗[34]在兰花的细胞中发现了细胞核，其他种类的植物同样有细胞核。这样，我们现在就知道了植物是由细胞组成的，知道了细胞是各种植物的基本结构单位。

后来，到了 1839 年，施万[35]发现动物的机体也是由包含着细胞核的细胞所组成。到这个时候，细胞也是动物的结构单位了。植物和动物一样都是细胞的共同体。人们已经知道存在好多种生物体就是一种单个的细胞。所以细胞，必定是基本的生物体。细胞所含之物是活的物质，其中包含有一种1846年后被称之为**原生质**的黏液，还包含细胞核和核仁。并且，细胞通过分裂而成倍地增加：**一切细胞来源于细胞**[36]。

尽管在各种单细胞形态的生命中，细胞承担着所有的生命功能，我们发现在高等一些的生物体内，细胞变得特化。器官是具有相同结构和相同功能的细胞通过胞间质紧密联结在一起而形成的，这就是所谓的组织。对各种组织进行研究的**组织学**，区分出了一些基本的组织形态：将身体与外界隔离并使之与外界交流的上皮组织、支持组织（结缔组织，软骨组织，骨组织）、肌组织和神经组织。

解剖学是以成年人的身体结构开始研究的，但是，在解剖新生儿尸体的过程中，哪怕是在文艺复兴期间解剖童尸的时候，人们也发现了其间存在根本性的不同。儿童的肝脏比成年人的大了许多。儿童拥有成年人所没有的器官，例如胸腺。我们很快就认识到，婴儿不是成年人缩小的翻版；并且更加认识到，从婴儿到成年人的成长过程中，机体经历了一系列深刻的变化。人出生之前的演化一定更加令人惊讶，对怀孕动物的很多观察揭示出，在母体子宫里的动物——胚胎——有着与新生动物一点也不相似的结构。机体发育的问题推动着我们。在回溯发育之路的起源时，我们将面临胚胎的奥秘，这一奥秘激发了所有时代的所有人热忱的想象力，它在各种神话中时有表现，也是最早的自然哲学家所思考的对象。

显然，生物的天性是忙着物种的繁衍。每一年，植物播撒它的种子，使地球物产丰富。人类以及人类所驯服的各种动物都有两种性别，雄性和雌性都出于本能地去吸引另一半，在交配过程中雌雄接合在一起，随后，在雌性的体内胚胎开始发育并且慢慢地成熟。我们的情形跟植物的情形非得不一样吗？还不就是男人所播撒的种子在女人的体内孕育！

但是，这样一种使用象征的解释并不能满足科学的思考，胚胎的机理必须阐明。男人和女人何以区别？首先是性器官，这些器官分泌一种液体，这样的分泌物一定就是种子了，这含有种子的体液尽力要融合在一起，在性交的过程中发生交换，然后配子开始发育。这就是许多早期的博物学家所能提出的解释。

可是，不，亚里士多德不这么认为。他的解释是：男人分泌精液，这相当于卵生动物的卵，也类似于哺乳动物的经血。人类的雌性生出繁衍后代的物质，雄性则把这些物质塑造成形，使后代具有先天的品质。交配的过程中，精液激发了蛰伏着的雌性分泌物，其结果就是配子。

这些古代的推测，曾经盛行于中世纪[37]和文艺复兴时期。后来，显微镜把我们推动向前。我们以后将十分熟知的血液循环发现者哈维[38]确信，各种生命形态一定起源于卵：**一切生命来自卵**[39]，哈维还确信哺乳动物的体内也一定形成有卵。后来，荷兰的研究者开始探究哺乳动物的卵，所有的卵被从应在之处寻找着，比如在那些被重新命名的雌性腺体里面寻找，尽管它们先前被定义为雌性睾丸，这会儿又被重新命名为卵巢了。可是什么卵也没找到。卵太小了，当时显微镜的倍数还不够高。直到 1827 年，卵才得到了贝尔[40]的证实，在此之前，虽然它没有被发现，但是人们认为它的存在是理所当然的，因为，它必须存在。

对精液的检查是卓有成效的。一个名叫约翰·海姆（John Ham）的荷兰学生在 1677 年的一天，发现了精液里有一些独特的、有生命的结构。这些结构看上去像极微小的动物，有一个头，还有一条推着它们四处移动的尾巴。这些小活物被人说成是精液里的小动物。今天，我们用“精子”这样一个专门名词来指认它们。

过去，种种异想天开的遐想时有流行，其情绪上的感染力贯穿了 18 世纪，而且相当的一部分还留传到了 19 世纪。人们想象，卵的里面包含着一个充分成熟的完整生命，人们假定每一个卵都容纳着一个缩到最小但明白无误的完整生命，人们还设想其发育也不过只是预先成型的各个部分伸展开来，就像植物从萌芽伸展开来一样（胚中预存说或者预成说）。

这样，等到精子通过实验得到了证明，这些如此容易理解的精子理论就取代了原来属于卵的最突出的地位，卵从一大群一大群的动物体内至此还得不到证明。研究者们又提出了新的理论：生命原来预成在精子中，而不是预成在卵中，卵在生命形成过程中只是作为肥沃的土壤。于是，卵原论者和精原论者在敌对的壁垒之间挖出壕沟让自己防护起来。

但是，一旦你按照预成说整个体系符合逻辑的结论去理解，它就可能把你引到头晕目眩的高处上去。你只要想一想，一个卵包含着完整的雌性生命，这个微小生命的卵巢里一定包含有卵，这卵又反过来包含有携带着卵巢和卵的完整生命，循环往复。每一个女人，或者依照精原论者的信条，每一个男人，在其体内一定时时都携带着他所有的、完全固定的子子孙孙。囊包理论和预成说的全部理论在18世纪受到了解剖学者沃尔弗[41]的反对。如果我们在显微镜之下检查有性繁殖的各种产物，我们所能观察到的，绝不可能引起我们联想到成熟生物之一丝一毫的那所谓的有机体。为什么要怀疑我们的观念而急切地接受那些大胆的假说？为什么不假设那微生物起初并没有活体特征、不假设各种器官是受精之后渐渐发育出来的呢？其间的细节在日后的研究中实际上得到了说明。沃尔弗的渐成说正如其名，渐渐地赢得了决定性的胜利。它摒弃了所有假说的色彩，并且成为细胞研究当中无可怀疑的学识。一直要到人们发现有性繁殖的种种产物就是细胞的时候，受精作用的过程、精子穿透卵细胞的过程以及两个生殖细胞的融合过程才有可能被观察到。

到这里我们得暂停一下，试着去认识——哦，哪怕就像一个旁观者一样地去理解——像受精作用这样一个不可思议的、让多少最聪明的头脑困惑了几千年的过程，究竟意味着什么；同时去认识从苏格拉底[42]以前的古希腊哲学到现代的显微镜学，人类跨越了怎样的进展。

受精作用之后又发生了什么呢？新生命的发育又是怎样发生的？这问题令很多古代的研究者大为费解。最能代表古人爱好的范例是研究鸡蛋中小鸡的发育，到如今这也是我们的爱好。研究鸡蛋的方法，最早在公元前5世纪由《希波克拉底文集》[43]的一位作者记录了下来。他用一只母鸡同时孵化一定数量的鸡蛋，每天打开其中的一个去观察所发生的种种变化。

希波克拉底像

用这个方法，就算没有各式各样的解剖器械，我们也观察得到很多东西。最初是轮廓像蠕虫一样的胚，然后是各个器官渐渐成形。哪一个器官最先产生呢？最先发育的一定是最重要的器官。按照亚里士多德的理论，这看来似乎就是心脏，心脏是突出的关键，是**要点**[44]；按照加伦的理论，这意味着肝脏；尽管希波克拉底相信，所有的器官同步产生。

在这个领域，还是显微镜，带来了更加清晰的视觉。通过显微镜，从受精的那一刻开始，我们就能跟踪发育的进展。人们确实发现，受精卵分裂成两个从属的细胞，然后分裂成四个、八个、十六个，这么成倍地分裂下去，我们就能看到一个类似于桑葚的结构（桑葚胚），它的里面是空心的，没过几天它向内翻转成一个小小的包囊（囊胚）。接下来，类似于一个双层杯子的幼体（原肠胚）发育了起来，在其中，我们能够区分出内外两个胚层（内胚层和外胚层），还有一个空腔（原肠腔）。第三层在先前那两层之间，这就是中胚层。身体的各种组织和各个器官都是由这三个胚层发育而成的。

对于发育的深入阶段，研习不妨与更早期的解剖学家们的种种观察结合起来。达·芬奇本人就用文字描述过胚索，并作画描绘胚芽附着在母体组织上，就像植物生长在土地上一样，直到它降生在光天化日之下。

从文艺复兴开始，人们对于发育史的态度，发生了显著的变化。在古代以及贯穿整个中世纪，对胚胎学诸多问题感兴趣的人都有纯粹的哲学意味。有生命力之活物的发育问题，关于灵魂投胎之时刻的问题，哪个器官居首位的问题，等等等等，都是当时争论不休的问题。不过，到了16世纪初，人们研究发育问题，是为了更好地了解成年人的身体。正如在地质学上一样，我们一般会运用历史的材料，只有掌握了地球的历史，才可能理解地球的形态。理解人体的结构也是一样。在实实在在地看到了人体结构以及器官的发育以前，我们无法理解人的结构，也无法在雕塑似的人体模型上将一个器官与另一个器官之间的关系直观化。

正因为如此，被看作发育史的**胚胎学**或者个体发育学，才被列入医学的课程当中。

想要学着了解人体的结构，那么，人从卵开始的演化，就最先引起了我们的关注。现在，有一点必须明确，这一研究，还有一些不可逾越的障碍。我们从哪里可以得到那特定的材料，以使我们能够从受精的那一刻开始，一天又一天、一小时又一小时地追踪人卵的演化？那是不可能的，所以我们只得满足于偶然的观察。如果我们不能拿对其他哺乳动物的观察来填补空白的话，那么，关于人之演化的知识将会有许许多多的空白。乍看上去，这似乎是方法上的复古，把从两栖动物、青蛙、小鸡、兔子身上所得到的证明拿来解释人体的种种关系，但是，确已证明，所有哺乳动物的发育都遵循着一定的结构程序，所有的哺乳动物都一样。

这一认识开辟了更广阔的视野。细胞学说使我们确信有机体生命的一致性；胚胎学则引领着我们更进一步，向我们指明不同种类动物之间的联系，这实际上是在教给我们这些物种的历史。胚胎学研究的诸多成果为"进化"这个观念提供了坚实的基础，"进化"的观念先是渐渐地进入到歌德[45]、奥肯[46]、拉马克[47]和居维叶[48]这样一流的头脑当中，后来，"进化"又进一步被达尔文[49]那些善于发现的观察和实验所证实。一个值得注意的事实是，人类与较低等的动物在胚胎发育之初十分相似，比如人胚也形成有鳃褶，人胚的皮肤也会露出鳞片，这些相似最容易被解释为我们早期的远祖明确地残留下来的原始痕迹。人类出现在进化长链的最后一环，推理可知，人自身的个体发育，就是种系发生的缩影，就是人作为物种的历史。这一推理被海克尔[50]系统地阐述为基本的重演律。

通过调查我们已实际确定其地质年代的许多化石的结果，毫无疑问我们可以证明，我们的星球史上最复杂的那些生物，实际上就是最年轻的物种；证明相反的见解尽管自认为确凿无疑，其实并不真实。

现在，我们可以看出，解剖学越来越严密地适应生物学既定的体系。尽管我们从医药的目的出发所要了解的，就是人的身体结构，但是我们仍然不能够不假外求地观察人，我们不得不扩展观察的仪器。要知道，我们不必为熟记已经证实的种种细节而操心，但是要为理解这些细节而操心。我们必须学着从人的自然环境里去理解人，我们还要保持对动植物世界的兴趣。正如我们业已理解的那样，胚胎学一直是也必须是比较胚胎学。如果我们在观察上使用比较的方法，解剖学的其他部分也将更加容易理解。

古人们忙着弄清楚各种动物的身体结构，并按照他们从许多动物那里得到的研究结果来断定人体。西方过去也肢解人体，但是很显然，为了加深对人体的理解，我们还必须探索关于别种活物的知识。我们研究动物学，真不是为了见识少数几种使人致病的寄生虫；研究植物学，也不是为了熟记几种我们作为医生也难得一见的药草。不过，我们研究动植物有一个好理由，那就是：我们自己站得离人足够地远，以便从更开阔的视角获得一个对他的崭新印象。尽管在别的时代，他处于人们观察的中心；现在，我们从他这里把视线移动一下，只把他当作更大的一个整体当中的一小部分去观察他。通过植物和动物，我们熟习了所有活生生的生物都遵循的构成模式，理解了它们被赋予的生存法则和生长规则、繁殖本能和死亡规律。谁要想理解结构复杂的装置，他就必须从熟悉简单的装置开始起步；对我们研究疾病颇有价值的遗传理论，也只能以对各种植物和低等动物的研究为基础才可能建立起来；再生过程也是从球海胆的卵中间被人研究出来的。

动物学和植物学把我们带回到了人体的领域，这两个学科为我们提供了获得全面知识的必要武器。

为了学到充分的人体形态及结构的知识，我们不妨看一眼在临床前的基础课学习当中我们必须走的路。这有两个方向，**分析**的方向和**综合**的方向。分析之路又分出两条相反的路径，纯理论的路径和用于实际训练的路径。

从理论上讲，我们是从课堂上或者书本中学习人体由内到外、进而由简单到复杂的结构。我们首先会从形体的基本组成成分——细胞——入手，接下来是组织，之后，我们深入到被人成系统地画出图形来的各个器官：骨骼（骨骼学）、腱（韧带学）、肌肉（肌学）、内脏（内脏学）、血管（脉管学）、神经系统及感觉器官（神经病学和感官学）。

同时，我们**从实用的角度**走向那相反的方向，从人体外表进到人体内部，解剖学的学科历史走的也是这同一条路。这条路往往始于有一天我们站在了镜子跟前，也始于我们用双眼从一个新的角度注视我们自己的身体像雕塑一般的轮廓。这以后，我们所求的是**明白**，我们希望明白皮肤之下运动着的是什么肌肉，我们还希望明白这些肌肉的意义。然后，我们来到解剖室接近供解剖用的尸体，割开那上面的皮肤，割开脂肪，割开筋膜，解剖那些我们从自己的身体上已经熟知的肌肉，我们一层一层地解剖直到露出骨头，直到我们掌握基本的事实。我们仔细分析胸部、腹部、脑、大小神经和大小血管的种种意义，然后，在组织学的课程当中，我们再去学习各个器官、各种组织和各种细胞更细微的结构。

分析，已将砌石放到了我们的手中。我们如今知道了人类的身体由什么样的零件及更小的零件构成，接着，重要的工作开始了：**综合**。这一来，我们必须能够想象各自联系在一起的、在起作用的所有这些器官。在我们所有的思考当中，有一个十分重要的问题往往隐藏在背景里面，要问的是什么呢？功能的问题。比如，肌肉的起端是一根骨头而另一端附着在另一根骨头上，当这块肌肉收缩时，会发生什么情况？它是单独收缩还是另有别的肌肉总会随着它一起收缩(**协作肌**)？哪一组肌肉群的动作与这一组肌肉群正相反(**拮抗肌**[51])？要知道，一块肌肉在单独发生作用，这是不可能的。肌肉、骨头、关节、腱，构成一个组合——**运动**器，我们日后必须从这种观点出发去学习研究。

为了维持生理作用，肌肉和所有其他器官一样，都需要养分和氧，这些是由动脉血携带提供给它们的。各种排泄物必须搬走，而这由静脉血来完成。为了完成这项任务，肌肉也和所有其他器官一样，必须被各种冲动激活，而这些冲动是由神经系统传递给它们。我们将要考虑到周围神经系统的各种传导途径，同样地，我们还将把很多的内在器官、中枢神经系统、皮肤和很多感觉器官一起设想为紧密的结合体。

我们也一定不要习以为常地把显微结构看成是死的东西，也不要看成就是切片里有格子或者马赛克特征的种种结构。我们必须试着去理解：这些结构涉及空间，就好比一座由许许多多充满着生命的小室构成的了不起的建筑。我们还必须对这些结构中可能发生的变化保持认识的能力。

解剖学，是形体的研究；而生理学，是功能的研究，二者密不可分地结合在了一起。它们近至 19 世纪中叶才在教学当中统一了起来。研究中深远的专门性导致了有间隙的区分，这种区分并非以内在意义为基础。在我们的研究当中，我们必须试着去弥合这个分歧，必须试着同步地去理解解剖学和生理学。

在我们综合理解人体的所有努力当中，胚胎学——它形象地描述了形成中的各个器官——将成为一种强有力的支持。我们不要形成这样一种观念——胚胎学只是一系列的快照，我们必须动中求解，画面能动的电影可能成为理想的教学媒介，最终我们有望在不久的将来制作出许多这样的电影，通过放映机一遍又一遍地放映，直到每一个人都能形象化地想象发育中的种种变化过程。

到最后，当我们研究**局部解剖学**这样一门对于医生、尤其是对于外科医生——正因为此它也被称为外科解剖学——具有必不可少的重要性的学科时，我们将分别认识最重要的身体部位。局部解剖学并没有教给我们任何新的知识，它只是对旧材料的重复研究，这从实用医学的角度来说非常值得花时间、花精力去做的。尽管不成系统，然而它还是针对身体的各个部位继续着它的研究，使我们得以在其固有的部位看清楚器官组织。

毫无疑问，研究解剖学要求我们所有人必须拿出我们的想象力和记忆力来。每个学医的人都会抱怨那一大堆他不得不记住的拉丁文名称，但抱怨是没有用的，就像地理学上一张地图中的一个个高地、一片片水面都必须有名字一样，为了便于理解，人体挂图中的每一个部分、每一处部位也都要有名字。但是，我们不要忽视了这样一个事实：这些名称含有本体上的意义。如果一块肌肉名为胸肌，那么它的位置大体上就被指明了；如果名为锯肌，那我们就可以想见它的形状；如果名为拇收肌，那我们就可以明白它的功能。如果这些名称只是一些单调的压箱物，那我们就不必去学习它们了；但是，我们必须把它们想象成向我们指示一个活生生的统一体的各色路标。让我们学得很痛苦的许多细节，也许会很快地从我们的记忆里消失，那不要紧，所有我们一旦理解了的东西，在需要的时候，都会一瞬间回到我们的脑海中。最训练有素的外科医生，在着手做一个不常见的手术之前，也会要看一眼他的解剖书。研究解剖学的目的，实在不是我们活该为数以千计的细节所累；但是，这一研究的重要之处在于，用所有这些细节作为构建的材料，构成一套完整的人体图像，这样的图像我们不会记不住的。我们要明白这个整体，是全然不同的，而且远远超出所有各部分的总和。如果我们构成了这一套人体图像，我们未来的研究、未来的职业就有了一个轻便的基础。

解剖学所描述的是一个常态的人，一个事实上确不存在的人，纯粹是一个抽象。我们知道，以其肉体构造而言，每一个人都是独一无二的，世上不存在指纹相同的两个人。或许有人感到解剖学单调乏味的人，他或许有个印象，解剖学只动用了他的直观能力却没有利用他的思考能力，他不仅仅应该研究单数的人，还应该研究复数的人，研究人们。他应该沉思单个的人与人之间的差异，此后他将触及体质的问题。

或许，他应该读一读讨论发育机理学的教科书，比如鲁[52]建立起来的那个学科，他力图找出支配各个器官、各个个体的种种规则。其中还找得到许许多多的门径，把人从人类体格学引向哲学，进而引向玄学。

译注：

1，阿特拉斯，Atlas，以肩顶天的巨神，在解剖学上用来指寰椎。

2，亚当的苹果，Adam's apple，喉结，典故是亚当偷食禁果哽噎在喉的传说；维纳斯丘，the mount of Venus，喻指阴阜。

3，内耳迷路，labyrinth，名称源自希腊神话，Daedalus 为 Minos 所建用来禁闭牛首人身怪物 the Minotaur 的迷宫。

4，柏拉图，Plato，公元前 428—前 348/347，古希腊三大哲学家之一。和苏格拉底、亚里士多德共同奠定了西方文化的哲学基础。柏拉图留下来的《对话》是对苏格拉底的纪念，以苏格拉底的生活思想为根据，建立起了博大精深的体系，具有强烈的伦理性质，其目的是建立以理念为内容的绝对世界，结合伦理学，以利于纠正当时道德上的紊乱，尽管有时陷入神秘，但根本上还是理性主义的。

5，新柏拉图主义，Neoplatonism，3 世纪由柏罗丁创始于罗马的一种神秘主义哲学，成为非基督教的希腊哲学的最后形式。从柏拉图的《对话》获取最大灵感的一切哲学均称为柏拉图主义，而新柏拉图主义对柏拉图的理解则是歪曲的。

6，犹太教神秘哲学，德文 Kabbala，英文为 cabala，由中世纪一些犹太教士发展而成的对《圣经》作神秘解释的学说。

7，亚里士多德，Aristotle，公元前 384—前 322，古希腊哲学家、科学家，柏拉图的学生，亚历山大大帝的老师，雅典逍遥学派创始人，著作涉及当时所有的知识领域，尤以《诗学》《修辞学》著称。

8，希罗菲卢斯，Herophilus，又译为赫罗菲卢斯，公元前 335？—前 280？，古希腊外科医师，解剖学家，亚历山大医学学派创始人之一，被称为解剖学之父，著有关于人体器官、助产术及解剖学的专著多种，可惜因公元 272 年亚历山大城图书馆被焚毁而失传。他信仰希波克拉底以体液学说为基础的理论，强调药物、饮食和运动的治疗作用。

9，埃拉西斯特拉图斯，Erasistratos，公元前 3 世纪的希腊医师，解剖学家，以研究循环系统和神经系统而著名，已能区别感觉和运动神经，解释会厌和心脏瓣膜的功能。

10，加伦，Christ Galen，129—199/217，古罗马医师、语言学家和哲学家，古代科学史上仅次于希波克拉底的重要医学家。出生于有医神阿斯克勒庇俄斯神殿的培尔加穆姆，曾任角斗士的医生，161 年到罗马行医，大获成功，出入宫廷。他从动物解剖推论人体构造，用亚里士多德的目的论阐述其功能；接受四种体液的学说，相信精气在体内起重要作用；他认为，好医生也应是哲学家；他的著作多被译为阿拉伯文、拉丁文，绝大多数已经散佚，留下来的只有阿拉伯文译本。

11，波伦亚，Bologna，意大利北部城市，或译波洛尼亚。

12，达·芬奇，Leonardo da Vinci，1452—1519，意大利文艺复兴时期画家、雕塑家、建筑师和工程师，在艺术和科学方面均有创造性见解和成就，代表作有壁画《最后的晚餐》、祭坛画《岩下圣母》及肖像画《蒙娜·丽莎》等，著有《绘画论》。

13，这里指的是达芬奇的钢笔画素描《维特鲁威人》(Vitruvian Man)，画中人体是按照维特鲁威(Marcus Vitruvius，罗马公元一世纪伟大的建筑家和军事工程师，其著作提到了关于人体和谐比例的理论和实践。)的《建筑十书》第三卷第一章中所述的比例画成的。

14，维萨里，Andreas Vesalius，1514—1564，比利时医师、解剖学家，现代解剖学的奠基人，曾在意大利帕多瓦大学讲授外科学，首次以解剖人尸作教学演示，著有七卷本《人体结构》。此书的印刷是在巴塞尔而不是威尼斯。另外的记载说维萨里派威尼斯印刷商邦贝格的一个工头翻越阿尔卑斯山来到巴塞尔的奥珀利努斯印刷所，让这个工头带上这书的所有图版；下文说“维萨里自己走完了这段旅程”，细节上有出入。

15，查理五世，Charles V，1500—1558，西班牙国王[1516—1556，称查理一世]，神圣罗马帝国皇帝[1519—1556，称查理五世]。

16，卢万，Louvain，比利时布拉班特省城市，原为织布业中心，14 世纪时为欧洲最大城市之一，1425 年教皇马丁五世在此建立比利时第一所大学。

17，迦尔卡，Johann Stephan von Kalkar，1499—1550，比利时画家。

18，提香，Titian，1490？—1576，意大利文艺复兴兴盛期威尼斯画家，擅长肖像画、宗教和神话题材画，作品有《乌尔宾诺的维纳斯》、《圣母升天》、《文德明拉全家肖像》等。

19，帕多瓦，Padua，意大利东部城市，位于威尼斯西面，有建于 1222 年、16—17 世纪盛极一时的大学，市内一些教堂还保留有提香的壁画。但丁、伽利略曾在此居住。

20，腓力二世，Phillip II，1527—1598，西班牙国王，英国女王玛丽一世的丈夫。

21，法布里齐乌斯，Fabricius d' Aquapendente，Gerolamus，1537—1619，意大利外科医师，文艺复兴时期杰出的解剖学家，现代胚胎学奠基人之一。曾在帕多瓦大学师从法洛皮奥，后继承其教职，吸引了来自欧洲各地的学生，包括哈维。他在《论静脉瓣》一书中首次明晰描述静脉的半月瓣，为哈维发现血液循环提供了至关重要的根据。现有以其命名的法氏囊。

22，科隆博，Colombo，1516？—1559，意大利解剖学家、外科医师，在哈维之前就清楚地描述了肺循环。1540 年在帕多瓦大学师从维萨里学医，1543 年继维萨里任该校外科学教授。仅有的一本著作《解剖学》包括了根据解剖活体动物及人类尸体而作出的几项重要发现。虽然早在 13 世纪已有人提出肺循环的理论，但有关文件并不为 16 世纪的科学界所知，因而科隆博被其同事及哈维誉为肺循环的发现者。

23，法洛皮奥，Fallopius，1523—1562，意大利最著名的解剖学家。初为教士，后入费拉拉大学学医，并留校教授解剖学，1551—1562 在帕多瓦大学任教，出版有《解剖学观察》一书，博得包括维萨里在内的同事们的敬佩。他对耳及生殖器官的解剖作出了重大贡献。他支持友人维萨里对加伦的解剖学观点所作的强烈抨击。现有以其命名的面神经管。

24，卡塞利奥，Guilio Casserius，1552—1616，意大利解剖学家，首次对言语及听觉器官作了详细描述。他原是法布里齐乌斯的仆人，在主人和梅尔库里亚利斯指导下学习解剖学，造诣很深。1604 年接替法布里齐乌斯任解剖学教授，1609 年任外科学教授，是哈维的导师之一。现有以其命名的卡塞囟门。

25，阿朗希乌斯，Julius Cesarius Arantius，1530—1589，意大利解剖学家。现有以其命名的主动脉瓣小结。

26，瓦罗里，Constantius Varolius，1543—1575，意大利解剖学家，维萨里的学生。教皇格列高利十三世的医生。现有以其命名的脑桥。

27，埃乌斯塔乔，Bartolomio Eustacchius，1520？—1574，意大利解剖学家，现代解剖学奠基人之一，对耳咽管、下腔静脉瓣、肾上腺、子宫、牙齿等均有描述，著有《解剖学图表》。现有以其命名的咽鼓管。

28，伽利略，Galileo，1564—1642，意大利数学家、天文学家、物理学家，对现代科学思想的发展有重大贡献。1581 年入比萨大学攻读医学，1592 年他到帕多瓦任数学讲座，在那里逗留 18 年完成他大量的杰出工作。1610 年左右，他首先利用显微镜观察了昆虫的运动器官、感觉器官以及昆虫的复眼。

29，马尔皮基，Marcello Malpighi，1628—1694，意大利医师、生理学家，为生理学奠定了解剖学基础。提倡用显微镜观察人体及动植物的微细结构，1661 年发现毛细管循环，从而支持了哈维的血液循环学说。他逝世后，人们遵其遗嘱对他的遗体作了尸检。

30，此处为拉丁文，naturae curiosus。

31，列文虎克，Anthony van Leeuwenhoek，1632—1723，17 世纪最著名的显微镜学家之一，是有史以来最早用透镜观察细菌和原生动物的人。生于荷兰的代尔夫特，早年当过布店学徒，20 岁自营布店和杂货铺，1660 年当过官吏的管家。其收入使他有足够的时间从事他所爱好的磨制透镜的事业，他一生磨制过 400 多块透镜。使用透镜得到的一系列戏剧性的发现，令他闻名于世。1680 年他被选为英国皇家学会的会员。他对自己所用的显微镜术保密，不为人所知。90 岁时在代尔夫特逝世。

32，胡克，Robert Hooke，1635—1703，英国物理学家，发现了名为胡克定律的弹性定律，在很多领域都有研究。他第一次使用“细胞”这个词来命名软木的微小蜂房状空腔；又因对微小化石的研究而成为最先提出进化论的学者之一；在 1678 年宣布用平方反比律来描述行星的运动，这就是后来经牛顿修改后使用的定律，胡克因为牛顿抹杀他的功绩而与之发生激烈争论。

33，柯替，Bonaventura Corti，1729—1813，意大利植物学家。

34，布朗，Robert Brown，1773—1858，苏格兰植物学家。布朗运动的第一观察者。

35，施万，Theodor Schwann，1810—1882，德国生理学家，提出细胞为动物结构的基本单位，创“新陈代谢”一词以说明活组织内所发生的化学变化，奠定了组织学、胚胎学的基础，著有《关于动植物的结构和生长一致性的显微研究》。

36，此处为拉丁文，ommis cellula e cellula，意思是一切细胞来源于细胞，1855年由菲尔绍所提出的著名论断。

37，中世纪，欧洲的历史时期，公元500年左右至1500年左右。

38，哈维，William Harvey，1578—1657，英国医师、生理学家、胚胎学家，实验生理学创始人之一。在帕多瓦大学师从法布里齐乌斯，获医学博士学位。在行医之余从事研究，仔细观察患者，作尸体解剖，并解剖多种动物，又用皇家公园的鹿做实验，1628年发表《动物心血运动的研究》，首次阐明血液循环的原理，解释了肺循环的意义，又测定了心脏每搏输出量及全身血量，但限于当时条件未能见到连接动、静脉的毛细血管。著作发表后他声名鹊起，也招致恶毒攻击。1651年发表《论动物的生殖》，支持亚里士多德所说的胚胎各种组织是逐渐形成的，并创“渐成说”一词，又认为受精过程类似感染，否定亚里士多德经血与胚胎形成有关的论点。

39，此处原文为拉丁文，omne vivum ex ovo，哈维的名言，后来也是居维叶的座右铭。

40，贝尔，Karl Ernst von Baer，1792—1876，爱沙尼亚胚胎学家、地理学家、人种学及自然人类学的先驱。1827年发表《哺乳动物的卵和人类的起源》，阐明哺乳动物均由卵发育而成，反对当时流行的一种说法：一个物种的胚胎在发育过程中都经历过可与其他物种的成体相比的阶段，强调胚胎只能与胚胎相比较，而且胚胎越早，相似程度越高。1834年到俄国任科学院院士后放弃胚胎学。1859年著文认为不同人种可能有共同的来源，但激烈反对达尔文《物种起源》的所有生物均来自一个或少数几个共同祖先的说法。

41，沃尔弗，Caspar Friedrich Wolff，1733—1794，德国解剖学家、胚胎学家，观察鸡胚的发育，证明小鸡的肠管是逐渐形成的，为渐成论提供了证据，著有《发生论》。

42，苏格拉底，Socrates，约公元前470—前399，古希腊三大哲人中的第一位，生活于伯罗奔尼撒战争混乱时期，由于当时道德价值遭到腐蚀，他感到有必要劝导人们“认识自己”、力求探索道德和人道的术语涵义的方法，以支撑当时的生活伦理。其伦理思想主要是要人们在关心自己的身体、财产之前先关心自己的灵魂。在他看来，世间决没有不想求真正之善（即真正的幸福）的人，人之所以不幸福，是因为他不知道什么是他的幸福，误将并非真好的东西（比如无限制的财富或权势）当作好东西，在这个意义上，“所有坏的行为，都不是故意的”。其政治思想以其伦理思想为基础，要“关心”，政治家要有“善的知识”，在他看来，古代民主政治的根本缺点在于，将社会置于既无真知灼见又无专门知识的人手中。公元前399年他被控告为“不敬神”，因为“腐蚀青年”“藐视城邦崇拜的神和从事新奇的宗教活动”，被判死刑，他拒绝逃跑，安然服毒死去。苏格拉底本人没有留下任何著作，关于他的信息主要见于柏拉图的《对话》和色诺芬尼的《回忆录》。

43，希波克拉底，Hippocrates，约公元前460—前377，古希腊医生，关于其生平可信的材料甚少，仅知他出身科斯的医生世家，身材矮小，医术超群，长期在科斯的医科学校任教。现存有60篇著作署以希波克拉底之名，总称为《希波克拉底文集》，其中杰出的有《流行病学》、《圣病》（指癫痫）、《预后学》、《格言》等，据研究这些作品非一人一时所作。《希波克拉底誓言》也并非他的手笔，至今许多医学生毕业时仍要宣读。有学者考证并推测，《黄帝内经》中黄帝的老师、名医“岐伯”可能就是“希波”。

44，此处为拉丁文，punctum saliens，意思是要点、突出点、重要情况。

45，歌德，Goethe，1749—1832，也许是最后一个努力做到像文艺复兴时期伟大的知名人物那样成为多面手的欧洲人，德国作家、批评家、新闻工作者、画家、剧院经理、政治家、教育家、自然哲学家。他有时把自己的科学著作看得高于他的诗歌，他在植物学和生物学方面的著作争论较少。

46，奥肯，Oken，1779—1851，德国生物学家、自然哲学家，认为生命的本质源于一种单纯用科学理论无从理解的生命力，提出生物进化的思想。

47，拉马克，Lamarck，1744—1829，法国生物学家，进化论者，认为所有生物均由原始的小体进化而来，1802年创用“生物学”一词。学过神学、医学，当过军人，后对植物学发生兴趣。他将科学视为一个统一和谐的体系，认为人人都可以借以认识宇宙，担心科学变成少数专家纠缠于细节的领域。他最先将化石跟现存生物联系起来，设想各种生物从低级到高级像阶梯一样排列，其器官越来越复杂。1809 年发表《动物哲学》，提出器官用进废退、获得性状可以遗传的理论。获得性状的遗传纯属臆测缺乏证据，达尔文的《物种起源》出版后，拉马克的理论成为争论的焦点。他晚年双目失明，贫病交加而死。

48，居维叶，Georges Cuvier，1769—1832，法国动物学家、政治家、男爵，曾把现存动物与化石遗骸进行结构上的系统比较，从而创建了比较解剖学和古生物学。虽然他相信物种是不变的，但他的工作却为后来的进化论学说提供了重要证据。1800—1805 年发表《比较解剖学讲义》，提出“器官相伴”律，认为动物每一器官的解剖结构，和它自身其他器官在功能上互相联系，而各器官功能与构造上的特点，则是与环境交互影响的结果。后来担任皇家督学，协助筹建数所大学，1811 年受封为勋爵，1814 年任国务委员，1817 年任内务部副大臣。在霍乱流行时卒于巴黎。

49，达尔文，Charles Darwin，1809—1882，英国博物学家，进化论的奠基人。幼时学习成绩不佳，学医不成改学神学，后对博物学产生兴趣。1831 年以博物学家的身分随海军考察船比格尔号环球旅行五年。开始他相信物种不变，旅行中发现，相似的动物在地理上相距甚远，相邻地区却居住着相似而不相同的物种。1837 年他认识到，只要承认物种可变且具有共同祖先，问题便可以解释；由人类对动植物的选择联想到，自然也会对物种进行选择；个体变异导致适应能力强者能繁殖后代，不适者会死亡；认为马尔萨斯的《人口论》对人类社会不一定正确，但对不会采取主动行动以增加实物产量的生物界却适用。认为进化是在充满各种物种的环境中进行的。1859 年出版《物种起源》。1871 年出版《人类的起源及性选择》、1872 年出版《人类和动物的表情》，奠定了行为学的基础，对心理学亦有贡献。马克思拟将英文版《资本论》题献给他，但达尔文以不愿与对宗教的攻击发生联系为由予以拒绝。达尔文为人坚忍不拔，虚心好学，十分幽默；他身体不好，1835 年后长年患病，未老先衰，但始终童心未泯，终生有如一个“大孩子”。

50，海克尔，Ernst Haeckel，1834—1919，德国动物学家，进化论者，创造了许多生物学词汇。1862 年发表《生物体普通形态学》，提出重演律：动物的个体发生迅速而不完全地重演其系统发生。企图用这定律解释生物和非生物的现象。重演律为进化论提供了有力的证据。海克尔不轻易改变观点，常与人发生争论。

51，antagonists，工具书一般都解释为拮抗肌。“拮抗”jié kàng 疑为“颉颃”xié háng 积非成是之误，“颉颃”有一个意思是相抗衡、不相上下，《辞源》中并没有“拮抗”的辞条。有的医学资料用的是“颉颃肌”。

52，鲁，Wilhelm Roux，1850—1924，德国动物学家，海克尔的学生。1880 年提出发育机理学，这一生物学的分支分析形态形成的因果。有关胚胎发育的生物学是从形态变化的描述开始的。现在一般都采用几乎与此同义的实验胚胎学或胚胎生理学。鲁认为发育机理学的任务是，把有机的形态形成过程归纳成尽可能少数的或最简单的作用方式，探明这些作用的量以及研究与这些作用有关的物质和力的代谢。在鲁所提倡的发育机理学中，也包含着现在的遗传学及生理学的一部分。

第二章　人体的机能

关于各个器官的官能——即机体起作用的功能——的问题，是由**生理学**来解答的。生理学的本质和作用通过两个范例极容易作出解释：血液循环的发现史以及各种呼吸理论的历史。我们不可以无视英国解剖学家哈维对血液循环的发现，因为这一发现标志着现代生理学的开始，并且在另外的几个方面也有教育意义。维萨里对解剖学意味着什么，哈维对生理学就意味着什么。

涉及到血液的本质和意义的所有观察，可以追溯到很久远的历史，这肯定比可信的定论还要古老得多。原始人一定已经认识到，某些物质对生命而言是必不可少的：食物——他费尽苦心通过劳作才可能得到的东西，空气——生命不息则呼吸不止的进出之物，还有，血液——会从每一个伤口里漏出来的、一定存在于身体每个部分的流质。

在极其早先的时代，心脏——也必定得到了它应得的关注——作为位于身体中心的一个器官，一直处于无休止跳动的状态，这跳动时而觉察不到、时而又伴随着情绪的激动猛烈地冲撞，到死方休。

所有的生理观察，开始于这样一些生命必需的物质，后来又力图证实食物、空气这些外在世界的要素和血液这种身体内在的生命要素之间的关系。

这一类推测的开端，从古埃及人那里可以找得到。古埃及人通过希腊人接受了更显出理解力的方法。亚里士多德相信：心脏在人体中的地位，就像宇宙中的太阳。它是体温的来源，是大小血管的起点，是灵性之所在。最终，我们可以发现加伦在古代末期提出的一个充分发展了的理论，这个理论在1500年的时间里占据着统治地位，直到哈维的时代。可是哈维，推翻了这一理论。在加伦的著作里面，我们找不到这一理论条理清晰的记录，因为在古代，生理学实际上没有专门学科的地位。我们不得不从其大量的著作中挑选出加伦的言论来，看来我们也不是最早做这辑录工作的人，我们只是在仿效中世纪和文艺复兴时期众多医师。这理论所包含的信条如下：

经过消化的食物，离开肠进入静脉，然后通过静脉被输送到肝脏，在肝脏这里食物变为血液。血液饱含着自然元气——这是一种我们可能称之为统辖各种植物性功能的本原——有一部分在整个机体内从头到尾地流动，还有一部分通过腔静脉进入心脏的右边。在这里，血流分开来，一部分流入肺以卸出机体的废渣，另一部分通过心脏的隔膜渗到左边。在心脏的左边发生了重要的变化：血液混合了空气，这些空气是由大小肺静脉从肺里面输送到心脏来的。血气两种要素的碰撞产生出生命元气——这是一种用近代术语来说就是控制各种动物性功能的本原。通过这一比之于燃烧的过程，由呼吸调节的体温上升了。从心脏的左边并通过大动脉丛，与静脉血全然不同的血液快速地流淌遍及全身，这种血液传播不同的本原并且携带着空气。一部分这样的血液流向脑部，在那里再被注入另一种本原——第三种精气即心灵元气[1]——这种元气经由神经系统，从血液中进入肉身，肉身是它对神经功能施行控制的场所。

血液的流动，没有被设想为仅仅一种单向离心的运动，但是被设想成了有几分神秘的向后又向前的运动。这样的运动似乎可以用埃维亚岛[2]与希腊大陆之间大海的涨潮来代表。这里的海潮以一种神秘的方式不断地转换着方向，显然相当地不规则，而且一段短时间之内变换多次。这一自然现象极大地刺激了古代的自然科学家们，事实上一直要到距今几十年之前，人们才发现其中的科学解释。

如果我们按其顺序大致浏览这一整套的理论，我们就可以明白，它是建立在精深的逻辑之上的。它解说得头头是道。以同样的方法它解释了动脉血和静脉血的分别，还解释了吸气和呼气的分别。对于食物、空气、血液、体温和机体之间的种种关系，它给出了很多富于启发性的解释。它也认识到了血液是生命基本必需品的搬运工。

这一理论的特色是，它以这样一种纯粹定性的方式被人们设想着，完全是描述性的。其中没有一处找得到丝毫测定各种数量的努力，数字和时间的观念被完全忽略掉了，这是一个与我们今天全然不同的科学思想模式的明证。中世纪和文艺复兴时期还保留着加伦的血液运动理论。

到此，我们已经看到了在16世纪人类解剖学是如何创立起来的，看到了所有这些研究又受到了怎样热忱的追求。我们也学到了更多关于心脏和大小血管构造的知识。然后，从这里出发，沿着器官协调的思路，针对古代理论正确性的种种委婉的怀疑产生了。依照加伦学派的观念，假定血液是通过中隔上的许多细孔从右心腔流进左心室的。但是，这些细孔都找不到，它们就是不存在。实际上，古代没有谁见过细孔，可这却没有阻止古代的自然科学家们臆断它们的存在，想当然的程度和臆断血流有赖于细孔不分上下。但是到了16世纪，这一假定开始受到抨击，当然，是以一种非常胆怯的方式。

16世纪完全忽视了血液流动这个必须解决的问题，听之任之的态度用弗拉卡斯托罗[3]——16世纪思想界的领袖人物之一——的话来说，就是"血流的奥秘只有上帝知道"。首先，这就不是一个热烈争论的问题。16世纪整个的思想是静态的，它本身适用于人体结构的研究，因而，思考了人体的种种机能之后，它提出了哲学的遐想，像希腊人已经做过的那样。

这样的态度到17世纪发生了根本的转变，此时，哈维担当起了他的角色。

哈维1578年出生于福克斯通，从他的生平来看，着重提到他19岁到帕多瓦、在那里给解剖学家法布里齐乌斯当了三年的学生，足以令人关注。就这样，他得以进入那个热衷于传承维萨里传统的解剖学家群体。回乡以后，他专心做了一段执业医师，接着，于1615年到伦敦医学院担任解剖学教授。这些年间的一种课堂读物的手稿证明，实际上在那个时候他就有了一种相当清晰的血液循环的概念，13年之后他大胆地公开了他的发现，1628年他的著作面世。我们不妨更忠于原作地来看待这本著作。

表面上看，这篇论文一点也不革命。一开头，哈维毫不掩饰自己是亚里士多德的追随者，他赞同亚里士多德把心脏誉为宇宙中的太阳、王国之王的评价，他的论题——“动物心血运动的研究”[4]——也受着中世纪经院哲学的影响。每一句断言都可以得到合乎逻辑的证明，它必须是可以证明的。因此，为了给他的各种说法找到作为证据的证物，他仔细地剖检了许许多多的动物，更为重要的是，他剖检了许多种类的动物。下面是这些研究的结果：

如果手捧一颗跳动着的动物心脏，我们能感觉到它在痉挛然后渐渐变硬。心脏的痉挛、收缩，与主导信念正相反，这些信念是就心脏运动的积极意义而论的。在收缩的过程中，血液直奔入一根根被动地膨胀的动脉，这就是脉搏的起因。对心脏结构的全面而又彻底的研究，产生了对各个心房之特性的认识——在古代这些特性不曾为人所知——也解释了心脏各个不同部分里血液之流的方向。

甚至在哈维之前人们就知道，血液流出心脏流入左右肺叶，后来再流回心脏。哈维可以证明这一事实，而他做得比这更多的是，他还能够证明所有的血液都必须走这一路径。为什么说做得“更多”？他证明了，血液受到推动从左心室通过大动脉流向身体各个部分。此后又发生了什么呢？

这时候，我们必须从全新的角度来着手探讨这个问题。哈维估算出，一次收缩的过程中从心脏流出的血量大约合计两盎司[5]，按照一分钟心跳72 次计算，一个小时里的血量高达 $72 \times 60 \times 2 = 8640$ 盎司，这是全身重量的三倍，这样巨量的血液从何而来？来自于食物？食物能不停地补充吗？单从这些数字的线索而言，这是不可能的。还有，这么多的血最后都到哪里去了？各种组织里面？那也不可能，这么多的血充塞起来会把组织胀裂的。所以，除了血液从各处动脉回到了心脏，不存在别的解释，并且，除非通过大大小小的静脉，否则这种迴流别无他法可以实现。这样一来，尚待证明的是，血液通过大小静脉时是以同一个方向流淌着的，即求中的方向。用一个简单的方法就可以证明：把一根手指按在胳膊浅表的静脉上，然后仔细地观察，就可以看出，这些静脉中的瓣膜——哈维的老师法布里齐乌斯曾详尽地描述过的静脉瓣——实际上的排列使得血液的流动不可能采取离中的方向。

到此，循环完整了，血液循环发现了。从心脏的左心室出来，血流通

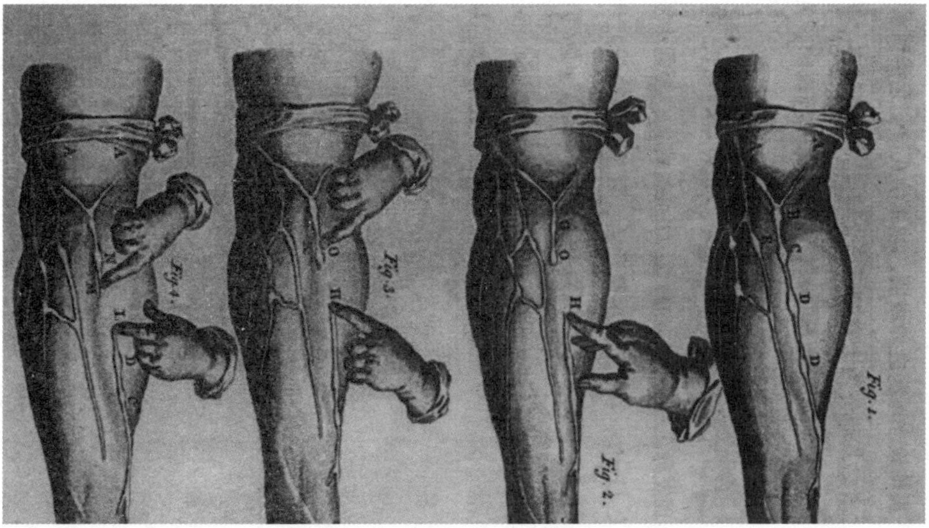

哈维书中的插图。说明怎样用实验来证明静脉的血流方向是单一的。当上臂被扎紧时，前臂的静脉便充血鼓起；这时如果用手指以离心方向沿着静脉管一路压迫，可以发现被压迫过的部分不会再充血，显示静脉的血液必为向心流动，且静脉与动脉之间必有管道连通。

过一根根动脉到达所有器官，流经许多小间隙——毛细管后来才被发现——进入各种组织，进到大小静脉，然后通过静脉进到心脏的右心房，进到右心室，然后从那里出发穿过肺回到左心房，接着进入左心室。

哈维对这个划时代的发现非常满意。其中的诸多问题，比如关于呼吸作用的意义，关于体温的产生，等等等等，他都没有涉及到，因为他认为，此刻这些问题还不能解决。所以，他没有试图构思一个完整的、圆满的系统，只是满意于对他所能证明的各种细节的描述。而且，这描述，也足以使他伟大，何况这真是一些新的、基本的原理。

哈维是一个解剖学家，因而，他给解剖学赋予了一种新的条理——他使之成为**活的解剖学**[6]，或者生理学。

从哈维这个例子中，我们学到了生理学什么样的本质和方法呢？我们懂得了生理学是从显而易见之处着手的，它观察种种生命现象，首先是描述生命现象。它证实脉搏现象，然后调查其各种特性。它肯定会更进一步去探索现象的起因。达到这一点之前，古代的和现代的生理学家是行走在同一条路上的；但是，越过这一点之后，他们就分道扬镳了。古代的生理学家通过沉思默想关于现象起因的问题，试图给出思辨性的答案来，古人努力凑成一个尽可能完整的系统，这个系统是建立在严格的逻辑之上的。最好的理论是那种解释一切已知现象且易受攻击之处最少的体系。现代的生理学则抛弃了这种圆满的体系，它会力图接近圆满，也会大无畏地承认生理学知识当中的诸多缺陷。

从哈维开始，生理学与解剖学密不可分地联系在了一起。**结构**是功能的物质基础，从各种器官的结构中我们试图得出关于其种种官能的结论，在很多情况下这是可能的。比如，哈维对心脏和静脉瓣的研究就清晰地解释了血流的方向。但是，仅仅从单一形态去判断一项官能的意义，在很多情况下将不可能找到确定无疑的解释。比如，左右手有着同样的形态，但是，它们的使用就截然不同。在这个领域里，我们还得运用别的常规。

每有可能，我们都将力求为生理机能上的种种表现形式找到解剖学上的根据。经验告诉我们味觉与舌头有关，但是我们可能不会满足于这样的解释，进而我们必将着手去解决究竟舌头的哪个部分起到了味觉的作用这样一个问题。显微解剖学的研究揭示出了舌头上的许多神经末梢——味蕾——是实际的味觉器官。至此，我们触及到了解剖结构的极限。舌尖上的这些味蕾对甜东西敏感而舌根的味蕾则对苦味敏感，正由于我们不能够从舌头这个器官的结构中找到其原因，我们将不得不回过头来解释不同的神经对应于各别的味觉特性。

哈维之后，除非有解剖结构上的可能，否则就不存在正确的生理学解释。心脏的中隔上没有什么细孔，因此，那假定血液通过这道壁从心脏的右心室流到左心室的古代理论就一定是错的。

所以，我们懂得了：**解剖学是生理学各种看法的基础和起点**。

如果我们继续比较古代血液循环的各种理论与哈维的理论，我们还可以看到另一些根本的差别。古代理论是纯粹定性的，哈维的发现从另一个方面来看则是定量深思的结果。在哈维的时代，时间的概念——这对于希腊科学而言是陌生的概念——找到了它的位置，人们也力图依照轻重、尺寸和历时长短等等等等，将诸多生命现象分类。希腊科学则没有能够把这一类力学的问题放在注意力的前沿，生命的变化没有成为科学研究中具有巨大重要性的近似量。但是从此，我们拥有了一种思考的方法，这一妙法可以用来精确地处理种种变化，因此像血液循环那样的问题，就可以卓有成效地解决。这真是第一次——如果我们忽略那位孤独的先驱达·芬奇的话——我们研究分析血量及血的流速，第一次数脉搏，第一次试着证实活体的**生理学规则**。血是一种流体，血管则是管道，心脏就是发动机，水力学的规则在这里也能运用，也可以**用公式精确地表达生命**的过程。

哈维的理论是**基于实验的理论**，他并不满足于描述他之所见，他开始着手定义机体的诸般问题。古代偶尔也有实验，无论如何古人的那些实验里总有一些出色的描绘和定性，而17世纪的这一类实验则是探究因果关系的，是定量的。

这样，我们就明白了，通过探究如此这般生命现象的起因，生理学力求确立生命诸过程的种种规律，这些过程相当于那些支配无机物特性的过程。实验是其最重要的研究方法，血液循环这个案例，向我们证明了**物理特性**的超级重要性。

另一方面，从文化史的角度来看，血液循环的发现也是重要的。为什么这个时期——17世纪初——关于功能的意识恰巧在医学研究当中觉醒？为什么不更早一点？或者更晚一点？这个时代扶植这一发现的种种基础条件都是些什么？让我们来试着弄清楚哈维在欧洲思想进化中的地位吧。

在16世纪末，人们渐渐意识到，对世界前景的展望发生了一个根本的变化。个体与世界的关系变了，并且，对世界的感知变化最先在造型艺术中表达了出来。在16世纪发展起来的这一全新的艺术，在米开朗琪罗[7]的晚期作品中清晰可见，充分成熟于17世纪初，这就是巴罗克艺术[8]。沃尔夫林[9]，尝试着通过分析其种种基本的表现形式，通过比之于那些文艺复兴时期的古典艺术，使人们能够理解这种新的风格。沃尔夫林用五套概念表明：古典画家用清晰的线条、轮廓分明的画面创作其绘画作品，既确切又精细；而巴罗克艺术家则把一切归纳为动感，他们的代表作别具一格，精妙深奥。常见的形式被打破了，独一无二变成了多种多样，轮廓被抹去，演奏着光与影。这象征着两种全然不同的自然观，即两种全然不同的、通过这些艺术品向我们传达的世界观。从一方面来看，我们能看到完美、圆满、周到、面面俱到等等我们亲眼所见的并促使我们记住作品的这些特性；从另一方面看，我们则能看到运动的、发展中的和无界限的特性。巴罗克艺术家们对存在着什么并不感兴趣，但是却对发生了什么很感兴趣。巴罗克风格比造型艺术中任何一种流行式样的底蕴都要深刻得多，这样一种关于新的世界观的表达，在所有的智力领域里，在文学、音乐、时装当中，还有在政治上、在个人的生活水平上乃至在科学上，都可以追寻得到它的语汇。

回到医学上面，我们可以认识到解剖学这个研究领域既人才辈出，还激发出了16世纪的剖检兴趣；认识到同是这一门解剖学，具体地表现出了完美、圆满、界线分明、面面俱到以及匀称均衡等等所有的特性。到16世纪中叶，第一次用科学之眼打量人的那些医生，着迷于人体的结构，因而从其整体协调的方面推动了人体结构的研究。但是，随后一个世纪的医生，却从一个截然不同的角度去观察人。沃尔夫林说艺术家捕捉的不是人的眼睛而是人的眼光闪动，其实这话也适用于医生。医生对具有明确限度的人体并没有多少兴趣，倒是对人体及其各器官的无限运动更感兴趣；他不注意肌肉，但是他注意到了肌肉的收缩以及收缩的结果。这就是生理学发展的出路，运动成了生理学研究的主题，通往无限、永恒的一道道大门被打开了。每一个生理学问题都能使我们回想起生命之根，也使我们展望永生。

看来，哈维是医学史上将巴罗克世界观具体化的第一人。正是他，表述了全新的典范以及医学上崭新的观察角度；他也是一位不注意人的形体却注意身体之活动的解剖学者。其研究的起点，不是心脏的结构，而是脉搏和呼吸这两种与人同寿的基本活动。

哈维不仅仅是写了一篇论文讨论血液的循环，我们应该知道另一个杰出的著作也是他的功劳，这另一个著作与胚胎学有关。胚胎学也就是动态的解剖学，也是基于运动和变化的，因此我们可以发现哈维的种种理论都是完全主张运动的。

巴罗克艺术是基于古典艺术的，同样，生理学也自然地以解剖学的知识为先决条件。当然，哈维也有他的先行者，学科整体的发展也是一步一步走过来的，不过，有了哈维这个将巴罗克世界观具体化的人，我们才可能识别来路。

在这条路上，生理学——医学中的机能观念——也是巴罗克精神的结果。哈维在米开朗琪罗和伽利略一流的伟人行列中也取得了自己的地位，这些人给自然科学领域带来了同样的变化，一种从静止观点到能动观点的变化。

我们认识到，医学是与总体文化紧密联系在一起的，医学思想上每一个变化都是那个时代里世界观的结果。

我们来看看第二个案例——呼吸理论的历史。呼吸的效用是什么？人活多久，就呼吸多久，最后一口气意味着死亡。那么，空气对于生命一定必不可少，事实上空气是最不可少的生命要素。人们在没有食物的情况下还可以没有痛苦地坚持较长的时间，而空气缺乏则可以在很短的时间里导致死亡。人们很自然地设想空气——元气——是生命的本原，像古希腊人的流行观念所认为的那样，也像更古老一些的哲学家、医师们的见解所以为的那样。

觉醒中的科学没有停留在这种泛泛而论之上，而是力求弄清楚呼吸作用更确切的意义。各种哺乳动物存活多久它们的身体就暖热多久，仿佛其中有一团火在燃烧。人们又发现血液本身也是暖热的；每当宰杀用于献祭的动物，鲜血漫过人手，这一点就可以得到证实。血一定是暖热的搬运工，而神秘之火的所在一定就是心脏了。喏，可能会发生这样的情况：这热度被增强得过了度，人于是生病发烧。机体里面一定另有调节身体暖热的机理，使体温通常保持在特定的限度之内。但是，吸入的空气却是冷的，人们可能很自然地设想：呼吸的任务就在于冷却体温，在于对体温施加适当的控制。人们设想，每一次呼吸使得空气通过肺动脉出了肺到达心脏。这就是许许多多的古代医师所坚信的情形。

只有更进一步的观察，才会发现吸入和呼出的空气并不相同。如果很多的人聚集在一间很小的房间里，空气就会变得让人难受；有火的地方就会生烟，烟也污染空气，所以必须用各种烟囱从住处里面把烟弄出去。机体里的神秘之火也会产生烟，那么呼吸的第二个任务就是搬运神秘之火的这种产物。加伦就是这么想的，他的理论我们前面已经提到过。

哈维扭转了这个局面。我们现在知道，所有的血都流经肺，有那么一天人们观察到，正是在肺里面，暗红的静脉血变成了鲜红的动脉血。确定无疑，这一变化是空气的影响所致，空气或者空气的一些组成成分肯定和血液混合在了一起。但是，这有什么效用呢？接着，17 世纪的物理学家们花了大量的时间仔细思索空气，不断地用各种方法去研究有关空气的压力（托里拆利[10]，居里克[11]）。接着，玻意耳[12]发现，如果空气足够稀薄，蜡烛就会熄灭。在不透气的空间里，不会有火，不会有燃烧，也不会有生命。因此，人们懂得了燃烧和生命都有赖于空气的存在。但是，空气并不是整体都有助于燃烧，只是空气中的一部分可以助燃，因为，密封的瓶子里面一支点燃的蜡烛可以燃烧片刻，然后熄灭，尽管这时瓶子里仍然充满着空气。惟一的解释是瓶中空气里助燃的部分被耗尽了，梅奥[13]把这一部分称之为硝气精。

此时，空气的问题落到了化学家们的手中。1669 年，梅奥 25 岁[14]时差不多就要解决这一问题了，答案明摆在他面前，就在燃烧的过程当中——呼吸的过程也一样，空气中的一部分被吸收，设法进入到血液中，通过血液再到达各处组织，在组织中经历各种类似于燃烧的化学变化，这些变化最终表现为各种生命机能。仅仅只要针对这所谓的硝气精再多一点点研究，氧气及其效用就可以被识别了。

不过，科学的道路从来都不是笔直的。一场反动发生了，把这一篑之功推迟了整整一个世纪。引起了这一场反动是哈雷大学的教授施塔尔[15]，他在化学领域和医学的其他方面都该当享有极高的声望。施塔尔赞成这样一种观点：燃烧过程当中同在呼吸过程中一样，并没有增加什么东西，相反地倒有一些东西逸出。燃烧中的蜡烛变得越来越短，一定有某种东西通过火焰的形式从蜡烛里逃脱了。据推测这一过程与呼吸过程相同，何况冷天里呼出的空气更证明了这一点。这种渐渐消散的东西施塔尔称之为**燃素**，任何一件可燃物都包含着燃素，在燃烧过程中燃素会逸去，而还原反应中的逆反过程又会把燃素吸收回来。

这种理论的根本错误在什么地方呢？仅仅在于对定量之重要性的忽略。就这样，人们还得等待一个人物，他将使化学成为不但定性而且定量的科学，将把天平用作化学家最重要的仪器。这个人物就是拉瓦锡（1743—1794）[16]。

天平让拉瓦锡看到，受到钙化（**氧化**）的金属在重量上有所增加。与燃素理论的概念相反，拉瓦锡发现：有些东西在空气中增加了重量，作为交换，空气本身失去了相同的重量。被可燃物吸收的元素就是氧气，这种气体不久前被舍勒[17]和普里斯特利[18]发现，而燃烧后留在空气里的气体，此前几年被拉瑟福德[19]发现是氮气。这时，不光是氧化作用的性质，同时附带还有还原作用的性质，就都弄清楚了，人们肯定也知道了燃烧前后的总质量始终如一；换一句话说就是，所有的物质都经历了变化，但是量保持不变。

拉瓦锡还证明：所有的有机物都含有氢和碳，燃烧过程形成二氧化碳和水。用这种方式，呼吸作用就可以解释了。氧通过肺叶从空气里进到血液中，被存放在发生燃烧的各种组织里。最后呼出的空气中包含有二氧化碳和水。

这个例子非常清楚地说明了**化学**对于医学的重要性，这一重要性在19 世纪变得越来越显著。

生理学利用种种实验，从形态学入手，竭力分析生命现象，把它们置于因果关系当中，直到有可能将它们归之于物理和化学的种种规律。

从此以后，生理学的命运与化学和物理学的发展紧密地联系在了一起。道尔顿[20]原子理论的创立打通了研究生物构造材料的道路。人们认识到，有机体的物质是由存在于非动物界的各种相同的元素构成的。定性分析和定量分析乃至微量分析的进展，给了人们越来越敏锐的洞察力，去洞悉人体内部物质的种种变化。当然，与维勒[21]和李比希[22]等等一流的英名联系在一起的另外一些有机化学的发现，也都有其特殊的重要性。化学研究了那些仅仅以动植物生命之产物的形式存在的物质，那些分明在生命特有的影响力之下才产生出来的物质，还有那些哪怕是借助于实验技术也不能够人为地制造出来的物质。当时，维勒成功地制备出了一种物质，这就是加热氰化铵所得到的结果——尿素。用一种无机物，人就能制备出一种有机物，在别的情况下，人们只会认为这种物质是动物完全凭借肉体诸般因素的最终的代谢产物。维勒给贝采利乌斯[23]的信中写道："我必须告诉您，不利用什么肾或者动物，我也能制备出尿素来。"接近 19 世纪中叶的时候，合成制备其他有机物质成为可能——比如醋酸和多种脂肪——维勒杰出的发现得到了完全的认可，有机化学和无机化学之间的屏障被攻克了。有机化学成为了碳化合物的化学，当时有一种希望似乎很合理：会有那么一天，我们终将能够在机体的外面，用实验技术成功地制备最复杂的碳化合物。

这些研究给生理学所带来的推动是非常引人入胜的，**生物化学**在 19 世纪成为日渐重要的分科。从此，人们终于能够一窥多种有机化合物的制造，也能够怀着成功的希望敢于着手解决那些消化的问题和代谢的问题。人们敢于循着各种食物在机体中的通道，一步一步地思考食物的分解、氧化、逐步组成生命物质、其分解后分别转化为最终的各种排泄物。李比希带领着他的学生们在这个领域拓荒开路，无数知名的各国研究者紧随其后。

物理学对于生理学的进步所施加的影响，与化学的影响同样令人赞叹。哈维已经示范了通过机械思维所能获得的显著成果，很显然，在一个以伽利略和牛顿[24]为背景的时代，这样的研究才可能进行得下去。意大利的医师们尤其全神贯注于呼吸作用、血液循环以及肌肉运动的机械论，从17 世纪到18 世纪早期，一个重要的学派就不加掩饰地自称为物理医学派[25]或者机械医学派，因为其追随者企图从物理的角度去解释生命和疾病的过程。

对生理学最具独特价值的是电学以及能量原则的运用。生理学研究最早发现了伽伐尼[26]电现象。人们发现，如果把舌头放在一片锌极板和一片铜极板之间的接点上，就可以留意到一股特殊的滋味。伽伐尼观察到，蛙腿不仅仅在受到起电盘(摩擦起电的现象当时已经被发现)的电击时会开始抽动，而且当它与铁和黄铜接触时也会抽动。伽伐尼对这一现象的解释并不正确，因为他认为他正在跟动物组织所特有的生命力打交道，这是一种有着大量成果的推论，本书稍后的章节还将提及这些成果。伏打[27]则是认识到接触电的第一人。电学和生理学之间的联系从来未曾断绝，生理学重要的分科例如神经生理学，因为有了电学的帮助，反倒卓有成效地向前突进了。

先前是拉瓦锡，向人们证明了燃烧前后物质的量保持不变；到这时，海尔布隆[28]的医生迈尔[29]成功地证实了能量守恒。这是什么意思呢？

要是我们把一块灼热的铁片贴近一块冰冷的铁片，热的铁片会冷下来，冷的铁片会变热，直到最后两块铁片温度一致。很明显，热是完美的物质力量，可以从热的物体传递到冷的物体，直到它在冷热物体之间均分。但是，如果我们拿一小段金属丝，前前后后反复弯曲，它也会变热，实际上这个动作持续得越久、用力越大，金属丝就会变得越灼热。可见，先前那种猜测一定错了，这样我们就假设热是机械运动产生的能量，那么相反的情况也不无可能——热可以产生机械能——这一点被蒸汽机证实了。渐渐地，支配生命力或者运动能的一些原理为人们所理解，比如：包含在一个运动的质量当中的能量总和，膨胀力或者势能，储存在高高抬起的重物里的能量——**重力**。

迈尔是从生理学的观察开始研究的。1830 年他是一名随船医生，在爪哇岛他注意到在很多次放血术的过程中，静脉血的颜色异常地淡，这促使他思索放热与各种氧化材料之间的关系。能量控制的原理告诉我们，不同形式的能量(机械能、化学能、热能、光能、电能)都可以交换，但是其总量守恒。那么就生物体而论，这又是什么意思呢？

生物以热和动物活动的形式显示出运动能，而运动能又是从源于食物的势能当中产生的，这些势能则是依靠用呼吸进来的空气中间的氧产生氧化作用释放出来的。各种食物中的势能是化学能，这产自植物，在阳光的作用下各种植物能够把二氧化碳、水和氨转换为各种有机物——碳水化合物、脂肪和白蛋白[30]，并且在绿叶(叶绿素)的帮助下排出氧。植物所利用的那种能量，它们将之转化为化学能的那种能量，就是太阳热量有生气的能量。那么归根结蒂，所有活着的生物都是太阳之子。

在所有时新的解剖学观念之中，细胞的研究是在生理学上最有影响的。细胞早已被认作是基本的有机体，因此它一定是生命功能之所在，它的内含物——原生质和细胞核——就是所有生命现象背后活动着的生命物质。细胞的研究必须先于任何其他的、勘破基本生命现象的努力。**普通生理学**，尤其意味着细胞生理学。代谢、生长、繁殖和死亡，都是生命的表现，它们的基本原理都必须到细胞的里面去寻找。在这类研究中，生理学利用了精密的自然科学新的分支**物理化学**，物理化学可以帮助它理解各种溶液的反应变化。**除非被溶解，否则物质不会相互作用**[31]，因此我们在生理化学的研究中，必须始终与各种溶液打交道。在细胞和各种组织液里，矿物质不能以自由态存在，它们是有机化合物中的组分，或者与自由溶液中的类似组分相结合，或者，它们以可溶性盐的形式存在。物理化学告诉我们：高度稀释了的各种可溶性盐可以如电解一般地离解；这意味着，它们分解为阳性的阴性的原子或原子团、离子；还有，渗透压——这样那样的溶液施加于膜结构的压力——也与气体压强相类似。在所有的生命现象当中，我们都能证实存在与电有关的变化过程，也确证了细胞包含了许许多多的物质（尤其是白蛋白），这些物质实际上并不是存在于溶液中，而是以一种最完美的分隔形态存在着。格雷姆[32]把这些物质称为**胶体**，并且发现在其各种特性上（比如渗透压、传导性、表面张力），它们与非胶体物质本质上不一样，尽管在这两种状态之间的分界线不明显，尽管各种化合物由于种种实际的影响可能从胶体状态变性为真溶液[33]或与之相反的假溶液。我们千万不要想象细胞是静止的，倒是可以更确切一些地想象细胞处在一种永恒的运动状态，为了达到一种平衡，处在接连不断的前后摆动当中。每一次心脏的跳动，每一次呼吸，我们喝下的每一滴水，我们的每一个动作，每一段思绪，都成了一个刺激，影响着这一平衡。

早在19世纪初，人们已经观察到，特定物质的出现可以加速特定的化学反应，甚至少量地出现就会加速反应。这些改变反应速度但不影响其能量成分的物质被称为**催化剂**。人们在有机界里也发现了这些催化剂，事实上在这里人们发现了它们扮演着决定性的角色，这样的催化剂在与酒精的发酵有关的酵母当中也找得到。人们最初在消化液当中、随后在每一个细胞里所发现的有机催化剂，就是细胞活动的产物，在人体内部的有机催化剂则被称为**酵素**或者**酶**。

哈勒半身像。这位瑞士医师才华横溢，不仅是诗人与文学家，而且在植物学领域也能和伟大的林奈并驾齐驱。

我们还必须提及另一个普通生理学的概念——**刺激**。当然，我们通常都知道，对于外来的特定影响，凭借特定的生命表现，机体都会有所反应。在18世纪，格利森[34]使用“应激性”这个专门名词，来界定动物体因其环境影响而发生感应的一般特性。哈勒[35]把这个问题引向深远——我们应该把第一本生理学教科书（《生理学基础》1747年，《人体生理学原理》1757—1766年）归功于哈勒。他本人把这种可能性当作肌肉运动的起因，而且，大量的动物实验也使得他确信，感受性和应激性都是动物生命的基本现象。他用“应激性”这个专门名词来指代特定的器官——尤其是肌肉——以收缩为应激的这种特性（刺激可以定义为体内外能够导致机械的、热的、化学的、电的种种影响的那些因素)。肌肉收缩并不是一个纯粹由其弹力所控制的机械过程，不过肌肉实质的特殊性能自有其根源。肌肉对任何刺激——究竟是哪一类刺激倒无关紧要——的反应都一样，就是收缩。同样地，感受性则是神经实质固有的特性。

18 世纪末，这些思想被布朗[36]纳入到一个系统当中，这一系统在很长一段时间里影响着实用医学。生命在他看来似乎就是一种由刺激维持着的状态，他在体外的、环境的以及体内的各种刺激——例如情绪活动所产生的刺激——之间作了区分。如果这些刺激是在特定的一般范围之内的，如果各器官有一般的应激性——这意味着它们具有对刺激作出灵敏反应的功能——那么，人就处于健康的状态；但是，如果这些刺激异常地增强或减弱的，或者如果应激性受到了损害，那人就会生病。尽管布朗学说的许多结论人为造作和固守先验图式的成分太多，但是我们还得感谢布朗，因为有了他，我们才逐步清楚地领悟了应激性的观念对于生理学和病理学的意义。

今天，这些观念有了少许的改变。我们也假设有生命的物质**对刺激敏感**，用这个观念，我们意指那种通过新陈代谢的变化来对各种各样的刺激产生反应、并且通过它们来交换能量的能力。刺激可以带来代谢率的增长(兴奋)或者降低(麻痹)，它们同化地或者异化地发挥着作用，这意味着它们可以导致势能的储存，或者导致动能的释放。好比火药桶里的星星之火，在这里，微弱的刺激可以释放巨大的能量。布朗所谓的次要刺激确实没有从体外影响到身体，但这些刺激是细胞自身通过新陈代谢的产物所产生的，今天我们把这些刺激称为自动刺激。

有人把生理学简单地认作化学和物理学的应用，再也没有比这更荒谬的了，生理学自有其问题也自有其方法。人们已经注意到，实验是生理学最受喜爱的工作方法，物理学和化学也是靠着实验来运转的。但是令生理学研究从根本上有所不同的是，它是用活的生物来进行实验的，而化学和物理学在其研究中使用的是无生物界中的各种力、热量、压力以及电等等。生理学还把活命的物质作为决定性的因素添加到它的研究领域当中。

对于作为医生的我们来说，真正至关紧要的是人的生理学。但是，在我们的各种研究当中，就在这一点上，我们所引证的与胚胎学相关的那些困难，又一次同样难以克服地摆在了我们面前。必须承认，我们能够从人体内直接证明生理学上的许多关系。但是许许多多的其他关系，不深入机体作重大的侵扰就不能证明；因此，我们不得不仰仗**动物实验**，也不得不由动物推断出人的种种同功来。对于胚胎学，恰当而又准确的是，各种哺乳动物是按照和人一样的结构蓝图构成的，同样地，在生理学这里，千真万确的是，同样的生命物质构成了所有的生物。生命物质的基本功能通常都一样。一种动物从结构上越是存在明显的分化，其生命现象与人的相似程度就越是显著。因此生理学是一门出色的比较科学，它以动物学和植物学为先决条件，似乎比以解剖学为先决条件的程度还要高一些。我们已经注意到形态学和生理学密切相关，共同构成**生物学**，这门流传下来的学科必然包含着对各种活的生物之形态和功能的研究。

尽管生理学在大多数情况下必须有赖于对各种动物的研究，不过它也决不会放过一个可以获得关于人的直接经验的机会。这种经验的一个丰富的来源就是门诊。疾病当中变了样的各种功能帮助我们得出关于正常功能的结论，用这一方法，一些不正常的精神状态确实拓宽了我们对正常的精神生活的理解。所以，生理学必须与诊所医院紧密联系，另一方面诊所医院没有了生理学也不可能有所改进。还有，各种药物的影响所改变的那些功能，也将对生理学家有启迪作用，所以我们要与药理学家密切协作。

动物实验通过多种麻醉剂的运用已经变得人道得多了。虽然为了研究的目的，越来越多的动物被牺牲了，这一事实没有改变，但毕竟实验所用的各种动物不再受到折磨。过去的几十年中，在人道立场上反对动物实验的很多机构涌现了出来，他们的解释是人因为要推进研究而去杀死无害的动物是不正当的，并且他们还尽力用法律把活体解剖从实验室里清除出去。尽管这些人因为他们的努力应该得到一些赞赏——这一点不可否认——不过我们还是要提出异议：他们对如此研究的重要性完全无知。在什么样的范围里人出于纯粹知识的原因去杀死动物是正当的，这个问题我们不必试图作答，因为我们考虑的问题是一个完全不同的问题，我们的理由是一个实干的、更确切地说也是人道的目标。实验动物之死，帮助我们保全了人之生，同样地也保全了其它动物之生，因为生理学的结论对兽医学也有推动力。这个理由在此证明了牺牲的意义，正如解剖学的情形一样：昔日对死者的亵渎有助于对生者的保全。诚然，这种事情另有悲剧性的一面，生竟然要用死来支撑。我们的食物当然主要是动植物身体上的部位，何况我们自己也是生死循环的组成部分，我们自己是别的活物的牺牲品，而且死后我们的身体物质再一次回归土地，成为产生新的生命物质的温床。当然，在实验室里还是存在有合乎道德的标准的，我们通常会意识到我们的责任，也会避免一些欠考虑的实验，过去一些出于教学目的的动物实验，现在也可以很好地用相应的电影来替代。

在显微解剖学的讨论中我们认识到了，这一学科的进步是多么紧密地跟它的技术方法之发展结合在一起的。这一点，在生理学中，从极大的程度上来说也是真实不虚的，毕竟在实验中生理学需要大得多的实验器具。1847 年由路德维希[37]创造的图表记录方法的采用，具有革命性的影响。生理的现象就是一些行动，或者说运动，并且就其本身而论都是稍纵即逝的。我们的职责所系，就是要找到记录这些运动的方法，一些方便我们能在平静之中研究测量这些运动并使得其可感知的方法。这一点我们用记波器成功地做到了，依靠这种仪器，一段动态可以用描记杆在覆盖于旋转滚筒上的、用烟熏黑了的纸上记录下来。因为描记杆偶尔会由于惯性而干扰到运动的记录，这就催生了更大的进步，其时人们认识到可以用光线来代替描记杆。运动被记录在一面镜子上，而后，由这面镜子反射出来的光又被照相感光板捕捉下来。

现在，让我们来简短地总结一下器官生理学当中这几个各别的领域，就如同我们在自己的学习生涯中邂逅它们一样。不过，我们要记住，任何一种类别系统都是人为的。我们也不可能单独地去理解一个孤立的器官的功能，机体是一个整体，也只能是所有器官的协作所创造出来的生命的和谐。在这里，分析必定会被用以作为研究的方法之一，但是在生理学领域，综合方法的使用，才是极重要的。

机体常常被比作一台机器：燃料被喂进去，燃烧，逐渐产生热量，产生力，烟和炉渣被排放出来。尽管这样的类比从某些意义上讲是失败的，它仍然十分有用，我们也将相应地从**营养物**着手。我们必须研究各种食物，这可不仅仅只是燃料——而这正是机器之喻失败的地方——这些食物起到了构成生命物质的作用。实践先于科学。出于本能，原始人就能够找到他所必需的各种食物，而且，远在科学证明所谓的“为什么”之前很早很早，合理的日常饮食就已经广为人知了。不过，当生理化学成功地分析食物进而认识到其中哪些化学成分对生命来说必不可少的时候，“为什么”还是标志着一个进步的时代。人们发现：各种食物包含着三种主要的有机物：蛋白质，碳水化合物和脂肪；除了这些，机体还需要多种无机盐来自我维持；为了维持正常的生命过程，更多的有机物比如一些类脂和多种维生素，都是必要的。还有，组成体重大约65%的水是绝对必要的，这已是根深蒂固的经验事实了。

我们下一步必须研究的是跟踪食物的一连串变化：各种食物通过消化道、在肠腺的各种分泌物的作用下，于其路途当中所经历的变化，换言之，就是**消化作用**。接着，我们还要弄清楚以粪便的形式离开直肠的是一些什么东西。经过消化的食物被肠壁吸收，然后各有途径进入血液，一部分先借道淋巴管，还有一部分直接进入血液。因此，我们的职责就在于学着了解血液这一机体中主要的运载媒介。我们必须了解血液的组成，其各种组分——血浆和各种血细胞——的生理特性；此外，还要了解那维持血液运动的驱动力——这就是关于**血液循环**的生理学了——还有心脏所起的作用、大小血管所起的作用。

血液不仅仅把营养运送到所有的身体细胞，还把氧搬运进去，把二氧化碳从组织里运出来送到肺叶。这一来，我们将要研究血液气体、血气的容量、血气的结合方式、血气的进程，换言之，就是**呼吸作用**。我们还将研究呼吸作用的机制，研究外呼吸——肺与血之间气体的交换，还有内呼吸——血液和组织之间气体的交换。

接着，我们将深度追踪食物中的营养成分在生理上的结果，追踪它们从血液里出来、进入组织的旅程，还有器官里面的新陈代谢。两种行为过程完成了这样的变化：同化和异化，即逐步建设和逐步分解——用在肠子里面分解食物蛋白质而得来的各种氨基酸来组建自身的蛋白质；用淀粉类食物的分解物糖来组建动物淀粉，组建糖原；摄入食物脂肪并建立体脂肪储备（以这种方式在食物不足的时期，为机体提供生活物质、建立氧化作用的储备）；还有，这些物质的分解物，动能由之产生的新陈代谢所产生的废物。

这些最终产物通过淋巴的途径到达血液中，最后必定会被排泄到体外的世界去。**排泄**有许多不同的途径：肺，肠道，首先肯定是通过肾脏和汗腺。

肯定还有别的物质——内分泌腺的各种产物——会通过血液的途径被输送到器官里，这就是**激素**。尽管有些器官具有腺体的上皮结构，我们很清楚它们没有排泄管，它们所形成的分泌物必须直接进入流经其间的血液当中。研究这些腺体的动力来自于诊所医院。1855 年英国医师艾迪生[38]描述了一种疾病，这病明显表现为皮肤上有一种特别的黄褐色变色点，由此他追踪到一种肾上腺的病态。布朗－塞加尔[39]基于实验所作的许多调查揭示了这种假设的真实性。其他这样的腺体——甲状腺、甲状旁腺、胸腺以及垂体——都被识别了出来；另外还发现，各有一根排泄管的其他腺体比如胰腺和一些胚腺，除了外分泌物还各有一种内分泌物。

人们越来越清楚，对于身体有条不紊地执行各项机能，激素具有多么巨大的重要性；也越来越清楚那些引起了那些明确的、众所周知的疾病——但是其病理还无人知晓——的激素，其活性是太多或者太少甚至是完全被遏抑。当时临床教学与生理学合作、交流那些富有成效的发现是很难得的，合作交流方面的深度广度，远不如今天这样以合作交流为关注的中心。

最后，我们还得研究关于**繁殖**的生理学，研究有性繁殖过程中的生成物的组成，研究关于世代、关于生长发育的机理。

从根本上来说，所有的这些机能，动物与植物共有，尽管人们发现植物在细节上存在着极为显著的不同。所以，我们一般所谈到的是**植物性机能**，把它们与**动物性机能**区别开来，动物性机能是动物机体的特征，也是我们此时所要说到的。我们将论及关于肌肉、神经系统和感觉器官的生理学。

尽管 16、17 世纪在生理学领域许多基于试验的工作，被戴上了显著成功的花环，但是，关于神经系统的生理学，因为它与心理学、哲学的密切关系，在胡思乱辩的游乐场里停留了相当长的一段时间。和这一切同样有趣的是，一旦我们更深入地讨论这些思辨，我们也会被牵引着偏离文化史的视角。哈勒引领了把神经视为传导刺激之器官的见解，他的诸般努力，已经被人们引为现代神经生理学的起点，这一门生理学的成就在于：通过试验性的研究抓住所有可能的现象，抛弃那构建一套完整理论的企图。19 世纪初，具有广泛重要性的新知识在较早的一系列观测数据的基础之上，一步一步地接踵而来。生理学家们懂得在传入求中的传导性的感觉神经和传出离中的传导性的运动神经之间作出区分，懂得脊髓神经根对于反射能力——即对刺激的本能反应——的含义。包括电的使用在内的改进了的技术，使生理学家们得以掌握刺激传导的规律及其反应时间；使用显微镜，他们可以深入再深入地洞察大脑结构的内部，并且，通过扰动特定的脑区，他们试着凭借作为结果的现象画出脑功能图来。最后，他们终于识别了支持各种执行植物性机能的器官——比如内脏器官、心脏、血管等等器官——的神经系统，独立于大脑，独立于随意冲动，它静静地履行着它的职责，甚至在我们睡着的时候也不稍歇，这就是植物性神经系统。

生理学的研究当中，跟这一结果同样地给人以深刻印象的是，我们将不得不承认，从来没有人在机理的基础上成功地解释过哪怕一个生命现象。毫无疑问，大量的此类现象能够用物理的和化学的诸般规律去查考，但是每一次分析，当它到达某一点时必定遭遇一堵不可逾越的墙。我们能够确定那些进入机体的物质的细节，在多数情况下也能够一步步地追踪它们穿过身体的结果，一直到它们以变化了的形态离开身体的那个位置。我们能够测量这些物质在这样的转化过程中能量的释放量，可是我们对这些过程中那实际的推动力全然无知，对真实的生理运行无知，对生命物质的角色也无知。我们知道为了使心脏跳动哪些条件是必要的，我们也可以确定心跳的频率以及由之而生的动力，但是，心跳的全部细节，肌肉收缩的细节，我们还是不能像机械论者那样去解释。

生理学家们对生命问题的态度五花八门，在彻底的放弃与异乎寻常的乐观主义之间摇摆。1872 年杜布瓦 - 雷蒙[40]作了他划时代的演讲，讲述了对大自然之认识的局限，最后竟以一种屈从于无知的表白结尾。今天越来越多的生理学家机械地思考着，他们有这么一种观点：诸如在有机体内部运行的各类力，都可以在无机界里得到证实，生命的要素包含在物质的特定组合当中。人们正处在研究方法论的起点，还不知道酶在大多数生物过程中起到决定性作用的本性，而且，人们也确实不知道白蛋白这一原生质中最重要成分的构造。生理学家们也指出，生命物质有着极为复杂的结构，这为研究之路平添了许多困难，因为每一次侵扰都会扰动这一微妙的结构。如果我们在这个范围内能够拨云见日——从业已获得的研究成果来看这似乎是可能的——我们就临近解决生命中这一疑惑的边缘了。

以德里施[41]为首的一小群生物学家持一种根本不同的观点。依他们之见，生命具备一种生来就有的规律，这就是自主自律。自主权在生物有目的地行使诸般功能的情况下自说自话，更确切地说，生物功能受到激励与无机世界的现象完全对立。关于再生的很多实验指明了这一方向。在发育着的机体里面，每一个细胞都有其确定的职责，这一职责在正常的境遇之下得到实行（预期意图）。如果细胞被人为地扰动，其他细胞都能来替代它们，接管它们的职责（预期发育能力）。因此，人们明白了细胞是等能的。这一观点的成果是：细胞形成了一个协调—等能的体系，通常是融洽匀称的一个整体。这些生物学家阐明了一个构形的原则，德里施受到亚里士多德的启发，用“隐德来希”[42]一词来界定这一原则。我们不要以为，在这里我们忙活的只不过是名词概念，这一新的生机论是从实验室里面发展出来的，并且，与人们相当不合时宜地用生物化学来解释生命的那些假说比起来，其中的思辨既不多也不少。

就生物学中的这些问题而论，我们采取哪一种态度，对于生理学的实践根本无足轻重。研究总是会尽力按照物理学、化学的规律去查考更多的生命现象，去多多破解未解之谜。每一个新的发现，都将在医学上结出果实来。

生理学的课程，和解剖学的一样，分成理论性的和实践性的两个部分。理论方面，我们有系统地学习了器官生理学，并且，因为我们的任务在于描述过程而不是描述状况，在这里我们也将运用各种实验的手段。教学总是呈现出明白无误的历史色彩，原因在于，为学生而进行的演示实验，原则上就是那些从一个现象得出一个发现的经典实验。在实验性课程期间，学生有机会自己做比较简单的实验，他有机会一窥生理学的作坊，学着使用物理学的实验器具，以此方式，生理学的基础现象更深刻地印入他的脑海。这些课程也给他提供了试验最重要的生物化学反应的机会，实习门诊临床的各种检查方法，为日后打下基础。

对年轻的学生而言，生理学是从解剖学到门诊医学的桥梁。我们过去通过无生命的尸体研究解剖学，然后用我们的想象力试着将生命注入这解剖的图画当中。现在，在生理学这里，我们面对面地接触到**活生生的**对象，看见充满活力的器官，我们终于认识到了解剖结构那真实的含义。生理学的方法，也就是门诊医学的方法，后者也发端于生命的现象（疾病的症状），也是要去观察它们、描述它们，然后查究其起因。我们现在明白了，生理学让我们朝着医学迈进了一大步。

译注：

1，此处为拉丁文，spiritus animalis，指一种“心灵的”或“有活力的”的精神力量，有时被翻译为“动物精神”。

2，埃维亚，Euboea，希腊第二大岛，在爱琴海中，面积3657平方公里。在岛的东北面与希腊大陆西南面之间有埃维亚湾。

3，弗拉卡斯托罗，Girolamus Fracastorius，1478—1553，意大利医师、诗人、天文学家、地质学家。曾在帕多瓦大学与哥白尼共事，1538年发表的《同中心论或星论》假定行星在圆形轨道上绕一恒定的中心旋转，为哥白尼“日心说”铺平了道路。早于巴斯德和科赫之前300多年提出了科学的病菌学说，其传染病理论在当时受到广泛的赞扬。

4，此处原文为Natura nil facit frustra，拉丁文。

5，盎司，ounce，金衡或药衡1盎司=31.103克，常衡1盎司=28.3495克。

6，此处原文为anatomia animata，拉丁文。

7，米开朗琪罗，Michelangelo，1457—1564，意大利雕刻家、画家、建筑设计师和诗人，是文艺复兴兴盛期最重要的艺术家，将雕塑、绘画、建筑设计视为一个整体。主要作品有雕像《大卫》《摩西》、壁画《最后的审判》和建筑设计罗马圣彼得大教堂的圆顶。晚年所作雕像《晨》《暮》《昼》《夜》具有悲剧性质，显示出人物的心情激动和思想矛盾。有诗集传世。

8，巴罗克艺术，Baroque art，公认的词源是葡萄牙语barroco，意为“不合常规”，到19世纪中叶之前是一个贬义词，直到1888年沃尔夫林发表《文艺复兴与巴罗克》，才系统表述巴罗克风格。巴罗克作品在风格上极复杂，一般反映了力图寓情感于具有感性吸引力的形式之中的愿望，常见的特点是气势雄伟、生气勃勃、有动态感、气氛紧张、注重光的效果，擅长表现强烈的情感色彩和无穷感，颇有打破各种艺术界限的趋势。这一艺术特点来自于文艺复兴所发扬的古典艺术精华与礼教观念的约束作用相结合。就其影响而言，有三种文化倾向：一是反宗教改革运动的出现；二是君主专制政体的巩固；三是在科学发展和对地球进行探索的影响下，对大自然产生了新的兴趣，这促使人们对自身有了新的看法。到18世纪，巴罗克风格转变为洛可可式风格。

9，沃尔夫林，Heinrich Wölfflin，1864—1945，瑞士美学家、艺术史学家。以一种对创造过程的心理解释为基础的分析形式的方法，分析有关文艺复兴时期和巴罗克时期的作品。1888年发表《文艺复兴与巴罗克》。

10，托里拆利，Torricelli，1608—1647，意大利物理学家、数学家，发明晴雨计。1641年担任伽利略的秘书和助手。他是创造持续真空的第一人。

11，居里克，Otto von Guericke，1602—1686，德国物理学家、工程师和自然哲学家。1650年发明了空气泵，用以研究真空以及在燃烧和呼吸过程中空气所起的作用。1654年进行了著名的马德堡半球实验，将两只铜碗扣合，抽出其中的空气，这两只碗靠周围空气的压力挤在一起，用几匹马也不能把它们拉开。这第一次演示了空气压力的巨大力量。

12，玻意耳，Robert Boyle，1627—1692，英国化学家、自然哲学家，皇家学会创始人之一。1656—1668年在胡克的帮助下制造了气泵，用一系列开拓性的实验论证了空气的物理特性，论证了空气对于燃烧、呼吸和声音的传播必不可少。1661年发表《怀疑的化学家》，抨击亚里士多德的“土、气、火、水”四元素理论和帕拉切尔苏斯的“盐、硫、汞”三要素学说。1680年被选为英国皇家学会会长。玻意耳终生研究科学，也虔信上帝。

13，梅奥，John Mayow，1640—1679，英国化学家、生理学家。比普里斯特利和拉瓦锡约早100年认识到氧气是实际存在的、具独特性质的空气实体。虽然拥有牛津大学法学博士学位，但是他执业行医。在《论呼吸》《论天然苏打和硝气精》《论胎儿的呼吸》等论文中，他正确地从解剖学的角度描绘呼吸作用，并确认氧气在金属燃烧过程中的作用。

14，原文如此。应为29岁，疑是作者或英译者笔误。

15，施塔尔，Georg Ernst Stahl，1660—1734，德国医生、化学家。他最早对燃烧及与之相关的呼吸、发酵和腐烂等现象作出全面的解释，他的燃素论统治化学界长达一个世纪。1694年参与组建哈雷大学的医科学校。他认为有机体活着是因为一种力的作用，他称之为“活力”。其燃素论认为燃素具有可燃的属性；在燃烧过程中燃素会逸去，但是与煤之类富含燃素的物质接触时，燃素又可被重新获得。尽管他有时迷信于炼丹术和泛灵论，但还是在古代哲学的基础上建立了实用的理论，澄清了一些基本的化学概念。他打破了化学和医学之间的界限，坚信这两门学科之间具有内在的联系，用医疗化学的观点把生理过程视为化学变化。

16，拉瓦锡，Antoine Laurent Lavoisier，1743—1794，法国化学家、政治家。1766 年因有关大城市照明设计的论文获法国科学院金质奖章，早期的研究驳斥了当时流行的“水可转化为土”的观念。1768 年任科学院的化学助理，同时任职于政府征税机构；1775 年改进火药的生产；1778 年创办模范农场，实验科学种植；1785 年升任科学院院长，并兼农业委员会秘书；1787 年当选省议员，计划通过银行储蓄、社会保险、开运河、建立济贫院等措施改良社会；1789 年起草教育法典；1790 年任法国统一度量衡委员会秘书和司库。法国大革命中因其在征税机构的身分而被极左派送上断头台。拉瓦锡的名字永远和推翻燃素论相联系，是现代化学之父。1774 年在普里斯特利制备出“非燃素空气”后他才意识到金属在煅烧中只消耗了空气的一部分，断定普氏的新“空气”就是在燃烧中被吸收的，他将之命名为氧，解释说，燃烧不是假想的燃素的释放，而是可燃物与氧的化合。1783 年他宣告“水是氢和氧化合的产物”，开创了定量的有机分析。他还认为物质有三种聚集形态：固态、液态和气态。他还研究了发酵、呼吸和动物热能，视之为自然界的基本化学过程。

17，舍勒，K. W. Scheele，1742—1786，瑞典化学家。尽管其家境贫寒，缺乏通常的实验条件，但他发现新物质的成绩无人能比。1768 年在斯德哥尔摩做药剂师，1775 年被选入皇家科学院，随后移居克平开设药房。1772 年左右制取了氧。1777 年发表《论空气和水》：空气由两种气体组成，一种维持燃烧，一种阻止燃烧；前者叫做“火 - 空气”或者氧。

18，普里斯特利，Joseph Priestley，1733—1804，英国教士、政治理论家、教育家和科学家。他极大地推动了 18 世纪的自由思想和实验科学，其多方面的著作对欧美的政治、宗教、科学曾产生深远的影响，他一生坚信民主政治、宗教自由和运用科学必将促进人类的进步。他重视历史、科学和艺术，竭力培养学生实际工作的能力。1767 年在美国科学家富兰克林的支持下发表《电的历史和现状》。他是博物学家达尔文和蒸汽机之父瓦特的至交。其政治理念是人民在政府中应有发言权，人民对自己的行动应有自主权。1769 年发表的《论政府的首要原则以及政治、民事和宗教自由的性质》是 18 世纪自由思想的代表作。他曾经发现氧气、氧化氮、二氧化氮和氨等 10 种气体，另外他还发现了植物的光合作用。1782 年著《基督教的讹传教义史》，反对三位一体、得救预定和神启圣经等等教义，指出其谬误的历史来源。终生笃信宗教。1794 年因声援法国大革命而被迫移居美国，成为杰斐逊总统的好友。

19，拉瑟福德，Daniel Rutherford，1749—1819，英国化学家、医师，曾任爱丁堡大学教授，爱丁堡皇家医师学院院长。1772 年发现氮，并对之进行化学研究。

20，道尔顿，John Dalton，1766—1844，英国自学成才的化学家、物理学家。从 1787 年直到去世，他不间断地记录他所住湖区的气候变化，总共 20 万个数据。他热烈追求新知识，具有非凡的才能，综合各方资料作出理论判断。他创立原子论，认为一切元素都是由微小、具有相同原子量的不可分割的粒子——原子——组成。他还设计了化学符号制，并制成最早的原子量表。终身隐居未婚。

21，维勒，Frederick Wöhler，1800—1882，19 世纪多才多艺的化学家之一。生于德国农村，1820 年入马尔堡大学学医，后到斯德哥尔摩随欧洲化学大师贝采利乌斯研究化学，并结下了深厚的友谊。1825 年在柏林工艺学校任教。1828 年合成尿素，同时制备出金属铝。与好友李比希合作研究有机化合物。他编过许多有机化学、无机化学和分析化学的重要教科书。

22，李比希，Justus von Liebig，1803—1873，德国化学家，对有机化学的早期系统分类、生物化学、化学教育和农业化学的基本原理都作出了许多重要贡献。在吉森大学他建立了第一个向年青化学家讲授化学研究方法的实验室。他与维勒的友谊持续了一生。他否定了植物是由腐殖质提供营养的旧说，倡导使用无机化肥。1832 年发现氯仿，后被用于局部麻醉。

23，贝采利乌斯，Berzelius，1779—1848，瑞典化学家，现代化学奠基人之一。他的杰出成就有：原子量的测定、现代化学符号的发明、电化学理论、经典分析技术的发明等等。他是一位严谨的经验主义者，坚决主张任何新理论必须与化学知识相一致。他童年就对化学感兴趣，早年的医学学习几乎失败，到1802年获医学博士学位，1815—1832年任斯德哥尔摩卡罗林外科医学研究院化学教授。三四十岁间在窄小的厨房实验室用自己凑合改造的器材业余研究化合物，到1818年发表化合比及原子量表。

24，牛顿，Newton，Sir Isaac，1641—1772，英国物理学家和数学家，他除了发展了微积分，还以其运动三定律和万有引力定律改变了物理学的结构。关于苹果的神话，牛顿有回忆："我开始考虑那延及月球的重力……"其实他的记忆并不全对，所有证据显示，万有引力的概念并非出于1666年他脑中灵机一动，它是牛顿20年酝酿的结果，而且，胡克也有其贡献。1669年11月胡克与牛顿通信，提供了向心力与圆周运动之间概念性的关联。部分因为哈雷的关心，1684年牛顿出版了《论运动》，以此为基础，两年后《自然哲学的数学原理》问世。如果说《原理》是牛顿的精神产儿，那么胡克和哈雷也算得上是它的助产士。虽然《原理》相当受欢迎，可是书未出版就出现了争端，胡克是其中的中心人物，他声称是他的信启发了牛顿，牛顿勃然大怒，扬言不再发表《原理》的第三册，最后他破口大骂，称胡克为"无理取闹争强好胜的女人"，第三册出版时，牛顿还是没有声明胡克的贡献，而且还有意在任何可能言及胡克的地方对胡克隐而不提。牛顿对胡克的憎恨是具有破坏性的。在后来的争论中，牛顿挟其英国皇家学会会长之尊，调度所有的力量以为己用。例如，他未经许可发表佛兰提斯的天文学成果；在与莱布尼茨关于微积分发明权的争论中，牛顿征募年轻人替他打笔墨官司，他自己在幕后操纵指控和反指控。牛顿的童年完全不快乐，终生未婚，其一生总是处于濒临精神崩溃的边缘，不时地向人发起极具报复性的攻击，不论是对敌人，还是对朋友。

25，物理医学派，Iatrophysics，17世纪流行于欧洲的一种医学理论及学派，认为可以运用物理学和力学定理解释人体功能并医治疾病。

26，伽伐尼，Galvani，1737—1798，意大利科学家。18世纪70年代后期，他得到了静电机和莱顿瓶之后，开始用电刺激肌肉，1791年发表论文《论电对肌肉运动的影响》，认为动物组织存在着一种先天的生命力，称为"动物电"，这种力使得神经和肌肉活动，脑是分泌"电液"的器官，神经是连接电液和肌肉的导体。他的同事都同意他的见解，但是伏打不认为有什么动物电液，于是引发一场剧烈的争论。伽伐尼开辟了整个电生理学的研究道路，61岁时死于出生地波伦亚，当时世界正步入伟大的电气革命时代。

27，伏打，Alessandro Volta，1745—1827，意大利物理学家，发明了电池。1775年发明用来产生静电的起电盘。1780年他的朋友伽伐尼发现两种不同的金属与蛙肉接触就产生电流，1794年伏打开始只用金属做实验，发现产生电流并不需要动物组织，这引起了动物生电派和金属生电派的激烈争论。1801年，他在巴黎为拿破仑演示电池的新奇，被封为伯爵。电压的单位伏特，就是为纪念他而命名的。

28，海尔布隆，Heilbronn，德国西南部城市。

29，迈尔，Robert Mayer，1814—1878，德国医生，物理学家。研究动物的热和功，发现机械功和热的等值性，首次提出能量守恒定律。1840年（不是1830年，本书下文有误）作为船医远航到印度尼西亚。1842年计算出热的机械当量。

30，白蛋白，albumen，albumin的拉丁文。白蛋白是动物肝的实质细胞合成的，植物只有种子中含有极少量的白蛋白（胚乳），植物性蛋白与动物性蛋白的区别在于组成中主要氨基酸的差异。作者或英译者在这里也许要说的是蛋白质protein。

31，此处原文为corpora non agunt nisi soluta，盖-吕萨克的拉丁文名言。盖-吕萨克，Gay-Lussac，1778—1850，法国化学家、物理学家，气体研究的先驱，对化学的各个分支作出了许多贡献，尤其擅长精密的定量分析。1805年独自乘氢气球上升到7016米，测量地磁，并研究大气压与温度的关系；1808年发表至今仍以其姓氏命名的气体反应体积比定律；提出酸本质的新见解；1832年任巴黎国立自然史博物馆化学讲座教授，同时兼任多处顾问，把他的技术知识用于许多化学生产过程的改进。

32，格雷姆，Thomas Graham，1805—1869，英国化学家，“胶体化学之父”。1829年创立气体扩散定律。从考察一种溶液在另一种溶液里的扩散，他把粒子分为两类——一是晶体如食盐具高扩散性，一是胶体具低扩散性——发明了从晶体中分离胶体的渗析法。他早年立志成为化学家，但他的父亲不支持，于是他通过写作和教书自谋生计。1855—1867年间任铸币厂的厂长，此前担任伦敦大学教授。

33，由于溶质的颗粒大小和溶解度不同，水溶液的透明度会有所不同，较透明的称作真溶液，较混浊的称作胶态溶液（又称假溶液），有些胶态溶液还会进一步在底部形成沉淀，成为沉淀胶态溶液。

34，格利森，Glisson，1597—1677，英国医师、解剖学家、病理学家、医学作家。他被视为医学的代名词，完成了肝脏解剖的重要工作，写下了讨论软骨病的儿科论文。1650年在软骨病的研究中，1654年在肝脏解剖的工作中，格利森都假设了组织的应激性。他用实验驳斥了有关肌肉收缩的热气球理论。现有以其命名的肝纤维囊。此处原书误为18世纪。

35，哈勒，Albrecht von Haller，1708—1777，瑞士生理学家，诗人。18世纪第一流的生物学家、实验生理学之父，对生理学、解剖学、植物学、胚胎学、科学文献目录学、诗歌都有大量贡献。1757—1766年写成了百科全书式的8卷本《人体生理学原理》。根据567次实验(其中190次是他亲自做的)结果证明：应激性是肌肉的一种特性，感受性是神经的特性，神经对刺激没有可察觉的变化，却使与之相连的肌肉收缩，这使人想到神经能传送产生感觉的冲动。

36，布朗，John Brown，1735—1788，英国医师。初在爱丁堡大学师从卡伦，因学术观点与其冲突而被迫到圣安德鲁斯取得医学博士学位。1780年出版《医学原理》，因其纯正的拉丁文和切实可行的原则而广为接受。1787年出版《对当前爱丁堡大学讲授的痉挛分类法的意见》，对大学教学法极为不满，无情地揭穿卡伦的错误。在师从卡伦时，布朗就形成了自己的理论：所有活组织都有“可激性”；生命可定义为外界刺激作用于机体所引起的反应；疾病可分为起源于刺激过度的“亢进的疾病”和起源于刺激不足的“无力的疾病”。因在爱丁堡失势又欠了债，布朗移家伦敦。18世纪末布朗氏“可激性”理论最为流行。19世纪初赫尔姆霍兹最后否定了布朗氏学说。

37，路德维希，Karl Ludwig，1816—1895，德国生理学物理化学学派的创始人。1847年发明记波器以记录动脉血压的变化；发明一种水银血-气泵，可从血中分离气体，从而了解气体对血液净化所起的作用；1856年首次使动物器官离体存活；1871年与美国生理学家鲍迪奇一起提出心脏活动的“全或无定律”；首次证明人的消化腺受分泌神经的影响。他是一位杰出的生理学教师，学生中有200多名杰出的科学家，包括鲍迪奇和为本书写卷首语的韦尔奇。

38，艾迪生，Thomas Addison，又译阿狄森，1793—1860，英国医师。

他最先把整套临床症状与一个内分泌腺的病理变化联系起来。1839 年与人合著《内科临床要义》；1849 年初步叙述了肾上腺皮质功能不全（艾迪生氏病）与恶性贫血（艾迪生氏贫血）；1855 年著《论肾上腺病对体质与局部的影响》。

39，布朗－塞加尔，C. E. Brown-Séquard，1817—1894，法国生理学家、神经病学家、内分泌学和神经生理学的先驱、脊髓生理学的创始人之一，最重要的发现是肾上腺为生命所必须。1846 年在巴黎学医；1864—1868 年在哈佛大学任教。晚年，因鼓吹注射一种绵羊睾丸制剂以延年益寿而遭到非议。

40，杜布瓦－雷蒙，Du Bois-Reymond，1818—1896，德国生理学家，现代电生理学的创始人，以对神经及肌纤维电生理的研究而著名。与人在柏林大学制定了生物物理学研究计划，旨在把生理学还原为应用物理学和化学，这影响了弗洛伊德的心理学理论，并在清除生理学中的活力论的过程中起了重要作用。

41，德里施，Hans Driesch，1867—1941，德国实验胚胎学者，活力论者。自幼喜爱动物，在几所大学学习动物学、物理学、化学。曾广泛旅行，业余研究实验胚胎学；把胚胎分开、融合、压缩，从而证实核都是相等的；认为细胞核与细胞质通过酶完成相互作用；认为不能用机械论的术语而只能用活力论来解释他的实验，并采用亚里士多德的“圆极”一词来表示活力因子。其哲学思想受到康德的影响，对心灵学也感兴趣。1935 年为纳粹所迫离开教职，著述不辍。

42，隐德来希，原文为 entelechy，源自希腊文，由 enteles（目的）与 echein（有……在其中）合成，字面意义为“有一个目的在自身内”，这是亚里士多德的术语，表述使纯粹潜在之物成为现实的生命原理。通常译作“实现”，但是直译“隐德来希”也很流行。从词根上去理解，这与一种行为或过程所内在之趋向的完成状态或完满状态相联系。隐德来希乃是形式，作为每一事物或潜在质料在自身中所实现之运动的目的。亚里士多德把这一术语与 energeia（一般译作“现实”）交替使用。活力论者德里施认为，一切有机体都有一种内在的符合目的的非物质性的生命力；这种生命力促使有机体完美臻于成熟。另译“圆极”，此语可在佛教天台宗的文献中找到出处。

第三章　人的精神和心灵

我们前面是考虑到医学实践要以对健康人的全面认识作为先决条件来着手的，在这一点上，我们已经提到了人体的结构，提到了它的表现及其器官的功能。“人”不能单单用解剖学和生理学去理解，这是明摆着的。无论这个问题发生与否，关于人体的这一认识是符合做一个医生的必要条件的，绝无反例。如果只是修理一台有缺陷的机器，这样也许就够了；但是，病人首先是并且最重要地是一个陷在痛苦之中的人！通常，痛苦是由器质性疾病引起的，不过这并非常例，偶尔，器质性疾病也是痛苦的结果。

所以，医生必须注重痛苦。他对组织结构机理的知识不会在所有的时候都适用，他还必须承认并理解人的精神生活。在今天，这比以往任何时候都重要。过去，当宗教热诚高涨的时候，那些饱受精神上极度痛苦的人们可以逃避到神父跟前，吐露自己的心事以消除心灵上的负担，最终找到忠告和安慰。今天，一大群一大群的人们已经对教堂掉头不顾，他们很痛苦，却缺少这等没有偏见的帮助，他们压抑着他们的痛苦，直到肉体上的苦恼拖着他们去看医生。确实很明显，一个没有心理学理解力的医生，面对这样的病例就会很不光彩地失手。其实，医生和神父在原始社会是一体的，就是同一个人。随着文化的进步，他们的角色分离开来，如今许多原来须由神父来解决的问题，落在了医生的肩上。

我们被不断地告知，为了行医，我们需要掌握关于人类本性的知识；不过，我们也得到提醒，这一实用的知识——尽管它必不可少——不是学得来的。医生们做这一行是注定了的。在医生的个体之间无疑存在着很大的不同。一些医生可以不费力地接诊他们的病人，感受到病人的病状，并且通过每一个细微的指征，凭着直觉把握住他们的病人正在忍受的病程；然而，另一些医生要切中病症就有点儿难。不过我相信，“医生是天生的”这一说法错了，这将导致无节制的状态。我们所有人的心中都蛰伏着出于天性的助人、救人的愿望。一个母亲会用温柔的双手和充满柔情的话语去照料她的孩子，一个大姐姐会去安慰她的小弟弟；人类对于那些苦人儿一般都有同情心，甚至早在他们还没有被教给这种反应的时候已然如此。在那些选择医务作为其终身职业的年轻人中间，我们应该期待一种服务的强烈愿望，我们首要的宗旨不能是扼杀这一倾向，而是要把它激发出来。

医学的一个分支——精神病学，离开了心理学就完全不可想象了。如果我们没有学到关于正常的精神生活的任何知识，我们又如何去理解被疾病所扭曲的精神生活？又如何希望能够有益地去影响这精神生活呢？生理学对内科学意味着什么，心理学对精神病学就意味着什么。当然，不是所有的医生都专攻精神病学，但是无一例外，他们都必须救治那些有着各种不稳定的精神状态和各种精神病态的病人；而且，无论他们可能从事哪一种专科，他们都将要判断很多种精神状态。任何一位审慎地、有效地医治其病人之病状中的精神因素的医生，都将比他那些训练得不够好的同事多一点优势。

由前面所谈到的可以推断，同了解人类身体的结构性能一样，学医的年轻人还应该使自己了解精神的种种机能。如果他使自己局限在生物人的层面，那么，他自己可以理解的人的画面，就将仅仅停留在躯干上。

大多数国家居然吹嘘其医学课程里没有心理学的课！这真是一个令人惊讶的事实。尽管没有人认真地为心理学知识的需求作申辩，人们还是听任学医者各施手段自己去找心理学的知识，不管他什么时候也不管他如何弄到手，反正尽其所能吧。医学教育中这种公开明白的欠缺要归咎于五花八门的原因。在医学发展的早期，人们对心理学的观感不得不隐入以客观现实为主旋律的背景当中。另外，正在策划过程中的种种教学方法也有许多困难，心理学该怎么教？没有一门统一的心理学，倒是有为数众多的心理学理论系统。很明显，由哲学系来教授的心理学绝对不能满足学医的年轻人的需求。教学没有策划出专门的课程来，一些大学里精神病学家在竭力阐明心理学的种种基础原理。每一个临床讲师也每天都有机会在病床旁边教授实用的心理学，只可惜他难得利用这样的机会。

就算存在所有这些固有的困难，我总相信，策划一门医学心理学的课程还是有可能的，也将是最卓有成效的。各种理论是有不同，不过关于基础问题的某种一致性也在流行。在最近 20 年里[1]，心理学已经长出了健全的根系，尤其是在医疗这个方面。一门折中的课程——只涉及为公众所接受的事实和心理学入门——将使临床实习前的课程更加完美、更加改善，并将成为临床教学乃至执业的良好的预备性训练。

为了完善我们关于人的画面，也为了激发用自我分析的手段来解决这些重要困惑的兴趣，让我们来简短地描述一下心理学的各种要素。

举一个例：我在床上睡着，忽然我的闹钟发出了巨响，于是我起床，穿衣，然后来到教室。其间我到底会想到些什么呢？声浪是由一件机械操纵的装置发出的，这些声浪传到我身体表面并且刺激到我体表中一个特殊的部分——我的听觉器官，这刺激取道于我的听觉神经被传到我的大脑，引起了一个反应，于是我**感觉**到了声音；我逐步感觉到的这些声音并非混杂之音，它们具有特定的强度和音色，而且我从前感觉过这同样的强度和音色的组合，以前的相同感觉的记忆画面在我心里被唤醒。通过一个名为**联想**的过程，闹钟的**观念**通过这些声音的感觉在我心中终于成形：我知道它外观怎样，它是怎样工作的，还有它是做什么用的。我有对闹铃振响的**知觉**，我感知到了铃音，也感知到了发出巨响的闹铃。

我先前是睡着的，这一下我醒来了。此前别的更响亮的许多声音确实都没有吵醒我：有人在宿舍里敲打着什么，住隔壁房间的人已经起床一个钟头了……尽管我没听到邻居的闹铃，我自己的闹铃却立刻唤醒了我。从我四周声音的喧闹中，我做出了一个选择。所有这些声音都刺激了我的听觉器官，但我只感觉到了我自己闹铃的声音。为什么？因为这些铃音对我有着一种特殊的含义。当我意识到我那发出巨响的闹铃的时候，这个知觉唤醒了心中许多的意象：黑夜已经过去，白天为我到来，该干活了，我希望做一个医生，我必须去听课。我有了起床的**冲动**。

不过今天我有一些反常的疲惫；我这一晚前一晚都忙到很晚，我还没有睡够，真没觉得休息好了，我又产生了一个翻身睡觉的欲望。于是我的这两个冲动相互竞争，每一种欲望都联系着一些明确的观念。我开始考虑：要是我起床，那我前面就会有长长的一整天，我可以适意地干完我的活儿，满足我的责任感；从另一方面说，要是我再接着睡，我不知道我要怎样干完我应该干的活儿，我被人说成偷懒就一点也不冤，为人医者应该有能力克制自己不贪图舒适便利。再说，今天我也许可以破一个例，让人转告我今天上课的有关情况，或者可以自己用功研读课本里的这一课。

这闹钟的铃声唤起了我心里不愉快的一些感觉，这些感觉妨碍了我执行我那第一个冲动。回去睡觉正合我意，而且我也倾向于听从这个冲动，把所有的考虑抛到一边。这时我记起今天的第一堂课是我特别感兴趣的，我尤其钦佩那位讲师，何况他今天所讨论的主题正是我期待已久的，一下子我的情感状态就变了！疲劳被赶走了，第一个冲动越来越强烈，这一来我做决定就很容易了，这个决定引起了一个**行为**：我跳下了床铺。

所有这些过程都发生在我的意识里面，我知道它们的存在。然而，在我穿衣的同时，我完成了许多动作——比如给我的表上发条——这些都是我所没有意识到的。这里，光线和上述声音的心理过程是同一的。我的表发出光波，这光波又被我的视网膜感受到，我感觉到了颜色光泽，看到了我的表。这样，我完成了一个动作却完全没有关于我正在这么做的意识。所以，我们必须区分出精神的两个层面：**意识**和**潜意识**。关于潜意识心理在医学当中的重大含义，我们将有很多东西要提到。

现在，我们来简短地列举一下刚才的例子当中我们所遇到的各各不同的心理机能。最简单的心理要素是感觉，这些感觉是通过我们的感觉器官（凭借感觉器官，我们知觉我们周围的世界）的媒介作用或者直接通过我们的感觉神经末梢（比如各种痛觉）带给我们的。我们之所以有觉悟，是因为这些感觉在我们心里唤醒了记忆中关于此前相似的那些感觉的一幅幅画面。所以，认识是一个复杂的过程。我们以假设作为思考的基础，假设每一个感觉不但没有完全消失而且还留下了塞蒙[2]称之为“记忆印迹”的痕迹，还可以假设存在有一种重温种种感觉并将之召回到注意中心的机制。这样，我们就得假设**记忆**和**联想**。因为如果我们忘掉了一些东西，并不等于这东西在我们心中已经消失了，我们纯粹只是不能回忆起这东西来，联想没有起作用。只要再多给我们一些其他的细节，我们就可以回忆起来了。一个有良好记忆力的人，纯粹只是一个有着良好的联想力并且可以自由运用的人，一个记忆的印痕油然而生的人。联想则是一系列心理画面的组合，当一幅心理画面可以把另一幅召回到记忆之中的时候，这两幅心理画面就是相互可联想的。

情感的重要性，在我们所举的例子当中已经很明显。每一个心理过程都与不论是愉快的还是不快的情感相联系，这些情感的肉体迹象就是笑和哭之类的现象，反之，肉体的过程有时也可以支配情感（例如几种心脏病就可以导致害怕的情感）。我们的许多行为大部分都取决于情感，我们力图快乐并规避不快乐；情感也会影响到我们的思维，它们具有一些明确的选择性能力。如果我有一种快乐的体验，相应的联想就易于产生，因为道路已经为它们铺平了；如果不快乐，那联想就会被阻塞，这样，我的判断就变模糊了，我会倾向于情人眼里出西施，还会倾向于可鄙之人必有邪恶之处。思维当中的时间因素也会受到情感的影响，如果我喜欢解决某个问题，其答案的出现会比我不得不解决的那个问题的答案来得快得多；如果我对某一堂课有极大的兴趣，我不会想着去看一眼课堂的窗外，和这次讲课有关的所有联想都准备就绪，所有无关的另类都被抑制。换句话说，**注意**是情感的一种表现。我们的记忆也会受到我们情感的影响，一种体验所记下的情感越强烈，我们就能越长久地把它记住，甚至几十年之后同样的情境也会使人想起相当鲜明的色彩和细节来。人人从经验中都体会得到，回忆起快乐的事情要比回忆不快的事情容易得多，我们阻塞了有关后者的种种记忆。情感都有一种强烈的联想力，许多的念头可能被一种情感叠加在了一起，当结合成为"自觉感情"[3] 的此类印象群对一个人的思维具有确定的影响时，我们称之为情结。情感是一个人的性格中很有分量的那个部分，古代医学所谓四种体质类型——多血质、胆汁质、黏液质、忧郁质——用今天的话来说，都是纯粹的情感类型。

在我们20世纪初，居支配地位的心理学被称为**生理心理学**，在冯特[4]的推动下发展到了鼎盛时期。其起点是感觉器官的生理学，其方法是生理学的方法——这可以首先解释为**实验方法**，这些实验为心理学提供了许多未曾预见的帮助。生理学已经成功地把生命的过程解释为明确奉行的诸般原理，这些原理以前被看作是支配无机物的。心理学试图将统辖物理学的原理作为解释精神过程的准绳，这就是所谓的**精神物理学**。许多重要的结果得到公认，刺激和感觉之间不少的定量关系得到测定，最终，确实也弄清楚了：只有在一定的强度水平以上，刺激才会引起感觉，感受性有着较高的阈值，当刺激以几何级数的方式增强时，感觉以算术级数的方式增长。一种复杂精细的仪器被设计用来记录单个的反应时间，即刺激和应答行为之间的用时。以这种方式得出的种种推论，具有显著的实用价值，尤其是用在做那些可能的资格测试的过程当中；这推论对职业咨询也大有裨益。但是，似乎在这个阶段，心理学只能解释部分的精神过程。弗洛伊德[5] 的**精神分析**理论，才真正使得关于人们精神生活的种种理论产生了革命性的剧变。甚至那些不会采用其所有推论的人，那些拒绝接受其现代教条主义形式的人，也都因为弗洛伊德那么多基础性的发现而应当对他感恩戴德。

精神分析的治疗方面我们将在下一章里提及，这里我们只讲一讲它对心理学的意义。精神分析的智慧之根可以回溯到19世纪对卡鲁斯[6]和歌德[7]的鉴赏当中，而在本质上，精神分析也与尼采[8]的人之画面相关联。精神分析疗法开张的日子，可以回溯到1880—1882年，布罗伊尔[9]在治愈不少癔病患者的同时作了一些研究。弗洛伊德继续了这些研究，这时他已经在巴黎的夏尔科[10]诊所求学。1895年弗洛伊德和布罗伊尔出版了他们的《癔病的研究》，他们已经知道，在催眠状态下癔病患者能够重温关于过去经历的回忆，这些经历被解释为这些人患病的前提。恐惧的种种情境、负罪的种种感觉，统统都被压抑着、被强行排除在意识之外；但是在潜意识层面上它们继续郁积着，继续施展其有害的、令人烦恼的力量，在调动感情的过程中，它们又再一次地上升到意识的表面；在唤醒情绪高度激动之体验的过程中以及病人自己尚未意识到的想象过程中，病人就能把自己从它们的魔力中解放出来，他抵制住了它们的影响。弗洛伊德和布罗伊尔把这称为宣泄的方法。这是人们第一次认识到潜意识在精神紊乱的发展过程中所扮演的重要角色。

后来，弗洛伊德出于多种原因放弃了这种方法，他发现了别的接近潜意识的途径。随后的几年里，他一步步地建立起他自己的理论体系。现将其学说的基本理念罗列如下：人们将发现每一个精神事件都可以从多种冲动之中找到其起源，通常是生命不息、冲动不止，冲动如流从不间断，并且冲动是人的生命活动中一再重复的一种表现，它们有着不同的目的：其中的一些得以支持个体——即所谓自我保存的冲动，另一些则得以延续物种——性冲动，还有一些则用以维护交往——社交本能。基础本能是性欲[11]，愿望的实现是其目的，而性渴望则是其最强烈的表现。本能要平静，而平静是通过欲望的满足来保证的，可是，这满足却常常不能得到，外在的环境和一切法律都会干涉欲望的满足。婴儿一般会在解饥的过程中、在抚弄自己的身体的过程中寻求满足，但是，他周围的人立刻就会对他发出指责。吮吸指头是不允许的；当小男孩抚弄他自己的阴茎时，他的长辈们会发出厌恶的惊叫，而这让他感觉到了羞耻。这样，甚至一个很小的小孩也不得不放弃其欲望的满足，经受种种的不愉快。他把自己的身体当作其最强烈的性满足的源头去抚爱（正如弗洛伊德所谓的**自恋**），但是他必须学会，自己身体上能引发他最浓烈的满足的那些部位，是肯定要被大人们禁止抚弄的，尽管这让人有点不舒服。

小孩子长大又要感受到接二连三的制约。他的爱欲从他自己的身体转移到别人身上，转移到他父母身上，他们是他的典范，他把自己认同于他们，在自己身上努力识别出父亲的各种特性，当然也涉及母亲。这时，大大小小的障碍又一次包围着他。在青春期里，一种新的情境形成，这就是弗洛伊德所称的**俄狄浦斯情结**[12]。年青人从他母亲开始对女人有所认识，他爱她，恨自己的父亲，从父亲身上他找到了一个情敌，感情的这种混合被称为**矛盾情绪**，这使得恋母情境更加复杂。父亲不仅仅是可怨恨的情敌，他也是可钦佩的典范；母亲不仅仅是可爱的可人儿，她也训导、控制、惩罚，还有禁止。

从上述极简短的概要当中，这些问题听起来特别地粗略，事实上它们都是最纯粹的心理冲动，不过平时只是潜意识里的过程罢了。这一理解，扩展了我们对青春期莽撞行为的认识。

如果这些冲动得不到平静、得不到满足，又会发生什么呢？如果出于明显的原因，或者因为从道德的基础上来看，这欲望的实现有点成问题，那么我一般会放弃它，这样我就控制住了我自己，这必将引起一场内心的斗争。不过，我消除了一个欲望，那欲望生灭的整个事件完全只发生在我的意识当中。当一个冲动似乎与我的人格相当地不搭调的时候，状况会颠倒过来，这样一个欲望就不可能浮现到我意识的表面，它在潜意识里渐被**压抑**，尽管它有时可能强力地把自己推向我的注意中心，它还是会被迅速地压抑下去。这样，我的人格一分为二：一方面是有“我”意识的我，接收来自内外的某些模糊的冲动所致的印象——这是有意识地思考行动的“我”；另一方面，我心中另有我自己一无所知的存在，它还确实就在那里，它影响着我，它一次次地突破那障碍，弗洛伊德把它叫做“本我”。**本我**是潜意识的本能和欲望活动，也是不会被文化所扭曲的、原始天生的本能。而且，这里还必定存在着“第三我”，打个比方说，一位站在意识和潜意识之间的门口的法官，吹毛求疵地指责那些强行闯入意识当中的冲动；一位只允许特定的冲动浮现到我意识表面的审查官，这些冲动或对我是合适的或与我的人格相符，同时，这位审查官会谨慎地压抑着其余的冲动，或者使之以一种升华了的形式浮现。用**升华**这个词，我们所要表达的意思是，转变一个冲动以使之适应于社会秩序。比如，我原本有享用食物、吃喝那些刺激着我胃口的难得的美味佳肴的欲望，但是为了有利于他人并从这无私的行为中获得更大的满足，我可能就会压抑这口腹之欲，这冲动已被转移为一个理想主义的目标。我原来爱着一个对我冷冰冰的女人，我把我心中产生的这份感情的力量转移去做一件大事，性的欲望也就慢慢地升华了。

弗洛伊德称这人格的第三要素为“超我”——**自我理想**。这是我们自己的一部分，也是教育、文化和习俗的产物。

潜意识一直包含在我们的心中，影响着我们的精神生活。我们要怎样才会意识到它呢？我们要怎样才会凝视心中的这位神秘之客？入门的门径倒是有几条：其一是我们已经提到过的催眠术，伴随着联想而被无心流露出来的那些**思维**也能给我们以重要的信息；我们未完成的事情、我们的失误也都并非偶然，假如我们在书写当中、在陈述当中出了一个错，假如我们听得不真切，或者我们有所遗忘，假如我们结结巴巴地说话或者语音颤抖，所有这些都有其意义。这样的行为从心理上早已被确定，而相应的起因则深藏在潜意识里面。对这般缺陷的分析，就是对准自我潜意识投射出的一缕光。

梦，构成了进入潜意识最重要的门径之一。几千年以来，人们确实信以为真：梦是关于未来的预言。后来到了相当晚近的时候，梦又被当作不必当真的幻想产物而不予考虑。弗洛伊德很有说服力地证实了，梦所透露的不是未来而常常是做梦者的过去，也证实了梦记录着最深层的心理反应。梦应该得到明断的解析，其中一些有着纯粹的生理学基础，诸如撑得满满的胃、饥饿、膨胀的膀胱；另一些则源于心理刺激，这些心理刺激或者因记忆而起，或者因新体验的影响所致。梦作为这些令人兴奋之起因的结果是很典型的，一些梦最多仅为非直接的愿望满足[13]，而且就其本身而论只是自己解释自己。但是，许许多多的梦复杂难懂得多，梦自有其形象化的语言，这些语言就像是电影，每一个思维、每一种情绪都像用画面描述的剧本一样在这电影里表露出来。

比如，我梦见我去拜访一位同事。在我梦里，这个同事住在我生长的那个镇子上的小学校舍里。10 岁大小的时候我本来要去这小学上学的，不过我妈妈有一次参观了这所小学，见到小孩子们因为很小的过错就要挨打，便满怀厌恶地回来了，这样我就被送到别处去上学了。我还记得在这所小学上学的一个女孩子，我极不喜欢她。在梦里，我把我同事的住处搬迁到 25 年来我不曾记起过的这所小学，这个细节使我意识到，我这位同事跟我并不意气相投。通过更深一步的探究，我想起来了，我曾经在他的面前裸露过自己的性器官。

以上述这样的方式，梦境使用着一种独创的象征语言，通过这一媒介，往往可以深入了解我们所压抑着的种种情感。

对于那些有洞察力和理解力之天赋的人来说，**神经官能症**——这也是一种精神疾病——开辟了通往潜意识的另一条道路。精神分析的治疗意义在于一个简单的事实，即，各种情结被从潜意识的深宫带到了户外，在这露天之地病人就可以有意识地弄懂这些情结。就此，本书稍后的篇章还将更多地提及。

我们已经了解，弗洛伊德把性欲的满足认作基本的驱动力。阿德勒[14]早先跟随弗洛伊德开始着手精神分析，后来背离了他，声明放弃弗洛伊德的一些学说，在他的**个体心理学**里，阿德勒强调人的强烈愿望。每一位个人都有鲜明的**渴望**，这些渴望常常与这人实际的生活形成强烈的对比，作为这种对比的结果，一种**自卑感**就会在他心中滋长，他总在试图补偿，而事实上这自卑感往往又被过度地补偿。所以，指导者的责任，就在于从绝望者的心中唤起勇气来；在于引导其寻求补偿的努力，以图使这些努力得以实际完成，而不是到头来戴上一副自卫的假面具。当渴望和自卑感宛如天平倾斜，当此加彼减各有进退，这人就会达到一种纯粹虚构的正常状态，平衡的零点可能是**社会冲动**，在纯粹客观的层面上来说，生活无可争议地来源于社会冲动之中。个体心理学是必要的实践，并且对于教学具有实际的价值。

荣格[15]更深远地扩展了精神分析的种种观念。按照弗洛伊德的见解，潜意识是一种个体的、私人的存在，其实质内容在生活的过程中自始至终在增长，从一生下来就开始了。荣格假设有第三层更深的精神层面——非特指个人的——集体无意识，这是所有人共有的。对于神经官能症，通过分析，我们有机会接近到精神的最深层，在那里我们发现了许多原始的意象，同样的意象我们从世界各民族的神话当中早已司空见惯。不仅本能构成了生活的要素，生活要素之中还包括有无理性的因素，这在宗教当中有所表现，不过这也时常被压抑着。人类的天性是从不可调和的种种矛盾当中自我营造起来的，作为这种二极性的结果，生活才有了特定的紧张，有了它，也就有了潜在的冲突。

心理学试图抓住心理反应的一些规律，通过考察许许多多的个体，就有可能确定哪一种规律确实是所有人共有的。在相当近的近期，一种风潮兴起，其最著名的倡导者是克拉格斯[16]。他把注意力集中在差异性或者说集中在个体上，他的**性格学**揭示了单个的人的性格，而这造就了其人的人格结构。我们每一个人都是心理与生理兼具的独一无二的人，我们每个人都可以由笔迹甚至由签名鉴定出来，这种证据的真实性是法律认可的。因此，我们必须由表及里，我们必须透过种种行为举止看到潜藏的可能性，看到涉及隐私的存在，看到“我……”。单纯使用这种方式，我们就能够依照其言行、品质、条理、可塑性和敏感性来判断这人的性格。尽管性格学希望多出成果，它仍是一门很年轻的学科，其发展趋势与医学的某些趋势相关联，这些我们在后面将深入讨论。

心理的运转过程并不局限于人类，动物们也表现出了心理的活动，此外，我们还必须把最简单的精神现象归之于植物。**感觉的内驱力**就是被谢勒[17]归之于植物的精神过程。植物是一种活物，尽管我们还不能从植物当中证实情感、意识和思维，尽管植物并不存在一个中枢收发有关其器官的信息，但是，植物总归有着要生长、要繁殖的强烈欲望。

感觉的内驱力是所有活着的生物共有的。动物表现出**本能**，这是第二位的心理过程，是感觉、天性与遗传习性等应激方式的总和，这些都以与原种完全相同的方式精确地保持不变。更深入的心理过程——习惯性的行为和有才智的行为——则由本能发展而来并随之衰退，在动物当中，我们把这些定义为联想记忆和实用智力。本能还可能依照生物的种类去界定，而联想记忆则对单个的生物有用，这个生物以此把自己从群体本能的约束当中解放出来，从群体行为牢固的链条中解放出来。与**联想记忆**紧密联系在一起的是**实用智力**，这里不妨引述谢勒的话：“每当一个活物即时自发地针对一种新体验所发生的反应是切合实际的，那么智力就是很明显的。对这样一种体验的如此应答，绝不是由先前类似的努力所激起的，对该物种或者该个体而言也绝非典型的情境。这种由本能所激发的要解决一个问题的行为，必须是独立于先前种种努力的所有迹象之外的自主者。”动物当中所发生的真正的智能行为，在试验里确实已经被证实。

如果动物智能真的存在，那又是什么使人成了万物之灵呢？是他有直立的躯体，还是他有高度发达的神经系统呢？是他使用表达清晰的语言，还是智能的行为要比本能的行为有优势呢？换句话来问：人与动物的差异，是纯粹属于量的渐变而成的？还是从本质上讲在种类上就有所不同呢？

区分人与兽的，是心灵；造就人并将人安置在出类拔萃的地位上的，也是心灵。那么，心灵又是什么呢？

我可以举一个有启发性的例子来证明这一点。让我们来考虑一个具体的智力行为，比如概念的形成过程。我伤了手。在伤害袭来的那一刹那，我的手反射性地抽回，我这是在按照我自我保护的本能去行动。刚才我的手令我感到疼痛，于是我就会考虑：这疼痛是如何产生的？我又必须做些什么让自己缓解这疼痛？这些都是心理的过程。我还要更进一步，关于这次伤痛多问自己几个为什么，以之为例我可以思考这样一个问题：什么是疼痛？世人是怎样被创造成有疼痛这样的属性的？

凭借着心灵，我们的栖息地让整个世界更美了，重重障碍也成了情感、思想、行动的对象。我不仅拥有意识，我还拥有自我意识，这**自我意识**是我们身心当中新的一层。我确实不仅听到了些什么，我还知道我在听、在看。凭借着我的心灵，我能够把我自己同我的环境分离开来。我把世界分成两半，分一半外在、分一半内在，分成物世界和我世界，分成客体与主体。我能够心理与生理兼备地**接触**这个世界，我也能用一种敏锐的思想去解释这个世界。关于我自己的自我，我形成了种种见解，也试图去理解尘世。我可以系统地表达抽象的观念。我可能受到过去未来的影响，也可以拥有个人经历，而且我也理解抽象的价值和理想，为了它，我甘心努力，去达到我自设的标准。

我们现在已经蹒跚步入**哲学**的王国。在这里，我们必须暂停片刻，自问一个问题：医者用得着哲学吗？讨论哲学问题会不会浪费他的时间？因为哲学往往搅扰他的医术判断并引他偏离清醒的考虑而陷入荒诞的思辨当中，那么对他而言哲学可能没有一点危险吗？曾经有过一段时间——德国浪漫主义[18]时期——当时的医学完全被自然哲学所束缚，从医术上来看，结果真是糟透了。人们既痛苦又费事地才从这个时代露出头来，生怕它的桎梏卷土重来。我们知道，一位杰出的医生却是一个完全不够格的哲学家，是有可能的；不去思索外在世界的现实，我们照样可以成为聪颖的观察者和精确的研究者；我们可以清晰有条理地思考，而对逻辑的条条规则毫无所知。即使未曾深思过道德的律令，也不会妨碍我们成为德高望重的医生。

不过，医学与哲学的关系还是非常密切的。医学在科学体系中的地位这样一个简单的问题，就是一个哲学问题。究竟医学应该被认作是科学的、还是哲学的一个学科，对此久有辩论。今天我们知道了，医学既非此也非彼，医学一直有着独立自主的地位，就好比地理学。医学最重要的那些方法在自然科学领域里都能适用，不过许许多多的医学要素却纯粹是哲学的。医学的许多观念，诸如健康、疾病、诊断、预后等等等等，都是哲学的。在医者对疾病的观察中，他能为哲学搜集到不少有价值的素材；另一方面，医学也可以利用哲学的原则和理论，如果这些理论被深思熟虑地采用，医学将更加确信它的目的。回顾医学的历史，我们认识到，医学的诸般理论往往是其同时代的“人生观”或者世界观的产物。从柏拉图和亚里士多德，到笛卡尔[19]、莱布尼兹[20]和康德[21]，各个时代的哲学家对医学理论的塑造成形都施加了深远的影响。

行医不能够没有理论。为了指挥一场以疾病为敌的明智之战，切实的知识应该多多益善：关于人的知识，关于其环境的知识，关于眼下这一现象——疾病——的知识。这样的知识怎么教？怎么学？对于那些将之连在一起并将之系统化的理论而言，这样的知识是否恰当？每一种理论都是哲学的一件产物。

医生往往关联到病人的全部，关联到其生活状态的总和。所以，医学正如同每一门别的独立学科一样，是一个完全的整体，因此它也具有哲学的特色。

在后面一章里我们将得知，环境对病程有多么大的影响。环境不单单由自然构成，同样地也由社会构成。再说，我们也不仅仅在治疗一个生病的病人，同样地我们正在接触一个社会成员。确实，使他祛病康复并且回到其社交当中他惯常的位置，是我们的职责。这势必也规定了我们有责任对**社会学**问题保持明显的兴趣。

终归最合适的似乎是，容许医生有权关注种种形而上学的问题。医生们不断地被痛苦包围着，而且要多次正视死亡；他们的言行总是伴随着欢笑和眼泪。有时在一段清静的时间里，他们会沉思这些现象的意义，这也不足为奇。他们中间很少有人会完全无动于衷，见到痛苦也不自问这病痛生死的意义何在。如果他们这么做了，这便是哲学家的角色而不是医生的角色，不过他们的医疗方针将会带有这种影响的印记。

总之，我们可以说，有许许多多的好医生并不是有意识地像哲学家一样思考，不过，希波克拉底的名言ἰατρὸς γὰρ φιλόσοφος ἰσόδεος——医生而兼哲学家堪称神人——毋庸置疑是有道理的。只有透过哲学家的镜片，我们才能够看到作为一个整体的人。对医学极其重要的是，医学人类学这门学科把人当作一种处在健康和疾病状态中心理、生理兼备的存在，而其中大写的“人”，是万物的灵长。

我们先前提请人们注意这样一个事实，心理学和哲学没有被纳入到医学的课程表当中。学医者渴望获得更多的有关人之特性的知识，就必须自己去搜寻，他可以去听哲学系开的讲座和课程，但是在许多大学，这样的旁听因为时间、空间的局限也行不通。开设有医学史课程的少数几所医学院近来已经认识到他们的责任不单单在于促进历史论据的习得，肯定也认识到作为学科哲学仅有的代表，他们被人们寄予厚望，来指明一条通往医学人类学的路径，因为他们是整个医务界仅有的基本原理的鼓吹者。通过讲座、课堂和辩论，他们带领年轻的“大夫”进到哲学、心理学与社会学的讲习班，并且努力完善那幅每个医生都必须掌握的“人的画面”。

还有另一个方式、另一条路指向这样的知识——少了一点系统性而这总是必要的——这条路更容易走：我们在工作中，也去研究研究我们周围热闹的人的生活。观察和深思是医务执业者最必不可少的品质，而且我们也不要局限于对病理的观察和深思，这必须囊括我们周围所发生的全部。我们日常穿街过巷就能学到多少素材！在阳光明媚的春日，我们所见到的人看来好像绷紧了肌肉阔步前行，又似乎焕发着活力；而在风雨袭人的秋日，他们的面容看来有点凝重，脚步也似乎有点消沉。从片刻的对话中我们能收集到多么重要的故事！透过一扇打开的门，我们可以瞥见多么生动的生活画面！在开阔的乡间旅行，我们可以思索城镇生活和乡村生活之间的不同，深思环境对人类生存的节奏及全过程的影响。

我们也不要回避，要积极参与社区生活，因为我们是其中的一员，在这个范围之内，我们要担任一种有负责感的角色。

从文学名著到每天的报纸，所有的文字都是生活的镜子。在日常工作的压力下，我们几乎已经忘了怎么阅读，漠视从文学当中我们可能得到的财富。描绘一种感情，一首诗可能会比长长的一篇论文要生动得多；洞察一种心理情境，一本小说或者一出戏剧可能会比有关这一主题的科学文章更令我们敏锐，如果我们知道如何去利用它、消化它的话。让我们运用这唾手可得的资源吧，为了开阔我们的眼界，为了补充我们的个人经历，为了加深我们的理解力。让我们带着开放的心态而不是像狭隘的专家那样戴着眼罩去审视生命宝贵的人。

作为医生，让我们与人类并肩而立吧。这应该不是一种虚妄的、假装的、浅薄的高尚，而是一系列关于人和生活的、更加深入的知识，这知识给予我们能力，去劝慰、去引导我们的病人。

译注：

1，这也是早在20世纪一、二十年代了。

2，塞蒙，Richard Semon，1859—1918，德国动物学家、进化论生物学家、神经生理学家。他相信获得性遗传并将之运用于社会发展。他按照每一种精神对应于神经的种种变化，提出精神生理的平行演变。他的“记忆”(mneme)理论之名来源于古希腊记忆女神谟涅摩绪涅(mnemosyne)，mneme象征着从外到内的记忆，当偶遇一个相似于原先的刺激复合体中某一组分的要素时，“记忆印痕”(mnemic trace或engram)的结果就会复原，这为人类的情绪提出了生理学的解释，认为记忆是区别生命体与死物的特质，任何影响生命体的事件都会留下痕迹，能够凭记忆来加以模仿。

3，自觉感情，affect，心理学中引起行动的情感、情绪、欲念之总称。

4，冯特，William Wundt，1832—1920，德国心理学家、生理学家，米勒的学生，亥姆霍兹的助手，被公认为实验心理学奠基人。曾为生理学讲师；1862年他首次开课科学心理学时，该学科仍被看作哲学的一个分支；1871 年受命接替亥姆霍兹写成心理学历史上最重要的著作之一的《生理心理学原理》(2 卷，1873—1874 年；3 卷，第 6 版，1908—1911 年)，该书提出一种研究直接意识经验(包括感觉、情感、意志和观念)的心理学体系，所用的方法是内省，或称意识经验的意识考察；1881 年创办心理学杂志《哲学研究》；晚年的重要著作有《心理学大纲》(1896 年)、《民族心理学》(10 卷，1900—1920 年)。

5，弗洛伊德，Sigmund Freud，1856—1939，奥地利精神病学家、生理学家，精神分析学派的创始人。1883—1885 年对脑髓进行了重要的研究，发现了可卡因的麻醉作用。在夏尔科的影响下，他的兴趣由临床神经病学转向临床精神病学。1895 年与布罗伊尔合著《癔病的研究》，开创精神分析法，在技术上他抛弃了古老的催眠术，代之以自由联想。分析许多病例之后他确信，性的问题对神经症的发生起重要作用。他发现梦在精神分析中的重要性，认为“梦中概括了神经症的心理学”。1908 年在“心理学星期三聚会”的基础上成立维也纳精神分析学会，1910 年发展为国际精神分析协会，1911 年协会内部出现分歧，阿德勒、荣格等人与之分裂。1912 年他系统地阐述了潜意识的理论。1920 年重申求乐 - 不求乐原则。1923 年患口腔癌，同年发表《自我与本我》，将心理结构分为本我、自我和超我。1938 年德国纳粹占领维也纳，他移居英国，死于伦敦。弗洛伊德的学说不仅在医学上，在艺术创造、教育及政治活动上都得到了广泛地运用，其主要观点也被后人所发展、修正。他开创了一个全新的心理学研究领域，从根本上改变了对人类本性的看法。

6，卢克莱修 · 卡鲁斯，Titus Lucretius Carus，约公元前 93—约前 50 年，拉丁诗人和哲学家，惟一传世的长诗《物性论》，表述的是希腊伦理学派的创立人伊壁鸠鲁的原子论。据杰罗姆的编年史记载，他因喝了春药而癫狂，在清醒的间隙中写书，西塞罗修改过他的书。《物性论》分 6 卷，其中有的部分涉及：人通过感觉认识事物，通过理性按照某些规律进行推论，人们本能地追求快乐、避免痛苦，而人生的目的就在于获得最大的快乐和遭受最小的痛苦。他的道德热情表现为对伊壁鸠鲁的感谢，并表现在对宣扬宗教迷信的占卜者和伪哲学家的憎恨上。

7，歌德的艺术观是，艺术家应成为感情的各种表现形式的创造者。1774 年歌德在一次舞会上爱上了夏洛蒂 · 布甫，写下了令世人倾倒的《少年维特的烦恼》，其真正主题不是失恋，而是18世纪偏爱绝对的狂热所带来的不幸结果。作者在这里也许是指弗洛伊德从歌德那里汲取灵感。

8，尼采，Friedrich Nietzsche，1844—1900，德国哲学家，现代最有影响的思想家之一。他还是一位出类拔萃的散文作家、诗人。他的哲学与其说是学院派的，还不如说是具有文艺性质的。虽然他是民族主义、反犹太主义和强权政治的劲敌，他的名字后来却被法西斯分子用来推行他所唾弃的东西。他出生于普鲁士牧师家庭，1858年就读于德国有名的普福达寄宿学校；1864年入波恩大学学习神学和古典语言学；次年放弃神学；1869年任瑞士巴塞尔大学古典语言学教授。1872年出版《悲剧的诞生》，他认为希腊人生来爱好韵律、自律、和谐这些“阿波罗精神”，但是人们不应忽视“狄奥尼索斯精神”即非理性主义的激情，悲剧起源于二者的融合。1878年发表5本格言集中的第一本《太有人性的人》。在他心中有一套关于人的画面或者说一套关于人的幻想，一言以蔽之曰“超人”。也许本书作者认为弗洛伊德的“超我”有尼采的影响。

9，布罗伊尔，Josef Breuer，1842—1925，奥地利医师，生理学家，被弗洛伊德等人公认为精神分析的主要先驱。1880年癔病患者安娜经他引导，在催眠状态下回忆了不愉快的既往经验之后，癔病症状得以解除；他总结说神经症症状来源于无意识过程，一旦这些过程成了意识过程，症状也就消失。他向弗洛伊德叙述了他的方法和结果，并给弗洛伊德介绍病人。1895年两人合著《癔病的研究》。后来两人在治疗的基本理论上发生争执并决裂。

10，夏尔科，J. M. Charcot，1825—1893，法国声誉最高的医学教师和临床医师之一，与G. 迪歇恩同为现代精神病学创始人。1882年他在巴黎萨尔佩特里埃尔医院开设了神经病诊所，后来成为当时欧洲最大的神经病诊所。他具有非凡的教学能力，吸引了世界各地的学生。1885年，由于他试图用催眠术去发现癔病的器质性基础，这才引起他的学生弗洛伊德对神经疾患之心理原因的兴趣。

11，libido，另译力比多。

12，俄狄浦斯情结，Oedipus complex，精神分析用语。对于异性生身亲长的性卷入的欲望，以及与之相伴随的对同性生身亲长的敌对感。S·弗洛伊德在《梦的解析》(1899年)一书中介绍过这个概念。该词源自有关俄狄浦斯的神话，他杀死生父，娶生母为妻。女孩恋父憎母的本能愿望称埃勒克特拉情结。俄狄浦斯情结见于三到五岁的儿童。这个时期通常结束于儿童与同性生身亲长认同并抑制其性本能的时候。弗洛伊德认为“超我”起源于克服俄狄浦斯情结的过程中。

13，非直接的愿望满足，wish-fulfilment，心理学术语，指愿望的满足，尤其指在精神分析中，一种潜意识愿望以伪装了的形式所得到的满足，伪装的形式有幻想、梦、征兆或者失误动作等等。

14，阿德勒，Alfred Adler，1870—1937，奥地利精神病学家。建立了个体心理学体系，设计了一种灵活的支持性心理治疗的方法，以指导有自卑感的情绪障碍患者达到成熟，成为对社会有用的人，他终生关心社会问题，并以此作为工作的主要动力。早年行医，1895 年获医学博士学位，1900 年左右着手在内科范围内探索精神病理学的问题，1902 年与弗洛伊德密切合作，不久即有分歧，他不同意弗洛伊德“儿童早期的性冲突引起精神病”的观点，进而阐明性欲只是人们为克服缺憾而奋斗时所起的一种象征性作用，1911 年他坦率地批评弗洛伊德，与之分道扬镳，和一群追随者建立起个体心理学。这一学说认为心理卫生的特征在于富有理性、社会兴趣和自我超越感，而精神障碍的特征则是自卑感、患得患失、惴惴不安以及自大或支配他人。1921 年在维也纳建立第一所儿童指导所，不久又领导建立起30 余所，他认为要使社会价值永存，则儿童指导必不可少，因而不知疲倦地促进健全的儿童指导事业。

15，荣格，C. G. Jung，又译容格、容，1875—1961，瑞士心理学家、精神病学家。童年生活孤独，好沉湎于生动的想象及观察父母师长的行为，稍长喜爱哲学。1902 年获医学博士学位，任精神病医师，在 E · 布罗伊尔的领导下工作，提出有名的术语“情结”，他的发现证实了弗洛伊德的许多论点，1907—1912 年两人合作，后因性情和观点不合，中断合作。他反对弗洛伊德坚持以性欲为神经症病因的主张，脱离国际精神分析学会，与人合作创立新学派，提倡分析心理学。他自幼曾有鲜明的梦境和幻想，与弗洛伊德分手后他钻研自己的梦与幻想，详作记录，进行科学分析。后来他提出了集体无意识和原始意象等概念，指出这对研究宗教心理学十分重要，认为从诺斯替教到炼金术的种种异端运动就是那些不能在各种基督教形式中充分表现的无意识原始意象元素的表露。他还是对认为生活失去意义的中老年患者进行心理治疗的先驱。

16，克拉格斯，Ludwig Klages，1872—1956，德国心理学家，哲学家，性格学领域里的著名人物。在慕尼黑大学学习化学、物理和哲学，留校任教。1895—1915 年是德国生机论运动的倡导者。1905 年在摩纳哥建立研究人格学的中心——性格学科研究室，1919 年迁至瑞士。他相信人区别于动物在于有灵魂：灵魂控制人们的思想并最终由于出现一个不可控制的“自我”而创造出生命的压力。他的研究，是为了寻求解释并构造在不同的自我中的各种性格表现。

17，谢勒，Max Scheler，1874—1928，德国社会与伦理哲学家。早年任教时受胡塞尔现象学的影响，1907—1910 年在慕尼黑任教授时结识胡塞尔的几个学生，1917 年前完成其主要著作，1917 年进入德国外交部，1919 年任科隆大学哲学教授。作为一个现象论者，他试图找出各种精神状态的本质以及它们与它们的对象之间关系。他对哲学社会学的主要贡献是 1926 年出版的著作《知识的形态与社会》，该书批判了马克思主义关于思想与信仰对社会结构与发展之关系的论述。

18，浪漫主义，18 世纪后期到 19 世纪中期横扫西方文明的反对权威、传统和古典模式的运动，其立场或思想状态本身与个性、主观、非理性，想象与感情融为一体。起源于德国和英国，最早出现在德国的“狂飙突进”时期（1770—1780 年）。在诗歌、绘画、音乐、建筑乃至思想等等领域，都留下了注重个性尤其是注重主观性和自我表现的不朽遗产。浪漫主义艺术由于企图达到任何个人的力量都不可能达到的一种超人类统一体，以致衰落，但是一旦人们面临任何机械体系限制人类之经验发挥作用的威胁，浪漫主义的抗议就会反弹。

19，笛卡尔，Descartes，1596—1650，法国数学家和哲学家。他明确地将心灵与肉体区分开来，心灵的作用正如其名言“我思，故我在”。1637 年第一本哲学专著《方法谈》问世。1644 年出版《哲学原理》，这书是献给伊丽莎白公主的，笛卡尔在和她的通信中，着重谈及灵魂和肉体之间的相互作用；从生理上讲，他认为相互作用的中心是位于大脑底层中央的松果体，这是最完善的机器，通过条件反射进行活动，但心灵或理性意志力能够控制自发的本能和欲望；肉体的卫生是重要的，但同样也需要有精神上的卫生，而这是以真正了解制约行为的心理和生理因素为基础；书后面的三个部分，针对物理、化学、生理学领域，按照单一的机械学原理的体系，对一切自然现象进行逻辑性描述。其历史重要性在于，用科学的解释对所有“精神的”或质的观念全盘否定，同时也对神学以及其他定于一尊的事业予以否定。

20，莱布尼兹，Leibnitz，1646—1716，德国自然科学家、数学家、哲学家。他的才能影响到逻辑学、数学、力学、地质学、法学、历史学、语言学乃至神学等广泛领域，其科学思想到20世纪再次显示出智慧的力量。1661年入莱比锡大学攻读法律。1666年写出《组合之艺术》，其中表述了成为某些现代计算机理论之先驱的模型，由于年轻而被拒绝授予博士学位。1672年出使巴黎时为开辟财源而制造了一台计算机器。1675年末，奠定了微积分的基础，由此他不再把时空看作实体。1676年，他在不伦瑞克公爵处谋到一个职位，出于谋生的需要，他成了王室的万事通。1679年，他改进了二进制。1684年后，发表《求最大和最小的新方法》，其中解释了他的微分学方法，牛顿早在1665年就已发明微积分，只是不曾发表，微积分的发明权是18世纪最热烈的争论之一。1685年被任命为不伦瑞克家族的编史官。1714年，写作《单子论》，单子即终极的、单纯的、不能扩展的精神实体，是万物的基础。18世纪初，他作为一个哲学家和科学家，在欧洲声震遐迩。

21，康德，Kant，1724—1804，启蒙运动最重要的思想家，历史上最伟大的哲学家之一。1740年入哥尼斯贝格大学，1746年起任家庭教师9年，1755年完成大学学业，取得编外讲师资格，任讲师15年，在此期间康德作为教师和著作家声望日隆，除讲授物理学、数学外，还讲授逻辑学、形而上学、道德哲学、火器和筑城学、自然地理等。18世纪60年代他公开宣称追随牛顿，钦佩卢梭，批判莱布尼兹等人，1766年所著《视灵者的幻梦》，检验了有关精神世界的全部观点。1770年被任命为逻辑和形而上学教授，同年发表《论感觉界和理智界的形成和原则》，此后11年未发表任何作品。从1781年开始9年内出版一系列涉及广阔领域的独创性著作，短期内给哲学思想带来了一场革命，1781年他在《纯粹理性批判》一书中骄傲地宣称，他在哲学界完成了一场哥白尼式的革命，在认识中不是心灵去符合事物，而是事物要符合心灵。1790年《判断力批判》出版，批判哲学不久就在所有重要的德语大学中讲授，使得青年人云集哲学的圣地哥尼斯贝格。1793 年《在理性范围内的宗教》被指控为滥用哲学，蔑视并歪曲基督教的基本教义；政府要求康德不得在讲课和著述中再谈论宗教问题。但 1797 年国王死后，1798 年他又在《学院之争》中论及这一问题。

第二篇　生病的人

研究了几年健康的人体之后，有那么一天，医院对我们敞开了它的大门，我们面对疾病发现自己的特长并加以发挥，这是一大步！一个新世界在我们的面前展开，终于我们进入到了真实的医学王国。迄今为止，我们一直都在课堂在实验室、在解剖室里接受指导，按照纯粹的学习制度去学习研究。这以后，我们的种种教学实践被移植到了一个为公众服务的公共机构里面。这个社区任凭我们施展，我们更进一步的前途就是在医疗活动中居中心地位的人。这是我们最初从职业上接近生命宝贵的人，从学校步入生活常态的第一步。

这里有一种不寻常的气氛围绕着我们，处处干净极了，长长的走廊，医生、护士匆忙地穿梭其间，而且，空气里散发着一股说不清的清新味道，走遍全世界这味道都能让我们辨认出医院来。

我们理论方面的教学还在继续，不过，病床边的实践教学——临床教学——将要占用越来越多的时间。我们试着实践我们观察种种病兆的能力，试着运用我们的双手并且逐渐熟悉各种器具的使用。到这时候，我们千真万确地不再用没有知觉的尸体、不再用麻醉了的动物去实习了，而是在活生生的、正在受着痛苦煎熬的病人身上实习。

来到我们跟前的病人，不是被称呼为病人米勒先生或者病人布朗先生，倒是被抹去个性地称为一个“病例”或者一件“病案”。他们是作为伤寒或者肺炎的教学材料供我们讲用的，他们把我们正在研究的各种疾病具体化了，一种罕见的疾病或者一种异乎寻常的并发症成了可以用于科学的“完美的病例”。但是，我们真不要忘了，病人一点也不觉得自己像一个病例或者一件病案，对于他而言，病是命运的安排，当他让自己任凭教师们的处置时，他是作出了极大的牺牲的，一旦我们意识到他不是志愿者却是因为社会的需要而被挑选来充当教材的，这牺牲就会愈加显得突出，这使得我们在道义上有清楚的责任，为了他的利益特别尊重地去关心他、去体贴他。

今天有成千上万病人的大医院对那些学医的人敞开了大门，这不可以被我们视为当然。这种教学的方式虽然延续了几个世纪，但仍然还处在初级阶段。我们通过精于理论的途径学不到医务职业里基本的知识。由于过去医务被认作是一种手艺，人们惯于把它当作手艺去训练。人们从师学医，作为徒弟跟随着师傅去看病人，边干边学，聆听点滴的讲解，记住些许的讨论，再听一听偶尔一次的理论方面的演讲，这就是古代的方式。经过中世纪直到近代，外科一直都是这么传授的。在此期间，医学已经成为了一门科学，它所融入的背景是一种坚定的、不可撼动的世界观，在中世纪那些早期的大学里医学得以传授，不过仅仅只是精于理论地教授；医师是学者而兼医生，实践性的教学当然没有被完全省略掉；在一些地方，个别的教授兼任官医，并且不计酬劳地照料当地生病的穷人，时机许可的情况下，他们会带上学生随行，借此让他们多一些见识。

为了教学的目的而使用“医院”的这种观念，属于文艺复兴运动。在帕多瓦，在圣方济各医院[1]，维萨里的同时代人达·蒙特[2]第一次提出临床教学，这一做法最初只是个人的尝试，而且并不比达·蒙特更长寿。不过它成功地显示出了自己的成效，弄得学生们——尤其是那些翻越阿尔卑斯山[3]而来的学生们——请求恢复这一做法。1578年，在同一所医院这一做法得到了恢复，博托尼[4]在男病人的身边讲解，而奥迪[5]在女病人的身边讲解，到他们死的时候，这种临床教学又中止了一段时间。但是，曾经在帕多瓦求学的荷兰学生把这方法移植到了荷兰，从此整个欧洲都被说服了。18世纪初，由伟大的医学教师布尔哈夫[6]所规定的临床讲解——欧洲各地的年轻人飞奔而来——成为了一种规范，这种教学常规尽管缓慢但是最后终于得到了采用，布尔哈夫被推崇为“全欧洲的老师”[7]。这只是一些临床教学的萌芽，我们不能粉饰其简陋。布尔哈夫的诊所尽管具有划时代的国际影响，不过它仅仅管理着12张病床，6张男用，6张女用。今天，一所中等规模的大学附属的医院，平均拥有1000张病床供教学之用，所以，一个社会里所发生的一切疾病，差不多都可以用实例来说明。

假如一个社会强迫这么大比例的社会成员去忍受充当教材的不适，那也是为了社会的利益，旨在留给后人一些高水平的医疗规范，旨在引出一个高度的平均进步来。这么多的有利条件给了我们，我们在道义上确实有责任去增长技能。

让我们来细想一下，生病到底意味着什么。是什么让疾病有别于健康呢？这一分别首先就会令我们全神贯注。我们必须懂得，这正是我们医疗行为的起点。我们将首先论及这个问题的**社会学方面**。

毫无疑问，病人在社会上处于一种独特的地位。医生的难题不只是从解剖意义上使病人恢复健康，那仅仅是治疗他，直到他所有的器官从结构上、从功能上跟他生病之前的状态一个样。**完全恢复**[8]，尽管相当诱人，但却并非医生责任的全部。要等到他使得那病人摆脱其孤立的社会地位，使其失而复得一个有用的社区成员的身分，医生的难题才算是解决了。一个疤痕、一种畸形、身体附件的缺失，病愈之后的种种迹象，只要这一切不会永久性地损毁一个人工作和得到乐趣的能力，这就没什么大不了的。

病人的独特地位，其特性是什么？千百年时间流逝，这问题变得日益复杂，所以，没有历史分析，就没法理解它。出于这个目的，我们必须挖掘古代的风俗习惯。

某甲一早醒来，就觉得自己有点儿异常。通常他会以一连串的小事情开始他每天的工作，而这些平常并不怎么费神就能做完的小事，今天他却觉得做不完似的，小事情消耗着他的精力。他脑袋痛，喉咙也疼痛发炎，怕冷，感觉像是生病了。另有某乙，做是做完了日常的工作，由于工作过程中持续的紧张，一切似乎都还好，他回到家里，试图休息却找不到安宁，影随了他一整天的生病的感觉一下子打败了他。某丙呢，有一天在他身体的表面发现了一种变化，一个小丘，一个先前那部位没有的肿块。某丁住在四楼上，多年来他都是跨跳过那些阶梯的，可是有一天他体会到了楼梯的长度，爬楼变得吃力了，他上气不接下气。在体力旺盛的剧烈活动中，一个人突然被风寒打败，冷得直发抖；一股钻心的疼痛攫住了他，使他摔倒在地；在生命的过程中他被死亡追赶，为一种难以忍受的、毁灭其体力的力量所侵袭，这些都是极不寻常的。

在所有这些情况当中，都发生了什么呢？有人得病了！这种事态对他而言又意味着什么呢？

首先，这是对此人生活节奏的一种扰乱。所有的人都按照一种明确的生活节奏过日子，这节奏是由天性、由文化、由习惯带给我们的。白天和黑夜无休无止地交替，我们也随着这节奏醒来睡去、劳作休息；我们来自东方的一周休息一天的传统，把因之而来的另一套有规律的时间分隔带到了我们的生活当中；我们日常工作的始与终，一日三餐的时间，这些都按照一种明确的节奏安排我们整齐规则地过日子。这样的节奏因人而异，农夫与城里人不会同一，体力劳动者与脑力劳动者也不会同一。

未被扰乱的节奏意味着健康；节奏的变化——比如当农夫搬迁到城镇并且在城里做工安顿下来——可能危害健康，倒也引出了一些关于疾病和医疗的新术语来。

疾病蛮横地侵袭机体组织，使我们惯常的程序出错，扰乱了我们的生活节奏。黑夜降临人欲睡，可是睡意却不光顾病人；进餐的时间又到了，可是胃拒绝进食或者在非进餐时间需要独特的菜肴。生病的人们活得跟健康的人们大不一样。**疾病使人孤立**。

生病意味着苦难，这苦难有两层含义。一是病痛意味着被动消极，病人被排斥在社会活动之外，他们行动受限，有时到了感觉不能保证自己饮食的程度，他们是无助的，完全依赖于他人的帮助。

再者，病痛还意味着感觉到不舒服。每一种病都连带着不适的感觉，其剧烈程度决定于个人，也决定于这病的症状，尤其决定于疼痛感。这些不适的感觉可以夸大为恐惧——甚至是最强烈的恐怖——夸大为致命的惊悸。每一种严重的疾病都提醒人们“**不要忘记你终有一死**”[9]。疾病打断了生活的节奏，并且给日常生活方式的状态设置了障碍。

疾病把天命的观念引入到我们的生活当中，教病人一门心思无节制地幻想，因而我们的注意力转移到了长生不死上。

我们不妨观察一下在对西方的发展大有贡献的各个文化时期中病人的地位，首先来近距离地看待原始人发生的疾病。在苏门答腊[10]有一个叫做库布人[11]的种族，没有证据显示他们掌握了关于治疗技艺的任何知识，不过，总的看来，他们不是没有智慧，只是在原始森林里接近自然地生长、过着充满艰难困苦的生活。皮肤病和体表伤害频繁发生，频繁到了他们不以为异常的地步，那些显露出如此体征的人也不被看成病人，和部落里其他人一样地过日子。当更严重的疾病降临到种族中的一分子身上，尤其是谁得了病还伴随着发烧，情况就不同了；特别是天花流行强烈地影响着这一地区的时候，情况大不相同。任何被这种疾病侵袭了的人，都不得参与部落的生活，疾病使他孤立，他的同伴如此彻底地抛弃了他，躲他好比躲死神一样。

以上算是我们最原始的实例了。一个健康人自我保存的冲动是无比强烈的，这能够战胜一切的社会本能。危险潜藏在跟病人的接近当中，如同接近死尸一般地危险，此二者库布人都要躲避。在这个实例中，生病一员的独特地位，累积成了总体上的隔离，对这个共同体而言，疾病实际上就等于死亡，甚至在人死之前疾病就已经造成了其人身的损伤。

库布人从来不问致病的原因，反正任谁得病，谁就自动地从他习惯了的处境当中退出。在开化水平较高的种族的原始生活案例中，我们可以看到一套制订得很完善的因果需要。病人是异类中的一员，他的状况总有一定的原因。他不怎么健康，这意味着他有病，因此不能像别人那样过日子，因为有谁对他做了什么。也许是别人对他动了手脚，把不属于他本身的物什弄到了他体内或者从他身上偷走了一些维持生命所必需的要素，因此蛊惑了他；或许是某种超凡的存在使他遭受了伤害，或许是某种外来的精灵附体。这样，病人就成了一个牺牲者。他可以从他的同胞们那里要求额外的特权和帮助。为了使之不再为害，罪魁祸首必须找出来，假使祸首是一个人就得使之受到惩罚，万一祸首竟是一个恶魔就得将之驱逐。既然是这样，病人的有利之处在于被人牢记：病人身分是巫术造成的、具有宗教意义的，这一身分因其健康状况而征用了他。他成了某些神秘力量无辜的牺牲者，故而祭司的责任就在于识别并抵挡它们，例如萨满教[12]僧——也可以说是萨满教巫医——就是集祭司、巫师和医师于一身的。

到了甚至更高程度的文明阶段——尤其是在闪语族[13]文化圈中——新的观念是：病人不是无辜的牺牲者，而是身受苦难去赎他的罪，**病是对罪的惩罚**[14]。致病不是因为阴谋者的恶意或者报复，也不是因为魔鬼隐蔽的控制；而是正义之神，被放肆的罪过所激怒，降病以示惩罚。巴比伦[15]人的医学清晰地表达了这一观念，这种受到大大的吹捧的医学，并不比原始医术多出了什么东西，反倒是具备了原始医术所有的特色。

献给瘟疫之神内尔格勒[16]的动人的挽歌世代相传：

“强大的主宰，尊贵之神，努南尼尔(Nunamnirs)的长子，

阿尼拉奇(Anunaki)之首领；战之神，

非凡的天后库图撒(Kutushar)的后代，
内尔格勒啊，祢是众神中最强壮的，宁梦娜(Ninmenna)的爱宠！

辉煌无比的祢雄居在明亮的天空，高天是祢的营盘，
在阴间祢至高无上，所向无敌。
在埃阿[17]的左右，众神的聚会上祢卓识超群，
在辛[18]的左右，祢一切洞悉。

祢的父亲恩立耳(Enlil)赐给你苍头黎民，一切呼吸的活物，
原野里的牲口，成群的蜜蜂，他都交付到祢的手中。
我某某，某某之子，祢的仆人——
天神和天后的震怒降在我身；
憎恶和毁灭累及家人；
呼天不应我心郁闷。

因祢宽容，我的王，我求助于祢的神威；
因祢怜悯，我祈望着祢；
因祢望向我，我寻觅祢的天颜；
因祢和蔼，我在祢跟前站立。

看看我吧，听听我的呼号，
祢盛怒的心也会软化！

放过我的过失，消弥我的罪孽！
祢神圣的惩罚之心可否变得温和？

天神和天后，雷霆万钧责骂之神，将再一次友善待我！
我定当赞颂祢的力量，并跪拜祢的恩典！”

如果在巴比伦文学当中“病是对罪的惩罚”的信念还不多见，那么在《圣经·旧约》里面，这一直是居于首要地位的信条。上帝已然启示了他

的律令，以所有的虔敬来信受奉行这些律令的人都能过得幸福，而冒犯这律令的人将受到惩罚。每一次疾病都是惩罚，每一丝病痛都揭发了罪过——这罪人自身的罪过，其父母的罪过，乃至其亲族的罪过。这是一种铁定因果的思想，一种纯属无知的思想。那更具有悲剧风格的形象，就是不断承受不公正之苦难的约伯[19]。

不过，疾病不只是惩罚，它还是对罪过的赎偿，这样，疾病又被认作救赎的过程。

病即惩戒的观念，以某种恶名烦扰着病人。他不再是一个无辜的罹病者，他患着病，他也该当受这疼痛的惩罚，为了他犯下的罪。通过他的病，他的罪孽才昭然若揭，他是一个被打上了印记的人，而且他的孤立以一种特别令人厌烦的形式为世人所接受。

古典时期的希腊有一种迥异的疾病观。希腊人的世界是一个健康的世界，健康被看作最宝贵的财富。一条古老的附注宣称：人终有一死，健康乃其至宝。一则归之于柏拉图的对话则断言：钱财不多但健康快乐，胜过拥有尘世霸主的所有财货却要忍受病痛。在《对话 · 高尔吉亚[20]篇》中，苏格拉底问道："对人而言，有比健康更贵重的任何事物吗？"

在这些早期的时代，医生作为能够保全和恢复健康的人，受到了高度的敬重，个人卫生也被推为首重。

当时人的完美典型是体形匀称的人，身心协调，高贵而又健美。

因此，疾病是一种大不幸，它把一个人从美满的状态中隔离了出来。病使人成了**次品**，病人，伤残的人，还有羸弱的人，都是低人一等的人，除非他们的健康状况有所改善，否则他们只能奢望来自社会的关心照顾。虚弱的生者倒不如干脆死去，古时候，伤残的人们是得不到供养的。为了算得上一个有充分价值的人，病人必须恢复健康，医师将帮助他做到这一点，借医师的手，政府就算是对病人有所救助了。但是，假如病势断无希望，疾病无可救药，那么无论是对病人还是对医师而言，医药治疗都毫无意义，因为医疗的目的——健康——全无实现的希望。所以，在希腊，病人也陷入一种恶名之中，不是罪过之恶名，而是劣等之恶名。

斯多葛派[21]的学者们把健康和疾病说成是不置可否论[22]——漠不关心的想法——试图压服上述鄙视疾病的观点，健美只是神恩，病痛也只是不幸。不过，在其后来的发展当中，斯多葛派在不置可否论中加入了不同的意义，对现实存在的种种需要作出了让步。随后，健康成了可喜之事，疾病则成了可鄙之事。克里西波斯[23]宣称：不想望健康、富有和了无痛苦，即为疯狂。不治之症可以作为自杀充分的理由，芝诺[24]就是因为区区一根断指自己上吊了。

病人地位最深刻、最具决定性的变化，是由基督教带来的。

作为一种虔信救赎恩典的信仰，同时也因为带来了伟大的医治者及其疗救的令人快乐的信息，基督教强烈地影响了这个世界。世人病态，因而需要疗救的方法。对于病人、伤残的人、羸弱的人，这种新的教义产生了相反的作用，与那些只适合于健壮洁净之人的古代宗教形成了对比。它应许了对心灵和肉体的疗救，基督不就亲自治愈过病者吗？疾病不是因某人自己或他人的罪孽而得的污点和惩罚，疾病也没有使我们低人一等，恰恰相反，**疾病意味着洗罪净化**。**疾病是天恩**，怜悯成了社会的精神特质。疾病是痛苦，而痛苦只会使人生圆满，所以病痛是灵魂的朋友，它使崇高纯洁的天赋逐渐显现出来，最终使人往生来世。就这样，疾病变成了一座十字架，背着它，病人可以追随基督的足迹。

受苦人的这一解放，意义巨大，使病人去掉了他原有的罪恶烙印，在这苦难当中所必须承受的病痛造成了赎罪誓约的错觉。不必压抑这疼痛，不妨坦白地哼哼，正如谢勒曾经说过的那样："受苦人的呼声曾经如此长久地被压抑，现在再一次响彻寰宇，既响亮又清晰。"

病痛既然须得忍受，那么这里到底有没有医生施展的余地呢？他减少病痛是否正当？人们经常引用《圣经》里的一句话："**应该尊重医生，因为主创造了他们**。"[25]这话听起来，既不同于荷马[26]诗作里把医生算作同其他许多人一样有价值，也不同于希波克拉底所论医生神一般的品性。或许通过种种论说，说医生是上帝的仆人或者医生充当了上帝的工具，说肉身是不死灵魂的尘世之舟，如此等等，病患的需要就再三证明了医生的资格。

疾病是天恩。健康的人通过同情病人，也分享得到这恩典，如果记得基督的教导，"我病了，你们看顾我……这些事你们既作在我这兄弟中一个最小的身上，就是作在我身上了"[27]，这同情简直就成了一种责任。

从此，病人的地位发生了根本的变化。尽管在古时候疾病使人隔离开来，在基督教世界里疾病却趋向于把社会团结起来。**独特地位一变而为地位优先**。病人也是分享上帝之赐福的人，给他以救助，是一个基督徒的责任，对于基督徒灵魂的升华也是必不可少的。充分组织的病患医护的诞生之日已经来临，这成了教会的责任，主教也就成为了它的代表，而执事助祭携同寡妇们则成为其在各处发生影响的工具，每逢礼拜天，都为贫病之人举办自愿的捐助。到了 4 世纪初，很多医院建立了起来——不同于古罗马为虚弱多病的奴隶所设的医院或者军团医院——这些医院不是出于种种有利可图的考虑而建的，相反地，它们出色地表达了基督教的兄弟之爱。6 世纪以后，看护病人的责任大多由修道院来承担了。努尔西亚的圣本笃[28]总要其修道院的僧侣们铭记护理病人的重要性：**治愈之先，护理僧要给病人以爱**。

社会一直注重对病人的责任。最初正是教会组织替政府代为照看病人。僧侣们因其护理而获得了各自特殊的品级。到了 13 世纪初，圣灵医院遍布整个欧洲；迎击毁灭性的瘟疫——比如麻风病——的措施，也大规模地被组织了起来。通过列举这样的历史脉络，我们可以明白为什么：即使到了今天，尽管不再需要宗教组织来做这样的社会福利，对病人的照看，还是大多由各种宗教机构或者至少具有宗教倾向的机构掌握着。

伴随着公民的权利义务的加强，在 14 世纪出现了一些非教会的医院。各种民间的组织，比如一些工匠行会，也开始照料各自需要照料的成员。对病人的照顾日益成为政府的责任。

的确，**着眼点一直在变**。在中世纪，病人相当于一个受到特别祝福的人，因为一些慈悲的原因他受到了照料。到了这时，诸多社会原因占了主导的地位，病人因为公益而受到照顾，国家向着福利国家或者提供社会福利的社会的发展程度越高，就会有越来越多、越来越广泛的事务成为国家对病人的责任，社会保险就是其中最强有力的证明。

在基于史实的讨论之后，如果我们现在再来观察病人在现代社会中的独特地位，我们将会发现，这独特更容易理解一些了。我们认识到，迄今为止所提到的这种观念，不论其一部分还是其全部，或多或少地改变了模样，都流传了下来。跟社会福利的感想同样地强烈，逃避疾病的倾向依然潜伏在意识的深层更深层，在正常的环境下，它不会跃上意识的表层，但是，假使一场瘟疫流行笼罩欧洲（当然，这是完全不可能的一种假设），毋庸置疑，就可能激出一场暴民的逃生。1918 年流感流行期间，在这感冒异乎寻常地流行的地区，人们记录下来的那些经历证明了上述推论。

广为流传的还有那“病是对罪的惩罚”的观念。在那虔诚的中世纪，在文艺复兴期间，很多灾祸诸如瘟疫、梅毒[29]都被信以为真地看作惩罚性的痛苦。哪怕到了今天，在一些人的圈子里，梅毒患者还是被认作一个为其罪过赎罪的人，而且那惩罚正被加之于他的身体中用于犯罪的那一部位，这似乎特别适得其所，那患了梅毒的也常常为其苦楚而妄自羞愧。绝没有讽刺意味的是，就算是源于科学的医学，也一直还在使用着“良性梅毒”[30]这个术语。那种令梅毒患者沮丧的臭名声，现在还经常被无知的人们用来摹绘所有罹患各种皮肤病的人。

许多病人认为自己不该受罚，他们自以为有道德的委屈情绪，则更进一步地表达了病即惩罚的观念。

最后，精神分析学终于教人们懂得，有多少意外、多少疾病，都产生于仅仅因精神上的过错而起的自我惩罚。

那病人低人一等的古旧观念仍在流传。打个比方：我们握紧一个人的手，发现他少了几根手指头，我们的第一个冲动就是要出于同情地问他怎么致残的，我们忍住此问，但是，这不仅仅是因为我们不想勾起他痛苦的回忆，还因为我们完全下意识地生起一种感觉——断指使他低人一等。

不过，病者优先，给人们留下了最深刻的印象。诚然，病人常常孤立，而且在任何情况下，病人的生活与健康人的生活自然不同，但是这孤立却没有把那病人从富有人情味的友爱关系中淘汰出去，恰巧相反，孤立促使这种友爱更加紧密。慈母疼爱病儿更甚于疼爱健康的子女；病人居于家庭的中心，家人的身心首先倾注在他们身上，原来似乎松弛的家庭纽带再一次地紧密了起来。就好像病痛使我们感觉到，原来属于我们的某些东西似乎要离我们而去了，所以每一次生病反倒使得一个人意识到了他与一个社群的关系。对于其任何一个成员正在遭受病痛，社群总有痛心之类的感觉，总得采取行动以阻止其成员的伤亡。哪怕一个赤贫的、最孤独凄凉的人，他平时在世上没有一个亲近的人，也能够通过普通的病症，感觉到自己与至少一个人——由社会指派给他的医生——有一段友善的亲近的关系。

病者豁免，这解除了他对于社会的许多义务。先是上学的本分，接着是上班的责任，病人可以免除许许多多的活计，而这些正是社会寄望于那些健康人的，确实，他反而成了许多义务的客体、特殊关爱的对象。疾病也免除了许多行为中他所承担的后果，减轻他的责任，甚至完全不考虑什么责任。进而这一观念彻底地使刑法发生了革命性的剧变。

病人优先的地位有效到了如此的程度，以至于如果死囚生了病，我们都会为执行一项死刑判决而犯愁。几年前在希腊，那几个驻外使团的使节被人枪杀，因为被杀的一位使节正罹患伤寒，全世界都为之义愤。

疾病解除了病人的工作，换句话说，它陷病人于失业。在当今社会里，工作是无可争议的生存要素，其间只由供与求来决定着工作的条件，病人的处境看来似乎全无指望。实际并非如此，因为在几乎所有的欧洲国家，病人一般由疾病保险来供养，本书稍后的章节将更详细地谈及。政府强力推动那些经济上不宽裕的人们，在健康的日子里储存其部分的工资，以备贫病之时。通过这种途径，工人赢得了扶助和调治的权利，到时候他可以不工作还能领得到钱，这是他自己应得的钱。这样，他既没有被迫依靠社会的慈善，也不是一个接受施舍的乞丐。他生病时他所处的有利情境在很大程度上是自种福根。一个很少用到保险的健康工人，也应该储蓄其工资的扣除额用以周济弱者，这也是人类团结一致的最好体现。

对病人的优先地位的表态越多，从中分一瓢羹的倾向、混入病弱伤残的行列以逃避生存竞争的企图，就会发展得越快。此类事例偶有发生，是由于一种我们称为歇斯底里症的疾病倾向。生存斗争越艰难，个人的负担越繁重，歇斯底里症的戏剧背景就越是常在。不过，我们必须谨防泛泛之见，首先要谨防的是用“假装的”这个词来讨论所有的起因。某人屈从于生活，某人发现除了生病别无出路，尽管不存在任何歇斯底里的征象，这人也是受了创伤的，也应该受到我们的救护。

现代国家的进步，为病人的地位注入了一种新的特征。尽管此前健康与疾病是各人的私事，但是在今天，国家要人人记住**健康的义务**。这一方向上的第一步，就是1927年德国所推行反对性病的法律。无论谁传播这些性病，无论谁感染上了却不尽自己的力量去恢复健康，谁就是公众面前的犯法者，就该因此受到法律的制裁。古来罪过的恶名以及低人一等的恶名已经从病人的头上去除，但是一种新的使其地位变得复杂的恶名日益昭著，那就是反社会者的恶名，在一些案件中就是罪犯的恶名。

现在，我们必须简要地评述一下**病人的行为**。我们知道，生病之人是一个落难之人，病对他而言就是命运的安排，就意味着经受痛苦。他对病的态度与对别的苦难并无二致，这态度只在各各不同的人之间有所区别；这取决于他的年龄、性别、种族以及受教育的程度，而且根据这个病人的气质和性格，这也表现出了明显的起伏；显然，病的严重性以及病的种类也起了作用，急性病与慢性病所产生的疑问也迥然不同。

小孩子一般止不住地要发泄他的种种感受——原始人也是如此——痛了，小家伙就会哭叫。南方人用言语和怪相鬼脸表达他们的感情，比北方诸国的人做起来要易懂得多；女人在忍受痛苦方面也常常要勇敢得多。一些病人彻底地放纵自己，任自己为疾病所牵引而不作抵抗，并且抗拒种种切合实际的关心体贴；医生为了医治这样的病人，就只好做一个变戏法的人。而另外一些病人，则神志清醒地要对自己的疗法发挥作用，他们有一股强烈的康复欲望，他们分析自己的病情，对自己的身体正在发生着什么有兴趣，也希望得到医生的启发。我们可以从病程中的所有阶段观察到，从最绝望无助的怯弱到最极端的勇气，一种更大意义上的勇气，因为在与病抗争的战场上实在没有可以派送的桂冠。当然，这也要鼓起勇气，不仅仅因为病会致痛，也因为那疗法；一个人必须咽下种种苦药，还得忍受一步又一步痛楚的疗治程序。

尽管个人的行为各有不同，疾病还是跟所有其他的痛苦一样有着一种不断调适的特性。首先，它使得一个人言必称“我”，健康的人本来通过他的工作——不论是哪一种工作——而成为一种社会组合中的一部分，疾病强迫他从工作中离开，并置他于我们前述的那种独特处境，这使得他开始意识到他自己，迫使他自顾自，并且在他心中唤醒那念念不忘自我的自我保护的冲动。在这种情形之下，通常要谴责自私的社会也能迁就他，甚至鼓励他。病人必须首先想到他们自己，这也是他们优先地位中的一部分。有些人会抑制他们的自私自利并对所有的帮助表示感激，与此同时，另一些人却利用他们的优越地位，专横待人。

疾病去矫饰，使人返朴归真，不光是任由他那些基本的本能充分地发挥出来。病剥去病人外表的一切，那学了一点皮毛却一直不曾真正同化的一切。许多人躲在面具的后面终其一生，疾病从他们的脸上撕破这面具，真实的面貌就显露了出来。想象中清心寡欲的人们只落得像抽泣的小孩儿一般；那些自认为是名副其实的理性主义者的人们，暴露了自己正同乡间老妪一样深受迷信思想的支配；另一些在健康的日子里嘲弄死亡念头的人们，则会突然发现他们对生命的渴望。原始的种种本能和古老的种种信念都再一次地苏醒，思想完全被由疾病释放的诸多情绪所蒙蔽，惯爱挑剔的人们会奔向一位冒牌医生，这个江湖骗子是他们健康时绝不至于认真对待的。

疾病使人愈加敏感。尽管平日里我们或多或少会对周围的许多恼人事儿厚脸皮，一旦生病我们就会带着暴露无遗的神经质伪饰撒谎。光线的闪烁或者苍蝇的嗡嗡声都会变成折磨，更不消说，环境例如病房对一个病人分明意味着什么。我们必须力图摒除引起烦恼的那些恼人事儿，必须用一种友善的环境力图舒适地影响病人。

这种格外的兴奋增盛，大半是多数病人易受暗示影响的原因。病人是无助的，他求助于医生，相信医生能够治愈他。通过拜访医生，他已经把自己置于另外一个人的决断之下。这种暗示的倾向受到如前所述的总的心理情境所强化，一个医术娴熟的医生将会充分利用这样的时机。不过，我们千万不要忘记：许多病人必会细心地把每一个字放在心上，他们对我们的信任总会要把这些话变成具有非凡暗示力的神谕。

那些源于长期的慢性病——比如结核和风湿病——的痛苦，使病人全神贯注于一种特殊的处境。在这里，我们不是跟一种短暂的疾病打交道，急病是在短时间里主宰了最重要的并附带上次要的一切。既然是这样，病人就像是被迫着与这慢性病签订了一个和约，他只得将它当作自己生命中的一种限制性因素，二者之间战事不断。必须明确的是：是否病人的精神强健了一些；病状先放一边，是否病人获得了一种可堪忍受的偷安生活；或者是否疾病又占了上风。各种慢性病对一个人的生活态度都产生了一种巨大的影响，并且常常限定了它的类型。风湿病、结核病、以及疑病[31]，都可以由文学作品出色描写的许多典型来明白地定义。

有时候我们会偶然遇见一个人爱上了自己的病这样令人惊讶的状况，这往往给他以一种他别无他法给自己带来的益处。

每当病到顶点，治愈在望，病者就成了**恢复期病人**，一个如此美妙且往往弥补了疾病所引起的痛苦的时期开始了。特权的地位还是他的，而且他不需要对社会承担任何责任，他依然受人照顾，也觉得他的力气恢复如常。像孩子一样，他必须再一次学着站立行走，人人都会为他的进步感到高兴。过去他被制止的那一切，那因此而似乎忒惹人爱的一切，一点一点地被归还给了他。小小的物事也产生了有影响的重要性，他再一次地意识到了生命力。如果生活以前似乎全是苦恼，在他病时他已经认识到要珍视它，像是珍视一份值得想望的财富，而现在它再度呈现在了他的面前。这就是为什么应该放一些鲜花在每一个恢复期病人的房间里，以作为一种美好的生命力象征和生活乐趣。如果以前好像发生过违背健康的事情、发生过健康受到轻视的情况，那么现在，他懂得了生病意味着什么，懂得了健康是多么的珍贵。他走出了念念不忘自我的怪圈，重新发现了整个世界，再一次地参与到他那些同伴的生活当中，并且一点点地恢复他惯常的生活节奏，直到有一天他在原有的位置上和社会步调一致。如果那疾病留下了一些遗迹，他不再可能做先前的工作，那么他也总会找到一个全新的位置的。

不过，痛苦总是被太快地全抛脑后，往日的病人也会忘记是谁给了他帮助，忘记在病中谁是他的一切。

在不少的小说里，在危急处境下英雄总是易于突遭伤病的，这并非富有想象力之人的一项发明，本没有什么**解围之神**[32]这样的为了解围而随意解围的存在，不过这倒不失为一种基于极真实之观察的表达方式。事实上，我们常常可以从好的文学作品中得到关于病人之心理特点的知识，这比我们从讨论这一主题的医学文献中所能学到的要多。有时候在生命过程中的关键时刻，严重的疾病所发生的一切，大家都知道是真实的，疾病成了危象显而易见的表达方式。在本书稍后的讨论疾病起因的章节里，我们将论述这一趋向——疾病的预备状态。在这样的时刻，一个精神上受到折磨的人，一个不得不面对强烈沮丧的人，一个其生命机能面临崩溃的人，自然会被疾病所征服，这远比其他的时候要容易得多。他仓皇失措，过着一种不平常的生活，在这样的时候疾病会成为一种决定性的因素，它将起到类似于泻剂的作用，这意味着这个人生活的转折点，意味着一个阶段的结束，意味着受制于一种新体征的新篇章的开始。这有太多的例证，在许多事例中，疾病袭来，并非病情急转的结果而是其起因。

最后，我们还必须提及一个事实：在某些生理的过程中，健康的人们也会居于病人的独特处境。我想说的是老年和妊娠。慢慢变老是一个生理的进程，随着与日俱增的衰弱和无助，谁都会老到与一个人生病相仿佛的地步。妊娠，分娩以及产褥，也都是生理的过程，在那些原始的种族里，这些都不曾给女人的生活带来任何变化；但是古代那些有了教养的种族，通过宣称孕妇的不洁，在一个特定的时期置她于一种隔离的处境，以此方式给她一段迁就的时间，这段时间足够地长，相当于我们今天所知道的女人从其产褥期恢复过来的历时。随着文化的推进，这种特殊照顾的特权被越来越明白地确定了下来，而且日益接近地被比之于病人的处境，直到今天，分娩和产褥期都是保险的业务范围，越来越多的母亲们都是到医院里请医生接生的。

译注：

1，圣方济各医院，Ospedale San Francesco，意大利文。

2，达·蒙特，Giovanbattist da Monte，1489—1551，意大利医师，1543 年首次提倡在病人身边进行临床教学。在 16 世纪，医学教学仍然以对古代著作的注解为基础，而教学的计划则被建立在纯理论的方面，“实用”的方法就是按照疾病所在的身体各个部位“根据权威”的疗法，毋需在病人身边直接观察病理的过程。达·蒙特发挥他自己的长处，重提希波克拉底医派的常规，使训练学生搜集病历、进行观察考试、验证课堂所学的病状等一系列做法得到了承认。

3，阿尔卑斯山，Alps，在欧洲大陆中央，是欧洲屋脊，平均海拔 3000 米左右，东西横亘 1200 公里，将南欧与东欧、西欧分开。山脉的一部分在意大利的最北部，意大利以此山为屏障与法国、瑞士、奥地利、斯洛文尼亚接壤。作者在这里暗示包括医学在内的意大利文艺复兴对法国、瑞士等地的影响。

4，博托尼，Albertinon Bottoni，？—1596，意大利医师。

5，奥迪，Marco degli Oddi，？—1598，意大利医师。与 Bottoni 同为达·蒙特的学生。1551 年后达·蒙特的临床教学中断，经过他们的努力，复兴了这一传统。

6，布尔哈夫，Hermann Boerhaave，1668—1738，荷兰医师，医学教授，第一位著名的临床医学教师。毕生在莱顿工作，任植物学和内科学教授、大学校长、实用医学和化学教授。他提高了莱顿大学作为一个医学学派的声誉，学生云集，对日后爱丁堡、维也纳和德国的医学教育产生了影响，人们公认他创立了新的医学教育体系。

7，全欧洲的老师，totius Europe praeceptor，拉丁文。二三十年后哈勒也获得类似殊荣“Communis totius Europe praeceptor”，全欧洲共同的老师。

8，完全恢复，restitutio ad integrum，拉丁文。

9，不要忘记你终有一死，memento mori，拉丁短语。

10，苏门答腊，Sumatra，印度尼西亚的第二大岛。

11，库布人，Kubu，林居的半游牧民族，主要居住在苏门答腊东南河道附近的沼泽地区，传统的居住区一般是二三十人住在竹竿和树叶搭成的简陋棚屋里，由一位长者当头人，但并没有什么权力。食物大都来自丛林野产，与外界的接触以“无声交易”为主，世人对其宗教信仰的了解仅限于巫师和鬼神祭祀。

12，萨满教，Shaman，以据说能治病、能通鬼神的萨满为中心的宗教，一般认为起源于无阶级的新石器时代和青铜时代，流行于畜牧耕作的民族，其痕迹现在仍可见于已改信他教的民族，比如信佛的蒙古人、信基督的芬兰－乌戈尔人、改信伊斯兰教的中亚及小亚细亚的突厥人。神灵一般在青少年中挑选萨满，萨满往往是神经衰弱或癫痫患者或身体畸形者，习惯于靠直觉办事，敏感多变，自由进入出神入迷的状态，代神灵讲话。萨满使用民间歌词和萨满歌词照传统形式即席吟唱，众信徒应和或模仿动物鸣声。经过社会承认的男女萨满，能直接与超然世界交流，因而能预卜未来和治病。

13，闪语族，Semitic，通行于北非及近东的闪米特－含米特语系五个语族之一，包括古希伯来语、阿拉伯语、腓尼基语、埃塞俄比亚语等。

14，病是对罪的惩罚，Disease is punishment for sin。下文说出自《圣经·旧约》，《圣经》里找不到出处，留待方家指明出处。

15，巴比伦，Babylon，上古时代最著名的城市之一，位于巴格达以南88公里，是古巴比伦王国（公元前2000初到前1000年末）和新巴比伦王国（公元前7—前6世纪）的首都，公元前331年为亚历山大大帝所占，使之纳入了希腊文化的轨道，巴比伦在天文学上的贡献也大大丰富了希腊化时代的科学。

16，内尔格勒，Nergal，美索不达米亚宗教所崇奉的次要神灵，兼为阴间之王。据公元前1000年亚述文献记载，他赐福于人，聆听祈祷，起死回生，保佑农牧。据有的赞美诗说，他司掌瘟疫、饥馑和破坏。对他的崇拜从苏美尔和阿卡德地区扩展开去。

17，埃阿，Ea，美索不达米亚宗教所崇奉的水神，与安努和贝勒共为联立三神。主管地下淡水潜流，他本来与种子和羊水相关联，因而象征化育。

18，辛，Sin，美索不达米亚宗教所崇奉的月神，太阳神沙玛什(即乌图)之父，另说是太白金星女神伊什塔尔之父，与二者共为天空联立三神。苏美尔人称他为南那，南那使牛群繁殖，牧民亨通，防止河水泛滥成灾，调节芦苇生长，增加乳类产量。辛的形象是长须老人，睿智难测。

19，约伯，Job，基督教《圣经·约伯记》中的人物，备历危难，仍坚信上帝。

20，高尔吉亚，Gorgias，公元前483？—前376？古希腊哲学家、修辞学家，智者派的代表人物。主张无物存在，即或有物存在亦不可知，即或认识事物亦不可言传。著有《论非存在或论自然》等，现仅存残篇。

21，斯多葛派，Stoic，在古希腊和罗马时期兴起来的哲学派系，鼓励人们参与人类事业，相信一切哲学探究的目的在于给人提供一种以心灵平静和坚信道德价值为特点的行为方式。公元前4世纪由古希腊哲学家芝诺(Zeno，公元前340—前265)创立，因为他通常在雅典集市的画廊柱下讲学，所以人称画廊学派或斯多葛学派。其后期的著名人物有被尼禄皇帝释放的奴隶爱比克泰德、罗马后期五贤王之一安东尼努斯(中国汉代史上称之为安敦王)等，安东尼努斯的《沉思录》留传至今。文艺复兴时期，有很多人道主义者根据斯多葛哲学来反对中世纪神学。

22，不置可否论，Adiaphora，基督教神学术语，持这一论点的人认为某些教义或宗教习俗既非《圣经》所指示，又非其所禁止，因此可以不置可否。

23，克里西波斯，Chrysippus，约公元前280—约前206，希腊哲学家，是将斯多葛哲学系统化的主要人物，并最早把命题逻辑组织成为智力科学的人之一。传说他曾和芝诺一道在雅典的斯多阿(柱廊)共同创办学园。

24，芝诺，Zeno，季蒂昂的芝诺，约公元前335—前263，希腊哲学家，斯多葛学派的创立者。公元前312年赴雅典，听犬儒学派的讲学，当他自己的哲学有所成就时，便开始在斯多阿·波伊奇列（彩色的柱廊）讲学，此即学派名称的来历。芝诺的哲学体系分为逻辑学、物理学和伦理学，以后者为中心。他用希腊文写的论文均失传，仅有只言片语留存在他人著作的引语中。

25，应该尊重医生，因为主创造了他们。原文为 Honora medicum propter necessitatem，etenim illum creavit altissimus，这句拉丁经文的英文为 Honour the physician for the need thou hast of him：for the most high hath created him，见《次经·便西拉智训》第38章。

26，Homer，荷马，指创作古希腊两大史诗《伊利亚特》《奥德赛》的一个或几个诗人。希腊人把史诗不仅当作文学作品，也不仅是希腊的团结和英雄主义的象征，而且还是从中取得伦理甚至实践准则的久远源泉；迄至罗马帝国时代和基督教传播时期，这两大史诗又成为仁爱教育的支柱。荷马的诗歌是口头传述的，并未借助于文字。关于荷马本人的真实材料十分缺乏，在公元前6世纪初有所谓荷马后裔的荷美里达伊人负责保存和宣扬荷马的诗歌，早在公元前5世纪人们就开始捏造荷马的伟绩。

27，见《圣经·马太福音》25：36，25：40。

28，圣本笃，Benedict of Nursia，另译圣本尼狄克，约480—547，意大利人，西方基督教教隐修制度和本笃会创始人。年青时痛感罗马人荒淫无度，入山中隐居，因圣洁之名远扬而被聘为隐修院院长，锐意整顿，遭到反对，后南迁，创办意大利卡西诺山修道院，制订隐修院规章，修士推选院长，院长指派各品级的分工，各修士不得拥有个人财物，每日祈祷、劳动、读经读圣修书籍，抄写各种古代的基督教文献，一切活动均系集体进行。后来采用这一套规章的修会，称本笃会。圣本笃认为，透过心智、身体、灵魂的三方面活动，人渐渐可以过谦卑的生活。他关于谦卑的教导是依照《圣经》"凡自高的，必降为卑，自卑的，必升为高。"（《路加福音》14：11－18：14）。1964年被教皇保罗六世宣布为全欧洲的主保圣人。

29，梅毒，syphilis，典故的出处是意大利医师兼诗人 Girolamo Fracastoro（1478—1553）于1530年所写的拉丁文诗，诗中描写主人公牧羊人 Syphilis 罹患此病。此病的历史起源不详，哥伦布自新大陆归来后欧洲文献才有确实可靠的梅毒记载。据勒拿说，梅毒常被称为大模仿者，因为梅毒的症状和很多疾病类似。

30，良性梅毒，lues insontium，拉丁文，英文意思是 syphilis of the innocents，字面意思是无辜者的梅毒。

31，疑病，hypochondriasis，一种神经官能症，表现为对自己的健康状况过分焦虑，常伴有多种难以归因于器质性疾病的自觉症状。本病的特征是对自己的身体情况有偏见，把人体正常的感觉(如心跳、出汗、肠蠕动和排便)和轻微异常(如流鼻涕、微痛、淋巴结稍有肿大)都说成是严重病变，医生检查无阳性发现，这一结论及医生的劝告反而会加重病人对健康的疑虑，使之继续不断地求医问药。

32，解围之神，Deus ex machina，拉丁文，字面的英文意思是 god out of a machine。指古希腊、罗马戏剧中用舞台机关送出来的救场角色。引申为故事情节中横生出来的左右结局的解围之人、物、事，意外介入而扭转局面的人。安徽有句老话“做戏无法，出个菩萨”，北京老话说“戏不够，神仙凑”，意思接近。

第三篇　疾病的征兆

一直到此刻，我们都是在从总体上考虑生病的人，接下来，我们必须让自己全神贯注于疾病本身。不过，在我们探索疾病的本质之前，我们必须断定疾病显露的方式，让我们来用与病人一样的观察者的角度去思考病的表现形式，思考其体验的实质内容。我们凭什么知道一个人生病了呢？

凭借着一定的征兆、一定的表面迹象，疾病自有其表现方式，这些被称之为症状。对症状的研究以**症状学**为名仍在延续。

我们要思考的第一个问题是：是否症状和疾病并非一个现象且非同一个现象。譬如，一个人得了头痛，就头痛的影响而言这足以构成疾病，除非他另有更严重的病。不过我们的观点有所不同，因为我们知道，作为许多不同病因的结果之一，各种头痛都会发生。它们可以在一场即将到来的雷电风暴之前发生，也可以在烟酒过度之后发生，还可以伴随着消化不良或便秘一起发生，另外，它们也可以作为伤寒、流感或者脑瘤的结果发生。通过施用某些药剂，我们就可以缓解或消除病痛感，不过这样也算不上治愈了这病，病痛还将反复出现。因此，头痛仅仅只是一堆更大的综合征当中的一部分，更确切地说，只是许许多多此类错综复杂的情形之一的组成部分。在此一情形下，我们在跟一种完全无害的病打交道，这病很快地消逝了，没有留下一点痕迹；在彼一情形下，比方说脑瘤吧，我们在观察一种最严重的疾病，这病最终的结果是致命的。

因此，我们不能满足于依着症状在表面上各自所呈现出来的特征去观察它们，但是我们必须循着症状想到机体的里面去，并且像生理学家一样力图揭示这些现象的起因。我们必须承认症状和疾病不是同一的，承认种种症状都是疾病的一种表达方式。实例可证：同样的症状可以出现在大不相同的疾病当中，单独的症状在查明一种疾病之类型的过程中毫无意义。在极罕见的情形里，存在一种**能够确诊的**症状，这意味着它是一种且仅此一种疾病的特征；而在大多数的情形里，我们只能通过确切的症候群之混合体的存在来识别一种疾病。稍后我们将看到，诊断的诀窍在于对种种症状的正确判读。

多少世纪以来，医生同病人一样，把各种症状——尤其是主要的症状——当作疾病的合法形式，头痛、发烧以及水肿都曾被认作这些病的本身。我们的语言至今还保留着这种观念间或发生的一种痕迹，比如使用像痨病、黄疸这一类的名词。因果性的猜想还是引导出了新的观念。

解释疾病的途径是依靠症状，而医生最必需的必要条件就是他观察各种征兆的能力，这无论从哪一方面来说都不是一个简单的问题。当一个人一瘸一拐地走动的时候，情况是十分明白的；但如果他只是轻微地蹒跚，那么要查明究竟哪一只脚跛了会变得相当地困难。

观察力是医学思维、医疗常规无可争辩的基础，在这一方面，无论怎样训练我们的辨别力都不过分。

我们不可能看到一个人得了头痛，我们只能从他那里查明头痛。比如，我们可以从他的面部表情推定他的头在痛，他痛得紧闭上双眼、双手捧着头，因此我们假定他的病痛在他的头部，但我们不能确诊，而且无论如何我们除此细节以外别无所知，我们必须借助于他自己的病情陈述，在这一类情形之下我们就得依赖于疾病**主观的**种种症状。但是，还是有一些客观的征兆我们可以看得到、听得到或者触摸检查得到，比如：一条缩短了的腿，一种异常的呼吸声，一个可以精确测量其尺寸的肿块。

在各种主观症状的类别中，再没有什么像疼痛这样不可忽略的了。疼痛是多数——实际上是大多数——疾病中最激烈的迹象，也是各种炎性过程中的一种基本症状。伴随着疼痛非同寻常的出现，病人体会到自己有病了，疼痛驱使着他去求医；从疼痛开始到结束，病人体验到了那种疾病；当他从疼痛中摆脱出来，他算是战胜了这种疾病；因为疼痛，疾病变成了一种苦难的经验；疼痛的终结，往往给人带来一种解脱的感觉。

世上有各种程度的疼痛，从轻微的病感直到最剧烈的创痛。疼痛往往难于形容，一个人可能描述性地把它称为令人厌烦的、剧烈的、火辣辣的、耗尽力气的。观察疼痛时我们不能作出圆满的区分，在呼吁人们注意这一事实的过程中，我一般会援引魏茨泽克[1]的对疼痛的杰出研究：疼痛使我们下定决心，要么我们对之掉头不顾、弃之逃遁，要么我们施以援手。任何选择了医学作为终生事业的人，都让自己在道义上负有助人的责任。

疼痛标示出存在有一种确实的结构，一个由诸多因素协同的整体。没有疼痛，这结构就不会被扰乱，构成这结构的那些部分也就不会相互分隔地被撕裂开来。痛彻始终，我慢慢地意识到了什么才是我的，同时也认识到原本属于我的一些东西正在企图离我而去，恰如一颗疼痛的牙将要拔除。我的孩子与我离别，痛伤我心；我不得不离家远行，痛伤我心。

疼痛是病态障碍的一种征象，然而，它也是一种警报，这警报使我们震惊，也唤起我们准备抵御入侵之敌。它告知我们：在我们身体里的某些部位上，一场生与死的较量正在进行。就这一点而言，疼痛是有助益的，它有助于我们的自我保护的本能。没有了疼痛，我们将陷入接连不断的自我伤害的危险当中，比如，我们常常有可能会烧伤自己的手指头和嘴巴。那些被切断了感觉神经的白鼠会啃食它们自己的腿；罹患感觉神经麻痹的人们对危险的存在也会毫无觉察。如果癌在其早期会引起疼痛，那么它将得到及时地诊断，动手术就可以切除肿瘤了；如果疼痛被发现得太晚，以致于不可能成功地切除肿瘤，那么这就是一种可怕的病了。

今天，我们有了镇痛的良方。我们可以用可卡因[2] 和同类的制剂来使感觉暂时不起作用；也可以用乙醚、笑气和氯仿来取消知觉；罂粟的生物碱——特别是 1805 年药剂师泽尔蒂纳[3] 所发现的吗啡——使我们得以在很大的程度上减轻疼痛。我们的职责通常是与疼痛作斗争，不过也有很多的时候我们还要利用疼痛，因为单纯的疼痛往往使我们能够对病程有所把握。

我们还必须认识到那将一个胎儿带到这个世界上来的种种痛苦，因为其间不仅有着紊乱失调所致的痛苦，还有无边的分娩痛。疼痛，不仅给人以生命终结的警告，也给人以生命新生的预报。生长也可以引起疼痛。分娩婴儿，痛是极痛，但它不同于别的疼痛，固然这也是由破坏和如撕裂一般的脱离所引起的，不过这痛还是有所不同——更像是新的生命破壳而出。

那些自觉症状对病人而言就是疾病本身，它们驱使他去求医。在医生面前他往往会有一段陈述，这一陈述围绕着首要的自觉症状被越来越强化，并且经常成了我们实施治疗的向导。我们一般通过检查一个接着一个的组织结构系统去发现客观症状。

种种症状可以是既变机能的征象，也可以是既变结构的征象或者一些反常的心理反应的征象。所以我们能够理解到，正是病变——渐行渐远的异样——带来了病态的结果。我们通过对比能够察觉到一些症状，拿病人的状态去跟健康人的状态相比较。我们了解健康机体的结构和功能，多年的努力已经积累下了这样的知识。尽管科学地定义"健康"有些费劲，不过，关于健康是什么，我们还是有了一点具有实用价值的知识；尽管我们知道每一种身体正常的概念都是习惯上假定的，我们仍然被证明有资格对照疾病话正常。在我们关于人体的知识当中，有一部分承认：在许多个体上还存在着大量的变化。我们从很多的统计记录中得知，一个正常的健康成年人心跳的平均速率为每分钟 72 次，但这个数值纯粹是单凭经验的，只在极少数的情形下得以严格地保持。个体特有的心跳可能是 60 到 80，而且在一天之中会有所不同。如果我们发现一个人的脉搏只有 40，我们就会想当然地认为这是生病的征兆。但是，据说拿破仑即使在健康的日子里脉搏率就是 40，看来在拿破仑是正常的脉搏率，在其他人的身上就构成了疾病的征兆。

这个例子证明，我们必须格外小心。我们不能用一个统计学上推断的正常状态套用在我们的病人身上，但是，如果可能，倒是必须就这个个体本身作这么一番比较。很简单，如果我们的问题在于要确认一条腿的畸形，在这个病例中，我们就可以将其比之于正常发育的那一条腿。不过情况还是会相当地复杂，因为我们通常见不到未病之时的病人——除非到他既病之后——也就料想不到他完好无损时是什么样子，我们只得依赖于他自己的陈述，依赖于来自方方面面的信息。

这个例子应该也向我们表明了，我们不能依赖于常规而要依赖于病人的机体能力。既然某个机体以 40 的脉搏率还能够满足赋予它的种种要求，它就是健康的，对这个机体而言，显著低于一般标准的脉搏也是正常的。

至此，我们开始认识到，健康就是机能假设的产物。一个人是健康的，并不是在他的器官根据一定的常规——这一常规的切实可行可以得到精确的证明——构成之时，而是在他的各种器官没有抵触地协调运行之时。这样，机体可以胜任生命赋予它的种种要求，并且在一定的限度内足够迅速地改变自己以适应诸多变化。例如：如果一边的肾脏功能衰退，这就不是一个正常的健康状况；另一边的肾脏肯定会承担起两边的工作来。这边的肾脏就会**肥大**起来——即肾的大小增长了——同时因增多的机能以遏抑病肾而行**代偿**机能；尽管有这样解剖结构异常的病态，这人还是保持了健康态。在这个病例中，一边肾脏的衰退，还不会被认作是疾病的征兆。不过终归这种状态不容忽视，如果一边的肾脏衰退而另一边承担双倍的负荷，那么这个机体就已经竭尽其储备力了，如果新的损伤降临到起作用的那一边肾脏，就不可能再有另外的代偿机能了。

现在，我们可以清楚地看到，在疾病和健康之间并没有分明的界线。我们的身体正受到各种致伤因素的不断侵袭，不过，在大多数情形下，损害被克服得太快，弄得我们都意识不到它。很多切片报告显示：我们97%的同类都曾经在他们生命中的某个阶段受到过结核性感染的损害，不过其中只有极少数的人切实感受到了这种病。

在消化作用的过程中，血液里的白细胞会增多。同样的事情也会发生在一场感染的袭击当中。因此，同样一个过程，或许是生理上的，也或许依其决定性原因又是病理上的。这个问题我们后面还将多次提及。

17 世纪最有见识的医师、有史以来杰出的研究者之一西德纳姆[4] 将各种症状分作两类：**原发症状**——由损伤引起的种种症状；还有，**偶发症状**——由于对损伤的反应而发生的种种症状。当火烧到我们的手，皮肉组织的结构被热量作用所损伤，我们看到的种种迹象都可以归咎于这次损伤；死掉的组织在身体的结构里扮演起外来要素的角色，机体对其作出反应，将其蜕脱，代之以新的细胞。我们这一下子看到了完完整整的由这一反应所表达的现象，烧伤的临床病象如此这般地显示出了种种症状，依照西德纳姆的理论，这些症状有一部分是烧伤的结果，还有一部分是对烧伤之反应的结果。不过，在很多病例当中，区分此二者还是有难度的。

西德纳姆像

疾病的单一症状早就被识别出来了。人一旦意识到自己，就能够承认主观症状；人们一旦过上群居生活——群居会受到彼此安康的影响——就会学着识别疾病的种种征兆：那些与他们密切相关的征兆，那些改变他们体表的比如创伤、肿胀、肿瘤的征象，也还有那些行为变态的征兆。巴比伦楔形文字的刻写板和埃及的纸草纸卷轴——最早的一些医学文献——就描写有疾病的许多征兆，这些征兆常常被以生动的形式描述出来，没有矫揉造作的术语，不过使用的是当时的语言。内里鼓胀定义为恶心，体内挤压说成是剧痛，脘腹硬结的说法是病人走起路来像是屁股痛，等等等等。

在接下来的几个世纪里，疾病越来越多的征兆得到识别。希腊人的医学在观察理解疾病征兆的领域里取得了很大的进步，在他们的检查当中，他们动用了所有的感官，运用的程度远比今日的标准更为深入。希波克拉底医派的医师用他的眼睛观察病人的脸，留意脸的轮廓、颜色和表情，还有脸上不同的部分——眼睛、耳朵、鼻子和唇舌；他注意到病人在床上的姿势，是斜靠着还是横躺着，还有，是靠在床头还是陷在床中；他观察病人用双手干些什么，是双手一动不动，还是像捉苍蝇、在墙上乱写乱画一样地四处挥甩双手；为了准确仔细的观察，皮肤、头发和指甲都没有放过，身体的外形和颜色、营养状况、力气、动作、抽搐，还查验身体的排泄物——尿、粪便——咳痰和咯血。他把自己的耳朵贴在病人的胸上，可以听到像沸腾的醋剂一样的汩汩声——我们今天所说的小支气管里面的罗音；或者听到像一根新皮带的摩擦声，即我们今天所说的摩擦音，干性胸膜炎的摩擦音。甚至他摇晃病人，同时倾听胸膜炎体液溅动的声音。

通过触摸，他可以判断病人的体温，可以切脉，施压于病人手臂的不同部分以测试反弹力，记录肿瘤的大小、周长、形态的坚硬度以及疼痛感，等等等等。

在查病当中，品尝和嗅闻也都用到了。嗅觉在发烧的病例中可以提供有价值的信息，正如希波克拉底在《*Prorrheticon*》中所写的，人的气味彼此迥异。古希腊的医师们甚至会毫不犹豫地品尝人体排泄出来的东西。

凭借感官得不到的病情细节，希波克拉底医派的医师们就会试图通过向病人提问来得到。他们查问这病的起始、病人主观的感觉、他的睡眠梦境、饥渴痛痒以及其他主诉。我们可以不夸张地说，古希腊人大概不会忽略任何一个可以用他们的五官察觉得到的疾病症状。

每当发现了某些症状总是结合在一起出现，医学发展就会前进一大步。在一份神秘的古埃及语纸草纸卷轴当中，我们发现，病魔被称为：血之挚友、脓之伴侣、肿块之父。这无疑表明，实际上在古代医学中，人们已经发现了炎症的某些症状会同时发生。

在古代东方——当然更大的程度上还有在古希腊——的系统文献中，我们找到了关于症状组的很多叙述。作为这些古典著作的一个例证，我们将援引希波克拉底的《预后论》——文中记述有现在依然适用的名为“**希波克拉底面容**”的症候群，即许多人临死时脸上呈现出来的一组征兆——引述如下：“每逢急症，宜细心体察之。先望病者面容，其犹似于康健常人之面容乎？尤要者，其犹似于本来面目乎？似，则善矣；苟其人面目大异寻常：或削鼻、或陷目、或凹鬓、或耳凉而挺且耳垂与头有间、或面皮干硬紧绷、或肤色泛绿浅棕，则病危矣。”

希波克拉底面容并不代表一种疾病，而是在千差万别的疾病过程中所呈现出来的一个症状组，这只是一张恰如我们从东方古代医学所得到的疾病描述的快照。在疾病的真实画面中，时间这一要素也起了作用。因为疾病不是一种状态而是一段变化过程，这一画面必须包括从病来到病去的生病、病程以及各种症状的消失。我们在稳妥的基础上建立疾病记录的惟一方法就是，不带倾向性地写下各个病人的病史，包括病的过程、先前所发生的事以及相伴随的境遇。对此，古希腊人——尤其是希波克拉底以其《流行病学》的第一卷和第三卷——立下了典范。我可以举第一卷的开卷部分作为实例：

> “在萨索斯岛，秋季黑夜和白天一样平静的时候，南风裹着连绵的雨，抬头可见疏散的昴宿星团；干燥的南方冬日里吹着轻微的北风，这里的冬天完全像是春天；相形之下，春天又有清新的南风伴着细雨；干燥的夏季，天空常常为云所遮掩，信风稀疏地吹着，总是轻柔如无，断断续续的。
>
> “随着天气因为干燥渐渐地带有南方的特点之后，早春带来了一种几乎完全的逆转，气候一变如在北方。结果发生了大量不具有危险性质的发热病例，鼻出血是其中一种间或发生的症状，其中并没有死亡的病例。许多人耳旁起了肿块，有的只肿一侧，有的则两侧对称都肿；大部分病人并没有发烧，也没有卧床不起；也有一些人轻度发烧；耳旁的肿块会消失，并不留下疤痕，也没有人受到感染，而由别的原因引起的肿胀病例则通常是会留痕传染的；那些肿块既大且软，大多没有炎症、没有痛感；它们会不留痕迹地消失；它们往往出现在男童、年轻人以及强壮的成年人身上，尤其是在那些光顾运动场、角

斗场的人身上；很少有女人罹患此病；多数得此病的人会无痰干咳，而且嗓音嘶哑；一段或长或短的时间之后，睾丸会肿痛起来，有时一侧，有时两侧，有的人会发烧而有的人则不，大多数人呻吟不断。

“除此以外，就我们的经验来判断，萨索斯岛的人们十分健康。”

本章极好地说明了希波克拉底的追随者的观察能力。仅仅依靠观察，他就能记录流行性腮腺炎的各种特点；他清楚地界定耳旁这一类肿块与其他疾病所生那一类肿块的不同，并明确哪一种会化脓；流行性腮腺炎[5]——腺体的炎症——最重要的并发症没有逃过他的眼睛，因而他也明白了此一病状与彼一病状之间的关系；他观察到，居家的女人们很少得病，与此同时光顾那些人际接触紧密的场所的男人和男孩子们则易患此病；还有，他也观察到，此病并不按照同样的程序发展，差别因人而异，有的是体温升高，有的是咳嗽，其他人则这两种症状都没有。他们努力要找出外在世界和人体之间、环境和疾病之间的关系，对此，我们也要心存敬重。

此刻，我们不得不承认，症状和疾病并非完全相同的概念，诸般症状都是疾病的表现形式，在疾病的进程中，它们一般混合着发生，或者一种接着另一种相继发生。

译注：

1，魏茨泽克，Viktor Freiherr von Weizsäcker，1886—1957，德国医生，生理学家。

2，可卡因，coaine，由古柯的叶中提取的生物碱，有阻断神经传导的作用，惟一的用途是当作麻醉药。古柯原是南美的野生灌木，几百年来秘鲁、玻利维亚的印第安人把古柯树叶与草木灰、石灰石一起咀嚼，以消除疲劳，增强耐饥渴的能力。1884 年美籍奥地利裔眼科医生首次用作局部麻醉药。可卡因对中枢神经系统有高度毒性，鼻吸后很快被鼻粘膜吸收，刺激大脑皮层，产生欣快感及视听触等等幻觉，用药后极短时间甚至数周即成瘾，逐渐发生并加剧偏执狂型精神病，大剂量可刺激脊髓，引起惊厥，乃至抑制整个神经系统致呼吸衰竭而死亡。

3，泽尔蒂纳，Frederick Wihelm Sertürner，德国化学家，1806 年（本书后面说是 1805 年）由鸦片中萃取分离出一种生物碱吗啡（Morphine），依希腊的睡神之子专以人形托梦的莫耳甫斯(Morpheus)而命名，很快成为重要的麻醉药。

4，西德纳姆，Thomas Sydenham，1624—1689，英国医师，公认的临床医学及流行病学的奠基人，因为强调对患者要详细观察并作出精确的记载，故被称为“英国的希波克拉底”。在英国内战期间，他站在反对国王查理一世的议会一边，不惜中断在牛津大学的学业。他1676年出版的著作《医学观察》，在200年内被用作标准教材。

5，流行性腮腺炎，mumps，一种由副黏液性病毒引起的急性传染病，系由直接接触、飞沫、传染性唾液沾污物、尿液而致，成人受其影响，但常见于15岁以下儿童。大多病例临床症状不明显，其特征是腮腺发炎肿大，通常带有腮腺肿痛，其他唾液腺也可被累及。其他器官感染有：睾丸炎、卵巢炎、脑膜炎及胰腺炎。

第四篇 疾 病

此前，我们总是将疾病当作一种仿佛活生生的存在来讨论。这只是我们讲谈当中的拟人效果，我们必须澄清这一观念，认识到疾病并不能脱离生命机能，没有活物也就没有疾病。当我们谈论疾病时，它就只是一种抽象。实际上，疾病仅仅存在于它从人身上显露出来的那一刻；而且，因为世上没有两个人是一模一样的，所以在任何情况下都绝没有完全雷同的病。姑不论其各各不同的个性，所有的人都是按照同样的总轮廓构成的，他们的生理反应也都遵照着一种明确的规范，而且我们发现，一定的规则以同样的方式支配着疾病。这一点不难理解，因为其媒介就是同样的、通过种种生理过程活动起来的肉体基础。我们认识到，形形色色的人以同样的程序和组合、在病程中同样的阶段里表现出疾病同样的症状，这些症状是被强加到同样的与生命过程有关的身体结构上的。通过抽象——即借助于思维过程——我们把经验的总和整理成系统，从而可以系统地阐述**疾病类型的分类**。

譬如，当我们谈及肺炎，我们指的是一定的症状的总和，这些症状是人的身体在一个明显的阶段中所可能发生的。一个人得病，深受机能紊乱之苦，这失调跟其他人以同样的程序显现出的症状组相一致。不同的人，症状相同，是因为症状都是由肺里面同样的结构变化所引起的，而这些变化又归咎于感染了某些特定细菌。既然我们是在应对一种以典型的方式反复出现的过程，我们就完全有理由制订一套系统化的分类法。人各各不同，这差异显见于这样的事实：一些人罹患肺炎，而与此同时，接触过相同危险的其他人却抵抗住了它；而感染肺炎的那些人身上，在病势的轻重、病期的长短以及最终结果等方面，又有别样的不同。在一些病例中，肺炎并没有依照通常的病程发展，这种病例的肺炎不是典型的却是**非典型**的。我们在病理过程中发现的异同，和我们在生理过程中所发现的一样，尽管如此，我们还是忠实地抱定关于肺炎的观念。

每一种单独的疾病都是一种抽象，一段使旁观者能够清晰地理解他所见情形的程序，这些抽象有助于医疗方面的揣摩，如果我们要从疾病表现形式的迷津当中指点真相，如果要学医教医，这些抽象都是极其重要的。

侵袭然后生存于我们的肺里面的细菌(这里使用“生存”一词，是指细菌消化吸收、发育、繁殖，直至死亡，从它们的环境里取得养料，并排泄废物)，作为一种刺激影响着我们的机体。当然这不是我们机体所习惯的那种正常的刺激，而是反常的刺激。我们的机体对这刺激作出反应，不过这反应也不是正常的生理反应，而是一种异常的病理反应。我们发现，给疾病下定义的最简单的方法就是勒斯勒[1]的方式，他将疾病解释为：一个机体或其部分针对与健康不协调的刺激所产生的连续异常的反应之总和。

在详细说明之前，我们必须回顾一下。我们今天的概念都是多少年以来发展的产物，如果我们了解它们的出处，就会更容易地理解它们；它们既不乏味也非定论；认识到疾病被人们怎样不同地解释过，认识到那些早期的观念是什么，我们就能准确地评价它们。让我们自己通晓旧的疾病观的另一个好理由是，事实上旧观念依然留存在门外汉们的医学思想当中；在我们的实践中，甚至就在受过教育的病人当中，我们会频频遇到这些旧的理论；如果我们知道它们的由来以及它们的真实而乐观的实质，我们就能够更有成效地抵制、消除这些陈腐的观念。

通俗医学是一个丰富多彩的典型，其中混合着古老的医学观念和昔日的系统医学。这种外行的疗治很有害，必须用生理学的、历史学的基础知识去反对它。

译注：

1，勒斯勒，Robert Rössle，1876—1956，德国病理学家。他对一些医学方面进行了病理学研究，包括肝脏疾病、变应性、炎症、细胞病理学和老年医学。今天德国柏林还有以他的名字命名的医院和肿瘤研究所。

第一章　疾病观念的演变

打个比方，我们在街上遇见了一个熟人，从他的神态判断，他肯定生病了。这时，一个德国人就会问：Was fehit dir?（你缺什么?）这熟人答道：Ich habe Kopfschmerzen（我得了头痛）。

在这段乏味的对话中，德语保存了两个最质朴的关于疾病本质的观念。问者问及短缺、问及减法，而病人却答以得到、答以加法。

在上古医学里，有时疾病被解释为一种短缺，有时又被解释成什么东西多得过了头。人们病时短缺了什么呢？对生命而言是绝对必要的某事某物，一种生命要素，灵魂；或者被设想为短缺的是身体的基质，也许如某些澳大利亚部落的信念就是肾脏周围的板油。约伯就诉苦说他的肾被磨损得下垂到了他的大腿上。那么，到底是什么引起了这衰减呢？是巫术和魔法。一个人咒另一个人生病，蛊惑他，在他的路上散布一些摄魂物，或者用一些魔咒攫夺他生命的要素。上古那些引起日渐凋萎的疾病，就是以这种方式来解释的。

根据另一种的观念，疾病就是某事某物多得过了头，一种不属于本身的外物存在于病人身上。回头再说澳大利亚部落，一个部落相信，外物可能是一根木刺、一块骨片、一小块石英或石头，借助一支魔箭刺入到遭罪者的身体里面。对这些神箭的迷信相当普遍：约伯告诉我们，上帝之箭穿透了他；阿波罗[1]用箭来散播瘟疫；圣塞巴斯蒂昂[2]舍身承受这些传播瘟疫之箭，以使他的人民从这瘟疫当中解脱出来。当然，这就是突发的、剧痛的疾病的解释方式了。存在于病人体内的外来要素，可能不是由令人敬畏的、震怒的上帝射下的一支箭或者用巫魔手法引入的事物，这可能是一种超人的存在、一个恶魔、一个邪神，附体于病人，借他的肉体行事说话。在一个病人语无伦次或者热昏谵妄之中跳下病床的时候；在他变得精神错乱的时候，岂不真像一种不可思议的存在正在控制着他的身体？

地球上每一个种族的世俗观念都相信各种邪神、恶魔或魔鬼的存在，神魔鬼怪的目的就是酿成伤害散播疾病。许多古巴比伦叙事诗就描述了各种病魔及其种种恶毒的暴虐；死人的魂魄也都是可怕的，那些脱离躯壳的幽魂永不安宁地在人的聚居地的上空四处游荡，寻找一个借以再一次居留阳世的躯壳。新死的鬼，比如那些在世时有未尽之事的亡灵——新娘、孕妇和年轻的母亲——尤其可怕。

在这样的疾病观当中，病是一种异己的要素；人与病各是独立的存在。人罹患疾病，是因为这病渗入他的身体，此后控制住了他；这病也是一种生命，一个仇人。这毫不夸张就是**本体论**的疾病观了。原始的医术结合了三种推测：一为经验，一为巫术，一为宗教。我们将看到，这三种推测是怎样各自分离和发展的。

巫术的疾病观很快遭到唾弃，除了一般人以令人惊诧的固执还在坚守着它。即使在今天，一些乡下的人们还在相信牛有蛊惑的魔力，相信恶毒的眼光中有巫蛊的力量；甚至今天还有一种粗俗的信仰：如果用针刺中仇人的画像，那仇人将会被这种法术所杀伤。

宗教的疾病观是相对开明一些的文化时期不可或缺的组成部分。供奉健康之神——在希腊是阿斯克勒庇俄斯[3]，基督教徒到卢尔德[4]和凯沃拉尔[5]去朝圣，还有今天对基督教科学派[6]的兴趣，都是明证。正是在这一方面，种种古代的信仰一直残留到了晚近的时代；甚至就在我们自己的印象当中，精神病还往往被想成是着了魔。

阿斯克勒庇俄斯像。自古以来，蛇就被当作医学的象征。希腊神话中，阿斯克勒庇俄斯是阿波罗之子，能医治重病，起死回生。他在出诊和旅行时，总有一条约一米半长、来自南欧的蛇陪伴着他，因此蛇和医药神的手杖就成了医学的主要象征。

在单凭经验的疾病观的众多基础之上，我们看到了一种新的治疗技巧的发展，这一技巧基于观察和试验，力图从其种种推论当中消除模糊的思想。

古埃及人是这条道上的引路人。人们认为疾病是一种占据人体的异己的存在，这绝对不是神鬼，肯定是一种动物，一种虫子。各种寄生虫病在东

拄着蛇杖的阿斯克勒庇俄斯

方是很普通的，人们确实注意到，虫子脱离病人的身体，然后病人康复；于是人们就假定——也相当地逼真——这些虫子夺走了人的滋养物因而害他得病。这仅仅是在如此观察的基础上进一步推而广之的一步。

此外的那些疾病观，都建立在当时关于正常生命过程的种种推测之上。还是在古埃及，我们发现了最早的一些例证。埃及人相信脉图[7]——一些成对地贯穿人体的通道——的存在，脉图输送着生命必需的所有物质：空气、血和养料。从实践经验中人们确实知道，管道是会日渐堵塞的，管道越狭小，就越容易堵塞。这在人体内部难道不也是真实不虚的吗？脉图的拥塞，管道或其中所含之物的紊乱，就可能是致病的原因了。

接下来，我们来谈谈与希腊疾病观相类似的那些推测。如果说上古医学的种种观念是半巫魔半宗教的，那么希腊的那些观念就是半常情半哲学的了。在苏格拉底之前希腊哲学是自然哲学，哲学家都是大自然的探索者，常常同时还是医师；他们研究人，研究宇宙，研究世界的和谐；这和谐，他们认为可以反映到人的身上，于是他们将疾病设想为对这种平衡的扰乱。

前苏格拉底的哲学家们发展了希波克拉底医派的医疗技艺，据说许多不同的哲学家都为那些署名希波克拉底的著作出过力。那些古旧的推测——一部分是东方的产物而一部分则是独立完成的医学实验中种种新发现的结果——都被哲学系统化了。手艺变成了科学。

对于希腊人——和对于我们一样——健康是一个平衡的问题。如果这平衡乱了，必病无疑；不过，如此泛泛之论在实践上不可能起多大的作用。于是，关于谁是这平衡的承载者的问题就出现了，而答案则藏于身体的体液当中，在机体内运转的支配力“δυνάμεις”[8]当中。这些体液的种类数量在希波克拉底的晚期著作中有过争论，不过在那本论人之生命机能的书当中是有四种的。四种这样的体液被认为真实存在，确非完全偶然。在这种半生理半病理的理论中，此四者为血液、黏液、黄胆汁和黑胆汁，这一理论受到了毕达哥拉斯[9]学说的对称性思想的影响。要打乱作为万千变化之主题的平衡状态，在固体状态下不会和在液体状态下一样地容易；本性上不相容的两种流体在对立并存的状态下，这诸般变化最容易发生。因为这种平衡的理论依赖四种体液作为其解释，我们发现，希腊的人们便将主要体液的种种品质填塞到黑胆汁——一种假设的流体——的里面，尽管它在更古老的文献中微不足道；那些胃癌病例的呕吐物和出血性溃疡病例的粪便的外观，更说明了他们在其理论中宜采用黑胆汁；他们假设心是血之源、脑是黏液之源、肝是黄胆汁之源、脾是黑胆汁之源；有一个细节可以解释为什么一个像脾脏这样无足轻重的器官能够获得如此的重要性：在希腊人的岛上，疟疾流行和脾脏肿大是常有的事，甚至，触摸检查脾脏常常比触摸检查肝脏更容易一些。

四体液学说和它在人与宇宙之间所作的比照，吻合得极令人满意。据恩培多克勒[10]所说，世界由火、空气、水、土四种成分构成，所以人也是由四种体液化合而成，这些成分和这些体液都是同类品质——热、冷、湿、干——的传播者。

在这四种体液完美地平衡着的时候，在体液之比例、作用和数量都正常的时候，体质健全的状况就会持续存在，人就是健康的。一旦这平衡被打乱，一旦体质健全变成了体液不调，被认作疾病的状况就发生了，生命机能就会试图通过其固有的种种治疗力来使平衡恢复正常，这就是后人所说的**自愈力**[11]。那些出了毛病的体液，一般被假定在体内还处于生鲜状态，作为**致病物质**[12]以一种成熟以便去脓的状态被排泄之前，必须经历一个类似烹调的阶段，或者通过自然的排泄方法，或者人工排除。尽管有时候这种扰乱可能只限于局部现象，然而整个机体还是会受到交感性的影响。这整个理论就是建立在这样的基础之上的，从而，所施行的体液调理之经受者必定是整个儿的人，而不仅仅是受疾病侵袭的那一个部位。

为了解释所有的生命和疾病的过程，更加深远的理论是必须的。消化食物的力，便是住于心脏的充盈着的火，这力通过吸入肺部的空气——即所谓元气——不断地更新。有许多的研究者都曾强调这一元气与疾病之发生方式相关的意义。

我们在四体液理论上滞留这么长时间的原因在于，有关这四种体液的信念持续了两千年。它发端于公元前5世纪末，公元2世纪在加伦的推动下创立了教条的形式，11世纪之后它渗透到了伊斯兰世界，中世纪自始至终受其支配，直到相当晚近的年代还没有被废替。在现代的语言当中，我们还能够找得到它的踪迹：一场常见的感冒用法语来说是一场“*rhume de cerveau*”——脑际流出汁液的意思，这无疑是言归旧传，古旧的理论以为在感冒的过程中逸出鼻孔的黏液是大脑的产物；我们使用“疹”这个专门名词时，它暗示了致病物质的观念，这致病的体液被排出机体，最终在皮肤的表面挤出大批丘疹来。这种思维模式也解释了，为什么许多病人生怕与之纠缠的各种皮肤病受到了抑制，进而祸及全身；因为这个原因，许多人抗拒任何治疗汗足的努力，他们相信这种病态必须保持原状，否则那毒素——致病物质——将会想方设法找到别的发泄途径。我们还可以举出许许多多这样的例子来。

用以描述这四种体液之理论的名词叫做**体液病理学**，因为疾病的种种现象被归咎于这些体液。相反地，那些将固体的组成部分——种种器官——认作疾病之最初焦点的理论，则被称为**固体病理学**。这一区分源自上古医学的视角，今天我们不再分什么固体和液体，不过更确切地区分成形的和不成形的组成部分。

希波克拉底医派的治疗技艺见及疾病的固体组成部分，不过与体液相形之下，它们在病理上仅有很少的一点重要性。人是从流体——精液——当中发育出来的，这样一个事实，足以强化一种信念：体液是头等重要的。

针对疾病发展过程中病的表象，上古医学创立了几种别样的解释体系。受赫拉克利德斯·本都库斯[13]所提出的原子论的影响，阿斯克列皮阿德斯[14]设想人体也是由原子构成，由可分解的小块[15]凑成，而不是由多少体液及其产物构成。如他所描述，人体由许多微小的物体和毛孔构成，它们能快速穿过看不见的种种管道，原子和毛孔之间特有的关系可以影响到构成健康之平衡的状态，充血或毛孔的堵塞都将扰乱这一平衡从而致病。阿斯克列皮阿德斯的学生泰米臣[16]力图将疾病的所有现象归类为很少的几种基本类型，并在三种病理状况之间作出区分：**导管狭窄的状态**、**导管疏松的状态**以及这两种状态的混合。这一理论导出了一种短时间内可以传授的简单的治疗方法论，泰米臣的信徒们为此被称为方法派医师。

我们还必须提及公元前3世纪形成的一个医派。这些医师完全抛弃了对生命和疾病过程的任何解释，医学也感知到了哲学上的怀疑态度。大自然是不可知的，倘若它可知，那么在哲学家和医师之间早就该共有一致性了。实情并非如此，何况他们都还能够施行治疗；他们有着不同的思维，而他们还给病人的终归还都是同样的健康。为什么他们成功了？是因为在其实践当中他们不是受理论的指引而是受经验的指引。经验可以指引农夫、指引舵手，对于医生而言，经验——他自己的还有医学文献里所阐明的更多医生的经验——也是惟一的导师，一旦所有的这一切都失灵了，还可以求助于类比。这些医生自称为**经验论者**，在他们中间很多还是有相当分量的智者；经验论者的很多论点都是花言巧语的，他们的声望就不难理解了；在所有的时代都有这样的经验论者，在他们中间，许多值得高度赞赏的人将极灵验的直觉与大量的经验联系在了一起。然而，这些论点都是错的。我们对疾病的机理了解得越多，就会越谨慎，也会越加自信地把我们的目标锁定在我们将要着手解决的问题上；我们越是了解病因，越是接近理解这场不幸的根源，我们的成功就越大。

在上一篇的末尾从希波克拉底的《流行病学》中所引用的关于流行性腮腺炎传播的描述当中，有一点必定会引起我们的注意，那就是这病在当时还没有病名。对于流行性腮腺炎和所有其他众所周知的疾病，我们现在一般都有定名；人们创设了一种用于科学的术语——希腊文和拉丁文之混合——让我们能够精确清晰地称呼每一种疾病。我们说这是 parotitis epidemica（流行性腮腺炎），因为我们用希腊文形容词词根“itis”来表明炎性的过程，parotitis epidemica 这一表达，就意味着在这种疾病当中我们要对付的是腮腺——一种唾液腺——的炎症，这种病症一般会以流行性的方式发生。还有，普通人都知道这病古来就有，个别地方性的名称因此还保留着，诸如 mumps 等等。如果一种疾病最早是经科学描述过的，那么它惯用的通俗名称或多或少就是这科学术语的逐字措辞，比如阑尾炎，就是肠的附属物的炎症。我们这样子用简单易懂的语言解释疾病，对于那些希望了解自己得的是哪种病的病人来说，实在是一种让步。

在希波克拉底关于流行性腮腺炎的描述当中，这病还没有名称，仅仅笼统地说是耳旁的肿块，附带有别的一些类似的肿胀，希氏描述了那特殊的一类，而其他肿胀则归咎于别的病因。以同样的方式，在公元前2世纪一份极好的描述中，白喉被解释为扁桃体附近的溃疡，这里也没有使用专门术语。不过，为了便于人们理解某些症候群，有必要给它们命名以为参照，因此希腊人挑选了那些普通人总是很熟悉的词语。人们以一种疾病的外在症状或者按照这病大约的部位来称呼它，所以医生也使用这样的病名：半日热、一日热、三日热和四日热，昏睡病、黄疸、腹泻、痢疾还有胸膜肺炎，等等等等。

一方面人们有清晰的科学术语，而另一方面却根本没有病名，这可不是无关紧要的事实，它指明了疾病观特色的不同。

在疾病的起因、部位和种种表现形式被当作其特征的时候，我们也是在试图尽可能清晰地界定疾病的概念。我们总结疾病的特征，将这些特征标准化，这标准也绝对必须考虑到某些个体的变化。与此相反，希波克拉底医派不是总结疾病的特征，而是将人本身分成类别；它也强调个体的变化，它也会从疾病的许多征兆当中挑选出某些并发的症状组来，不过，它规避那些明确的界线，独立的病是不存在的；稍微夸张一点说，它不判断病，只判断病人，疾病，并非真的意味着病——如我们用简单易懂的语言所表达的那样——不过这注定了将要得病，注定了某人得病的客观事实。

当然还有许许多多关于诸般疾病观之各种起源的证据，还有许许多多关于疾病之古老分类的证据，不过它们从未真正地完善。有系统的教科书中疾病的归类，像存在于大量古书中的那样，是根据病痛大概的部位按照**从头到脚**[17]的顺序，以一种最原始的方式完成的。

如此疾病理论的原因，或许在于对疾病机理的知识欠缺。既然一个人固执于种种症状且不通过观察却一味玄想地确信产生这些症状的起因，那么要探讨一种清晰的疾病思想或者一种个体疾病的明确典型，就是不可能的了。

为了方便医学教学，我们必须有一份基本的规划。要是知识没有被系统化地归类，它就无从温习。这样的系统化可以从疾病开始，也可以从人开始。我们可以把人当作一再受到不同疾病妨碍的存在来着手，人加上伤寒就等于一个伤寒病人；要不然我们还可以另外设想没有什么疾病的类型但是有许许多多不同类型的人，如果某种疾病困扰着一个人，那么他就会以他的体质所决定的某种方式去经受病痛。

古人们不得不采用后者，以此方式他们构造了一种特别有趣的**体质**论，这一妙论，我们将会在按逻辑顺序推敲种种病因的时候有所体会，这里，我们只是就希波克拉底医派的那些信条来说明人是独一无二的。每一个人都有其个体的体质，因此治疗对于每一个病例而言也必须是供一个人接受的；日常的经验也教我们懂得，大多数人都有相似之处，或高大矮小，或肥胖瘦削，或黝黑白皙，或敏捷迟钝，或暴躁温和；确实，不同的人对五花八门的刺激会有不同的反应，不过有些情况下反应方式又会相似。由此我们可以看到一种逐渐变化的趋势：希腊科学将人归入明确的类群，用以确立某些由心理、生理所决定的类型，因此，决定疾病存在形式的不是疾病的种类，而是病者的类型。体液学说为这一观念打下了一个非常便利的理论基础：在每一个人的体内，四种基本体液中的一种占了主导地位，从而使其体液的质处于适当的状态。我们后面将回头再来讨论这个问题。

中世纪忠实地遵守了这一古代的疾病观，他们承袭了古代的科学遗产。在中世纪早期动荡不安的时代里，文化遁入了修道院。僧侣们照看病人，撰写医学论文，并为之编制文摘汇编，我们可以称之为教士医学时期。11 世纪非洲的康斯坦丁[18]，通过翻译许多重要的阿拉伯和希腊的著作，大大丰富了医学的文献。大学的发展也对医学具有显著的重要性，例如 12 世纪的萨莱诺[19]、13 世纪的蒙彼利埃[20]。这种学究气的神学，既吸收了他们所继承的知识，又增添了新的观察。虽然在中世纪的前半段，方法医学派的一些观念处于最突出的地位，但是此刻，加伦医学、阿拉伯的亚里士多德哲学以及加伦医学的阿维森纳[21]派都成了不容置疑的权威，从此四体液学说以其最教条主义的方式统治着病理学。

阿维森纳像

几次瘟疫引发了思索。麻风病蔓延并且演变成了一种常见的瘟灾，这病无可救药。一个人要怎样保护自己呢？希腊医学没有对接触传染病的性质作出任何推论，《圣经》倒是有助于此的：谁接触了不洁之人——宗教观念上的不洁——他自己也会变得不洁。因此不洁就是传染病，沾染麻风病病人的不洁都到了夸张的程度。而《旧约·利未记》明确地告诫了这种病必须如何对待：强制公布，交付查讯，疑似病例在受审过程中隔离；并且，一旦确诊便终生隔离，这个病人的衣物也都得消毒。教会负责这些规条的强制执行，发起了大规模扑灭麻风病的斗争。渐渐地，用同样的方法人们确实意识到了其他一些疾病也是传染的，比如炭疽、疥疮、结核和丹毒。瘟疫尤其如此，以其凶险的进程在 14 世纪蹂躏了欧洲。于是，人们认识到许多疾病可以被某种传染物所携带，这是一种其特性尚不为人所知的传染性物质，这种物质由人传递给人，有时通过直接接触，有时——当传染物粘附于各种实物的时候——则是间接地，有时甚至单单只借助于空气。瘟疫是怎样起源的，这是一个有争议的问题，有的人想象这是上帝所驱使；同时也有人归咎于宇宙的、空气的、地球的种种影响，或者各种因素的混合——他们称之为**流行性要素**[22]。当一种疾病被称为流行性感冒[23]的时候，从名义上，上述这样一些观念流传了下来。我们今天都还不能确知瘟疫的源起，不过，已有的关于许多疾病传染性的认识，也算证明了医学的显著进步，我们应该把这归功于中世纪。

19 世纪证明了接触传染原是一种有生命的触染物，证明了人们所牵连的真不是无生命的具触染性的物质，而是一些最微小的生命体，其中主要的就是真菌、细菌。稍后我们将看到：细菌学的许多结果是怎样促进我们关于传染病的知识的，又是怎样带给我们抗击传染病的有力武器的；即使是简单的基于假设的对触染物的承认，也催生了广泛抗击瘟疫的预防制度。

针对瘟疫的全面而彻底的工作以及对类似瘟疫的各种疾病现象更深入的研究，注定会影响到总的疾病观。很值得注意的是，15、16 世纪发现了许多新的疾病，比如白喉、梅毒、斑疹伤寒和汗热病，其中许多疾病并非新生，不过这在更清楚地解释疾病的方面开了一个头。尤其就梅毒而言，疾病观作为一个整体刚刚才开始呈现。

在文艺复兴时期，个性的观念在西方觉醒，一种新的社会在渐渐演化——首先是在意大利——其理想建基于把古代当作一个整体的再发现上，尤其是古代的艺术。许许多多在过去的年代里不为人知的事物被发现，比如整个儿的美洲大陆，还有，人的身体。接下来，再现古代成了最偏激的目标，人们所采取的抵制是从许多方面去反对古代的传统，甚至把谬误归咎于最高权威也并非大逆不道。维萨里在解剖学领域里就是这么做的。帕拉切尔苏斯[24]则猛攻四体液学说的城垛子，尽管这是居统治地位的病理学，他用他超乎寻常的医药及科学的经验创造了一种新的疾病理论：为了更大程度地适用古老的病理学，人——生病的和健康的——就是宇宙之一部分，就是自然界那永恒不变之结果的一部分；他的病理学也是自然哲学，而且他经常从新的自然科学尤其是化学里面采纳种种理论来推陈出新；帕拉切尔苏斯一直很孤独，他是那种在新时代的开端才可以一遇的奇才，他既具有双重性，又是超乎寻常的、具预见性和革新性的，因而领先于他的时代。

帕拉切尔苏斯像

新病理学的许多要素在16、17世纪成熟了起来。一方面有解剖学，而另一方面则有自然科学——化学和物理学。不过，这是一个缓慢的过程，在人们学会稳健温和之前还需要好几百年，因为此中存在着自然哲学之病理学与自然科学之病理学的大差异。一方面，人们试图抽象地确定一个关于各种现象的系统，这个系统要尽可能地不留空白；另一方面，人们的解释不会多于观察所支持的和在实验当中所得到的知识，遍留空白待后人。在这里也有必要建立起思辨的桥梁，以便廓清知识，引导我们前行；而借助于种种假设——哪些假设的情理不存在任何问题、哪些假设一经诸多新的观察证明站不住脚就会被抛弃——这一点已经完成了。这些空白特别地令人不满意，我们要为一切事物寻找起因的愿望也驱使我们直面病理学尚未断裂的枷锁，我们要从疾病最初的起因到它最后的症状不留一处空白地理解疾病，而且种种自然科学理论的效力和效果都产生于对有事实根据的知识的坚持。在古老的地图上，世界不为人知的那些部分，填满了奇异的岛屿和山脉，在人们的想象中这些岛屿山脉应该就在那里；在制作新地图的过程中，人们就有足够的勇气留下空白点，只记录那些业经见证的地点。任谁拿着旧地图旅行就会要冒迷路的危险，而新地图就能够正确地给他指路，虽然不能引他去到任何地方。在医学上，情形也是一样。

17 世纪那些伟大的物理和化学的发现，很大一部分要归功于医生们，这些发现导致了科学医学一波三折的发展，与此同时，实用医学却以其惯有的做法渐行渐远，几乎不曾注意到新的时代。而新时代最杰出的思想家们，带着火一般的热忱着手于这些研究。跟对古希腊人一样，对这些研究者而言，健康是一种平衡的状态而疾病是这一平衡的扰乱；不过这一状态的载体不再是各种笼统的力——比如**生命力**、**灵魂**、**潜质**[25]——也不是古人们那些基于假设的体液，它是物理力、化学变化的作用，这些作用现在可以受到观察、也可以通过试验手段使之重现；后来这些过程不是发生在一些特殊的基质里而是发生在器官里，这些器官日渐为人们所熟悉，它们的正常活动是如此地令人惊奇，而且它们可以与机器仪表的零件相比拟。

哈维已经展示了，怎样将一个生理学的问题从机械学的角度来着手。后来在意大利也有人沿着这条路前行，意大利的人们试图用这一途径，不但要证实正常的人体，而且要从物理学上证实生命易得的疾病，这些医生称自己为**物理医学家**。

而另一方面，帕拉切尔苏斯，还有他之后一百多年的海耳蒙特[26]，业已证实了化学对于生物学的重要性。如人们所看到的那样，四种体液所发生的，是在实验室里用人为的实验可以说明的、发生在人体之外的一种反应。消化作用就是发酵，在人体的里面我们发现了酸性和碱性的物质，这些都是化学反应的最终产物。于是，我们主要在北欧发现了一群被人们称为**化学医学派**[27]的医生，他们试图从化学上解释生命和疾病的过程。化学医学家和物理医学家们真正地开启了科学的医学，从这一刻起，医学的命运就和自然科学密不可分地统一在了一起，尽管有间或发生的逆流。每一个自然科学的发现，都在医学上证明了它的有效性；化学医学家和物理医学家们令人惊讶而又正确地解决了许许多多单个的问题，不过他们并没有对疾病观起到多么重大的作用，而且他们的理论体系很快就坍塌了，这要归咎于他们不曾在实用医学、在医疗常规方面着手试验，这两个学派的热忱事实上有点言过其实；凭借着难以驾驭的片面挑剔的方法，他们想做的太多太多，他们企图解释一切，不过尽管他们使用了其他一些有益的方法，以他们的病理学而言他们仍然只是一群朴素的哲学家。这样的错误被不断地重复。在要做出一件伟大发现的压力之下，他们一次又一次地企图用单一的要素（氧气、电或者应激性）去解释生命和疾病所有的事。前文提到过的那位英国医师西德纳姆的那些理论，对各种疾病观有着相当持久的影响：他相信疾病就是生长之物——人的生命机能——抵抗损害的一场战斗。要在这场战斗中去帮助生命机能是医师的问题，而要做到这些，他就必须懂得一些疾病，因为它们确实存在，每一种病都有其特性；人世间有各种各样的疾病类型（species morborum）[28]，就好比世间有各种各样的动物和花朵类型；与疾病相比之下，人的个体体质是隐在背景之中的；所以医生的首要问题就是尽可能地抓住许许多多的症状，并为区分各种症状仔细观察临床疗程，从而试图了解各种疾病。在这个世纪末，出版了许多精彩的专著，描述了诸如结核、中风以及佝偻病之类的疾病；对心脏疾病的研究也开始了，不过当时的注意力在于起劲地研究职业病。1700 年在意大利，拉马齐尼[29]出版了他关于各种职业病的经典著作。

如果说有多少类型的疾病好比有多少种群的植物，那么将它们容纳进一个理论体系就一定是可能的了，植物学和动物学的体系都可以用作榜样。与林奈[30]生活在同一时代的医生兼植物学家索瓦热[31]在 18 世纪中叶试图建立起这样一个疾病的体系，称之为**有条不紊的疾病分类学**[32]。在书的扉页上，他声明如下“juxta Sydenhami mentem et botanicorum ordinem”，意即此书是依照西德纳姆的精神以及植物学家的分类法写成的。林奈——他本人也是一位医生——写了一篇论文叫做《疾病种类》[33]。还有为数众多的其他努力，薪火相传深入 19 世纪，有一种思想貌似有理，即：确立一系列分类表一定是可能做到的，凭着这些表，各种疾病都可以用一览表列出，就像各种植物一样。但是，很明显，每一次这样的系统化努力都是悖离自然的，而我们也将看到，今天我们已经完全放弃了按照一个原则将疾病分类的企图。

不管怎么说，以 17 世纪为起点，我们有了一种关于疾病的**本体论观点**。从此，世上才有了病，它们都是必须承认、凭空推定——拿我们今天的话来说——的抽象概念，疾病把这概念在观察者面前表现了出来，它们绝对是特征鲜明的存在，对这些独立存在的实体，我们必须从每一个细节上仔细调查研究。

这种观点后来产生了更大的影响，因为解剖学思想在18世纪也吸引了病理学。我们已经看到，在16世纪维萨里是如何创立人体解剖学的，在17世纪解剖学又是怎样通过哈维变成了基于活体的解剖学或者生理学；而这之后，在18世纪解剖病理学确立。当时用来解剖的，不仅有被处决者的尸体，在大多数情况下也有医院里的死尸；当然，人们发现异常的身体状况，自然会由这些变化联想到导致病人死亡的疾病。不少观察资料在古代就被记录了下来，亚历山大城的医师埃拉西斯特拉图斯[34]曾经有机会观察此类病态变化了的器官，他的印象太深刻了，便将自己的立场从传统病理学转向疾病由局部原因引起论，从而把疾病推想为一种多血症——在不同的器官里血液的充血。解剖病理学都到了发现的边缘，可惜这努力被粉碎了。埃拉西斯特拉图斯不乏追随者，可是他们没有能力改变古代病理学的本质——我们一再看到一定的思维方式在一定的文化历史时期是行不通的——即使他们偶试啼声，他们也得不到任何反响。比如，尽管早在公元前3世纪阿利斯塔克[35]就创立了一种以太阳为中心的理论体系，不过托勒密[36]以地球为中心的理论体系还是一直占着上风，与此同理，解剖学的思想依其特性就更是西方而非希腊的产物了。

16世纪所有的解剖学家从实际出发，都在作基于病理和解剖的观察，也经常在他们的著作中记录下这些观察：各种畸形常常激起想象；胆石和膀胱石也被收集了起来，它们已经是众所周知的了——后者在古代甚至可以在手术中切除——这样的结石必定会扰乱器官的正常功能，这是十分明显的。不过，其他的观察则没有多少建树。为了证明一种解剖上的变化与一个疾病的症状之间的因果关系，一个人必须首先了解这个器官的正常机能；只有到那个时候，才有可能判断出一个症状将那被扰乱的机能表达到了什么程度。解剖病理学的先决条件不仅有解剖学，还有生理学，直到18世纪新的生理学获得一定程度的进步之前，病理解剖可能没有什么显著的重要性；不过非常值得注意的是，现代生理学的奠基人哈维，清楚地认识到了基于病理和解剖的观察之意义，当时他说：一个痨病患者或者一个死于慢性病的死者的切片，要比十具被绞死的死囚尸体有着更多的启发性。

在整个17世纪直到18世纪初，人们作了许多基于病理和解剖的观察，还收集了许多标本，部分地留作稀奇之物，部分地当做造化的戏法（这是标本的时代、珍奇陈列橱柜的时代），部分地也附带着从容的探究。例如，早在1633年，巴托雷第[37]就在研究呼吸困难以及呼吸器官的紊乱，并且在呼吸器官解剖结构的种种变化上去寻求其起因。

尽管莫尔加尼（1682—1771）[38]有许许多多的前人，我们还是必须对这位帕多瓦的解剖学家心存感激。他的著作《*De sedibus et causis morborum per anatomen indagatis libri quinque*》即"在解剖学研究的基础上论疾病的部位和原因，五卷本"，1761年在威尼斯问世，这本书可以与维萨里和哈维的著作相媲美。维萨里也是帕多瓦的解剖学家，哈维则在帕多瓦接受了很多决定性的影响，最早的临床教学发生在帕多瓦，而且帕多瓦做成了病理解剖学的基础工作，所以，我们把开辟现代医学之路的荣誉归于意大利北部的这所大学。

维萨里的解剖学著作付印时，他才28岁。在37岁上，对于血液循环，哈维的头脑已经相当清晰，尽管他要等到稍后才发表他的理论。莫尔加尼在出版其著作的时候已经八十高龄，这可真是研究和工作阅历丰富的长长一生的成熟硕果。

莫尔加尼这本书并不是策划得像现代病理解剖学的课本，而是完全依照临床的视角。它按照各各不同的症状、症候群以及病象在其整个活动期间所被观察到的那样去描述它们，同时试图用在切片中所发现的解剖结构之变化去作解释。在这一点上，莫尔加尼依从了传统的顺序——**从头到脚**——先讲头部的疾病，例如头痛和中风。他与临床医师们协作，而且他自己一度执业的经历也给了他极大的帮助。

虽然不乏反对者，这本书还是在随后的岁月里对学科的发展产生了不寻常的影响。从此证明了疾病有一个明确的部位，这种部位就在器官里面，器官里的种种病理变化是大多数症状的原因。这一观念使疾病本体论的思想得到了巩固，构成病象的症状与那些解释它们的解剖发现铁定地联系在了一起，此时观察发病机理——即疾病的机理——成为可能，我们懂得了许许多多的症状，甚至在一些情况下它们可以被符合逻辑地预料到。比如，我们掌握了心脏的结构，懂得它是如何工作的，这时候如果我们想象有一个栓子堵死了二尖瓣，同时可能发生粘连，我们就会明白将要发生的结果，从此我们就理解了二尖瓣狭窄的各种症状，也会根据随着种种症状的变化，密切关注发生在心脏里的解剖结构改变。所以，用菲尔绍[39]的话来说：病理学就是包括障碍物在内的生理学。

我们简要地陈述了日后用来对疾病的深入研究所必需的方法。临床医师的职责，在于尽可能仔细地观察一场疾病的种种现象，在于隙漏尽可能少地密切关注疾病的进程。通过不断提问，就可以得到这个病人过去的和容易发生的病史；深入机体的内部追踪症状，诊断成了器官的诊断。在整个生命期内要努力识别病理的解剖结构之种种变化，如此临床工作的书面概要就是这个病人的**病历**了。

倘若一个病人死了，就要进行尸检。制作躯干的切片，制作不同体腔里的那些器官的切片，用每一种可利用的零件去剖检体腔器官，这样的病理解剖工作的书面结果就是**检验报告**。

接下来，这两份文件——病历和检验结果——可以拿来对照，这对照就构成了这场疾病的**病案讨论**[40]。我们设法使症状与解剖结果相匹配，诊断必须受到检验，如果有必要还得修正诊断。当然，这样的程序对这个病人并无帮助，不过从错误中获得积累，将有助于日后同样的病例。人活着的时候我们不明白的那些症状，此刻就要努力通过研究检验结果去弄懂它们。

收集类似单个的病例，把它们编成**病案讨论**[41]，从中我们可以得出一般的结论，也可以据之将各种疾病分类。

第一次依照这一方法有条理且满怀热情的运作，是 19 世纪初巴黎诊所所提供的持久的服务。这个诊所成为了现代诊所以及现代医学研究的发源地，并为其他国家作出了榜样。高尔维沙[42]和拉埃内克[43]为其杰出的代表，他们通过热心的、采用了种种新方法的工作，将心脏和呼吸器官的疾病置于全新的信念之上，其影响所及远远超出了国界。

对莫尔加尼而言，器官是疾病的场所。自他的时代以来，解剖学突飞猛进，人们认识到器官是由组织构成的。法国的解剖学家比沙[44]虽然 1802 年死于 30 岁上，不过身后却留下了四部讨论普通解剖学的巨著。他致力于组织的区分和描述，因为在那个时候，动物细胞还不为人所知，区分和描述组织仍然是相当困难的；不过，比沙还是从他的发现当中得出了他自己的疾病理论的结论，他解释道，器官并非作为整体成了疾病的场所，疾病未尝不侵袭各自不同的组织；他进一步证明了，每当同一种组织以同样的方式变得不正常，不管这组织属于哪一个器官，所发生的变化往往相同；最后，他还证明了那些由器质性疾病引起的症状，实际上是组织里的各种变化使之产生的。

如此，疾病的部位就从器官的本身更深一层地转移进了器官的组分——组织——当中。

如我们早先所看到的，这以后，施万发现了动物细胞。人们注意到组织是由诸如细胞及其居间物质一类的东西组成的，注意到机体等于细胞的共同体。接下来的成绩手到擒来：在病理学上更进一步地认定，并非组织而是细胞才是疾病发生的部位。

这种知识在 1858 年因菲尔绍的**细胞病理学**而产生了。细胞是生命的载体，疾病无非就是生命，只是生命处在变化了的健康状态之下，从这一点来看，细胞也承载着疾病，疾病就是细胞对异常刺激的反应。

菲尔绍的双肩，支承着现代病理学整体的结构。固然，以前许许多多准备性的工作只凭肉眼已经完成——尤其是经维也纳人罗基坦斯基[45]的手——不过，菲尔绍把显微镜放到了病理学家的手中。仅这一点，就让观看更细微的变化、然后进行更准确的疾病分类成为了可能。显微镜独一无二地给我们以观察疾病的其他过程例如炎症的机会。菲尔绍显然不是一个片面的形态学家，他再三强调生理学的重要性，他对疾病的定义是一种明白无误的机能定义。我们在解剖台上、显微镜下可以看到的一切，只是尸体的解剖结构，而且我们所见的常常是在快照中再现的最终制品，我们必须以同样的方式——如此这般地把还在起作用的器官直观化——图解病变的器官，用图说明它经历连续变化的过程。

显然，这样一种理论注定会影响到医学的全部，当然也包括治疗。没有一个领域不受其影响，我们后面还将多次重温这一理论。为了试图一项接着一项地回顾菲尔绍的思想，人们恐怕有必要回顾几乎全部的现代病理学，哪怕 70 年后的今天，他的理论仍然是病理学的基础。新的事实总会被发现，很自然地，对疾病的探索始终不会止步不前的。菲尔绍完全意识到了他的理论不是终极的，他希望把他的学说当作一种可信赖的原则而不是一种固执僵化的理论体系来运用，用他的原则看来，工作是被完成了，更确切地说，工作还正在被完成中。不过人们发现，细胞病理学并没有涵盖所有的疾病过程，对于有些疾病，人们不得不运用别的一些概念。我们今天站在这种发展的中心，所以对细胞病理学可以说没有什么最终的结论，倒是有一些观点可以被讨论。

细胞病理学无疑就是疾病由局部原因引起论。它把注意力聚焦于局部，这些局部协调形成一个共同体——依菲尔绍之见绝非一个单位："机体不是一种联合的而是一种群集的排列。"这不是一个封闭的单位，较新的发现引起了对一种整体观之蛛丝马迹的注意。我们以前提到过将生理机能上的器官与解剖结构上的器官相对照，现在则开始在一些病例当中把此等生理机能上的器官认作疾病的部位。荷尔蒙理论以及对交感神经系统重要性的认识都强调了器官的交互作用，都更加肯定地证明了生命机能的整体性。在这一方面，菲尔绍的那些理论无疑都经历了变革。

除了神经机能病，在一些疾病当中，解剖结构上的种种变化并未经过证实，至少迄今尚未证实。机能上的各种扰乱对病象起了决定性的影响，疾病往往被定义为功能性疾病，与器质性疾病相对照。这是一种不恰当的区分，因为它实际上精心策划了一些实际不存在的差别。甚至，在别的一些病例中，解剖结构上的损害给我们的印象太微不足道，因而与机能上的扰乱相比它们完全不成比例。在所有这样的病例中，机能的思想——即生理学上的考虑——都将引出更令人满意的理解来。

如果疾病是既变条件之下的生命，那么就一定有可能在实验室里人为地摹拟这种已经变化了的条件。人们将观察到动物机体是如何对这些既变条件作出反应的，并将如愿以偿地洞察发病机理。这就是如米勒[46]、马让迪[47]、贝尔纳[48]一流的生理学家所发起的、如特劳贝[49]、瑙恩因[50]一流的临床医师所创立的**实验病理学**，今天，临床医师和病理学家也一样，把当作最重要的疾病研究方法之一来运用。正如生理学家在其实验中所做到的那样，我们沿着同样的道路前行，不同之处在于：生理学家往往设计正常的研究条件，疾病的研究者则设计异常的病理学研究条件。自然，在正常的生理学研究当中，也少不了物理学和化学的帮助。

最后，病原学的研究——特别是在一些方面越出细胞病理学框架的细菌学——也有了许多成果。胞间质并不是无用的，它们也都在起着作用，尽管其活动也许具有与细胞不同的状况；但是如果正常的生命因它们而存在，那么，生了病的生命也因它们而存在，也一定是可以接受的了。因此，在体液中——在血浆中、在组织液中——我们也可以观察到构成生命过程的那些过程，哪怕它们发生于细胞之外。在这里，与思辨的体液病理学毫无联系——无论什么样的联系——尽管思辨谈玄对古代医学中的体液病理学是有用处的。

从所有的讲述中，我们可以领会，疾病不能单纯从一个方面去思考。菲尔绍的功劳从来没有被贬低，他的工作象征着巨人一般的成就，这成就为疾病的种种理论提供了坚实的基础。

译注：

1，阿波罗，Apollo，希腊、罗马神话中司阳光、智慧、预言、音乐、诗歌、医药、男性美等等之神，即太阳神。

2，圣塞巴斯蒂昂，Saint Sebastian，？—约288，早期基督教徒，据传生于高卢，约283年参加罗马军队，后在皇帝戴克里先军中任队长，引领许多士兵信奉基督教，此事暴露后皇帝下令乱箭射他，不死，由一个信教的寡妇护理康复，后被乱棍打死。文艺复兴时期的艺术家常用他殉道的事迹作为题材，把他画成乱箭刺身的英俊青年。

3，阿斯克勒庇俄斯，Asclepius，希腊的医药神，他是阿波罗之子，半人半马怪教给他医疗的技艺，但是宙斯担心他会使所有人长生不老，就以雷霆把他击死。荷马在《伊利亚特》中只说他是一位高明的医生，但后来他被尊崇为英雄，最后被奉祀为神，对他的崇拜始于以色列，后来传到希腊许多地方。人们认为他能在梦中治病并给病人开药方，通常睡到他的神殿里。他的表征是一根有蛇缠绕的手杖，这才是医学真正的标志，而常见的医学标志双翼双蛇手杖与医学并无关系，因为那是赫耳墨斯或墨丘利（神使和商业神）的魔杖。

4，卢尔德，Lourdes，法国西南部朝圣城镇，从路易十四到19世纪初将近两百年间，当地城堡是国家监狱。1858年一名14岁女孩在城镇附近河左岸洞穴中多次幻见到圣母玛丽亚，1862年教皇宣布这种异像真实可信，之后这里成为主要的朝圣中心。

5，凯沃拉尔，Kevelaer，德国下莱茵地区的城市，西北欧的朝圣之地。

6，基督教科学派，Christian Science，宣扬靠信仰治病的宗教派别。艾娣夫人在1862—1875年间提出一整套思想，称之为基督教科学，自称发现了耶稣治愈病人和使死人复活的原理，开始传授玄妙治病法，开办专科学校；1875 年出版《科学与健康》；1879 年在美国波士顿创立科学基督会母会，这一运动既是配有合格职业医生的医疗系统，又是由母会及其分支组成的教会组织；1908 年创办《基督教科学箴言报》，宗旨是全面客观报道事实，避免耸人听闻。大部分成员是中层和中上层社会地位的中老年妇女。

7，脉图，Metu 的音译，古埃及人相信的人体系统。成书于公元前 1900～前 1500 年的纸草医书多有记载，metu 系统包括血管、肌腱、薄长肌肉、神经、气管、胆管、输尿管等。其功能是传输血、气、黏液、尿液、精液；也有运输和排泄病原体的作用。认为由心脏发出的 22 条脉管，主宰了人体的生命。20 世纪末，有人将它与中医现存的经络系统作比较研究。

8，此处原文为 δυνάμειζ，希腊文，英文意思是 force，力或支配力的意思。

9，毕达哥拉斯，Pythagoras，约公元前 580—约前 500，哲学家、数学家，第一位影响深远的西方素食主义者，毕达哥拉斯教团的创始人。其作品已失传，其学说很难与其弟子的学说相区分，源于他的大部分智力传说很可能属于神秘智慧，可以看作非科学上的学术成就，许多成就乃至伦理学学说都只能算作毕达哥拉斯传说的遗产，其中包括：格言“一切都是数”；世界结构的动力原理依赖于矛盾物或对立物的相互作用等等。他有一大批坚定的追随者，毕达哥拉斯主义的原则包括相信永生、灵魂的重生以及节欲和禁欲的解放力量。

10，恩培多克勒，Empedocles，约公元前 490—前 430，希腊哲学家、政治家、诗人、宗教教师和生理学家。他认为一切物质由四种主要成分（火、空气、水、土）构成，事物的变化有赖于基本物质相互间的比例，爱与斗争这两种力量相互作用，使四种物质结合与分散。他坚信灵魂转生之说，据说他自封为神，投入埃特那山山顶的火山口自杀，以图让信徒们相信他的神圣性。

11，此处原文为 vis medicatrix naturae，拉丁文，自愈力。

12，此处原文为 materia peccans，拉丁文，致病物质。

13，赫拉克利德斯，Heracleides Ponticus，约公元前 390—前 322 以

后，哲学家、天文学家，是提出地球转动说的第一人，正确地认识到水星和金星的明显移动是由于它们绕日旋转；他还教授某种原子论，说原子是小得不能再分割的微粒；其著作包括文学评论和音乐研究；他还研究人的恍惚状态、神实存论的幻象、语言、预兆和洪水等天灾，用以证明诸神、上天的报应和托生是实有其事。作为柏拉图的学生，他曾暂管学院的事务。本书英文版误为 Heracleides of Pontos。

14，阿斯克列皮阿德斯，Asclepiades，公元前 124—约前 40，希腊医师，将希腊的医学带到罗马，直到加伦之前他影响了罗马医学近 200 年。他反对希波克拉底的体液学说，认为疾病的原因是固体微粒压缩或松弛；他相信通过新鲜空气、光线、适当的饮食、水疗、按摩及运动，可以恢复和谐；他最早人道地对待精神病患者，把他们从黑屋中解放出来，并用职业疗法、音乐、催眠药(特别是酒)及运动加以治疗。

15，此处原文为 ἄναρμοι ὄγκοι，希腊文，英文大意是 dissoluble lumps，可分解的小块。

16，泰米臣，Themison，公元前 1 世纪的医师，方法医学派的创立人。他是比希尼亚(Bithynia)的阿斯克列皮阿德斯的学生，叙利亚的 Laodicea 人，一生游历甚广，似乎到过克里特、米兰和罗马。或许他是利用水蛭的第一位医师。

17，此处原文为 a capite ad calcem，拉丁文，英文大意为 from head to heel，从头到脚，彻头彻尾。

18，康斯坦丁，Constantine，1020—1087，中世纪的医学家，生于迦太基或西西里，曾广泛游历东方，精通希腊文、拉丁文、阿拉伯文及许多东方语言，曾在欧洲第一所正规医科学校萨莱诺大学学习，后入卡西诺山修道院，在这里他将 37 本阿拉伯文的书籍译为拉丁文。他还将希波克拉底著作和加伦著作的阿拉伯文版译成拉丁文。他最重要的成就是将伊斯兰世界所掌握的希腊医学知识介绍回西方，此举深刻地影响了西方的思想。

19，萨莱诺大学，Salerno，设于意大利南部城市萨莱诺，其历史意义源于中世纪创办最早、规模最大的医科学校，早在 10 世纪该校即以培养医生著名，到 11 世纪它吸引了来自欧洲、亚洲和非洲的学生，学习期限为 8 年。1231 年腓特烈二世下令，意大利王国内的医生必须获得该校的毕业证，否则不得合法行医。现在的萨莱诺大学建于 1944 年，设有文学与哲学、师范、数学、科学、法律、经济等院系，颇有声望。

20，蒙彼利埃大学，Montpellier，设于法国南部城市蒙彼利埃，始建于1220年，1242年获得教皇颁发的办学特许状，是作为研究天主教的中心而成立的，但是它很快受到犹太和阿拉伯的影响，开始强调法律、医学等世俗学科的研究，其医学院在中世纪闻名于世。该校被1789年革命查禁，1896年复校。现在组成该校的第一、第二、第三3所大学，在经济上受国家资助，在学术上实行自治。

21，阿维森纳，Avicenna，980—1037，原名Ibn Sīnā，穆斯林哲学科学家中最有影响的波斯人。幼承家教，10岁能记诵《古兰经》和大量阿拉伯诗，自学至18岁，精通伊斯兰法律、医学和玄学，21岁时在各门学科均有成就，并成为杰出的医生，不久生活大起大落，任大臣、任宫廷医师，流浪、隐居避祸，遭监禁，总算平静地度过生命的最后14年，完成两部主要著作并写出200篇论文中的大多数。他的《治疗论》是一部哲学和科学百科全书，涵盖逻辑、心理学、几何、天文、算术、音乐等，一部分在12世纪被译成拉丁文；《医典》为东西方医学史上的名著，大部分以罗马帝国时代之希腊医生的成就和阿拉伯的医学著作及其自身经验为基础，此书在医学领域享有权威地位达数百年。晚年致力于一种“东方哲学”。他在东方医学、哲学及神学界长期具有重大影响，这种影响在伊斯兰思想界至今仍然存在。东方尊之为“卓越的智者”，西方则尊之为“最杰出的医生”。

22，此处原文为constitutio epidemica，拉丁文，流行性要素。

23，流行性感冒，influenza(influentia astrorum)，括号中为拉丁文，字面意思是受到星星的不良影响。

24，帕拉切尔苏斯，Paracelsus，1493—1541，德裔瑞士医师、炼金术士，原名菲利普斯·冯·霍恩海姆，别名“大炮”。14岁游历欧洲遍访名师，上过多所大学，对传统的教育和医学深恶痛绝；1516年获得有革新精神的费拉拉大学医学博士学位，并改用帕拉切尔苏斯的名字，意思是赛过塞尔苏斯(Celsus，公元1世纪罗马名医。而“cel”在Paracelsus一词中是中央音节，发音为“切尔”)；后周游欧洲和中东10年，访炼金术士；1527年6月5日在大学告示牌上公布其讲演标题引起当局的反感，6月24日，他当着学生们的面烧毁阿维森纳和加伦的著作，因此被称为“医学界的路德”，他和他的追随者相信“病人应该是医师学习的书本”。他强调自然的治疗能力，反对一些错误的治疗方法及无用的药剂。他促进了药物化学的发展，对现代医学包括精神病治疗都作出了贡献。

25，此处原文为 the *pulsificans*，the *spiritus*，the *qualitates occultae*，拉丁文。

26，海耳蒙特，J. B. van Helmont，1580—1644，比利时化学家、生理学家和医生。他第一个承认存在不同于大气的气体，创造了“气体”这个词，鉴定出二氧化碳；他认为水即使不是物质的惟一组分也是主要组分，他用精确数量的土壤栽培一棵树的实验来“证实”他的想法，他只为树浇水，5 年之后树重增加了 164 磅，而土壤的重量只减少几盎司。在有关消化和营养的研究中，他是第一批将化学原理用于研究生理学问题的人之一，因此他被成为“生物化学之父”；然而按照他的推测，他又引入了一个超自然作用的体系，这超自然作用主持并指导人体所发生的一切；同时化学原理又指引他选用药品。

27，化学医学派，Iatrochemistry，16 至 17 世纪流行于欧洲的一种医学理论及学派，认为医学和生理学是可用化学原理加以解释的学科，主张用化学配剂替代草药医治疾病。

28，此处原文为 species morborum ，species of diseases 的拉丁文。

29，拉马齐尼，Ramazzini，Bernardino，1633—1714，意大利医学家、早期的流行病学家、公认的工业医学的创始人。研究职业病，倡导采取措施以保护工人健康，终于使关于工厂安全和工人补偿的法令获得通过；坚决主张用金鸡纳树皮治疗疟疾，彻底推翻了加伦用泻药治疟的理论；1713 年著《工人的疾病》（本书英文版误为 1700 年出版），这是第一本全面论述职业病的著作，列举了 52 种职业中的健康危害。

30，林奈，Karl von Linné，1707—1778，瑞典植物学家、探险家，首先构想出定义生物属种的原则，并创造出统一的生物命名系统。其父是一位爱好园艺的乡村牧师，受父亲的影响，他幼年即喜好花卉，8 岁就有“小植物学家”的外号，在乌普萨拉大学获医学学位，在这里受到老资格的植物学家摄尔西乌斯极大的影响。1729 年，林奈读到法国植物学家维朗特著的《花草的结构》一书，受到启发，他根据植物的雌蕊和雄蕊的数目进行植物分类；1730 年任植物学讲师，两年后为乌普萨拉科学院到拉普兰考察，写成《拉普兰植物区系》，1737 年发表；1735 年发表的《自然系统》，在此书中，林奈完善了以植物的生殖器官进行分类的方法，首创了纲、目、属、种的分类概念；1753 年发表《植物种志》，用他新创立的“双名命名法”对植物进行统一命名，即植物的常用名由两部分组成，前者为属名，要求用名词，后者为种名，要求用形容词；亚里士多德建立的动、植物命名法规已经具有双名制的萌芽，林奈的功绩是将双名制完善和推广；1754 年出版《植物属志》第五版，被公认为显花植物和蕨类植物命名的起点。花各个部分的构造在进化中往往改变不大，林奈的系统主要就以花的构造为基础，虽然他也承认此系统是人为的，但它能使研究者将植物迅速归入一个定了名的类别中，当时世界上有大量的植物被发现，发现的速度快得无法进行从容的研究，在林奈以前，由于没有一个统一的命名法则，各国学者都按自己的一套工作方法命名植物，混乱冗长且有语言隔阂，致使植物学研究困难重重，林奈的方法应用方便，在实践中非常成功。1738 年他到斯德哥尔摩做执业医师，次年与医生之女结婚，婚后两年被母校任命为医学教授，一年后改任植物学教授。他锲而不舍地将物质分类，不仅建立了动植物的系统，又将矿物分类，并写有一篇论当时已知疾病种类的论文。1761 年被授予瑞典贵族的特权，早在 1757 年他就被称为卡尔·冯·林奈。林奈的植物分类方法和双名制被各国生物学家所接受，植物王国的混乱局面也因此被他调理得井然有序。他的工作促进了植物学的发展，林奈是近代植物分类学的奠基人。

31，索瓦热，Francois Boissier de Sauvages，1706—1767，法国医学家、植物学家，他在蒙彼利埃大学学习了医学和植物学，在 1726 年还获得博士学位。在巴黎度过几年后，1734 年他回到了蒙彼利埃，在那里成为了植物园的管理员。他是植物学家 Pierre-Augustin Boissier de Sauvages（1710—1795）的兄弟，也是林奈的好朋友，为了研究和分类，他从法国南部把植物标本寄送给林奈，而林奈则为了向法国的同事表示敬意，在金莲木科中命名了一种 Sauvagesia 属（合柱金莲木属）。人们相信作为医师的索瓦热建立了第一套有条不紊的疾病分类学，他的分类是根据西德纳姆创造的框架，并且与植物学家使用的方法相符合；他的分类系统列出了疾病的 10 大纲，更进一步分类为 44 目、315 属和 2400 种（单一的疾病）。

32，此处原文为 Nosologia methodica。

33，此处原文为Genera morborum

34，埃拉西斯特拉图斯，Erasistratus，活动时期约为公元前250年，希腊解剖学家、医师，能区分感觉神经和运动神经，但是认为神经是充满了液体的空心管；认为空气进入肺和心脏，并由动脉带到全身，而静脉则将血液从心脏输往各部；他正确地描述了会厌和心脏瓣膜(包括由他命名的三尖瓣)的功能。他最早力倡精气论，有人认为他是生理学的创始人。

35，阿利斯塔克，Aristarchus，约公元前310年—前230年，希腊天文学家，认为地球由自转和绕日公转的第一人，斯多葛派的人为此宣称他应被控“渎神”。他有这种先进的思想，后人是从阿基米德和普鲁泰克的转述中得知的；他唯一存世的短文是《论太阳和月亮的大小和距离》，由于观察有误差，他用几何学方法求得的值并不准确。月球上有以他命名的环形山。

36，托勒密，Ptolemy，活动时期为公元2世纪，著名的天文学家、地理学家和数学学家，生平不详。在13卷的《天文学大成》中，论证地球处于宇宙中心静止不动的理论，综合希腊的天文学成果论及太阳系和恒星有关的概念，在前人的偏心圆和本轮均轮理论的基础上提出自己的天体数学模型。他的体系在天文学中占统治地位长达1300年，直到15世纪，更精密的观测使得托勒密体系变得过于复杂，日益受到怀疑，终被哥白尼的日心说取代。他也是一流的几何学家，还著有《地理学指南》(8卷)、《光学》(5卷)。他的主要研究成果都是在埃及亚历山大城完成的。

37，巴托雷第，Fabrizio Bartoletti，意大利医师、解剖学家。据威尼斯1735年出版的Lazare Rivière(1589—1655)的一本医学全书《*Opera medica omnia*》的善本，巴托雷第的生卒时间为1586—1630，而本书却在说1633年的事，不知依据的是什么资料或者两种说法哪一种有误。

38，莫尔加尼，Giovanni Battista Morgagni，1682—1771，意大利解剖学家。长期在帕多瓦任解剖学教授，早就指出：必须运用解剖学知识来诊断疾病、判断预后并进行治疗。著有《解剖学杂录》(1706—1719年)，使病理解剖学成为一门科学；写成《用解剖学的观点研究疾病的部位和原因》一书，奠定了病理解剖学的基础。据《简明不列颠百科全书》，这本书写成于1769年，下文说1761年问世，存疑。

39，菲尔绍，Rudolf Virchow，1821—1902，德国病理学家、人类学

家、政治家，是细胞病理学说的创始人，强调疾病首先不是在整个器官、组织内，而是在细胞内发生的，人体是由彼此平等的细胞组成的自由国家，“一切细胞来源于细胞”的论断，打击了当时占统治地位的体液病理学理论。他认为达尔文的进化论缺少证据。他研究过人类学，参加过特洛伊遗址的发掘。他积极参加政治活动，关心公共卫生及医学教育。

40，此处原文为 epicrisis，指病情结束后的检讨或分析。

41，此处原文为 casuistic，指病案的记录和研究。

42，高尔维沙，J. N. Corvisart，1755—1821，法国医师，拿破仑的私人医生。1808 年将 A uenbrugger（奥地利内科医生，1722—1809）论叩诊法的著作译成法文刊行，鼓吹叩诊法。

43，拉埃内克，R. T. H. Laěnnec，1781—1826，法国医师，听诊器的发明者，公认的胸腔内科之父。师从德马雷，1822 年任法兰西学院教授，1823 年接替其师任巴黎慈善医院内科医师。他用了三年时间研究胸部发出的声音，将之与尸体解剖时所发现的疾病相对照。其经典著作《论间接听诊》描述了他听诊的方法：用一根长约一英尺的中空木筒贴在患者胸壁上，就可以听到心脏和肺部发出的各种声响。

44，比沙，Xavier Bichat，1771—1802，法国解剖学家、生理学家。1793 年师从德佐，1795 年德佐去世后，比沙完成了德佐的《外科日志》第四卷。在人们尚未认识到细胞是生物的功能单位时，比沙等人最先设想人体器官是由结构简单的功能单位或“器官”分化而成。他不用显微镜也区别出 21 种构成人体器官的组织。他在主宫医院进行临床观察，又研究疾病引起的各器官死后的改变。1800 年、1801 年相继出版《生命与死亡的生理学研究》《普通解剖学》，1801—1803 年出版《描述解剖学》1—2 卷（第 3 卷在他逝世后由他的学生完成）。奉拿破仑之命，他的半身雕像和德佐的半身雕像一起被安放在主宫医院内。

45，罗基坦斯基，R. Rokitansky，1804—1878，奥地利病理学家。他根据近 10 万例尸体解剖（其中自作 3 万例）对患病机体作了系统描述，从而使病理解剖学研究成为现代医疗实践的基础，使新维也纳学院成为 19 世纪后半叶的世界医学中心，他的三卷本《病理解剖学手册》确立了病理学在科学中的地位。1846 年鼓励其学生塞麦尔威斯从事医学研究，后支持他清洁欧洲的产科病房以消除产褥热的运动。

46，米勒，Johannes Müller，1801—1858，德国生理学家、比较解剖学家、鱼类学家。他在生理学许多领域做出了贡献，尤其是增进了对声音、听力和口音的理解。1833—1840 年间他所写的《人类生理学指南》第一次将人体解剖、比较解剖的结果以及化学、物理学其他学科的结果用在生理学问题的研究上，其中最重要的部分是神经反应和感觉器官的机理，在此他明确了前所未知的原理——感觉的种类并是不取决于刺激的模式而是取决于感觉器官的特性。

47，马让迪，Francois Magendie，1783—1855，法国神经病学家、外科医师，首先证明脊髓神经前根与运动功能有关，脊髓神经后根与感觉功能有关，并描述了脑脊髓液和第四脑室马氏孔。

48，贝尔纳，Claude Bernard，1813—1878，法国生理学家，实验医学的奠基人之一。出身贫苦，当过药剂师学徒，1834 年入医学院，后师从马让迪，1853 年获医学博士学位，次年任巴黎大学普通生理学教授，并被选入法兰西学院。1860 年后因病休养，利用时间思考，1865 年著《实验医学研究导言》，认为医学应以实验生理学为基础，实验应以假说为指导；物理、化学是生理学的基础，但生理学不能还原为物理、化学；"活力"不能用来解释生理现象；活体解剖对生理学研究必不可少；生理学需要科学宿命论（在相同的条件下会出现相同的现象）；对统计学的作用表示怀疑；他提出内环境的概念，由此引出内环境稳定的现代认识。他的友人有巴斯德、龚古尔兄弟、勒南、泰纳、贝特洛等。逝世后举行了国葬，是法国第一个举行国葬的科学家。

49，特劳贝，Ludwig Traube，1860—1943，德国出生的物理化学家，创建了毛细管化学，提倡以理疗来补充传统的药物治疗。

50，瑙恩因，Bernhard Naunyn，1830—1925，德国解剖学家，教师。21 岁接受医学教育，两年后获得学位，成为弗雷里克斯（Frerichs，1819—1885，德国实验病理学奠基人，他强调讲授生理学和医用生物化学，从而为临床医学打下了基础；他还是以化验分析和实验为依据的临床医学的主要倡导者，对自己的学生产生了决定性的影响。）的助手，弗雷里克斯的实验室给了他足够的自由，他对临床医学和新陈代谢的病理学有着强烈的兴趣，通过实验尽力理解疾病及其治疗。他还是众多有声誉的诊所的首脑。

第二章　广义疾病的学说

我们对疾病观的发展的认识，把我们带到今天这许多问题的中间。我们现在将要涉及普通病理学的简述，一部分是对前文所述作一总结，一部分是为了继续往下叙述。

正如字面所暗示的那样，病理学(Pathology)就是关于疾病(Pathos)的或者关于不健全状态的研究。借由疾病的状态，我们可以作出比疾病本身更多的解释来。如果一个人生下来手上有六根指头，这当然不能认作是一种病，不过这倒也是不正常的状况。不单单成熟的机体会显露病态，发育中的机体在其发育的进程中受到阻碍也会显露病态，发育各阶段中这样的病态导致了各种各样的畸形，这些畸形又构成了病理学中的一个研究领域。所以，病理学分出了两条主要的研究路线：人称**畸形学**的对各种畸形的研究，还有研究疾病的**疾病分类学**，后者当然具有大得多的重要性。

像解剖学和生理学一样，病理学也是一门自然科学。它描述自然现象，按照各种理论体系整理它们，并且查究其由来；像解剖学和生理学一样，它又是一门有助于医学的学科，甚至它是所有学科中最重要的一门；解剖学和生理学使医生认识正常的状况，病理学则授之以常态之种种例外，授之以所有可能的变态以及支配这些变态的种种规律。

病理学着手从各个角度研究疾病的问题，研究的问题不同，所用的方法就不同。首要的问题是疾病的起因，**病因学**——对疾病起因的研究——因而是病理学的一个分支，我们将另辟一章来讨论它。另一个问题涉及疾病初起期间显示出来的形态变化，在这个范围之内，我们论及**病理解剖学**并运用一切的解剖学方法。由此，我们形成了一门肉眼可见的宏观病理解剖学和一门非用显微镜就看不到的微观病理解剖学，形成了一门病理组织学和一门病理细胞学。胚胎学肯定也被要求解释各种畸形和其他病理现象。还有一个问题针对着功能的变化，在这里病理学又成了**病理生理学**，所有的生理学方法在这个领域里都可以用作辅助的手段，尤其是物理学和化学。

与这三个分析性的问题相对立的，还有第四个问题——综合性的问题——就是**发病机理**，试验是其最重要的助手，因此它的王国就是**实验病理学**。我们必须清楚地区别对待病因学和发病机理，在解释疾病初起时病因之侵袭的同时，我们就在定义疾病的病原学，不过病原学这个词并非单纯用在病因研究的意义上，也在构成疾病原因之种种要素的意义上广泛地使用。伤寒的病原是伤寒杆菌，为了使这种病菌能够引起伤寒，另有几种要素也会要登场。我们说疾病之发病机理的意思是指，从最初的起因通过全过程到疾病终了这一完整无缺的细节链条。今天，自然还不可能没有脱漏地领会疾病的发病机理，我们的生理学知识还不充分，不过，我们掌握并且能够将之相互作出因果联系的现象越多，我们关于病变的洞察力就会越不受拘束，成功地与之斗争的可能性就越大。发病机理的研究用到了病理学所有的方法。

对独特的畸形和疾病的研究，就是**病理学各论**的领域。现在，我们知道病理随着不同的疾病而不同，也知道所有的人共有某些基本的病理现象——正如人们可以从许多旋律没有休止的弘大乐曲中捕捉到明确的几个音符。对普通的疾病过程的研究，则是**病理学总论**的领域。总论和各论病理学密不可分地结合在了一起，病理学总论从病理学各论中获得其源自经验的素材及其用于研究的例证，反过来，病理学各论又必须运用病理学总论中的人所共知的概念。

人们将看到，病理学的研究领域极宽，需要精通形形色色的方法。在19世纪初，临床医师和病理学家是一体的，就是同一个人，临床医师自己解剖他那些已死的病人，今天在这件事上有了明确的分工。从莫尔加尼开始，尤其是从菲尔绍开始，医学的进步促成了一位病理学家首先必须是一位解剖学家的认识，他一定得解剖尸体；为了检查和诊断，手术中切除的不正常样本被送到他的眼前。病理生理学，到了不再自限于动物试验的时候，往往会以对病者的观察为先决条件。所以，它已经成为临床研究最重要的领域之一，而一家现代的诊所则酷似一家生理学研究所。在病因学研究上，病理学家从卫生学家当中找到了重要的合作者，卫生学家致力于预防对人类的伤害，因此他必须认真研究那些起损害作用的要素；我们也将看到，医学史的发展怎样将病因学的大部分、细菌学和血清学[1]交到卫生学家们的手中。最终，差不多所有的医学分支都加入到了发病机理的研究当中。

这样，我们看到，大多数专业各不相同的医生们协作研究疾病，而病理学家居其中央，在他这里，所有的经验汇合到了一起，所有的诀窍尽在其掌握之中，只有他，才能够得出整个儿的总体结论。

因为所有的器官都凭借血管和神经系统相互关联，所以一种单纯的局部疾病是无从设想的。不过，病及全身的现象在干扰医患的嘈杂声中总显得太极端，弄得它们不具备任何有实用价值的重要性，因此，即使在今天，按照疾病的部位，将侵害整个机体的普通疾病分类、将器官系统之一的病变乃至不同的细胞或细胞团的病变分类，还是我们的正当理由；甚至对于侵害整个器官、对于使主要发生在细胞里的病理过程复杂化的疾病，我们还必须在研究疾病的基本形式过程中首先凝视病变细胞。

我们知道，细胞是一种特别复杂的结构，关于其形态的、化学的以及物理的结构，我们都还掌握得很不充分。细胞是活的，即：它不停地同化、异化、生长、繁殖，完成其特殊的使命。其生命功能意味着它对不断接收到的刺激的一系列反应，甚至对于正常的生命，这些刺激时而强烈时而微弱，细胞使自己适应这些变化，只要刺激没有超出某种极限；万一这刺激太微弱或者太强烈，甚至万一它们不符合生理规律，就是说万一它们是正常生命中绝不会出现的刺激——例如细菌毒素——细胞就不再能够使自己适应了。细胞于是就会行为过火，或者反应不足甚至反向反应，迥异于正常，这时候细胞的反应就不是生理的而是病理的了。这导致了细胞内部的各种变化，我们确认了截然不同的两种：退行性变化和进行性变化。

退行性变化是细胞活动减弱的结果。细胞在退化，其结构被扰乱，而这些扰乱侵害到了细胞物理上的协调，侵害了其化学上的或形态上的条理性，或许广泛地侵袭了所有这三个要素。我们知道，飞沫或细胞质中的空泡是如何出现的，细胞是如何膨胀、如何变得可穿透或者如何经历脂肪变性[2]的，代谢产物又是如何在细胞中堆积起来的，细胞核与原生质之间的大小关系是如何变化的。进一步的退化导致了衰变并最终导致**坏死**，坏死通常是逐渐发生的，不过也可能突然发生，例如当细胞蛋白凝结的时候。死细胞又会发生什么呢？它会分解为组织分子所构成的颗粒，会液化或者钙化。

退行性变化不仅影响到细胞，还会影响到胞间质。我们可以观察到，不仅细胞内的结构物质，还有细胞间的结构物质，有时候也会软化或者失去其弹性。

进行性变化是一种细胞活性增强的表现。细胞生长，细胞核和原生质在大小上也有增长，然后细胞繁殖。例如在组织里通过物质减少所发生的那种收缩，就在类似的过程里担当了一种刺激，长久地满足增强了的功能需求，于是器官肥大。在孕妇体内，平滑肌纤维能够肥大到七至十一倍的长度和四倍的宽度。

在哺乳动物的体内，细胞是整个机体所固有的组成部分。我们只挑出它来讲，是为了通过它我们能够学到疾病事件的某些基本形式；我们要记住，功能性障碍是一个基本事实，它独立地导致了形态的种种变化。自然而然地，一个恶性循环产生了：被扰乱的功能引起形态的种种变化，反过来形态的变化又引起混乱的功能。

我们还了解到，在病理的与生理的刺激之间不存在任何明确的界线。稀盐酸在舌头上可以充当一种生理刺激，而且人能辨出酸的味道来；一旦它超过一定的浓度，酸被浓缩，那刺激就变成病理的了，于是细胞退化，最终在极高的浓度上，酸就会引起坏死。一个机体适应能力的阈限，就是介乎生理反应与病理反应之间的界线。

机体的种种反应是细胞们有灵性的协作之产物。如果我们现在要调查研究机体总的病理反应，我们就必须从整个儿的机体入手。我们最好的出发点是一个年轻的、正在发育中的机体，它对特殊种类的扰乱特别易感，因此它必须执行的工作不仅仅包括维持自身也包括发育和生长。

我们已经注意到，**发育**中的**障碍**导致了**畸形**。没有什么能够影响人类的应变能力到如此的程度，居然会生出长得像丑八怪的孩子：没有后脑勺，独眼，两张脸，唇裂和腭裂，甚至没有四肢。暹罗孪生子[3] 被人带着从博览会到博览会跑场子。过去确实想象这些畸形就是邪恶精怪的产物或者魔鬼的恶作剧，而到了人开始合理地阐释的时候，他又把这想成似乎是孕期疏忽的结果或者造化的作弄。

胚胎学和很多实验——尤其是那些涉及发育机制的实验——为这一主题开启了些许的光明。细微的、不重要的一些畸形，比如胎记及其他畸形，十分常见，如果遇到一种病例是对于常态不足道的离差，我们则称之

暹罗孪生子18岁时的画像。兄弟俩从生到死须臾不曾分离，性格却截然相反。

为**变异**；在每一个解剖台上，我们都可以观察到这样的变异。畸形不是变化的过程，而是由病理的发育所发生的常在病情。因为成长并不止于诞生而是至少要持续到青春期，所以成长中的扰乱也可能在这一时期发生，例如睾丸滞留腹腔，第二性征不成熟，等等等等。

发育是肉体形式按照一种构造蓝图的展现，生长则是体积上的增长。成长也可以被扰乱，而且一旦成长障碍与发育障碍运转到了一起，它们就会使病象恶化，比如，通过异常成长，一种无关紧要的畸形就可能演变成一种对身体的剧烈伤害。

病理学调查研究种种发育障碍的形式上的起源，研究导致它们的那些起因，并力图指证发育过程中发生障碍的那一时刻。这起因不是在体外就是在体内，有的时候，我们不得不讨论遗传性倾向，或者讨论遗传性总体上的障碍；在其他的病例中，通过物理的或化学的影响甚至通过疾病，我们发现了对胎儿的损害，因为母亲子宫里的胎儿并没有被保护到免于疾病的程度。毒物诸如铅、砷、磷乃至细菌，都可以从母体通过胎盘传给婴儿，以此方式胎儿可以染上天花或者梅毒，如果胎儿感染了疾病，那么扰乱发育的一种机能障碍就会逐渐显现出来。

胚胎发育中障碍发生得越早，后果就会越严重。作为结果的畸形，可以按照障碍发生的位置、种类以及时间，分出类型来。损害取决于这些条件，不是影响到整个机体，就是仅仅影响到机体的一个部分。

这一下，不仅仅存在有畸形，还存在有**功能障碍**，完全正常的机体——就我们可以断定的而言——在一些方面却异常地运转。这样，就其自身而言还算健康的人，比方说吧，却是尿液中含有糖分（**戊糖尿**）的人；还有一些人的机体则不能够吸收各种同质酸，进而必须通过肾脏排泄它们

(**尿黑酸尿**)[4]；或许血友病——易出血者的疾病——也能形成这样一种功能障碍。

如果我们更仔细地研究普通病理的诸过程，我们就会发现一组被定义为**官能紊乱**的疾病。现在，我们已经懂得，机能障碍发生于每一种疾病的过程中，既变机能是所有病理反应的中心。根据狭义一点的机能障碍的概念，我们所想到的是支配整个机体的各器官系统功能之扰乱，或者对机体之均衡系统的扰乱。

由这一组主要属于**代谢紊乱**且与**能量转换**之紊乱密不可分的疾病可以看出，生命的整体性在任何领域里都绝不会像在能量和代谢的领域里这样有如此恰当的例证。营养被消耗、被消化，废物被排泄；每个器官吸收其之所需以作为它的维持物，转而行使其作为整体之一部分的功能。在此，需求也可以调整供给，如果机能的活动增强，或者如果体温降低，那么对多量氧气的需求就会自动地与食物的消耗并存；不过这会因病理状况而改变，在各种发热状态中，氧化作用被增强而对食物的需求却被减少，所以在这样的病例中，我们不得不处理热量平衡与食物消耗之间的离差。离差就是病态的信号。

我们必须区分作为整体的代谢紊乱和中间代谢。代谢的速度可能减弱或增强，其强度取决于所耗营养的总量，因此，在饥饿状态下代谢降低。生物通过消耗其储备物活下来，首先耗尽碳水化合物，然后是脂肪，最后是蛋白，末了，死亡降临。如果所耗食物丰富而充足，代谢速度就增强，这可以导致过度的消耗量。

没有食物的影响，代谢也可能增强或降低。如我们前面所提到的，在各种发热的状态中代谢会增强，这里我们还可以加上甲状腺肥大和恶性肿瘤作为另外的因素。如果甲状腺功能亢进，还有在某些精神障碍的病例中，代谢就会增强，因为我们知道，神经作用强烈地影响着代谢。

不仅所耗食物的总量，还有食物的成分，也影响着代谢。如果食物不包括某些必要的成分——例如维生素之类——机体就不能使自己适应，它会产生病理的反应，于是，我们后面将要提及的一些疾病就发生了。

在许多病例中，总地看来代谢并没有被打乱，不过我们观察到，机体失去了吸收某些物质的能力。人们甚至到现在也没有完全弄懂此等障碍的起因。例如，**糖尿病**，似乎是一种糖代谢的障碍，在这种障碍中，葡萄糖原封不动地被从尿中排泄出来，而不是像它在健康人体内所经历的那样，被氧化分解成碳酸[5] 和水；以同样的方式，在痛风病人的身上蛋白质代谢也发生了障碍，尿酸沉积在组织尤其是在关节的里面；在某些肥胖的病例中，也存在脂肪同化作用的障碍，机体不能消化所有那些在体内逐渐积聚的，或者被它所吸收进来的脂肪；我们还知道有水和矿物质代谢的障碍。

很明显，每一种器官障碍都必定以某一方式影响到代谢。代谢当中的种种变化，从物理学的角度看来，都以能量系统的紊乱显露了出来；从化学的角度来看，它们也清晰可见，而且从这个角度我们最容易领会它们；最后，从形态学的角度来看，它们也会在组织里自我暴露。

我们已经提到过细胞的病理。如果机体的代谢作用被扰乱，这纯粹意味着，细胞及其新世代都不是在正确地运转。我们将注意到组织的退行性变化，这些变化我们称之为萎缩和变性。在**单纯性萎缩**中，细胞的各种基本组成部分缩小体积，加之细胞因为新生长不足而为数较少，因此这个器官的体积变小。萎缩是由食物供给不足、消耗量不足、运动缺损还有诸如年老之类的生理过程所引起的。

各种**变性**都是细胞的衰退，如果同时发生细胞体积的缩小，我们则称之为**变性萎缩**。这种变性的类型取决于代谢障碍的类型。一旦蛋白成分被扰乱，我们就会看到原生质液化于其中的变性（水肿样变性和粘液样变性），还有原生质表现种种凝固迹象于其中的其他变性（混浊肿胀、玻璃样变性、淀粉样变性、病理性硬结）。

在脂肪成分的各种紊乱当中，我们必须区分**单纯脂肪浸润**和**变性脂肪浸润**。前者是在那些其他方面都健康的细胞中脂肪的病理性堆积，后者则出现于既损细胞中，有时也会出现于那些通常不储存脂肪的细胞中。

碳水化合物成分的紊乱，往往自我暴露为细胞糖原增加或者糖原出现在了通常没有这种物质的细胞里面。

在矿物质代谢的种种紊乱当中，我们看到，通常以溶液的形式出现在机体中的那些物质，现在以固体的形式沉积在了组织的里面，钙尤其如此，而钙化也并非一种不常见的退化形式。

前面已经提到过，痛风与各种盐在组织内部以固体形式的沉积有关。在胆管和尿道还有其他体腔里面，人们有时候可以发现固体沉积物，据其坚硬度称之为**结石**[6]（胆结石、膀胱结石［尿路结石］或者支气管结石）。

最后，我们至少要提到色素代谢的紊乱。我们不时地在那些通常不存在色素的部位发现色素，这些色素可以从体外进入到体内（外源性色素沉着），比如使肺部变色的煤尘；不过更经常的是，色素源自体内，通过身体各种组分的转化（内源性色素沉着），这种状态中最重要的来源就是血液的色素。

通过血流，细胞得到了消耗物和构造原料，而神经系统则得以调整细胞里的交换，血液循环器官或神经系统范围内的失调将会影响到全身。在各种**循环失调**当中，我们必须区分是整体的还是局部的。整体性失调可以由心脏或血管引起。心脏有着非同寻常的储备力量，许多的需求从生理上使得它显著地改变；如果这些需求超出了一定的限度，又如果超负荷工作持续若干时间，正常的心脏就不能完成任务；于是它肥大起来，整个儿的心脏或者其上担负重担的那些部分增大，以这样的方式，失调算是被克服即被**代偿**了；此时，不管已经发生变化的状态怎样，血液的循环还是**充足**的。代偿作用可以满足日常生命的各种需求，但是不能满足特殊的需求，比如登山、爬楼等等；既然是这样，循环充足并非健全，肥大的能力也是有限的。假如加之于心脏的需求变得更强烈，或者假如心肌生了病，心脏就会筋疲力尽，代偿作用就会转变为**代偿失调**，这意味着血液的循环在所有的状态下都会不足，显然，这样一种状况对于生物的生命而言必有最严重的影响。

血液循环的整体性失调也可能源自血管。为了执行其正常的功能，血管必须平滑、结实而有弹性；其张力受到血管舒缩神经（血管收缩神经和血管舒张神经）的调节，血管的张力以及心脏的动作都决定了可升（张力过强）或可降（张力减退）的血压。血管神经的机能失调和对血管壁的损害都将导致整体性循环失调。各种毛细管在发病机理方面具有显著的重要性，这是无可争辩的事实，尽管它们所起的作用尚未完全查明。

器官活跃的时候，它比处在安宁状态时得到了更多的血液，这就是充血。我们这是在谈及局部充血，与之相反，器官供血不足，则被称之为局部缺血。在大部分形形色色的疾病之病程当中，局部缺血这样的情况下所发生的生理过程，可以变为一种病理的反应、一种局部的循环失调。这样的失调通过血管神经的反射作用，或者通过机械的方式导致血管神经病。如果一根血管被绑扎，血液供应并不必然受到妨碍，血流可以通过分支的或并行的血管；但是从另一方面来说，如果全身血管部位堵塞，器官当中得不到血液供应的那个部分必将衰变，形成一种楔形的、坏死的小块物质，人称**梗塞**。

假如在血管系统的任何一点上，存在一个可自由移动的物体，那么它总会被血流带到脉管太细不容它通过的那一部位。这样的过程我们定义为**栓塞**，并把这个物体称为**栓子**。这些栓子也许由偶然——例如遭遇骨折——进到血流中的脂肪所构成，或者由类似于我们在静脉的**血栓形成**当中所见的、使栓子成形的那些基本的血液组分所构成。与循环失调密切相关的是组织中体液交换的失调，如果体液在组织内大量聚积，我们就称之为**浮肿**，体液漏泄进到组织中则称为**积水**。

最后，我们还必须谈到**出血**，即血液漏泄进到组织中。既有动脉出血，也有静脉出血；血可能涌出体外（外出血），或者流进各组织或各体腔（内出血）。后果视失血的总量而定，至于内出血则视所伤及的部位而定。作为一个例子，大脑中极少量的出血，也会有非常剧烈的后果，甚至导致死亡。

血液循环的病理，说明了神经作用巨大的重要性。只有当其器官服从于正常的神经作用的时候，循环才会正常地运转；另一方面，神经系统为了行使其功能，也有赖于正常的供血。我们看到不同的器官在其功能上互相依赖，还看到所有的失调都是复合的现象。当我们在疾病的分析过程中以如此观点去讨论疾病的那些单一的进程时，我们这么做也只能根据切合实际的证据。

细胞的生活受到神经系统的调节，神经机能上的失调因此必定伴随着深远的影响。我们已经谈到影响血管舒缩的各种变化，还有，感觉的机能、引起运动的机能、促进分泌的机能以及营养的机能也都可能受到扰乱。在这里我们也能看到机能变得减弱、增强甚至机能障碍。感觉能力可以被减少（**感觉迟钝**）、被中止（**感觉缺失**）或者被增强（**感觉过敏**），甚至我们还可以发现反常的感觉能力（**感觉异常**），比如瘙痒。假如机能完全被中止，我们就说是**麻痹**；假如机能得到增强，痉挛——异常的肌肉收缩——就会发生。各种痉挛往往出现于平滑肌，也会出现在横向肌肉系统；在后一种情况下，这些都是不由我们自主甚至违背我们的意愿而完成的一系列收缩。我们区分出了**强直性痉挛**和**阵挛性**惊厥，在前者，收缩了的肌肉会在一段时间里保持同一姿势，有时是一段长时间；而在后者，收缩则只持续极短的一瞬间，不过一次又一次地重复，因此产生一种抽搐的动作。

在前面的一章当中，我们谈到了心理的作用。整个的神经系统——脑脊髓神经系统和植物神经系统——是心理作用的对象，随之而来的结果是整个机体的机能通过神经系统受到了它的影响，从这个角度来看，病理的各种反应都可能是在相去甚远的不同器官里所发生的心理障碍之表达。以此方式，经验、情感、冲动都可以凭借肉体的形式具体化，而且在这个范围内，潜意识往往扮演了一个重要的角色。尽管其发病机理相当地不同，但是，与其他也以此为名的器质性疾病相似的各种(神经官能症)疾病，就是这样发展而来的。在许多的病例中，我们不能够确认神经官能症，直到我们确信其中不存在任何解剖上的损伤。不过，在这个方面我们还得超乎寻常地谨慎。神经官能症可以产生于一种既已存在的损伤部位——比如胃溃疡——这个部位直到此刻还没有引起任何不适感，不过已经是抵抗力降低了的部位(抵抗减弱部)[7]，因此人们由这种神经官能症联想到胃而不是联想到其他的任何器官。另一方面，作为结果，长期持续的神经官能症，可能出现形态上的一些变化。

前面所说的病理反应的各种形式，我们将之称为发育障碍和机能紊乱。另外，更有一组首先具备**防御过程**和**治愈过程**特性的病理反应，也是我们所必须讨论的。我们领会这些术语的时候一定不要死抠字面、不要太狭隘。自然，在这里我们也是在和病理机能打交道，而且实际上我们确实也不知道，是否所有的疾病反应都不是这样的防御过程和治愈过程；不过在我们行将讨论的这些类型里，防御的特征特别地明显。这些都是一些典型地反映了对一种传染物的反应之疾病类型，都是我们从中掌握了有害因素的一些疾病，于此我们正在与一种外来的侵入物打交道，它必须被无害化。

在这一点上，我们必须首先考虑**免疫**的现象。我们的日常经验告诉我们，有些传染病我们一生当中感染不会多过一次。这样一种疾病一旦被克服，一定会在机体里面留下持久的痕迹，这必定而且深深地影响着机体，因为机体从此有能力避免由同样的疾病所致的另一次感染，就是说，这些痕迹使得机体成为**有免疫力的**了。我们将看到，几个世纪以前这样的事实是如何被推断为切合实际的方法的；人们怎样在天花轻微的流行当中故意地感染这种病，为使他们能够有免疫力防备更为严重的流行。人们也弄清楚了，免疫力在一些疾病中持续的时间确实不如在其他疾病中一样长。在一些疾病中，免疫期极短；在其他疾病中，它可能持续很多年，甚至终生。现在，我们要问，激起免疫的是什么机制？

细菌进入机体时发生了什么？通常什么也没有发生。在我们的嘴巴里、肠道里，我们窝藏了无数的细菌，这些细菌对我们并无害处，这些都是无毒害的**无毒**寄生物；别的细菌比如牛瘟杆菌可以对某些种群的动物引发严重的疾病，但是对人类却没有丝毫的影响，人类必定有一种天生的抵抗力，一种**遗传的免疫力**。终归还是存在有大量的对人类致病的细菌类型，这倒会使他得病；它们是**致病力强的**或者有毒的，这样可以倍增的毒物我们称之为**毒素**[8]；无论这些细菌植入到哪里它们都会首先引起局部的紊乱，如果它们进入血流，机体的全身感染就会随之而来。

通过调动全身的防御力量，身体可以抵御细菌的侵害。炎症的发生局限于细菌进入的部位，而整个机体一被侵袭就会派出防御的力量。由于我们要找到这些防御力量的传播媒介，我们就设想，这变成了一个事关化学物质的问题，作为对细菌遗留物的反应，这些化学物质形成于机体的内部。

细菌释放的毒物——**毒素**[9]——具有蛋白似的特征的一些化学物体。贝林[10]值得称赞地证实了，在白喉患者身上，机体通过颉颃物质——**抗毒素**——的形成对这些毒素作出反应，这些抗毒素抑制毒素，从而将之无毒化。不仅仅细菌毒素，还有许多其他的物质——例如异体蛋白——都会显示出引起颉颃物质的能力，比如，如果牛奶不经肠胃（即不经由肠道）进入到人体里面，它往往会充当一种引起一系列颉颃物质的毒物。我们把十分普遍的诱导颉颃物质形成的那些物质成为**抗原**，而把由此而形成的那些物质称为**抗体**。

机体肯定还拥有别的防御力量。我们看到，蛋白能够形成薄薄的层，并且因为**沉淀素**而变得破碎。外来的细胞体本身一般容易受到攻击；怀有敌意的细菌陷入瘫痪并被**凝集素**凝集成块，甚至它们都被**溶菌素**所溶解；

异体血细胞也可以因为一种复杂的机理作用（溶血素）而被溶解。最后，我们将看到，游走细胞——主要是白血球——直接地攻击细菌，吞噬它们并且似乎要消化它们（**噬菌作用**）。这样的过程意味着一场战斗，因为细菌与机体各自发力，与噬菌作用格斗或者支持噬菌作用。

在抵抗传染物的战斗中，机体要么被压垮；要么获胜，入侵的细菌则被消灭。然而，另有一种妥协，细菌仍然存在但是没了进一步伤害宿主的能力，人呢，不再生病但他是一个**带菌者**，并且就其本身而论，他对他的社会成了一种威胁。

一旦一个机体抵挡住了这样一种疾病，那么其细胞就有了它们从前所不具备的一些特性，这个机体过去现在大不同地作出反应，它就是**变应性的**了。这**变应性**表现了机体自身对病中承受不了的毒物有了增强或减弱了的敏感性。假使同样的毒物被再一次传入到变应性机体的里面，它将会不再敏感，在这样的情况下，毒物没有了任何有害作用，而机体就有了一种**获得性**免疫力；或者，相反的情况也是确凿无疑的，机体对毒物的介入敏感，甚至极微小的量也会使机体产生类似于休克的严重征兆，这种状态被称为**过敏反应**。既然是这样，机体没有成为免疫的，而是成了敏感的，而且机体对这种特别的毒物有了一种**特异反应**。我们经常可以发现不是先天的就是在童年期后天获得的特异反应，而且这些特异反应使得人们对大多数形形色色的物质——报春花、草莓、一些种类的鱼、植物花粉——敏感，枯草热和哮喘就是两种这样的疾病。

身体针对来自体外的伤害最先的防御反应就是炎症，一种在极早的历史时期就被人识别了的疾病形式。因为它有时候在体表显露其外观，也因为其很多症状可以被缺乏经验者观察得到，所以，门外汉也熟悉它。炎症这个名词暗示着发烧——体温的局部提升——而这正是其征兆之一。古人们把四种症状红、肿、热、痛[11]强调为基本症状。炎症居于所有各种疾病理论的正中央，而且，有多少种关于疾病的理论，就有多少种关于炎症的理论。18 世纪末，英国的外科大夫约翰·亨特[12]是推进炎症知识的人，他引导我们走出那些岁月里无节制的玄想所造成的混沌。他的理论就是，炎症是机体对任何亦即所有伤害的反应，任何独特的炎症所采取的形式及其发展路径，都取决于刺激的起因、身体的状况以及受伤部位的特性。而且，亨特甚至还传达了一种观念：有些类型的炎症相当于治疗的过程。

有了显微镜的帮助，病理解剖学力图完成一种更明确的针对炎症过程的分析。今天，尽管病理学家们关于细节的意见都还不一致，人们还是证实了，炎症是一种非常复杂的过程，这一过程大体上由三个部分构成。最先，我们从各种**组织障碍**中看到损伤的效应，这些效应可能是有助于逐渐恢复健康的细胞过程，有时候则是退化的细胞过程，甚至可能是坏死。很快，我们就看到了第二部分，这包括**循环障碍**：主动性充血（引起发红和发热）；各种血液成分外渗到组织中（白细胞、淋巴细胞、游走细胞渗出动脉血管管壁，还有血液的流体部分以及红细胞的渗出），引起肿胀，也可能引起疼痛；甚至这些流体渗漏到体表（渗出－渗入过程）。第三部分是**组织增生**。根据炎症的效力，这三重反应启发了我们：借助于炎症反应，机体力图消除有害物，消除分解的产物，并试图恢复已被破坏的部位。

这三个部分每次都会出现——事实上仅当此时我们才可以为炎症提出证据——不过它们不是每次都同样充分地集中表现出来。根据占主导地位的过程，我们区分出了不同的**炎症类型**。至于事实上是否存在像有助于逐渐恢复健康的炎症这样一种属性——由组织变化所决定的有特定意图的一种属性——仍有许许多多的讨论。在这里，渗出性炎症扮演了一种重要的角色，而我们则可以根据渗出物的类型将这些分为以下类别：

1. **浆液性炎**，其渗出物大多为血液的流体成分。

2. **黏膜－黏液炎**，如果炎症的部位是在黏膜上，那么黏液腺就会分泌出更多的黏液，而这黏液又会与渗出物相混合。

3. **出血性炎**，其渗出物含血红细胞太多，因而其颜色呈红色。

4. **化脓性炎**，以大多含有白细胞的渗出物为标志。化脓性炎可以在体表发生，可以被围起来，也可以导致脓肿的形成，甚至还可以渗透过组织的许多层（蜂窝织炎）。

5. **假膜性炎**，其渗出物往往将组织分解后的组成部分变成一种硬痂。最终，炎症之第三部分组织增生，会影响到假膜性炎，组织的增生物居于最突出的位置，于是我们称之为**增生性炎**[13]。

如果机体成功地克服了损伤，康复就开始了；如果没能克服，那么炎症就会变成慢性的。急性炎症的特点是渗出性的，而在慢性炎症当中，我们发现组织增生物相当显著。

除了那些应归咎于细菌之出现的炎症外，别的损伤也可以引起炎症。有一些这样的疾病刺激物，能够招致一些奇特的慢性炎症，我们称之为**特异性炎**，其中包括结核、梅毒、麻风和马鼻疽以及少数其他疾病。除普通的发炎步骤之外，这些炎症还以结节和有结节的组织为特征。

我们已经看到，发热是炎症的一个主要症状。最早期的医学认识到一种具有发热特征的身体状况，它并不局限于一个特定的部位；热潮吞没了人的全身，像一场体内的烈火；病人热烘烘的感觉染红了他的脸蛋儿，迫使汗水从他的毛孔中流出来，并且加快心跳和呼吸；看来似乎局部发热、炎症以及全身发热的发烧必定相关联，尤其因为它们如此频繁地同步发生。在古代医学当中，发烧就是病；今天对我们而言，它是一个症候群，发烧通常是各种感染的结果。引起刺激的那些细胞的原生质以及宿主体细胞的原生质都被分解在宿主的体内；影响神经系统的各种物质以一种特殊的方式产生；增强了的氧化作用发生，自我表现为身体的暖热；恰如正常的体温是氧化的结果即代谢置换的结果，异常的体温升高也是如此；不仅仅通过感染，还通过其他原因例如机械方面的原因，体细胞都可能受到扰乱，进而将会产生出各种导致发烧的物质来。

任何一个伤口，不管它口子开多大，迟早都会愈合；断骨的两端迟早也会接合。我们要识别一种生长，它不是人们期待于年幼个体的那种正常生长，而是在一个对损伤作出反应的人的身上，一种**病理性生长**。在这里，我们也发现了生长的两种形式：肥大与增生，即细胞的增大与细胞的增殖。从**再生**现象中，我们发现了这些病理性生长的过程，再生就是各种缺陷的修复。再生可能是圆满的，它可以导致一种充分愈合[14]的结果。但是，在大多数情况下，对于所有大的缺陷，再生还是不彻底的，伤口是闭合了，不过用的是为实用而填补的次一等的组织。再生发生在**伤口愈合**的期间，对于那些仅仅伤及上皮的伤口，或者没有丧失什么东西的伤口，或者其边缘直接地生长到了一处而且没有疤痕地紧靠在了一起的伤口，这再生可能是**原发性**的、直接的；对于明摆着损失不轻的、张着口子的伤口来说，还有那些填满创口的肉芽组织正在形成且最终由上皮覆盖的伤口，这再生又或许是**继发性**的、间接的。病理性生长也出现在**病理组织**当中，这是外来物体和既死组织逐渐被囊状物包裹或被浸润的一种过程。

最后，我们还必须谈到疾病的一种最糟糕的形式——所有疾病形式中最引人注目却又理解最少的一种——这就是各种**新生物**(肿瘤、赘生物或者胚细胞瘤)。尽管刚刚提及的病理诸过程十分清晰明白且愈合诸过程亦与自身特性相符，尽管更早提到的那些疾病形式明摆着就是在我们已然辨明其与整体之关系的单个器官及器官各系统中的、或超出或不足或有障碍的种种机能，在这里，我们看到，机体的细胞有朝一日都会开始增殖。一种肿瘤产生了，这是一种类似于一个器官的结构，它是自发的，独立地存活，有它自己的新陈代谢；一个脂肪瘤，由一些不管怎样确实没有加入到全身的脂肪交换当中去的脂肪细胞所组成，其实除此以外，脂肪瘤还可以在消瘦衰弱的个体身上发生。生长物因为营养物而与机体连在了一起，每一个生长物都由实质材料——特异的肿瘤细胞(脂肪、肌肉或上皮细胞，等等)——组成，也由维持血管的结缔组织的非特异基质组成。机体用自己的鲜血滋养着肿瘤，用这样的方式机体为自己创造了一个寄生虫，一个它必须劳而无功地喂养着的寄生虫。还有一种由肌细胞组成的肌肉肿瘤，不过它不为机体执行任何肌肉活动。通常，肿瘤组织就形态和功能而论质量都较差，这些细胞也能够执行其特殊的功能——腺细胞分泌——不过其机能行使得拙劣，并不惠及全身，从而对机体全无价值。肿瘤就像是对一个器官的拙劣模仿。

如果肿瘤细胞与它们发源于其中的母体组织细胞非常地相似，我们就称之为**同种的**、**同型的**或**成熟的**肿瘤；通常肿瘤细胞不具备母细胞的歧化，它们与母体组织的各种萌芽形态相类似，这样的肿瘤被称为**异种的**、**异型的**或**未成熟的肿瘤**。成熟的肿瘤一般是良性的；那些未成熟的，就是恶性的了，我们不久将会发现这意味着什么。

我们根据产生各种肿瘤的不同组织将肿瘤分类，用该组织的名称为肿瘤命名，并加上“blastoma”[15]的词尾或者简单地缀以“oma”[16]。用这一方式我们可以区分，由**纤维组织**构成的各种肿瘤(纤维细胞瘤或简称纤维瘤、脂瘤、黏液瘤、软骨瘤、骨瘤)，由**血管组织**构成的肿瘤(血管瘤、淋巴瘤)，由**造血实质组织**构成的肿瘤(骨髓瘤)，由**色素组织**构成的肿瘤(黑素瘤)，由**肌组织**构成的肿瘤(肌瘤)，还有由**神经组织**构成的肿瘤(神经瘤）。尚未成熟因而也变成恶性的肿瘤形态，因其似肉的外观，被称为肉瘤，这个专门名词保留至今；相应地，我们会说它是：纤维肉瘤，骨髓肉瘤，等等等等。

最后，还有由**上皮组织**构成的一些肿瘤（上皮瘤），其未成熟的类型被称为**癌**[17]。这个从古代流传下来的独特定义，产生于对乳腺癌的观察当中。在病程的一个分期，乳房四周的淋巴管枝分开来，就像巨蟹座[18]的形象。

在肿瘤的起因方面，我们什么都不知道。关于它，存在着许许多多的理论，这反倒是我们没有任何把握的最好证明。我们假定，这里也有一种病理性的刺激物在起作用，不过它究竟属于什么种类还完全超出我们的知识范围。全世界都在致力于癌症问题的解决办法，用尽了每一种想象得到的方法和世界上所有的聪慧灵巧。尽管我们在确定的条件下通过试验已经成功地使动物长出了肿瘤，但这个问题的解决似乎还非常地难以实现。

我们只知道，肿瘤滋生于母体的温床，并且长大得与之极不相称。有两种生长的形式。一种是成熟肿瘤的**膨胀性**生长和**外突性**生长。它们一直长在局部，很好地与其四周的组织区分开来互不连接；它们确实没有伤及机体，除了构造位置的挤占；其伤害的严重性在于肿瘤的部位及肿瘤的大小。这些都是良性肿瘤。

截然不同的是恶性肿瘤（**肉瘤**和**癌**）的**浸润性**生长，意思是它们经由所有可能的组织间隙浸润到健康的组织中并损害这些组织，它们本身则得以增殖。经由淋巴管和血管，肿瘤的一些基本组成部分被搬运到身体还算健康的各个部位，扎下根来，进而成长为同型的肿瘤（**转移瘤**）。

对于恶性肿瘤的治疗，我们还确实无能为力。在尽可能早的时间里用手术刀来切除它们，或者用放射疗法（X光或者镭）分解其主质，是现在仅有的成功地进行处理的方法。尽管那样，在一定的病期之后，我们还经常不得不应对一种**残余**的形成，这意味着一种新的肿瘤产生了，这也是下列两种情况的结果：肿瘤的一些基本组成部分残留在体内某处没有受到上述治疗的影响；或者疾病的各种刺激继续发挥着作用，随之发生新细胞的增殖。

恶性肿瘤还深受另一个特性的影响，它们会严重地损害整个机体，生命力的总流失（**恶病质**）发生了，这样的情形仅仅在长期持久的饥饿或者慢性中毒的病例中方可一见。毋庸置疑，我们刚刚说到了中毒——既然是这样我们所说的也就是自体中毒[19]。

病理学总论是医学当中最重要的理论领域。如果我们掌握了人类身体结构的知识，并且能够正确地预见到各个器官的机能，而且除此以外还懂得了机体是怎样对各种伤害作出反应的、什么样的病态潜伏在它的里面、它的防御力量又是什么，我们就已经理解了医学理论中比较重要的部分了。我们必须清楚地懂得，眼睛里的炎症和大脚趾的炎症并非两件不相干的事情，而是它们都典型地反映了同样的过程。我们确实没必要靠记忆去学会这许多个体的诸般状况的诸多临床症状；而要从我们的知识——关于感染的一般步骤的知识、关于受疾病侵袭之器官的结构及其生理活动的知识——当中去追索它们的来龙去脉。甚至从医科学生的研究生涯一开始，他就要尽力去捕捉关于普通病理诸过程的最清晰、最生动的观念，这样，他的研究之路才会得到极大的促进。

译注：

1，血清学，serology，在体外研究抗原抗体反应的科学。

2，脂肪变性，fatty degenenration，即 adipose degeneration，指脂肪在心脏、肝、动脉及其他器官中或周围的蓄积。

3，暹罗孪生子，Siamese twins，1811 年在暹罗（泰国的旧称）诞生了一对中国血统的联体儿章（Chang）和炎（Eng），自胸骨至脐部以系带相连，并无共同器官。他们以展示自己谋生，并各娶妻生子，在美国北卡罗来纳州度过晚年。暹罗孪生子由此得名，亦称联体双胎，即彼此联结的同卵双胎儿。对称性联体双胎儿除融合部分外各自其余部分基本正常，一些病例可望手术分离成功；非对称性双胎儿其中之一发育良好（宿主或联胎自养体），而另一个严重发育不良，需从宿主那里汲取营养，可以施行手术切除。

4，尿黑酸尿，Alkaptonuria，一种常染色体隐形氨基酸代谢病，患者尿中尿黑酸浓度增加。

5，碳酸，carbonic acid。本书作者或英译者此处有误：葡萄糖中间代谢的分解，第一阶段是生成丙酮酸；在体内，有氧时丙酮酸进一步氧化成二氧化碳和水，无氧时则还原成乳酸，并没有生成碳酸。

6，此处原文为 concretions or stone。

7，此处原文为 locus minoris resistentiae，拉丁文，抵抗减弱部或最小抵抗部。

8，此处原文为 virus。

9，此处原文为 toxins。

10，贝林，Behring，1854—1917，德国细菌学家。1889 年入柏林罗伯特·科赫卫生研究所，与北里柴三郎一起研究破伤风，提出“抗毒免疫”一词；后他用这种技术预防白喉，1892 年白喉抗毒素批量生产，注射白喉抗毒素成为治疗白喉的常规手段；1901 年，由于对血清疗法尤其是抗白喉血清疗法的研究，而获得首次颁发的诺贝尔生理学或医学奖。著有《血清疗法的实用目的》《破伤风的病原学及病原学治疗》。

11，此处原文为 rubor et tumor cum calore et dolore，红、肿、热、痛，发炎四部曲，首见于塞尔苏斯的《医学》。

12，亨特，John Hunter，1728—1793，英国外科医师，英国病理解剖学的奠基人，提倡实验和研究，对比较生物学、比较解剖学、比较生理学、比较病理学都做了大量重要的实验研究。他没有受过正规的大学教育，1748 年去伦敦给他那教解剖学的哥哥、妇科名医威廉当助手，在哥哥的解剖室里学习了 11 年；18 世纪 70 年代开始自己开课，讲授外科原理及手术实践，不少学生后来多有成就，如 E·詹纳；1760 年任军医，1763 年回伦敦继续私人行医直到逝世，1776 年任英王乔治三世的御医。为了证明淋病和梅毒是同一疾病的不同表现，他给自己接种了病原体，因而得了梅毒，造成其晚年的大部分疾病。著有《人类牙齿的自然史》《论性病》等，其遗著《论血液、炎症及枪伤》1794 年出版。

13，此处原文为 *proliferative* or *productive inflammation*。

14，restitutio ad integrum，拉丁语，完全恢复，也有充分愈合、恢复其完整或者全部偿还的意思。

15，blastoma，胚细胞瘤。

16，oma，用以构成名词的后缀，表示“瘤”。

17，此处原文为 *carcinoma* or cancer。

18，巨蟹座，cancer，形象是一只螃蟹，在希腊神话中，这只螃蟹在赫拉克勒斯作战时夹痛了他而被他踩死，赫拉克勒斯的敌人赫拉把它放到天上，以作为报答。

19，此处原文为 auto-intoxication，自体中毒，即由体内新陈代谢的产物所引起的自身中毒。

第三章　专科疾病的研究

在前一章里，我们学习了疾病的基本形态，其中的一些看来是十分复杂的过程，例如我们已经看到，炎症就是大量各不相关的病理反应的混合体。更早一些时候，我们把疾病解释为一种抽象过程；假如肺炎是一种抽象，那么无疑炎症就其本身而论必定也是。在极大的程度上，我们从许许多多的疾病中提取出一个基本的、共有的过程，并将之推断为一个概念。炎症的确不是无联系地存在着的，但我们只能辨认发了炎的组织。疾病本身的确不存在，除非它在人身上是显而易见的。用以区分不同病人的，只能是他们所罹患的疾病；而用以区分不同疾病的，就是基本的病理形态，就是它们自我表现所在的部位。一个病人患的是肺炎，这就决定了其体验和结局的实质内容，发生在他的肺部并决定和支配着病象的炎症过程，就为疾病本身打上了标记。炎症过程也会在白喉和瘟疫中出现，不过它们都会混杂其他的病理过程，而这些过程在更大的程度上决定了这疾病的病象。

因此，单一的疾病也是多种基本的病理形态的混合体，这些形态会从整体上或者从同一个整体的部分中显露于机体。打个比方来说，疾病是音乐旋律，病的各种基本形态好比乐音调式[1]，那么，音质就取决于疾病的部位了。

病理学各论是对不同疾病的研究，它论述疾病的起因，从最早的现象到最后一个现象论述疾病的过程，论及这一过程所可能采取的不同形态，论及可能产生的并发症，论及各种症状，论及发病机理、病理生理还有解剖学。

对不同疾病的描述，不在本书的范围之内。我们要问的问题只有一个：疾病可以如何分类？为了有助于我们在纵览大量疾病的过程中的思考，我们需要一种可靠的归类，一个可靠的体系。对疾病分类系统的这一需要，已经一次又一次地为人们所感受到。我们看到，在18世纪，对于创立一个封闭的、人为的疾病分类系统，就像林奈对植物所做的那样，研究者们大有成就。不过，人们抛弃了人为的植物分类系统，转而支持一种自然的分类系统，自然分类不是根据一个单一的原则而是根据植物作为一个整体的表现来将其区分，同样地，创立一个疾病之封闭分类系统的努力，一样也被抛弃了，进而人们限定自己只规定一些明确的疾病种类。除了数学以外的一切系统，都歪曲了自然。今天，我们的疾病系统的长处正在于这样一个事实：它不是什么精确的系统，而是若干不严谨的分类法，这样的分类法是根据一些截然不同的视角制订出来的。我们观察疾病的整体，而事实上决定了疾病性质的要素，就成了裁定这病在一个组群中之定位的要素，有时这要素是病的部位，有时又是病的起因，其他时候则是官能紊乱，等等等等。现在，我们来观察这些各各不同的组群。

我们前面提到过肺炎，在这里，我们感兴趣的是一种以两个要素为特征的疾病：第一，以肺为其部位；第二，以炎症为疾病所采取的形式。到现在，我们已经看到，炎症有许多形态，所以我们必须假定，存在有不止一种由当前的炎症类型所决定的肺炎类型。实际上，肺部确有一种卡他性炎症和一种纤维蛋白肺炎，它们会形成两种完全不同的疾病。除了这些，还有一些特殊的炎症，比如结核、梅毒及其他。更进一步，我们看到，除了炎症，肺还是别的疾病类型的受体，比如对各种伤害的种种病理性反应；我们发现了代谢失调(肺部坏疽)、循环失调(出血、各种充血、各种栓子、各种水肿)、生长物(癌)，最后还有肺叶的位置排列和肺腔的种种变化；还发现了作为极不相同的起因之结果，肺内含气量有可能减少(肺不张)或增多(肺气肿)。

这些同样的疾病类型，在其他器官里，肯定也自我表现了出来。许多——实际上是更大数量——的疾病，显然可以由部位和疾病的类型来决定。从这一点上看，我们得到了一条分类的原则，我们也许可以设想出这个课题中的两种可能性：一是用疾病的形式来作为我们分类的根据，例如，据以确立炎症疾病的一个大类，并且据以遍及所有器官地从炎症不同的形态当中关注其进展；或者，还有可能从解剖学方面继续深入，把器官当作分类的根据，进而依次描述侵害各个器官之疾病的事态。后一种方法业已证明更切合实际，它也是由历史所标示的方法，我们看到过，各种疾病是如何**从头到脚**地被描述的，就是说，始于脑袋的病，终以双脚的病。解剖学思想的深入，结果是抛弃了这样一种从局部描绘病况的分类法，转而支持一种系统的分类法。

第一次，我们有了一个大类的疾病，尽管这些疾病或多或少交感性地影响到了整个机体，它们仍然被根据这样一种事实分了类：其病理过程首要地发生在了一个限定的器官里。从这个意义上说，以为每一类型的疾病以相同的频率、相同的严重性侵袭每一个器官，是不确切的。根本不存在肺部神经机能病这么一档子事儿，不过各种胃神经机能病倒是时常发生的；胃部的结核非常地罕见，然而肺部的结核很普通。伤害确实不会以同样的方式侵袭所有的器官，而各个器官自有其确定的病理反应方法。我们在一个器官里也能经常发现一些确实不曾因此而致病的病理过程。假如，在心脏病的疗程当中肺部发生了充血，这个反应就不是这病本身，更确切一些来说倒是这场疾病的一个伴生的或者作为结果的现象，因为心脏功能的紊乱终究居于这场疾病病象的中心，心脏病治愈了，肺部充血就会消退。所以，这个问题不是一个尖锐的理论差异的问题，而是一个最切合实际的重要性的问题，因为它决定了医生的治疗方法。

所以，根据病理解剖学的那些观点，我们可以整理出一个大类的疾病来，用这一方法，我们可以区分出：呼吸器官的疾病（这些分别是：鼻、喉、气管及支气管的疾病，双肺及胸膜的疾病），接下来是循环、消化器官还有生殖及性器官的疾病（分男性和女性），运动器官的疾病，血液及造血器官的疾病，血管球的疾病，皮肤病，神经系统和感觉器官的疾病。

通常用来给这一类的疾病下定义的术语，都取决于受侵袭的器官，取决于当前的疾病类型。为了众多的历史原因，也为了国际交流的目的，人们一般使用希腊语和拉丁语的术语。我们已经看到，炎症反应，被表示为器官的名称之后附以“-itis”的后缀，因此“gastritis”[2] 表示的就是胃的炎症，这炎症还可以用一些形容词更进一步地描述为急性胃炎、慢性胃炎或者蜂窝织炎性胃炎。

如果溃疡的形成在胃的炎症过程中占优势，我们就说是 ulcus ventriculi 及其他等等；胃癌就是 carcinoma ventriculi 及其他等等。这术语决不是作为定论，它还极强烈地受到了历史发展的影响，由于疾病已然被定义而且在过去的年代里已被毫不含糊地描述，我们就沿用了这多数人所接受的术语。这样，人们一般说肺部的炎症是肺病 pneumonia，而不是如有的人可能预计的肺炎 pneumonitis[3]；头部的一场伤风，不仅被称为 rhinitis acuta[4]，旧的术语 coryza[5] 也被用来定义它。另一方面，为了表达白喉占主导地位的征兆不是局部感染而是全身中毒，定义"diphtheritis"被改成了"diphtheria"。偶尔，疾病也会被用首次描述它的那位医生的名字来命名，于是在这方面就有了国家主张的不同，例如指认甲状腺的一种疾病，德国称之为巴塞多病[6]，而英国则称之为格雷夫斯病[7]。疾病术语也有其可笑之处，我们把淋病的一种并发症称为 bartholinitis[8]，这并不是丹麦解剖学家巴托林[9] 得了炎症，而是以他命名的那个腺体发了炎。术语的如此不规范或许令人遗憾，夸张的纯粹主义[10]在这里也没有余地，这一样地令人遗憾。混乱层出不穷，要是我们拥有一个仅仅指称一个事物的放之四海皆准的定义就好了。把新类型的疾病归入某某类，最好要避免不规范。

尽管大多数疾病都可以根据部位和形式而得到定义，尚有这一分类原则所未包括的少数疾病却不能忽略不计，因此人们感受到，创设别的分类法很有必要。其中首要的是包含着三种疾病的一类，尽管这三种病引起了局部的许多变化，但它们仍然以其本质首先是以整个机体代谢的失调为转移的，这些就是糖尿病、痛风(尿酸性关节炎)以及我们上一章提过的肥胖症(多脂)。既然这样，**机能性失调**就成了分类法的基础。所有这三种疾病都以这样一个事实为特征：健康机体在它例行公事的过程中一般会耗尽的营养物质没有被消化。这些物质堆积在机体内而行其危害，它们未经消化就被排泄或者沉积在组织里。人们确实早就知道，在一些家族里，会同时发生这些疾病中的几种；所以，它们必定以某种方式相互关联着，通过一种法国人称之为**关节病素质**的共同的疾病倾向，一个家族里的个体成员往往罹患这些疾病中的一种以及其余。所有人都一样的是，机体不能胜任代谢的要求，进而在这个方面、那个方面有所欠缺。值得注意的还有代谢疾病的种族倾向，例如，犹太人种就有患糖尿病的倾向。

法国诊所将关节病素质的状态定义为**素质**；在德国诊所里，这个概念主要用于儿科，在这里它是极有价值的。素质并非疾病，用"素质"这个词，我们也是在指一种对疾病易受感染的体质，是指一个机体以一种极明确的方式对变化最多的诸般刺激作出反应的特性。关于这些状态人们最谙熟的是炎症或**渗出性素质**，受到这一素质烦扰的孩子们有一种奇特的外貌，一开始他们显得娇弱，但是都发胖，肌肉无力，胸腺以及淋巴器官都高度发达，这些孩子对最轻微的刺激都会作出反应，大多数病变器官发生卡他性炎，进而更显出神经紊乱，焦躁，胆怯并且睡眠不安。很有可能，在儿童身上的渗出性素质与成人身上的关节病素质二者之间，存在着一种密切的联系。

另外一类疾病是根据**病因**分出类来的，这个门类应归入**维生素缺乏**。为了维持生命，人不仅需要碳水化合物、蛋白、脂肪、各种盐以及水，还需要一定的**补充物——维生素**——其本质到目前为止尚不清楚。迄今我们掌握了五种这样的维生素[11]，我们用字母 A—E 为它们命名。如果这些物质中的一种是营养状况所缺少的，一定的疾病就会产生。这样，缺乏维生素 A，往往导致一种眼疾（干眼病）；缺乏维生素 B 则导致神经疾病（脚气病）；缺乏维生素 C 则导致坏血病，这是一种以牙龈出血为特征的疾病，它过去频频发生，尤其是在海船上。维生素 C 是绿色蔬菜、大部分新鲜水果和果汁中的一种成分。早在 17 世纪，向印度远航的荷兰船队，为了装载柑橘停靠在加那利群岛。远早于维生素被确知之前，人们确实认识到了，为海船上的乘客补给各种新鲜水果，可以预防令人生畏的坏血病的爆发。

缺乏维生素 D——主要包含于鱼肝油和鸡蛋黄——往往导致佝偻病，这种病最早由英国人格利森[12]在一部专论里描述了出来。现在业已证实，经过紫外光照射的各种食物，获得了一种**抗佝偻病的**特性，实际上就是一种普通的化学体麦角甾醇，它经过辐射变得可以抗佝偻病。佝偻病是过去散布最广的疾病之一，尤其是在较低阶层当中，现在已经丧失了它那了不得的可怖性。

最后一种维生素 E 是人们想当然地认定的，这是一种保证繁殖的维生素，在牛奶和大多数的绿色草本植物中都可以找得到它。

在这由病因所决定的一类疾病当中，还包括有**中毒**。各种中毒可以通过代谢产物或者通过生活在机体内的微生物之各种毒素（**自体中毒**），以内源代谢的方式发生。不管怎样，毒物更可能由体外传入，从这一点上看，中毒可能是突然起作用的或者是急性的；或者毒物渐渐地传入(慢性中毒)，按现状正是产业工人中毒的实情。尽管不同的中毒病象迥异，然而根据恼人的毒物将其成体系地分类，也还算指示明确。

就**治疗**而论，古代医学从一种纯粹实用的视角将疾病分成两类，疾病被分为**内症**和**外伤**。内症十足地属于的医学领域，医治它们是医师的职责；与此同时，外伤诸如创伤、骨折、脱位，乃至疝、膀胱石、瘘和眼疾，凡此等等，则都是外科医师要解决的问题。医学和外科，在中世纪并且肯定持续到19世纪，都是分隔开来的领域。医师是一位大学者，一位科学家，并且受到过学究式的教育；而外科医生就是手艺人一个。对医师的职能这样子一分为二，结果自然就导致了医疗专业的分野，因而也导致了疾病专科的划分。到了19世纪，医学和外科之间的这些分野都被弥合了，外科医生成了一位医师，除了已经拥有的手术技巧外，他还掌握了常规的医药知识；外科也不再是一个独特的领域，它就是医学上**一种**治疗的方法。19世纪下半叶，外科往前迈出了惊人的一步，极大地拓宽其活动范围；它不再单纯地忙于种种外伤的治疗，还敢于尝试着手处理所有的器官；那些确属内症的疾病例如胃癌，都被交托给外科医师来施行治疗，从这一点上看，内症外症之间的轮廓被抹去了。尽管如此，出于历史的更兼实用的原因，即使在今天，人们习惯性上还拿**外科疾病**来作比，讨论内症，而不是像过去那样比之于外伤；这些外科疾病包括**姿势**改变、创伤和炎症尤其是脓性炎症以及肿瘤。不过很明显，在这样的情况下，这种分类法还不是基于实体的，这分类纯粹就是表面文章，只图实用。尽管有许许多多疾病确系内症，其他的还是明显属于外科，有相当多的疾病是根据所掌握的情况来治疗的，此一时用一个方法，彼一时用另一个方法，所以，我们不能把治疗方法用成了成体系的分类法中的一种惯例。

还有由精神疾病所构成的特殊的一类疾病——**精神病**。长久以来，这些疾病的种种现象似乎无可救药。别的疾病在体内发生作用，其症状都是肉体的症状，任何同时发生的心理反应都明显是与众多迹象一起发生的，然而，遇到精神上有病的人，人们不得不同这身体上貌似绝对健康的人打交道，同这只是在感觉上、思维上、言行中有别于其同胞的人打交道。难怪旁人不承认这些人病了；难怪因为精神上、心灵上的诸多变化中明显的疾病，人们就去探求种种超自然的起因；难怪人们猜想这些是魔鬼附身，是神所发出的魔力或者惩罚。因此，这些人没有被待之以医药，而当他们在任何程度上得到一些救治的时候，治也是超自然地治。人们认为恰当的做法是：听任性情温和的精神病患者兀自疯狂、对其家人疯狂，还有，为了保护社会整治焦躁不安的、神志失常的人，就简单地把他往牢里一扔。

不过，还是有一些观察滋养了思考。确有记载，在急性热病的病程当中，病人会出现神志失常，举动像疯子一样；人们还确实观察到了，一些药物会引起中毒的状态，这一状态触发了对精神病的联想。不得不承认，人们在疯人身上遇到的诸般迹象，也可以因肉体的原因而产生；其实，似乎明摆着，精神病的所有形式都是肉体原因的结果，疯人实际上都是得了病的人。古希腊医学就曾几乎一贯地持有这样的观点。

在西方世界，这一信念——视精神错乱为疾病的信念——也渐渐地为人们所理解，后来，人们一经认识到精神上的病人都实实在在得了病，病人们的苦命就得到了改善。在18世纪之内，牢房的门打开了，一些公共机构也建立起来了，精神上的疾病被置于先前由生理疾病所占据的优先地位。尽管在一些病例中，治疗方法还很严厉，而且直到最近几十年，约束衣[13]还属于大多数精神病院里的必要设备，这真是医学对大多数精神疾患无能为力的一个明证。

18世纪初，在精神障碍的观念方面，我们看到了和其他疾病领域里同样的进步。人们所作的努力之一是从症状方面去区分疾病各类型，并且，就像大多数其他疾病的病例一样，我们在这里也发现了，如躁狂或忧郁症之类的症候群都被认作是独立的疾病。接着，解剖学的理念也展现于精神病治疗当中，1793年基亚鲁吉[14]在佛罗伦萨出版了关于精神上不正常的人们的62份尸体剖检报告。精神疾病的观念和大脑疾病观念一样，有了立足之地。

很快，人们就发现，仅有一部分精神病可以用病理解剖学来解释。就像所有其他的疾病一样，这也是针对伤害的病理性反应。对精神病起作用的，肯定就是精神病学，比之适用于像呼吸或循环这样的器质性机能，它在很大且更大的程度上，因病人的个性而得到各各不同的应用。然而，一些人会对解剖结构上严重的损伤作出精神病的反应；其他的人则被人编造过甚，弄得那些不会烦扰平常人的日常生活中的经历和冲突都意味着致病的伤害。在这些精神病的发病机理当中，病因不如个性那样地重要。依宾鲍姆[15]之见，我们最好将精神病分成两个大类：**外因性精神病**和**内因性精神病**。像由严重外伤所引起的那些精神病都是外因性的，比如头脑损伤、中毒（酒精、吗啡、可卡因）、感染（热病谵妄、梅毒）；而像那些因涉及隐私的变态人格之倾向所发生的就都可以用内因性精神病来解释，这一类当中包括癔病、妄想狂、癫痫、躁狂抑郁性精神病以及精神分裂症。前一类精神病是**后天的**，而且通常是可以避免的，尽管病态的倾向驱使人沉迷于酒精吗啡的情形并不罕见；发生了这样一种精神病的人们，会**突然**开始以一种**性质上**不寻常的心灵方式作出反应。内因性精神病则根植于**遗传倾向**，它们是**逐渐**发生的，在这类确诊的疾病当中种种心理机能都只是在**量**上有所不同，从健康到生病的转变正是一个逐步的过程，二者之间的界线总也没有令人满意的界定。

肯定还有一大类疾病要讨论，这些疾病具有太多的重要性，因此我们只能在本章的开头或结尾来讨论它们，这就是**普通传染病**。它们仅有的共同细节在于，它们都是由最微小的、有生命的生物体所引起的，有时是动物体（**原生动物**），有时是植物体（**真菌**、**细菌**），有时则是一些超出视力范围[16]的自然力，用这个词我们是指那些小到能逃过显微镜的观察力的生物体。刚才最后所提及的也就是所谓的**滤过性病毒**，使用这个术语，人们将病毒解释为一种可以增殖的毒物，就像早先所观察到的那样；因为这些可传染的自然力都小到能够穿过最细微的滤器，所以人们统称之为滤过性的。

所有这些疾病的共同之处也就是，它们不仅在不同的器官里——传染物的进入之门——或者是它的所到之处引起局部的征兆，还要引起全身总的征兆，这征兆通常对病象施加决定性的影响并赋予病象严重的性质。总体上的各种现象都由中毒——因正在传染进来的那些生物之排泄物和变性产物而发生的机体中毒——所引起，因此，正是针对于这些疾病，全部的防御机制被动员了起来，这一机制在前面的一章里我们作过细节描述。

最后，这些疾病还有一个相似之处在于，它们会以各种**流行病**的形式或者作为**接触性传染病**出现。流行病总能激起人们特别的兴趣，并且占据着极不寻常的地位，这不难理解；其他疾病则是涉及个人的事儿，而且，往往可能的是，以受折磨者生活当中的这段病程的观点去理解疾病，病与病程似乎符合逻辑地保持一致；在这里，则是一整群人受到侵袭，人人同时或者差不多同时生病。各个阶层、各种行业以及各种生活方式的人，都突然被这疾病击倒，就像晴空霹雳一样，有的时候还人数众多。社会感觉到了威胁。如野火一般，瘟疫在它所到之处毁灭一切，所有的城市、所有的乡村、所有的国度甚至所有的大陆都病倒了（这种情形我们称之为**大流行病**），就像一团火，直到有一天再也找不到更多的燃料，它才会熄灭。

不难理解，在比较远古的时代，这样的瘟疫使人产生了一种看法——某些高高在上的神正在与人类作对。人们在想，神灵们被激怒了，社会为其罪恶正在受到惩罚，因这罪过，罪人和无辜的人都必须赎罪。甚至到了15世纪末，在一道敕令当中，皇帝马克西米连一世[17]还把梅毒解释为对世间盛行的亵渎上帝的惩罚。瘟疫被认为是天谴，它们唤醒忏悔者，也激起对病人的看顾。

理性主义思想的时代，从环境的诸多影响当中——即从那些以同样的方式侵袭一大群一大群人的要素当中——去探求各种流行病爆发的起因。人们归咎于天气状况，归咎于地理状况，在某些历史时期还归咎于各种天文事件。瘟疫被认定为大自然的灾祸，因为所有生物都必须以同样的方式呼吸，直接的原因就被假定存在于空气之中，于是人们努力净化空气，与瘟疫作斗争，净化空气靠的是焚烧火葬柴堆。要知道，古人们对那些使得各种瘟疫有差别的因素不怎么感兴趣，换句话说就是对在各各不同的流行病中所发生的诸般症状并不感兴趣，同样地，对其每一种的共同之处、对其表象以及对其后果也不感兴趣。“疫病”这个术语——或者一般所说的“鼠疫”——象征着一种危急的、带来死亡的瘟疫。我们在本书另一处提到过的，希波克拉底对腮腺炎流行病的描述——另外还可以举出无数这样的例证——证明了，古希腊医生很懂得如何去观察不同的传染疾病。不过，居支配地位的疾病观妨碍了他们有洞察力地解释这独特的疾病，而且这些古人对这许多流行疾病的可收缩性[18]及其接触传染物犹如蒙在鼓里。

更早的时候我们谈到了，在西方医学里，接触传染原的思想之表达，不会早于中世纪。这一观念带来了极其重要的认知，即流行病都是直接或间接地由人传染给人的。后来，人们逐渐地才认识到，不存在只有此一种形式或彼一种形式的**单一的瘟疫**；认识到每一种瘟疫肯定都有着明确的特性；还认识到，我们正与之打交道的是完全不同的一些界线分明不可转化的各种疾病。疾病因果关系的发现，使人们更多地理解了各种流行病独特的本质；这一发现，让人们有可能证实：这些疾病中的每一种都有一种明确的起因，用这起因可以给这种病下定义。

在我们试图将普通的传染疾病分类之前，有几个总的观念要解释一下。流行病的大多数都是传染性的，不过并非所有的传染病都会以流行病的形式发生。例如，纤维蛋白肺炎无疑是一种传染病，不过它不是触染性的；伤口感染从前在各个医院里都是货真价实的传染病，但是今天，它们失去了传染的属性，这要归功于我们与之斗争的有效方法。而另一方面，也存在不是由传染病所引起的流行病，坏血病——一种维生素缺乏病——未经触染也可以流行起来，对为数很多的人来说，这样一种流行病会导致他们同时受到同样的伤害，既然是这样，这就是某种食物成分的缺乏了；群体中毒也被指为一种流行病。像伤寒之类的疾病，则居于流行病的这两种形式之间，一场伤寒的流行可能是供水污染引起的，大多数人喝了这样的水进而得了伤寒，这样的过程类似于中毒，除了这中毒不是由化学品而是由一种有生命的生物体引起的，不过，伤寒也可以通过人际传染蔓延开来。

最后，还得谈一谈**精神性流行病**，这个术语指的是侵袭大量人群的精神病。狂热的舞蹈、舞蹈病以及中世纪的鞭笞派教徒[19]——这在今天仍然还偶有发生——都是这类疾病的典型。在大难临头的深刻印象之下，为数众多的人变得精神上不正常，带有同样的疾病现象，上述那些流行病就是这种情况的结果。甚至也许个别精神错乱的人，就可以"传染"给在这一发展方向上具有一定倾向的其他人，因此同一种疾病的诸般征兆就会在他们身上也表现出来。既然如此，这自然就不是触染物的传递而是暗示的力量在起作用了。

通过一场流行病，我们懂得了往往压倒群众的一种疾病；这病要么产生于许多人同时暴露于同一种伤害之下，要么产生于一种人际传染的疾病，或直接、或间接，或者产生于这两种要素的混合体。

人们总是能观察到，哪怕在严重的流行病爆发期间，也并非每一个人都感染上这种疾病，尽管他们遭遇了同样的状况。假使一百个人喝下大量被伤寒杆菌污染了的水，他们中间也只有若干人会生病。当然事情只能是这样，因为我们知道疾病的发展，不单单取决于那伤害，也取决于那遭受伤害并对伤害产生反应的机体。机体固有的和短暂的体质——即**素质**和**体格**——在传染病的发展中所扮演的可不是一个小角色，这在下一章中将够得我们忙活的。

精确的普通传染性疾病分类系统，是办不到的，传染病只可以根据对一个个的类群多样化的视角来分类。因此就有一类流行病，儿童对之特别敏感，例如麻疹（拉丁文为 morbilli）、德国麻疹（又称 rubeola 风疹）、猩红热（拉丁文为 scarlatina）、水痘（拉丁文为 varicella）、百日咳（又称 pertussis）以及白喉。差不多人人都会得麻疹，这种疾病，触染性太强且人们对它又太敏感，每个人在出世伊始，也就是在最早的胎孩时期，一般会罹患此疾。

我们还可以区分出一类传染病，其主要侵袭部位是在肠道里，这就是肠伤寒[20]或伤寒、副伤寒、痢疾还有霍乱。

疾病另外的类型就是那些中枢神经系统的疾病，例如流行性脑脊膜炎和脊髓灰质炎，这两种都会侵袭儿童。还有一种属于这一类的疾病，1916 到 1918 年间，在这病最近的那次流行当中，因为其主要的症状之一，它被人们称为昏睡病，不过它实际上就是大脑的一种炎症（流行性脑炎）。

除了这些以外，我们还必须区分出一类流行病，它的特点是具有一种特殊传播机制，侵入物不是通过呼吸道或肠道的途径而是依靠中间宿主从体外进到体内。在这些疾病当中，疟疾的起因是通过蚊子（按蚊属）叮咬的方式进入人体；斑疹伤寒的起因则借助于虱子（附带说一下，这种病无论如何与伤寒都没有关系，不过这两种疾病被分类在了一起长达百余年，故名伤寒。）；鼠疫实际上是一种动物的瘟疫——鼠的疾病——通过跳蚤传染给了人；回归热（拉丁文为 febris recurrens）则是由不同的昆虫以同样的方式传染的。另一种类似于鼠疫的动物瘟疫，人称炭疽，往往发生在接触过患有此病的动物或其尸体的人身上，这种病也很危险，因为那活跃的微生物会形成许许多多的孢子，这些孢子可以在液体环境里存活很长一段时间，可以通过饲料侵染健康的动物。

另有一些流行病，不符合上述类群中的任何一类。一种是天花（拉丁文为 variola)，一直到 19 世纪，它还给欧洲带来了荒芜，不过到了今天——多亏了牛痘接种——它差不多没有什么影响了；另一种是狂犬病(恐水病)，因为其不知不觉间加剧的特性，它一度成为最令人生畏的疾病，不过现在也已经几乎灭迹了；最后还有流行性感冒或流感[21]，它每隔二三十年就会以强烈的传染浪潮席卷各大洲。

迄今为止所描述的这些疾病，都是骤然而来的，随即带来了令人生畏的种种反应；不过，另有一类普通传染病，展开了一种悄悄的**慢性**进程，这些也是类似于瘟疫的疾病，它们通过人际传染来扩散，不过它们确实不是以传染的方式周期性地发生的，而总是出现在臣服于它们的那些国家，因此我们称它们为**地方性流行病**，不再说成流行病。这些地方性流行病——慢性传染病，伴随着我们的是结核和梅毒，在一些国家则是麻风。

“地方性传染病”这个术语并不仅仅用于慢性传染病，“地方性传染病”也可以用来定义那些在一定的地区大量发生的疾病。瘟疫在印度就是地方性传染病，甲状腺肿在瑞士也是地方性传染病。

我们要牢记，每一种疾病分类法都不是绝对的，而是为了便于推理才被人创立的，其界线并未被清晰地确定下来。与早先时代的疾病理论相比较，今日疾病理论的长处正在于，它是尽可能全面地根据其所有的现象去把握各各不同的疾病的一种努力，它是尽可能深远地洞察发病机理的一种企图，从另一方面来讲，它还弃绝了上升为一种封闭系统的打算。

译注：

1，乐音，note，音符，古义也指调。tonal，调性的。一些音符围绕主音构成的体系叫调式，比如自然大调式的音阶结构是“全全半全全全半”；调性指的是在一定音高位置上的一定调式，形象地说就是“主音高度 + 调式 = 调性”。在多声部音乐中，几个旋律性声部在运动中按照对位的法则有机地结合在一起，各声部没有主次之分，此起彼伏，形成对比或相互补充，这样的音乐类型称为复调音乐。总有主旋律声部处于主导地位，其他数个声部作陪衬，加强或伴奏主旋律，这样的音乐类型称为主调音乐。作者在这里也许是将疾病的部位比作主音的音高。

2，胃炎，gastritis。词根 gastro-，表示“腹区”、“胃”。下文所列举的作进一步描述的形容词是：acuta，急性的；chronica，慢性的；phlegmonousa，蜂窝织炎的。

3，pneumonitis，词根 pneumo-表示“肺”“肺炎”；后缀-itis 表示“炎”“发炎”“由…引起的疾病(或病态)”。上文后缀 - ia，表示“病”“症”。

4，rhinitis acuta，字面意思是急性鼻炎，词根 rhino-表示“鼻”。

5，coryza，拉丁文，卡他性鼻炎，鼻卡他，鼻炎，感冒。

6，巴塞多病，Basedow’s disease，即突眼性甲状腺肿。Carl Adolph von Basedow，巴塞多，1799—1854，德国医生，1840 年 3 月他描述了此病的三个典型症状：眼球突出、心悸、甲状腺肿大。

7，格雷夫斯病，Graves’ disease，亦即突眼性甲状腺肿。Robert J. Graves，格雷夫斯，1797—1853，爱尔兰医生，1835 年他描述了此病。实际上，关于这一病象，早有英国医师 Caleb Hillier Parry 记录于 1786 年并发表于 1825 年的文字，还有意大利人 Giuseppe Flajani 在 1802 年、Antonio Giuseppe Testa 在 1810 年所作的描述。

8，bartholinitis，前庭大腺炎。

9，巴托林，Caspar T. Bartholin，1585—1629，丹麦医学家、神学家，1608—1610 年在帕多瓦大学师从法布里奇奥，写过一本人们爱读的解剖学手册。

10，纯粹主义，purism，指在语言、艺术等方面过于严格遵循传统规范。

11，这里所说的，包括下文关于维生素 E 的说法，是 20 世纪二三十年代的科学知识。现在已发现多种维生素，脂溶性的有维生素 A、D、E、K，水溶性的包括有维生素 B 族、维生素 C 和许多类维生素：B_1、B_2、B_3、B_5、B_6、M（叶酸，与 B_9、B_{11} 为同一物质，是 1941 年由 H. K. Mitchell 从菠菜叶中提纯的。）、B_{12}、B_{13}、B_{15}、B_{17}、C、H、P、PP、T、U。英文字母下角的阿拉伯数字是给维生素作的进一步分类。在 20 世纪 20 年代，维生素被发现之初，科学界就约定以大写英文字母按发现的顺序为维生素命名，但有些物质(比如维生素 P)后来被证明不是维生素，所以今天的维生素也就并非完全按英文字母排列了，例如维生素 K，共四种，它有助于血液凝固，凝固一词的德语为 Koaculation，取第一个字母简化，称为维生素 K。

12，格利森，Francis Glisson，1597—1677，1617 年进入剑桥，1620

年获得艺术学位，1627 年在牛津获艺术硕士学位，1634 年在剑桥获医学博士学位，1637 年在剑桥任物理学钦定讲座教授。1650 年出书描述佝偻病，这倒并非是医学史上的首次描述，1645 年荷兰 Leyden 大学来自英国的医科学生 Daniel Whistler 就曾描述过佝偻病。

13，约束衣，strait-jacket，束缚疯人或犯人双臂用的长袖衣。

14，基亚鲁吉，Vincenzo Chiarugi，1759—1820，意大利医师。1780 年毕业于比萨医学院；1785—1788 年在佛罗伦萨的 Santa Dorotea 医院做主任医师，制止以铁链作为制服精神病人的手段；1788 年被指定为新的 Bonifacio 医院的主任医师，他所协助筹划的这个机构接纳精神病患、贫病交加者、无家可归的病人、失业的病人以及皮肤病患者；1793—1794 他在当地出版了他的精神病学著作三卷本的《论神经错乱及其分类》。他担任总执笔人为医院订立的人道主义章程，在 1789 年开始推行。

15，宾鲍姆，Karl Birnbaum，1878—1950，美籍德裔精神病学家，神经病学家。

16，此处原文为 ultra-visible。

17，马克西米连一世，Maximilian I，1459—1519，德意志国王和神圣罗马帝国皇帝。

18，此处原文为 contractibility，意思是可收缩性、收缩、收缩件，本书这里不知何意？

19，鞭笞派教徒，flagellantism。鞭笞是宗教名词，在古代和在原始民族中，施于自身\施于他人的鞭笞棒打等折磨肉身的作法主要与成年礼、净身礼和祷祝丰收的仪式有关。在早期基督教会，鞭笞是惩戒犯戒的神职人员；从 4 世纪起，僧俗信众自行鞭身，以之为最灵验的苦修手段；13 世纪意大利出现男女信众和神职人员组成的鞭身团和鞭身游行队，这种作法蔓延至今天的德国、荷兰、比利时、卢森堡等地；14 世纪中叶，鼠疫流行，教会腐败，宗教心强烈的人在教会里求不到安宁，在信仰危机中，鞭笞派应运而生，他们企图靠自己的努力减轻天谴，男子每天两次在公开仪式上鞭打自己的胸背，女子则隐居自苦，这一有组织的教派受到宗教法庭的镇压；16 世纪，南欧各国鞭身兴趣复燃，在耶稣会教士的指引下，鞭笞派传入拉丁美洲，至今时有耳闻。

20，肠伤寒，typhus abdominalis，拉丁文，肠伤寒、腹部结核。

21，此处原文为grippe or influenza，前者为法语。

第四章　疾病的病程

我们已经看到，疾病不是一个状态而是一段过程。因此，时间，一定是其进程中的一个要素，于是关于疾病如何推进的问题就出现了。要知道，这样的进程必然随着不同类型的伤害而有变化，而且它也必将受到产生反应的机体之生命力的影响。

让我们来细想想疾病的开始。一个非生理性的刺激作用于机体，机体则应答以异常的种种病理性反应，这些反应在我们眼前显露成疾病的诸般症状；如果这刺激非常地严重，又如果其侵袭是突然的——机械方面的作用基本上都是那样的——那反应也将是突然发生的反应；受到感染的个体要么晕倒、要么因休克受到损害；组织的某些部分受到了妨碍；为了作出反应，渐渐地全身的防御及康复机制都被调动了起来。

至于其他引起疾病的刺激，我们经常可以观察到，在这刺激的出现到病理反应的出现之间存在着一个确定的阶段，这两个事件之间的这段时间被称为**潜伏期**，比如在一些物理伤害当中这一阶段就很明显。比方，我们躺在太阳底下，觉得非常舒服，再回到屋子里面，过了一些时候我们会意识到刚才的阳光太强烈了，它们伤害到了我们，一种皮肤的循环失调发生了。化学性的侵袭也会带来同样的反应，许多药品哪怕用很大的剂量也要花一些时间才“行动”；有的毒药如果只用很小的剂量，被吸收到人体系统的里面以后，到它们制造出明白的病象之前，可能要等上很长的一段时间甚至很多年。

在整个潜伏期，机体并不是静止性的，只是其反应具有感觉不到的特性。在一些病例中，机体在这一段时间里甚至已经克服了病害，因此疾病实际上没有爆发出来。我们多久有一次“染上感冒”的感觉？有的时候，我们被淋湿了或者感到寒气袭人，觉得不舒服，上床，准备一觉醒来不是鼻伤风就是喉咙痛，第二天早上我们居然觉得十分健康，过了一整夜，我们已经克服了伤害，而那疾病也就确实不曾发生。

我们在所有的传染病当中都发现有一个潜伏期，从病之病原体的侵袭到病之最初征兆的出现之间的那一段时间，我们称之为**潜伏时间**。在一些疾病当中，这一阶段要比在另一些病当中来得长久一些。这些潜伏时间的若干数据如下：脓毒症或一般感染性血毒症通常仅仅几个小时；白喉约莫两到四天；猩红热四五天；百日咳八天；麻疹八到十二天；流行性腮腺炎十五天；梅毒二三十天；狂犬病的潜伏时间通常长达好几个月，所以在潜伏时间的整个过程里，都有时间为任何一个被可疑的狗咬伤的人施行免疫，这可以阻止病态的发展；至于麻风，有记录的病例显示，一直要等到感染之后好多年，疾病才会表现出来。

对急性传染病的**过程**给予了更多关注的古代医学，将之分为三个时期，希波克拉底医派的医师分出了三个病期，并用当时流行的体液论说法来加以解释。第一期，疾病初起，他们形象化地描绘那些被疾病刺激打乱了平衡的体液处在生鲜状态之中（未熟期 apepsis）；第二期——疾病充分发展的时期——他们则想象体液正经历着一种所谓烹调或成熟的过程（成熟期 pepsis）；第三期则是消退期（分离期 crisis），体液都被分解或被排出，疾病治愈或者死神出现。加伦则区分出了四个病期：初期（拉丁文为 arche），增长期（拉丁文为 epidosis），极期（拉丁文为 acme），和消退期（拉丁文为 paracme）。

遵循古来的传统，我们有时候把病程分成数个时期，因为体温图表为我们描绘出了我们所要的病程。我们已经看到，发烧是急性传染病突出的征兆，发烧的过程使我们区分病程有了根据。假如每当发热就通过某种方式把体温记录下来——在这记录当中横坐标表示时间、纵坐标表示热度的高低——我们就得到了一个**温度曲线**或**热度曲线**；业已观察到许多传染病都有一个绝对典型的温度曲线，因此这样的曲线非常像是病程的翻版。

潜伏过后，一旦疾病爆发出来，就有一个被称为**进行期**的病期。热度要么快速地上升并伴随有寒战，就像肺炎的情形；要么逐渐地上升就如同伤寒一样。下一期人称**高峰期**，即极期，疾病充分发展。一旦顶点——极期——过去，就进入最后一个病期，这就是**退热期**，体温有时候完全出乎意料地——甚至在一天当中——回落，在此情况下，我们就称之为**病情急转点**，指的是体温关键性的下降；或者，热度花了几天的时间逐渐地下降，恢复到正常，这种减少是通过**缓解**来实现的。

在急性发疹性疾病——诸如麻疹、猩红热和天花这样以皮肤发疹为特征的、具有特定意义的疾病——的整个病程中，有可能观察得到另一种病期。我们看到疹子并没有在潜伏期之后立刻出现，而是看到疾病初起伴随着鼻伤风、喉咙痛、双眼发红，这些都是上呼吸道一般感染的征兆；它们都是这种病的前兆，会持续一段时日，并伴随着发烧。这就是所谓**前驱期**。前驱症状慢慢会消失，体温往往下降，突然之间疹子都发了出来，体温又再次回升，疾病就进入了**出疹期**。

一些疾病有着独特的周期性。例如百日咳，人们根据其症状通常可以注意到三个病期——卡他期、惊厥期和恢复期。一场急性传染性疾病持续时间的长短，显示出了明显各各不同的多样性。要确定不同的疾病进程所花的一定的平均时间，还是做得到的：这大概的时间在肺炎为一周、在伤寒则为三周；麻疹是一种短暂的疾病，在一般情况下会于一周之后开始慢慢消退；百日咳则往往拖延四到十周。当然，病程通常并不简单，也可能得了一场病却在区区几天之后突然消退，假如这样的话，这病所行进的就是一种**顿挫性**的病程。更加常见的变化过程是延长病程，一场病似乎过去了，体温下降，恢复在即，此时忽然旧疾复发，病势再次爆发；病因没有被摧毁，它们反倒成倍地增长，释放出毒素再一次击倒机体，体温再一次上升。甚至**并发症**也有可能产生，一个小孩得了麻疹，疹子蔓延还伴随着严重的、累及双肺的支气管炎，进而转变为对这孩子而言可以致命的肺炎，甚至还会引发一种中耳感染的并发症。在其他病例里，疾病明明白白地运行其病程，病人也在恢复，此时一种**继发病**显现了出来，人称后遗症。一个病人得了流行性腮腺炎，病愈了，可是又患上了睾丸炎；猩红热的后遗症特别地可怕：肾炎、中耳炎、各种关节病以及可以导致严重的心力衰竭的心内膜炎，显然，猩红热可以永久性地毁坏身体系统。

尽管许许多多的疾病连贯地展开其病程，**热度**也简直是**持续不断**，古人们还是观察到了，一些疾病的病象遵照着一定的节奏不规则地出现。这一点于疟疾[1]尤其典型，高热与自然体温的间歇，遵照着一定的节奏，轮番地出现(**间歇热**)。人们识别出不同的疟疾类型：主要的有日发疟、间日疟以及三日疟；人们根据热度回升之前所经历的天数是一天、两天还是三天来命名。这节奏取决于入侵的生物——进入到红血球里面并在那里生长繁殖的疟原虫。有一类间日热的疟原虫的生长发育要花 48 小时，另一类引起三日疟的疟原虫则要花 72 小时；这一阶段之后，一旦新的一代疟原虫侵袭新的血球，新的一轮发烧便接踵而来。日发疟的发烧，是因两代间日疟寄生物同时作用而发生的。疟疾的第三种形式是因**镰状疟原虫**[2]感染所引起的，这种微生物的成熟形态，形成的间歇不规则，从而无确定节奏地引起不规则的发烧。

人们在其他疾病中觉察到了一种相仿的节奏，确实也观察到了肺炎的极期通常发生在奇数日，不在发病的第五日就在第七日，有时候在第九、十一或十三日。这些观察导致了一种努力，即依据数字去证实病程，以便事先估量病程。在病情危急的日子里，古人就这样创立了信条。为了正确地预测疾病的结果，他们需要这样的推论，其手段就是把所讨论的问题说得过火，进而大开数字化玄想之门。

到目前为止，我们已经谈论了**急性疾病**的病程，那些开始得很突然、演化出严重的种种征兆最终要么治愈要么在短时间里致死的疾病的病程。接下来，还有许多疾病，它们渐渐地在不知不觉间开始进行，它们未必伴随有结果难以预测的暴风骤雨一般的阶段，而是可能持续一段长时间，有时好几年，有时好几十年，这些就是**慢性疾病**。希波克拉底医派的作者们设想，慢性疾病是继急性疾病之后的各种现象。的确，一场急性病可能没有被彻底地治愈，而有可能继续向前演化成一种轻微一些的慢性形式；从另一个方面讲，慢性疾病间或突发为急性的形态，比如痛风有其突然发作的时候，双肺的结核也可能在许多年之后突然加剧从而展开暴发性的病程。

方法医学派——在罗马的土壤上形成的一个医药学派——的人们确实值得赞赏，他们证明了存在有一些疾病，以慢性疾病的形态呈现，且本性就是慢性的。这一时期所有的讨论病理学各论的教科书，因此被分为两个部分，第一部分论述急性疾病，第二部分则论述慢性疾病。

接下来，我们有必要看一看疾病的**结果**。有三种可能。第一，伤害太严重，以致于机体不能够抵御它，在暴病面前倒下，结果是疾病可能致死；要不然，那病人不是死于伤害，而是由于死于他对这伤害的反应，这听起来自相矛盾，不过那反应要是太剧烈，就会导致机体竟死于他自己防御疗救的手段。我们已经明白，发烧是一个防御的过程，但是假如体温的升高太显著，它就成了致命的了。我们也还记得，机体内有力量在起作用，能够摧毁来犯的细菌，但是假如那摧毁发生得太过激烈，毒素就会由于细菌尸体的突然干扰而被如此巨量地释放出来，以致于机体不能应付。

疾病另有一种可能的结果。假使在伤害和机体之间的斗争当中不存在决定性胜利，既没有胜利者也没有牺牲者，它们就有可能订下了条约。伤害并非结局，其威力已被击碎；机体有所反应，不过体力没什么大的消耗；那致病的侵入物已转变为长期的，因此这病也就变成慢性的了。这样转变为慢性病的疾病，最终可能得到治愈，也可能导致死亡；慢性化脓最后也可能在各个器官里导致致命的变性过程。通常，这样一种疾病会与病人相伴随，直到他由于别的原因而寿终正寝。这些不明朗的疾病后果的一个具体例证，我们已经从这疾病的带菌者身上确知：细菌依然存在，它们生活在机体内，不过确实没有进一步地为害。

还有第三种可能的结果。在大多数顺利的病例中，这就是**完全恢复**。病后机体从解剖上、功能上与疾病初起前一模一样，这是轻微疾病通常的结局。

我们也曾说起过，许多传染病过后，病人的身体可能从解剖上来讲尚未改变，不过从功能上来讲它变了：它已经变成过敏性的了。

我们提到过，许许多多的疾病都被治愈了，不过它们遗留下了解剖结构上的一些变化，比如各种粘连或者钙化。身体物质的损失通常不能靠生长出新的来充分地取代，而是用功能方面次一等的组织来代替，例如，疤痕的形成就是这种情况。一个伤疤可能对于这病人的安康无足轻重，但是，假如这疤痕长在心脏的一个瓣膜上，或者假如伴随着心内膜炎有粘连形成，这些要素就都将影响到循环作用；循环中血液的通道里被放上了一个障碍，诚然，那病人已被治愈了心内膜炎，但是因为这病，他又得上了心脏病。如果疾病是一个病理性的过程，那么类似于畸形的紊乱就也是一个病理性的状况；病理学意义上的紊乱，都是作为疾病结果的状况，它们对生命意味着一种危险，机体可能会代偿它们，它们肯定也构成了一种**最小抵抗部**[3]，最终它们本身可能成为疾病的起因。

译注：

1，疟疾，malaria 或 ague。前者源自意大利语 mala aria，英语词义是

bad air，先前误信疟疾因瘴气所致；后者源自中古拉丁文（febris）acūta，英语词义是 violent（fever），剧烈发热。

2，此处原文为 plasmodium falciparum，镰状疟原虫，恶性疟原虫。

3，此处原文为 locus minoris resistentiae，拉丁文，最小抵抗部，抵抗减弱部。

第五章　疾病的发病率和死亡率

让我们来试着回答这些问题：疾病有多古老？是否曾经存在有一个时期——一个极乐时代——人们在这个时代不会戴上疾病的脚镣而自然老死？疾病是文化的一个现象吗？或者疾病竟和生命本身一样地古老？

可以毫不犹豫地假设，自从生命最早的起源以来，疾病就已然存在。因为疾病终究和生命一模一样，不过是既变条件之下的生命；这些既变的条件常常出现，我们有理由假设各种动物体对这些条件所起的反应，方式几乎和我们今天所采用的一个样儿。由于作用在机体上的各种刺激，其影响超出了机体适应能力的限度，疾病就出现了。也许远古人种的适应性比今天我们的要强大一些，不过也有一些极端的刺激，超出了一切的生物极限。

我们还可以用一种客观的方式，来回答关于在史前以及早期历史时代里疾病的存在这样的问题。我们可以从不同的方面来达到这个目的。首先，有一种器官系统，可以世世代代保持脆硬状态，那就是骨结构。**古生物病理学**对流传到我们时代的史前人类骨骼进行考查，它肯定也对一些代表着各种病理变化的动物骨骼化石进行考查；这样的变化不仅仅在人体上，在脊椎动物的最早形态中也被人发现，这些最早的脊椎动物在人类的出现之前就已经长久地存在着；甚至更重要的是，这证明了疾病在过去显露了和今天相同的基本形态；发育障碍、机能障碍、炎症、各种病理性生长物，还有各种新生物[1]，都得到了证实。如果骨骼容易罹患这些疾病，不难设想其他器官也都一样。

用另外一种方法也可能弄清楚这样的事实。古埃及人的尸体被作了防腐处理，而且软组织还保持完整；通过剖检木乃伊，诸如结核和动脉硬化之类的疾病，人们发现在很早期的年代里已然存在。

获得这类知识的另一个途径是通过研究艺术作品，这些艺术品为过去的年代补充了令人信服的证据。在过去，针对我们的问题，文献并没有给我们任何答案。又是在埃及，我们发现了一些图画雕塑，这些证实了早于公元前2000年就存在有类似小儿麻痹症的疾病。

业已证明，细菌在寒武纪[2]——世界史上最早的时期之一——就已存在，就此而言，细菌属于最早的生命形态。这些早期的形态是否有病理性的，我们确实不知道，不过可以设想，在骨骼化石中留有其痕迹的炎症是由细菌性侵入物所引起的。

这样，我们就明白了，事实上疾病和生命本身一样古老，明白了在每一个时期它都以同样的形态表现出来。

有人臆断：我们今天在我们的社会里所观察到的疾病，万方皆有，万古长存，强度相同，分布也相同。绝对没有什么能比这样的臆断更牵强的了。

首先，我们看到，许多疾病都与当地的环境条件有关。世上本就存在着有益于健康和无益于健康的地区，热带地区有其特有的疾病；而在阿尔卑斯地区则是甲状腺肿盛行；在那些气候潮湿的地区比如英格兰，风湿病就比别处更为普遍；在阿比西尼亚[3]高原，伤口感染就极为罕见。我们还看到，同一种疾病在不同的地区往往执行不同的病程，肺炎在马德里相当地可怕，往往几天之内就会致命。

疾病不但与**地域性**条件有关，还与**时间性**条件有关。许许多多一时间带来大片荒芜的疾病，在欧洲已经绝迹；麻风——中世纪的瘟疫——早在15世纪初就已经被彻底消灭；自从18世纪，欧洲就没有再受到过鼠疫的威胁；天花、斑疹伤寒、疟疾还有狂犬病，在一些地区都已经绝迹。但是，其他疾病比如神经病或工伤却在增加；有些疾病则在性状上有所改变，当代属于慢性病的梅毒，在15世纪末到16世纪初就曾以急性的形式出现。这看上去似乎是某种对于疾病的适应性，一种可遗传的免疫力必定已经产生；我们观察到，当结核——这也是一种慢性病——开始侵袭一个从前未曾受它侵害的地区时，它就是以急性的形式出现的。

如果一个人在18世纪来到人世，作为一个婴儿他还真有可能夭折；即使他越过了这道悬崖，他还会受到结核的威胁。他一再患上形形色色的急性流行性传染病，通常在一生当中最好的年纪上就被这些疾病压垮。今天，婴儿的死亡率已经显著地下降了；虽然结核仍是最常见的死因之一，不过在德国，1921 年的死亡率只是1877 年的37%；许许多多的流行病已经绝迹，因此在今天，一般人也可以活到高寿。

这样，我们看到，疾病一般会随着它们出现的频率而有所变化，常常也会符合时间进程上的预料而发生变化；我们还看到，它们常常展示出地域性的种种特质。如果我们希望完完全全地了解疾病——而这对于变化如此显著的诸多流行病来说尤其必要——我们就必须研究其历史及其地理。

尽管我们不可以一个世纪一个世纪地细细思量，不过还是可以把我们自己限定在最近几年、最近几十年里；我们发现了种种有趣的变化，不仅仅涉及**发病率**——这意味着一种疾病的发生频率——还涉及**死亡率**。**医学统计学**使我们了解到这些变化的起因。医学统计学是卫生统计学的一部分，它们竭力做到既确切又数字化地去理解人类社会的各种病理现象。很明显，这些统计学的汇编成果，不仅在疾病研究方面具有极大的重要性，而且对于社会卫生、对于卫生政策及立法，还有从总体上看对于当前政治，也极具重要性。

统计学研究有三重责任。它调查出生率；它还调查疾病在每一年龄段的人中间的流行程度，从子宫里的小生命开始，到死者结束，查及所有民族的、社会的、职业的以及其他的特性；最后它还调查死亡率。研究方面可利用的数据——例如那些采集出生死亡的连续统计记录的代理人所提供的材料——越广泛，构成的差别就越精确，其结论也将越严谨。要为仅仅少数几种必须向官方报告的疾病确定发病率，是一件相当困难的事情；既然是这样，就有必要从各种特种调查、各个医院的本地统计还有各家保险公司等等出处取得可用的材料。

出生率这个术语，指的是新生儿与1000 个居民的比例。人所共知，在19 世纪的进程中，欧洲人口以一种出人意料的方式在增长；在德国，人口从1800 年的二千一百万上升为1900 年的六千万，全欧洲则从一亿八千万增加到四亿五千万。从本世纪开始所有欧洲国家的出生率都下降了：从1841 到1850 年，德国的出生率是36.1 而下降为1926 至1928 年的18.8；在奥地利，出生率从38.4 下降为18.2；在瑞士，出生率从1871 年的30.8 下降为1880 年的17.8；俄国现在有最高的出生率，40.8；而瑞典出生率最低，16.4；在英格兰，相应的数据为17.8；与此同时，美国没有汇编同类的数据，因为登记出生的地区所计算的人口直到最近才超过了那个国家总人口的一半，下降中的趋势似乎也明摆着，在登记出生的地区，出生率在1915年是25.1而到1929年就是18.9了。在判断人口变化的过程中，单靠出生率确实不能满足要求，我们还必须知道**死亡率**，用这个术语我们指的是，1000个居民当中一年之内所发生的死亡人数。出生率高出死亡率的差额，就是人口增长率。1921到1925年，在德国这个数据是8.8，在澳大利亚是6.4，而在瑞士是7.0；这一时期，记录下来的最高的人口增长数据是俄国的19.1，而最低的则是法国的2.1。

发病率统计数据的汇编，仍处于初创阶段。生与死是人的一生当中明确的时间点，健康与疾病之间的界线就不那么明确了，更何况许许多多的病症尚未被确诊。不过，我们将会得到更严谨的数据，因为人寿保险正变得越来越普遍，还因为有卫生机构所保存的那些记录。

关于死亡原因的种种统计极其重要。它们可以指明，什么疾病会最严重地危及民众的生活，还可以指明在什么时刻我们对疾病发起的攻击应该全力以赴，并且为我们提供事关这战斗之成败的信息。在这个方面，我们发现德国1925年麻疹发病率只占到1877年这类数据的23%，白喉则为10%，伤寒为9%而猩红热为3%。相反的是，癌症的发病率增加了，这容易理解，癌症是一种老年病，而我们知道普通人现在比从前变得更长寿了。寿命的平均长短在德国1870年为35岁而1925年为57岁，今天任何一个生于德国的人都可以期望达到57岁的寿命，而半个世纪以前他的寿命预期就得缩短20年甚至更多。真是再没有比这更激动人心的数据了！

医学统计材料的收集，完全是一个新的领域。固然，它的开端可以上溯到17世纪，但是在德国，一直到1877年才有相应的公众服务机构。如果在更早一些的时期，人们希望去研究关于出生和发病率的统计学，他们就会遇到许许多多的困难。一些社团所保存的教堂记录，提供给我们关于许多生、许多死的资料，有时甚至还提到死因，不过，这样的材料限于一方，又有许多疏漏，不可信。因此，我们将不得不放弃任何关于获取更确切数据的念头，只得满足于于医生和年代学家[4]的常规论述。

来找伴儿的疾病并非始终如一，它们会历经种种变化，这些在人类先民看来都是显然的，尤其是看着流行病定期地来了又去。开始，他们察觉到这里面有一种季节性的关联。呼吸道的疾病，比如流行性感冒，通常在冬季的几个月里发生；而伤寒和痢疾流行在夏季；在1348年的鼠疫大流行当中，有一点可以确定，在那些受到侵袭的地区，鼠疫在夏季呈现横痃[5]的形式，在冬季则以肺鼠疫的形式散播。就在希波克拉底医派的那些著作里，疾病与季节之间的关系得到了堪称典范的研究。

此外，流行病流行程度的周期性，如我们今天所知，取决于民众的免疫状况。如果麻疹被携带进了一个镇子，它极大的传染性使得所有对它敏感的人、差不多所有没感染过它的孩子、还有那些在任一方面容易感染它的人们都会染上此病，学童们把这病带回家，年轻一点的家庭成员也会染上它，一段时间后，这病却逐渐消失，因为所有可捕获的孩子已经染上了它，又得过好些年，等有了新的一群敏感的孩子，下一波流行才会发生。

在那些侵袭所有年龄段的流行与流行之间——例如流行性感冒的一次次流行——居间的间隔要长得多。在这样的流行能够找到新的可繁殖的土壤之前，必须有新的一代成长起来，这意味着大约30年的间隔。

一些流行病的出现，存在着一种奉行了多少世纪的独特节奏的迹象，疟疾似乎就尤其如此。我们观察到，罗马的坎帕尼亚[6]——罗马城的外围——曾经一派人丁兴旺的景色，在前罗马时期，在罗马帝国声名显赫的时候，在8世纪和9世纪，还有在文艺复兴之前及期间，这里都是生机盎然的，现在它又一次开始繁荣兴旺；不过在这些时期的间隔中，由于疟疾，这里几乎都被彻底废弃；而在这样的时候，任何的威逼利诱都不能阻止人口的锐减。多少世纪以来，瘟疫使得任何的生活变得不可能，直到有一天它停下来，大地再一次繁衍生息。

病之来去的自然现象，已经受到人类理智的阻挡。今天我们正在经历的瘟疫消退，就其本身而论是史不曾书的。甚至像世界大战这样的灾难，也没有引起瘟疫对欧洲的蹂躏。通过从总体上改善居住条件和生活条件，通过越来越常用的清洁方法和种种特殊的预防方法，许许多多的疾病在欧洲和世界其他地区都被消灭了。一场伤寒的流行不再被认为是自然的灾祸，而被认作是那些负责人该当因此被送上法庭的丑闻。世界上还会出现一些流行病，不过它们的频率以及随之而来的危险要素都明显地减小了。

现在我们看到，不仅仅传染病，还有别的疾病，都在它们的发生过程中显示出了变化。今天，我们正经历着萎黄病[7]——一种甚至就在我们母亲的时代里年轻女子易得的贫血——的消退。另一方面，社会保险也带来了一种新形式的神经官能症，人称保险金神经官能症。

渐渐地，我们意识到，疾病的频率及其在时代的某些阶段里所流行的类型，都与这个时代总体的文化有关系。有些病只在特定的时期具有想当然的重要性，而有一些则通常躲在不引人注意的地方。重大的社会事件、政治上的大事还有各种自然灾害，为一些疾病扫清了道路。战争、饥饿和恶性传染病，总是被认作人类瘟疫的三重奏；在1870和1871年的普法战争中，死于天花的士兵远比死于枪伤的要多。这一次世界大战是打破这种规律的第一场战争。饥饿年代里仓库、货栈空空如也的时候，或者洪水灌满大大小小地窖的时候，原本在人类近处生活的老鼠以及其它小动物，还要搬到离人更近的地方，这样，鼠疫被充满危险地带到了人的近前。国内动荡之秋，一个镇子的治理杂乱无章，下水道堵塞，供水受阻，要是到了如此的程度，各种疾病肆虐的舞台就准备好了。这就好比一个花园，没有了始终如一的照料，在很短的时间里就会变得荒芜，长满了杂草和有毒植物；人类社会也一样，甚至它片刻放松警惕，就会被不同的疾病压垮。

反之亦然，疾病对于一个时代的文化环境也产生了一种作用。这一点对于像瘟疫这样的流行病尤其适用。1348年在那场鼠疫大流行当中，欧洲被夺去了将近四分之一的总人口，因为人少了一些，生活理应变得不费力，但是恰恰相反，田地无人耕作，牲口早跑光了，街道和桥梁缺乏修缮，商业和有组织的劳动都不活跃，处处都有必要重建修整而劳动力却找不到，所有东西的物价都上涨了。在意大利，田地包出税的收入由18%减少到了4%，为了提供劳动力，一时间奴隶买卖不得不恢复了起来。

还必须明确的是，这样一种前所未闻的需要，必定会反映到人的心理上。薄伽丘[8]在他《十日谈》的序中，极其生动地描写了在为瘟疫所苦的佛罗伦萨这座城市里这样的心理情绪。我们还看到，黑死病最后一次传播之后很久，人群中间的各种精神病以不同的形式还在盛行。

1892年汉堡那场死了8605人的霍乱流行，为流行病作用于家庭生活上的这种影响之剧烈提供了例证。估计汉堡州在这场流行病中的损失总额合计四亿三千万马克，次年兴建的一套新的供水系统花费了二千二百六十万马克，假如人们早几年建它，汉堡就可以节省四亿马克了。

人们可以清晰地看到，总体的文化环境关系到一个社区的疾病，前者肯定也深受各种疾病的影响。

同样清晰的是，在每一个时代，总有一些疾病处于最突出的地位；它们成了当下时代的特征。仿佛决定某个时代的时尚的神灵、给某个时代打上其印记的神灵，竟然佯装成了疾病的模样。

例如，普通百姓的种种疾病——比如瘟疫、麻风还有流行性神经机能症——对中世纪产生了决定性的影响，这些疾病曾在6世纪和14世纪出现过，因此在历史上被描画成了那个时代的特征；对应于文艺复兴时代，时代的特征就是梅毒了，这是一种个人独有的疾病，没有谁是易患此疾的，它由后天获得，绝对是愿打愿挨的。

在不和谐的巴罗克时代，占据着突出地位的疾病，一方面可能就是所谓的营养缺乏症，比如斑疹伤寒、坏血病和麦角中毒[9]；而另一方面可能就是所谓的营养过剩症，比如痛风、水肿和疑病。肺叶的结核、萎黄病还有各种类似的疾病，都是这个浪漫时期的病理性表现。而在19世纪，伴随着其惊人增长的工业化，大城市的发展和加快了的生活节奏，导致了各种职业病、普遍的神经过敏和许多不同类型的神经机能症。

留意一种疾病的重要性在各个世纪的历程中是如何变化的，也是蛮有趣的。文艺复兴期间，当梅毒渐渐地为人所知的时候，这似乎就是一场自然灾祸或者作孽的天谴。在洛可可[10]式的社交界，这就是一种骑士病，是墨丘利[11]为之疗伤的丘比特的毒箭。现在一般人的观念中，梅毒就意味着耻辱，同时，现代社会也把拒不接受医治的梅毒患者认作罪犯。

译注：

1，此处原文为 true tumors。

2，寒武纪，Cambrian period，地质年代划分中古生代的第一个纪，距今约5.4亿至5.1亿年，是地球上现代生命开始出现、发展的时期，这个时期地球的大陆特征、地磁特征完全不同于今天。寒武纪标志着地球生物演化史新的一幕，在寒武纪开始后的短短数百万年时间里，包括现存动物几乎所有类群祖先在内的大量多细胞生物爆发式出现，人称“寒武纪生命大爆炸”（Cambrian explosion）。寒武纪又被称为“三叶虫的时代”，这是因为寒武纪岩石中保存有比其他类群丰富的、矿化的三叶虫硬壳。在寒武纪的生物界里，没有发现陆生或淡水动植物的记录，也没有发现脊椎动物的化石。寒武(Cambria)是威尔士语 Cymry(“人民”)的拉丁化，在英国通常作为威尔士的古称，寒武纪这个名称是英国地质学家 A·塞奇威克 1835 年首次引入地质文献的。

3，阿比西尼亚，Abyssinian，为东非国家埃塞俄比亚(Ethiopia)的旧称。

4，年代学家，chronologist。年代学是一种时间计算法，在科学的基础上按照正确比例的时间间隔，对一切历史事件按其发生的先后顺序加以排列。这种方法应用于许多学科，比如地质年代学。这种编年的方法往往因使用者的目的、智力程度及技能高下之不同，而在使用范围、精确性及方法等方面也有所不同。

5，横痃，bubo，即腹股沟淋巴结炎，俗称横痃。淋巴结触痛炎性肿大，尤常见于腋窝或腹股沟，由鼠疫、梅毒、淋病、软下疳、性病淋巴肉芽肿和结核病等感染所致。

6，坎帕尼亚，Campgna，环绕罗马城的低地平原，面积 2100 平方公里，出产蔬菜水果谷物和饲料，饲养牲畜。无节制的开发建设和废弃小农场，改变了当地昔日农村的面貌。

7，萎黄病，chlorosis，亦称绿色贫血、萎黄病贫血、缺铁性贫血。19 世纪特别常见的疾病，病人通常为年青女子，皮肤变黄绿色，其后不久症状突然消失。

8，薄伽丘，Giovanni Boccaccio，1313—1375，意大利诗人、学者。他所著的世俗故事集《十日谈》(Decameron)最为人所称道，被人誉为但丁《神曲》之后的《人曲》，写的是 1348 年佛罗伦萨瘟疫，10 名青年男女避于乡郊，每日轮流讲故事消遣。全书开场白交代了发生的瘟疫和随之而来的道德沦丧、社会混乱。薄伽丘把意大利语文学提高到了古典作品的水平与地位。

9，麦角中毒，ergotism。麦角 ergot，麦角菌的干燥菌核长于黑麦，麦角生物碱被用作催产药和治疗偏头痛。麦角中毒是麦角用药过量或不当、使用了含麦角的谷物所引起的慢性中毒，特征为脑脊髓症状、痉挛、急性腹痛及一种干性坏疽。

10，洛可可，rococo，18 世纪初起源于法国，18 世纪后半期流行于欧洲的建筑装饰艺术风格，最初是作为反对官方繁冗的巴罗克艺术的新风格出现，经雕版印刷品传播开来，造型均取“C”形、“S”形涡旋线，一般以不对称代替对称，色彩明快柔淡，象牙白和金色是其流行色，装饰常用大镜子。18 世纪 50 年代在法国，洛可可风格因其浅薄浮华受到批评，日渐式微，继之以新古典主义。

11，墨丘利，Mercury，罗马神话中众神的信使。这个词在化学上指汞，此处的神话故事在暗示曾经用汞剂来治疗梅毒。

第五篇　病　因

上一章里，我们反复提到了疾病的起因，谈论疾病而不涉及到它的起因是不可能的事情。如我们所知，病因学是病理学的一个分支。所以，本章将更广泛、更系统化地讨论这样一个问题：什么使人生病？

我们把疾病解释为一个机体或其部分对一种致病性刺激连续的异常反应的总和。这个定义强调了一场疾病的发生过程中有两个因素在起作用：一方面是刺激，而另一方面是起反应的机体。如果机体或者完全不能够、或者不足以胜任调适自身，那么，一个刺激或者在任何情况下的任何影响就会带来疾病。有些刺激超出了任何机体适应能力的极限，**因而**[1] 以其强度而成了病理性的；在其他情况下，一个刺激对于一个机体是生理性的，而在另一个机体上却有病理性的影响。既然是这样，那决定性的因素就不是刺激而是机体了。真实的病因是机体适应能力的缺乏。在这里，有一个疾病的内在原因摆在了我们面前，尽管在别的病例里这同一个原因可能就是外在的了。这样，我们将依据二者之中何者为决定性因素来解释外在的和内在的病因。这两种因素总扮演着同一个角色，而且它们的联合行动关系到此病的形态和严重性。

在很多情况下，这二者之外的其他因素也会介入进来。比如，结核的病因是结核杆菌，我们已经看到，大多数人在其生命的某一时刻都曾有过一次结核性感染，不过在他们当中极少有几个人会表现出这病来；这病要引起一次表现的结果，这个躯体的这个部位就必须存在一定的易受感染性。我们知道，个子高、胸腔狭窄的人有感染结核的倾向，但是他们并不都会感染上它，就算他们都处在感染结核的影响之下。通常，他们染上这病，仅仅是由于各种极端的环境条件——古代医学则称之为**辅因**[2]——比如糟糕的生活条件、不利的工作条件、营养不良等等。

因为从这一点上看，在许多病例中，疾病本不至于发生，除非一连串的因素共同起作用。有人建议我们与其谈论疾病的起因还不如讨论疾病的环境条件。这确实也算一种努力，试图说明疾病没有单一的原因，说清楚它是由环境条件的综合体所导致的；不过，这样的视角很显然错了，因为各各不同的环境条件在重要性上极不均衡。不妨回到我们所举的例子上来，尽管所有的环境条件都到齐了，除了一种——即结核杆菌的到场——肺叶的结核就绝不会发生；但如果是其他条件中的这一种或那一种缺乏，肺结核还是会非常充分地露出脸来；没有结核杆菌，就没有肺结核；所以，杆菌在这一堆环境条件里占据着一种特殊的地位。它就是**必要条件**[3]，正因为这一原因，我们才有理由称它为肺结核的病因，尽管为了那传播疾病的病因能够制造出疾病来，总还有一些附带的条件也是必要的。

受孕、出生和死亡，是一个人生命当中三个确定的时间点，因此生命也就被分成了两段：一是子宫的黑暗当中的人生阶段，从受孕到出生；而另一段则是光明的人生阶段，从出生到死亡。在这两个人生阶段的全过程里，疾病的起因都可以起作用。但是，除此以外，在第三阶段，人在疾病上的命运在受孕之前或许已经被确定下来，这就是遗传的阶段。在融合之前，源自父亲母亲的生殖细胞，各自在其实质当中，都包含有可以决定日后个体的健康与疾病的种种倾向，包含有通常可以延续多少世代的种种倾向。

甚至，受精是由已受毒物或其他影响损害的生殖细胞所带来的结果，这些影响又将在很大程度上决定胎儿的病理性命运。

译注：

1，此处原文为 eo ipso，拉丁文，英文意思是 for the very fact、on that account，中文意思是这样，因而，从而，因此。

2，此处原文为 causae adiuvantes，拉丁文，英文意思是 auxiliary cause，辅助原因，从属原因。

3，此处原文为 conditio sine qua non，拉丁文，也写作 sine qua non，绝对必须的条件，无它不行的条件，不可欠缺的条件。

第一章　病的外因

人生活在他的环境之中，他和环境之间有一种持续交互的作用在进行着。为了他的生计，他从环境中取得物质和能量；他发挥了他的作用，也把物质和能量排到他周围的世界里。

我们看到，一切生理学思考都始于观察，观察到外在世界的两种物质——空气和营养物——对于生命是必不可少的。随着这些原料的缺失，死亡就会接踵而来；设想一下，这些原料的供应障碍或其不完善的组合方式可能会导致疾病，如此设想确实不算牵强。就事实而言，医学一开始理性地思考而不是玄妙地思考，它就给这两种原料赋予了显著的重要性。希波克拉底医派的医师们检查了空气，并且从整体上以更概括的观念检查了大气；他们从食物里面和水里面还仔细地查找有害的物质。

但是，人的环境不仅仅是自然的，也是社会的，他是其中的一分子。他的生活在很大程度上受到社会共同生活的影响，社会在文化上越是高度发展，这影响就会变得越强烈，在他的生活方式中，也就存在有种种有害影响的可能。

如果我们希望了解疾病的内因，通过空气、营养物还有生活方式这么三个要素，我们的研究就会最便捷。

人生活在**空气**之中，空气如同一件斗篷围住我们。为了摄取它当中的氧气我们吸入它，迄今空气在氧、氮和稀有气体的构成上差不多始终如一。氧是由植物界大量地制造出来的，哪怕在拥挤不堪的屋子里，空气中的氧分虽然些微地减少，也还足够维持健康。假使空气供应被切断，比如发生于溺水和被活埋的情形，所发生的就不是疾病而是迅速死亡了。空气也可能是不洁净的，可以携带对身体而言是毒物的东西，这主要是受到了人类多种作用的污染，因而太多人混居的地方空气最污浊，这当然是指在城市里面了；这些浊物可能是一些固态的物体：垃圾、煤尘或微生物；也可能是一些气态的物体——瞬息消散的毒物——比如在火山地区被发现实际存在的毒物，工业也会过多地产生这些毒物；后者的消灭，则是工业卫生的首要问题。

对人类的健康具有显著重要性的是大气在物理学上的综合性质。**气压**经常显著地变化，机体在很大程度上能够改变自己以适应气压，比如我们用红细胞的增加来对**既减**的气压作出反应（在高山上或在飞机里）。如果气压降低到低于某个点，一些人就会发生**高山病**；那些在潜水钟或沉箱里做水下工作的人们则不得不面对**增加了**的气压。压力由5个大气压增加到7个尚可忍受，危险在于压力变化太快，假如气压提升得太突然，鼓膜就会破裂。在增加了的大气压之下，血液中的气体也会增加，尤其是氮气；如果正在高气压里工作着的人们被太快地带到普通气压的环境里，血液和组织里就会形成许多气泡，这往往导致危险的气栓以及具有**潜水员病**之病象特征的其他紊乱。

人有98°的体温[1]，机体持续地保持着这一温度，伴随着一些极微不足道的变化。很明显，这样的体温平衡不断地受到空气的影响和危害；至少在我们的气候带里，存在一种持续的体热流失，热量散到了空气中，而这又必须由氧化作用来补偿。机体的适应性好极了，因此外界温度的大量变化也可以处之无虞；文明在抵御体热的耗散方面，也常常以衣物和居室给予我们保护。热比冷更难捱，哪怕气温只比我们的体温高出区区几度，往往就会让我们不舒服；90°的气温略低于体温，倒很容易忍受。正因为此，在热带地区就比在北方的气候带要更难以适应。

极度的热和极度的冷，都会伤害机体，它们一般导致各种**由热造成的疾病**。我们必须区分：有些疾病是整个机体感受到温度的影响，有些疾病则是温度的影响只作用于一个部位。

如果超乎寻常的热影响到了整个的机体，就会导致充血。假使在极度热的条件下，一个人还必须干体力活儿，如士兵之所为，他穿着不适合的军装，在炎热的夏日出发作艰苦的行军，结果可能就是**中暑**。**日射病**[2]或中暑，与头顶烈日之直接作用的结果有所不同，局部的热效应导致灼伤；我们可以分辨出四种程度的灼伤：其中之一就是皮肤单纯地变红（单纯充血），二是水疱的形成，三是坏死，四是碳化（carbonization）。

寒冻的局部效应往往会带来同样的现象。我们首先看到血管缩窄——一种贫血——随之而来的是充血，和冻疮所表现的情形一样；在对寒冻的反应更为剧烈的类型中，皮肤上会出现水疱，而这最终会导致组织的坏死；双手双脚、鼻子双耳，尤其危险，因为它们更容易发生循环障碍。如果整个机体受到严寒的侵袭，体温往往就会跌落到**冰**点。

受凉对许许多多、形形色色的疾病的发生起到了明确的作用。在过去的好多年里，这一前提一直被认为在病因学里具有非常的重要性；随后的一个阶段，在细菌学的诸多发现的影响之下，又否认了它无论什么方面的任何影响；不过，今天，人们认为尽管它不是仅有的病因，在疾病的发生过程中，它也还是一个在起作用的原因，一个正在进行中的支持因素。当身体突然感到冷，尤其是当它冷之前太过热，就会最快地染上伤风。有大量种类的疾病都因受凉而起，这可能是呼吸器官的感染，自始至终从头部伤风到肺炎；还可能是肠卡他、神经痛以及各种风湿性疾病。病人可能不知道他是怎么染上这病的，但是如果病象里有一段受凉，他通常就会知道他是何时患病的。别无其他情形，确能让我们感到与此相同的、被疾病所“征服”的感觉。

机体用以调整其热量平衡的最重要的机制之一，就是汗的蒸发。因此很明显，不仅仅空气温度，而且还有**湿度**和**流通**，都具有显著的重要性。空气通常含有水气，如果湿度非常大，蒸发就会受阻；所以，湿热比干热要难忍受得多，也往往会促成中暑。反之，如果非常干燥的空气——比如我们在山里面所遇到的——令人不适地作用于呼吸器官的各处粘膜之上，它们就会对传染变得更加敏感。

流通中的空气也有利于蒸发，这就是为什么如果吹来一阵清风我们在户外就会感觉清凉的原因。不过，空气的运动也会导致很突然的冷却，从这一点上看，它可以造成伤风，这也就是为什么不少人生怕通风的原因。个体对诸般空气影响的抵抗力——他们的耐受力——大有差异：英国人总是呆在通风的气流里还蛮享受它，然而，其他欧洲国家的人们就会觉得不舒服、觉得冷飕飕的，因此急于避风。

人们还是不明白，为什么有的风比如瑞士的南风——西洛哥风[3]——还有密史脱拉风[4] 会招致疾病。许许多多的人被弄得极不舒服，得了头痛，还得忍受心理功能上的种种紊乱；这样病倒的人太多——以罗马为例——刮西洛哥风的那几天里，陷入种种意外的总人数比平日里要大得多。

其他依靠天体大规模地侵袭人类的物理影响——例如光——也能引起疾病。一切生物都是太阳之子，没有光就没有任何生命。我们的和谐关系远不及这么一个事实清晰：我们的生命取决于阳光的存在。我们的心灵尤其我们的情感，都受着太阳强烈的影响；明亮的印象、彩色的印象是令人愉快的。幸福的人看尽世界的五彩斑斓；而对于抑郁的人，一切都是灰色调。我们都很熟悉，由月亮反射的光有一种明显的感染力。阳光的缺少往往会抑制各种生物的生长，而且往往使得他们不大能够抵御来自外在世界的伤害性影响。太多的光肯定是祸害。我们知道，红光是热的；而紫光和紫外光，其作用则是可以产生化学品的。在高山的山地上，空气只是少量地吸收了紫外线，再说光线又经雪反射，于是频繁地发生严重的皮肤反应，这些反应等于就是疾病（冰灼伤）。我们知道，皮肤是怎样通过晒黑或色素沉着来保护自己不裸露于太阳底下的，正如从长红头发的人脸上雀斑的形成过程中人们可以看到的那样，这些人异乎寻常地拥有对光线敏感的、淡淡的肤色。

打个比方：一道闪电击中了一个人，他的皮肤被烧伤了，他的头发被烧焦了，血管舒缩的变化所引起的奇特印记（雷击斑）出现在了他的皮肤上，痉挛或瘫痪紧随其后，假如中枢神经系统受损，死神就会接踵而来。从这一点上看，电，也成了疾病的起因。被闪电击中是一种罕见的事故，不过，来自电流的种种伤害就是极常见的了，这些伤害的结果是烧伤、引起疼痛的、强劲的肌肉收缩、知觉的丧失以及由于心跳停止或神经中枢的瘫痪而致的死亡。一道120伏特的交流电——我们的住宅区里用电的强度——如果通过心脏就会杀死人，假如人们忙得一时大意双手碰到了一个接头，这样的触电就会发生。通常造成伤害的电流为3000到5700伏特的交流电，或者1500伏特的直流电。

伦琴[5] **射线**或 **X－射线**的发现以及**镭**的发现，引起了另一种危险的来源，不过很少有人会经历到它。1895年，威廉·伦琴发现了以他的名字命名的这些射线。它们与生命过程有关的影响只是通过它们所引起的伤害才为人所知的。几乎所有的放射学先驱都以此一种或彼一种方式受到了伤害，这些伤害可能是炎症，也可能是趋向于转化为恶性坏死的溃疡。镭的情形也一样。贝可勒尔[6] 在1896年证实铀盐发出一种独特类型的射线，他和皮埃尔·居里[7] 一样，都受了灼伤，这些灼伤引得他们注意去确定新物质的性质；居里在他夫人[8]的帮助之下于1898年从沥青铀矿或铀盐中提炼出了镭。他们确实证明了，这些射线主要是侵害那些新生组织、那些分裂过程中的细胞以及它们所破坏的这一切；他们还证明了，它们对生殖腺、对造血器官还有对表皮，总之对所有那些新细胞通常不断形成于其中的器官尤为有害。正是因为 X－射线和镭的这一性质，它们被用来杀死各种恶性肿瘤，如我们所知，这些肿瘤是由分裂过程中新生的、病态分化的细胞所组成的。

一切生理上的因素，不管它们可能是哪一种，也不管我们当作病因去了解的是哪一些，都是有益于机体的。它们伤害它，是因为它们对它而言是外来的却偏要对它施加影响。假如我们成功地控制引导这一影响，成功地在一定的部位，按一定的量去使用它，我们将会在疾病的治疗方面获得一种有价值的帮助。

最后一种物理上的动因不能不提及，它借由可能有害的环境累及我们：它就是声音。我们凭经验都知道，噪音对我们的神经系统起着损害作用。毫无疑问，我们城市里的噪音对于加剧其居民的神经紧张在一定的程度上是难辞其咎的。世界大战很有说服力地证实了极响的声音之结果，它不仅仅伤害到了听觉器官，还伤害到了神经系统的其余部分，并且因之伤及整个机体。

居里 · 皮埃尔和他的朋友在实验室里

人凭借他的皮肤、他的感觉器官还有他的呼吸器官，与空气进行接触、与环境进行接触。但是，其外在世界还通过另外一种途径去影响他，即，通过消化道。人凭借肠道扎根于大地，因为他的营养物是从泥土中来的。

取食是天性。饥饿的感觉警告我们，身体需要食物；而饱足的感觉则告诉我们，需求已经得到满足。

出于天性，人寻觅着跟自然界里各种食物相像的、他的机体可以消化利用的东西，他的嗅觉和味觉正确地引导着他。旧石器时代的人靠渔猎的成果、靠他所采集的果实块根过日子；石器时代后期的某一时候，迈出了人类文化发展最重要的步伐之一：从满足目前需要到产生一种生产性的经济体系的那一步。有助于维持生命的牲畜得到了喂养，还有作物也如此；走出追逐其食物的游牧部落，游牧者成了喂养动物种植食物的、定居的农夫；先人学着用火让食物更可口，肉在火舌上嗞嗞作响，哈喇子就会满嘴；在一些史前时期的湖上木排屋[9]里，还能够发现面包的痕迹。

食物维持生命。宰杀了的牲口，连根拔起的作物，都被做成了活命之物，人们觉得这是一种不可思议的事情。食物的分享成了一种膜拜的仪式，桌边坐定之前，人们先为神祇制作各种祭品。一起吃肉成了一场交际酒会、一场团圆筵，在体验这共同拜神的过程中所有的人连在了一起。现在我们那些有吃有喝的会议当中，还遗留着上述这些膜拜仪式的许多痕迹。

食物的选择及料理方法，事不关卫生而是事关习惯，所以因地域的不同而有着显著的变化，要等到漫长的时间之后，才有医生们开始检查各种食物的营养特性和可消化特性。

不难理解，我们的食物可能成为疾病的源头之一。比如食物的缺乏，往往导致瘦弱，乏力，对任何伤害的抵抗力低下，最终导致死亡。饥饿在先前是频繁发生的事情；当今的各种运输方法已让饥饿很少发生，一旦庄稼歉收，现代运输也能为食物的输入提供足够的手段。不过，即使在今天，我们也不得不为饥荒未雨绸缪，这在世界大战期间得到了证明，俄罗斯的形势[10]也证明了这一点，何况，在中国几乎每年都会发生的饥荒。

总的说来，我们依从习惯大口吞下的混合饮食包含了所有生命必需的物质。如果这样的日常饮食在一些特殊的环境下成了不均衡的，如果食物中的少数营养成分（各种盐和维生素）缺乏，某些疾病就会发生。早些时候我们就已经提到过维生素缺乏病。

食物的消耗不仅仅是一种必要，它还往往带来快感，同样的快感伴随着任何欲望的满足。结果，往往存在一种倾向，吃的比必需的多；食物太少会伤身子，太多的食物也会伤身子。比如，一定量的多余脂肪，据信可以为我们提供一种有用的储备，但是如果超出了一定的限度，它就会对循环作用构成一种有害的负担。而更要紧的是，一些食物的过多摄食和过度消耗，尤其损害消化器官，情况和每一种别的器官都一样，一旦超负荷工作，就会对各种侵染变得更为敏感。

最后还要说到，食物可能会变质或者会在生产过程中被人掺入低劣杂质，以此方式，那些可以毒害机体的化学品进到了体内。甚至别的一些侵染物和着食物一起被摄入，例如伤寒、斑疹伤寒、痢疾或者霍乱的病菌，因为有它们，肠道里就会发生感染。

我们大口吞下的不仅仅是那些为机体所用的东西，而且还有一些开胃小吃和奢侈食品。这些包括了各种调料，这些东西可以刺激食欲；还有一些以一定的剂量对神经系统有刺激作用的东西，比如咖啡、烟草以及酒精饮料，每一个民族都曾各自发现过一些这一类的奢侈食品。这表达了人的一种深层次的需求，这种需求越强烈，就表明生活压在人双肩上的负担越大。一旦累了，睡眠当然会使我们恢复活力，但是总还存在一些我们不能安睡而必须不顾疲劳继续工作的情况，我们求助于一种刺激物以掩饰这疲惫的感觉。任何一个心怀大忧虑的人或者一个其生活变成一种大痛苦的人，都很想试图忘掉一切，哪怕借助酒精的作用或者别的什么令人陶醉的毒物，只是片刻地遗忘。

饮食中所有的奢侈品，假使摄入量过大，都是有害的。它们起着毒药一般的作用，并加快神经系统和循环器官的损耗，一般说来最严重的是酒精或麻醉品的作用，因为一旦长时间地被大量摄入，它们就不仅仅是伤及本人了，而且它们随时可能发生的作用也将为害社会，因为它们解除种种禁忌，剥夺人的责任感，进而驱使他做出种种反社会的行为来。所以，各种奢侈食品的问题，不仅仅是医药的问题，还是一个主要的社会问题。

在饮食的选择中，尚有个人口味的余地。只要种种社会条件许可，每一个个人尽可以选择各种吸引他的食物；他可以避开某一些而喜欢另一些，也可以依着自己的口味去烹调它们。这确实不同于水的情形，因为我们找到水就喝水。我们用来喝的水、用来烹调许多食物的水还有用来洗涮的水，不是取自溪流、江河、湖泊的地表水就是取自大气的水(雨和雪)；它总是和泥土发生关系，而泥土又往往包含着一切的废弃物、重新化为泥土的那些死去生物的尸体还有排泄物。单单一个人每年排到泥土里的这类废物总量大约为：粪便 46 公斤、尿 400 公斤、固体炊事废料 110 公斤、烹调洗涮的水 36000 公斤；还有，病人和各种动物的排泄物也排进了土地，因而携带有各种病菌。

水的一个属性是它的流动，因此水成了各类污染物、致病物完美的收藏者、搬运工和散播者。我们所有人每天都需要水，水近在手边就喝；当整个人群喝同样的水的时候，其中的各种污染物经常会引起同时发生的大群体疾病，换句话说就是：在一些流行病的发生当中——尤其是伤寒、斑疹伤寒、痢疾和霍乱——水往往扮演了一个重要的角色。

政府从个人的手中接管了准备新鲜的饮用水的责任。人们确实早就认识到人口健康的状况大半依赖于它的供水，认识到流水要大量地经过处理以起到清洁的作用。在这一方面，罗马帝国的安排堪称典范。公元 4 世纪在罗马城里，11 条引水渠从群山将水引入城里的 18 个给水系统，水供到了差不多每一幢房屋，15 个水源建筑、1352 条带喷泉的引水道、856 个浴室以及 11 处大温泉装点着这座城市。今天再没有什么比古罗马帝国境内随处可见的这些宏大沟渠之遗迹更让人印象深刻的了，这些遗迹都是明证，证明了执政的组织为了保障其人民的健康可以做些什么，它们是一切时代的榜样。

通过食物的形式伤人的病因，大半是**化学病因**。伴随着食物的摄取，各种毒害机体的物质被输入机体，对于这些物质，机体并不是满不在乎的，而是病理性地起着反应。不过，许多毒物也可以通过另外的途径进入人体。我们提到过，各种气体毒物是由空气散布的；别的毒物则直接作用于皮肤，或者通过皮肤进入血流中，例如蛇咬之后可能发生的那样。毒物部分地源自动物，部分地源自植物，还部分地源自矿物界，甚至毒物就是工业制造的各种化学物体。腐蚀性毒物例如无机酸，在接触的部位破坏生命物质进而引起炎症，而其他毒物仅仅在它们被吸收之后才发生作用，这些都必须加以区别。这些毒物常有明确的攻击部位，因此存在有血液毒素、心脏毒素、神经毒素、肾脏毒素以及代谢毒素。机体自身会防御这些毒物，它与毒物共历化学反应，进而使得它们无毒化，或者将它们排泄掉。不过，机体对于某些毒物是不能自卫的；或者，如果剂量太大，如果存续太长的时间，机体就会被毒物压垮。机体也可以使自身适应某些毒物，第一支香烟往往产生急性中毒的一些症状，然而再往后，大量的烟草被抽吸也不会有致伤的效力了，当然，这些毒物要到很长很长一段时间之后才会显出害处来。

同一切肉体的支配力一样，许许多多的毒物对机体非但有害，有的时候对机体又是有用的。只因为毒物对机体不是适度的而已，假使毒物在适当的时间并以适当的量得到使用，毒物的影响就可以是有疗效的了。

通过空气和食物，通过呼吸器官和消化道，有的时候还通过皮肤，植物微生物和动物微生物会进入到人类的身体里，作为**寄生生物**生活在人体内，因而成为疾病的要素。人类是依靠毁灭生物体的生命来供养自己的，但是反过来他又得屈服于别的生物。古代的东方人懂得，虫子会致病；他们看到虫子从病人的身体上被释放出来，也看到那病人因此而康复。不过直到19世纪，寄生生物非同一般的重要性还没有被充分地认识到。

诚然，在往昔的年代里有许多黑色的预言。人们确实知道，接近沼泽会危及健康，疟疾就曾被称为沼地热[11]。人们确实信以为真，从沼泽地里升起来的雾霭会毒害生物。在公元前1世纪，瓦罗[12]在他那本谈论农业的书里写道："潮湿之地，活物孳生，其细微非目力可及，呼吸之间入人口鼻，致人重病焉。"这真是一种未经证实的臆测，倒也不失为巧妙的预言。

一个一个世纪过去了，显微镜被发明了出来，这以后，最细微的动物都看得见了，精子被发现了，纤毛虫也被发现了。列文虎克是第一个看到细菌的人，这些细菌取自他自己的嘴巴里面。从这些观察再到关于细菌是疾病制造者的臆测，还要花好长的一段时间。列文虎克觉得，自己非常健康，所以这些细菌也不会是有害的。何况人们已经知道，那些接触性传染病是怎样从一个人传递给另一个人的；还知道疾病是由接触传染原所引起的，这接触传染原就是一种致病物质，有时候以雾状的形式在空气中被传递，而有时候则由那些被它缠身的对象来传递。

17世纪下半叶，人们抱着巨大的兴趣使用显微镜。多才多艺的耶稣会教士基歇尔[13]，检查了取自疖子的脓以及采自那些得了瘟疫的人们的血，他想象他——就像瓦罗一样——会看到与他从腐烂着的材料里所惯见的完全相同的微小虫子，他也臆断致病的雾霭必定包含有不可见的活着的微生物。瓦罗的信念基于猜测，基歇尔的则基于观察，可惜他理解错了。因为，基歇尔用他的原始的显微镜所看到的，并不是什么虫子，而是脓细胞和血红细胞的一些模糊不清的轮廓。不过，那触染物也许是一种活的触染物[14]的古老思想由此开始理清思路；这一认识使人们领悟到，寄生生物在疾病的发生当中所起的作用，比从前人们可能认为的作用要重大得多。医生们受到诱导，不仅仅去注意那些呈现在裸眼之前的大虫子，也去注意这些透过显微镜才可见的极细微的虫子，这就是**微－生物**。

又一个世纪过去了，改进了的仪器现在就在手边，生物学也已取得了显著的进步。在腐烂着的东西里，被发现的微小生物种类不断增多。在地中海以北的一些地区，有一天，蚕受到了毁灭性瘟疫——白僵病——的侵袭，巴西[15]发现，这病是由一种叫做葡萄孢的霉菌引起的，时为1837年。现在确已证实，寄生霉菌可以在许多动物身上引起流行病。此说于人可否为真？两年之后，门诊医师舍恩莱因[16]受巴西的启示，仔细观察了人类的一种皮肤病——人称黄癣——发现它也是由一种霉菌所引起的，这种霉菌后来被称为舍氏毛癣菌[17]。这样也就证明了，人类的疾病也可以由寄生的霉菌引起。很明显，保护机体组织不受外界侵袭的皮肤，容易受到许许多多不同类型的危害。人们一直都知道，它受着体外寄生虫尤其是虱子的侵害；而这一下又证实了，植物性寄生物也各自埋藏在皮肤里，过着一种寄生的生活，因而会导致疾病。这不难理解，不过，不容易把握的是，微生物是怎样潜入到组织、细胞或者血液里面去的。

另一个领域里的许多观察，对于细菌学更进一步的发展也有显著的影响。1835年，物理学家拉图尔[18]通过显微观察能够证明，在酒精发酵过程中必定出现的酵母是一种低等微生物，它通过产生芽体或形成孢子进行繁殖，这一观察几年之后被施万所证实。人们确切地看到极小量的微生物都能够引起巨大的化学变化，看到它们靠分解有机物生长繁殖。以前被想成结晶体的酵素，到这时才被人发现原来是霉菌的菌落。不管怎样，古来的触染原常被比作酵素；根据现有证据来看，既然是这样，人也是在同一种靠着成倍的繁殖、以最小的量造成大变化的东西打交道。一下子，视野大开。

1840年，亨勒[19]写下了他的“病理学诸研究”，这是他论述“瘴气与接触传染，兼论瘴气接触传染病”一文的第一章。用瘴气这个词所表示的意思是一种基于假设的疾病物质，它被假设为实际存在于人体之外，被假设为一种引起中毒的物质，它的进入以一种符合其类型的方式使得人体发病。从前疟疾就被想成是这样一种瘴气病。而触染原就被想成是一场疾病的过程中制造于病人体内的一种东西(按照亨勒的说法，它是被“排泄”的)，它一旦转移到了各处组织就会在其中引起同样的疾病来。梅毒曾被当作一种专门的触染病，与此同时，大多数流行病都被假设为瘴气接触传染病，这意味着，它们要么是因外在世界的影响(瘴气)所致，要么就是因从人到人的传染所致(接触传染)；如果瘴气和触染都引起了同样的疾病，那它们一定是同源的。触染原的实质必定不仅是有机的而且也是一种有生命的东西，它充满着独特的生命力并与不正常的一堆寄生微生物有关系，因为，只有有生命的生物体，才能够通过同化异体的物质来进行繁殖。这些活物必定属于巴西和舍恩莱因所发现的酵母菌以及其它霉菌所属的那种类型。

亨勒的文章是一种巧妙的预测，不过他的观察所使用的材料太粗劣，因而不能令人信服。和他那些推论——今天我们知道它们全都正确——同样复杂的是，它们造成了一种思辨玄想的印象，因而很少受人注意。在这个阶段，尤其德国，因此餍足于才华横溢的种种假说和理论，人人都在呼吁要求得到证据——简单的、看得见的并且可以理解的证据。

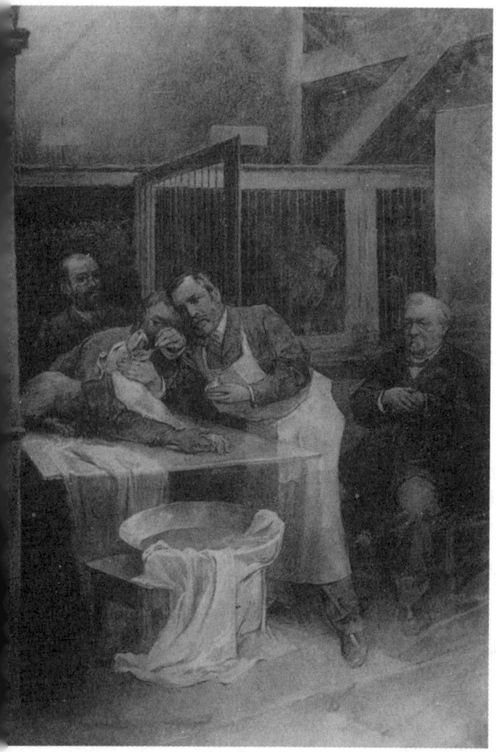

巴斯德试验图，这是他在对狗进行免疫试验时的情景。

发展的速度突然加快。主要是两个人——法国的路易斯·巴斯德[20]和德国的罗伯特·科赫[21]——带来了尽显才艺的证据。他们积累了如此之多的观察材料，使得亨勒那纤弱的理论框架变成了一座有着坚实基础的宏伟建筑。

我们必须在这一点上稍作停留，必须使我们了解这两个人的生活和工作，尽管他们实际上大不相同，但是化学家巴斯德和医生科赫这两个人，都是代表这一时代的代表性人物，这个时代盛产研究大师。

鞣皮匠之子路易斯·巴斯德，1822年生于多勒，早年所受的教育是为了要做教书匠。1843年他进入巴黎高等师范学校，成为著名的化学家杜马[22]的助手，随后他最早的科学工作就是一项发现，这一发现引来了很多表示尊敬的赞赏。当时人们普遍知道酒石酸和葡萄酸有着一种类似的结构，不过难以解释为什么酒石酸可以使偏振光左转而葡萄酸对之就没有任何影响；巴斯德能够证明，葡萄酸包含着两种以相等的力量、相反的方向改变偏振光的酒石酸，这只能用原子排列方式的不对称来解释。这为今天我们的立体化学理论奠定了基础。

巴斯德来自于一个产酒区，熟知酿酒者们的抱怨：葡萄酒太容易变质；酒跟活物一样容易染病。1854 年，在第戎和斯特拉斯堡任教数年之后，他被请到里尔，担任里尔大学新成立的理学院院长，他发现自己又到了一个以酿酒为主要产业的地区，这给了巴斯德灵感，要花时间研究发酵的过程。他能够用每一种方法证明拉图尔和施万的观察；他还在牛奶里发现有细微的生物，随即做了许多实验揭示出这些微生物的作用，就是把乳糖转化成了乳酸。在丁酸发酵过程中巴斯德也发现了相同的条件发生了一个主要的差异；他观察到丁酸菌只在缺氧的时候生存，后来这样的观察成了理解腐烂过程的基础。这以后，酒和啤酒为什么会变质就清楚了，因为它们当中都有在显微镜下才看得见的实体在起作用。为着一个问题纯理论的解释而操心就不是巴斯德了，为了服务于他的一般目的，他总是从他的观察当中得出有实用价值的结论。他寻求一种抵消细菌影响的方法，得到了“巴氏消毒法”即加热那些成问题的材料。当地政府对此越来越有兴趣，两桶酒——一桶用巴氏消毒法消过毒、另一桶则没有——都被装到了一艘将要航海的船上，十个月之后，处理过的那桶酒没有变化，而另一桶酒则难以下咽了。

现在的问题是：这些微小的活物是从哪里来的？它们是通过自然发生[23]从那些已经变质的东西中产生的？或者它们来自外界的什么地方？是它们造成的酒变质吗？当时已经在担任师范学校科学研究部主任的巴斯德，大胆地着手处理这一棘手的问题，尽管他的朋友们和昔日的老师们都提醒他不要这么做。自然发生说有着奇特的命运，尽管它一次次地被否定而后每回又都会再度复兴，当然对自然的理解也会因此而前进一步。早在 17 世纪人们确实还在相信蛆虫是从腐肉里生出来的，直到雷迪[24]用一个简单的试验证明蛆虫是从苍蝇卵里面产生出来的。他听任一块肉腐烂，这肉上面覆盖着一层纱布，被臭肉味吸引来的苍蝇在纱布上产下它们的卵，后来发现纱布上有蛆而肉上面没有蛆。纤毛虫被发现的时候，尼达姆[25]和布丰[26]都是自然发生说新的捍卫者，直到一个名叫斯帕兰札尼[27]的意大利人，基于实验反驳了他们的观点。就在此时，当这些数以百万计的微小活物从葡萄酒里面、啤酒里面、牛奶里面被人发现，这个问题再一次变得迫切了。如果不是来自此物自身，那么这不计其数的微－生物又是从何而来的呢？尽管自然发生说仍然受到普歇[28]最热心的辩护，巴斯德还是竭力反对这一理论，此前的一些观察引他作出假设——萌芽来自于空气，无数的细心调查证实了这一见解。那些容易腐烂的物质在小玻璃管中被消毒然后被密封以隔绝空气的进入，它们都保持了摆脱腐烂萌芽的状态，而空气进入后很快就会腐烂。这样一来就证明了：无所谓自然发生之物事。那些毁灭性的萌芽，自空气中来。空气充满着这些微小的实体，不过它们也生活在水中以及其他各处，在人类的近处它们更加为数众多。这样一种革命性的概念，自然容易受到攻击，但是，巴斯德那些有说服力的实验，封住了反对者们的口舌。

巴斯德的发现具有一系列非常广泛的重要性。英国人利斯特[29]在实用外科学上运用了巴斯德的推论，他将空气中的细菌认作伤口各种感染的肇事者，并且以用于消毒的敷料保护伤口，抗菌法成功了。不到此刻，人们还真的不能够充分地领会匈牙利医师塞麦尔维斯[30]的理论。他在1847年得出结论：当时的一种造成死亡的疾病——产后热，只不过是一种伤口感染的疾病，腐烂的产物被作产科检查的那位医生的手指带进了子宫，从而致病。他要求所有作检查的医生在检查之前，在氯水里将他们的双手消毒。哪里执行了这方法，哪里的产褥热死亡率就迅速地下降。现在证实了，这些导致感染的腐烂产物就是细菌。

在其他的应用领域，在饮用水的消毒方面以及在食物的保存方面，巴斯德的理论都硕果累累。

1865年，法国南部的丝绸业，因为蚕受到了具毁灭性的生有斑点的疾病——即所谓微粒子病[31]——的侵袭，面临一场灾难。蚕增进了医学的知识，这是第二回了。所有的地区都被耗穷了，巴斯德受邀研究这种疾病以及如何与之斗争，一阵犹豫之后，他南行了。说不尽困苦的多年工作之后，他成功地解决了这个问题。他掌握了这种疾病的性质，能够确定传染的根源，还找到了一种获得健康品种的方法。法国丝绸业得救了，随后，巴斯德又不得已地深入到了传染病的领域中。

他开始着手研究两种贻害农牧的动物瘟疫，这就是鸡霍乱和亦可侵袭人类的炭疽。1864 至 1870 年间的那场灾难，让所有人都见识了炭疽所能造成的不可估量的损害。在俄罗斯的诺夫哥罗德，有 6500 只马牛羊、还有 528 个人死于这一场疫病。更早一些的调查者从死于炭疽的动物的血液当中发现了一种杆菌，关于它，年轻的科赫也写过一篇值得高度赞赏的文章。鸡霍乱的杆菌也被人发现了，这东西还可以在人工的培养基上生长，一旦这培养物被注射进健康的动物体内，就也会引发这种病。当时巴斯德把培养了几个星期的细菌（被忘在实验室的一个角落里）注射到一个动物体内，这动物染了病却没有死，于是他想，经过老化的细菌明显地减少了毒力；而且如果这同一只动物再被接种新鲜的、毒力充分的培养菌，它也不会被这细菌感染，它此时已经有了第一次轻微感染所带来的免疫力。出人意料的前景出现了，忽然之间仿佛有可能大幅减弱细菌的毒性，因而接种它们将会引起一场无害而又免疫的疾病感染。

人工自动免疫的想法并非新鲜事物，接种天花在 18 世纪就很普遍了。在制造一种减毒疫苗的努力上，人们所尝试的每一种可能的理论都或多或少有成功之处。当时詹纳[32]就证实了，无害牛痘的感染可以保护人们不受天花侵害；不过，这似乎不适用于别的疾病。但是，巴斯德能够制造出许多疾病的疫苗。他在同鸡霍乱、炭疽和猪瘟的有成效的斗争中达到了目的，因此他给了农夫们无数的帮助。他还能够使过去一直是人类灾难之一的疾病没有了危害，这就是狂犬病，侵袭犬类、狼以及其它动物的一种疾病。这种疾病可能因发狂动物的咬伤而传给

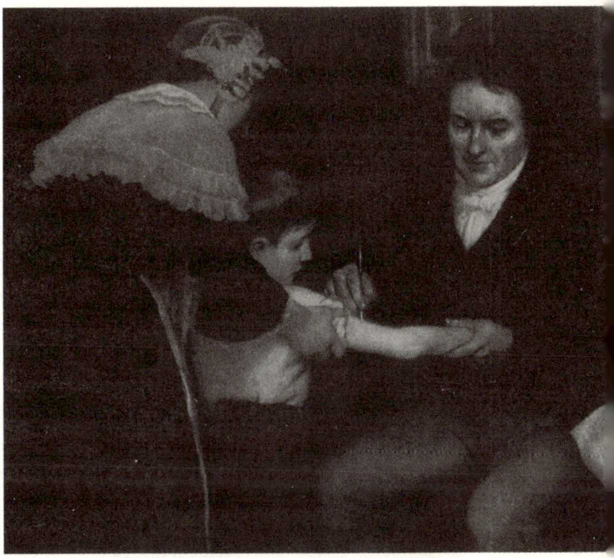

1796 年 5 月 14 日爱德华·詹纳在为詹姆斯·菲普斯接种疫苗，其来源是萨拉·内尔莫斯的手上的脓疱。此画约在 1915 年由欧内斯特·伯德绘制。

人类，往往导致令人恐惧的死亡。许多尝试之后，巴斯德找到了制作疫苗的一种方法，通过风干病兽的脊髓制成疫苗；如果被咬伤的人在长长的潜伏期内被注射了几次这样的物质，这东西就会在这病发作之前让他有免疫力。狂犬病从此丧失其恐怖性，巴斯德满意地看着他的方法被广泛采用。很快，人们带着极大的热忱崇拜这一方法，为了狂犬病的治疗，也为了许许多多传染病的研究，建立起了“巴斯德研究所”；在很短的时间内，可利用的资金总额达250万法郎，1888年11月14日，人们为这全新的研究所举办了激动人心的开张典礼。

巴斯德逝世于1895年9月27日，此前三年他过70岁生日那天，成了举世崇敬的一天，当时利斯特说“举世再无第二人同你一样对医学科学功勋卓著”，这话道出了所有人的感想。

然而，举世更有第二人，这位重要人物就是罗伯特·科赫。科赫出身于一个矿工家庭，1843年生，他比巴斯德年轻20岁。哪怕还是一个小男孩的时候，他就对自然科学有着极大的兴趣。他在格丁根读书，先是数学和科学，很快转为医学，成为亨勒的学生。他学业完成后，做过一些他自己不怎么满意的职位，后来他作为志愿兵参加了普法战争，1873年他在沃尔斯泰因安顿了下来，在只有四千居民的Bomst区做社区医生[33]，他很快就有了一桩大业务，他倒没有被它弄得精疲力竭。任何一个受科学的魔力控制的人，都会找得到科学研究的机会，哪怕是在最朴素的环境下。在科赫行医的社区，炭疽是很普通的。这时，一位兽医，名叫波伦德[34]，已于1849年证实一种微小的杆状体——死于炭疽的动物之血液中的一种细菌——的存在；不过关于这究竟是此病之病因还是此病之结果的问题，没有给出答案。达韦纳[35]在巴斯德之发现的影响下，成为把它认作炭疽病因的第一人，因为他成功地通过注射包含有这些杆状物的血液而引发了此病。不过，仍有许多未解之处，在一些死于此病的动物身上找不到任何杆

科赫像

菌，此病通过无菌的东西也是可以传染的。科赫的研究正是开始于这一点，这一研究的成果1876年发表在一篇小论文中，此文堪称简明的典范。

工作中的科赫

让我们试着构想一下，在那些岁月里，围绕有害细菌的工作意味着什么。我们今天知道怎样从一个生物体内去除带菌物；我们知道在哪一种培养基上、在哪些条件下细菌就会生长，知道如何分离它们，还知道为了更清楚地看到它们又该如何给它们染色，我们所知的所有这一切使我们工作得如此便捷，都应该首先且首要地归功于科赫。花很多年去改进这些方法的他，在最原始的条件下投入早期的这一类研究，得到了成功的报偿。在显微镜的帮助下，他证明了炭疽杆菌会长成一缕缕长长的丝状物，证明了它们用横向分裂的方式繁殖，尤其是证明了它们会形成芽孢。尽管细菌可以被很容易地灭杀，芽孢却可以存活很多年，哪怕是在机体的外面；假如它们借助于各种饲料或者通过吸入的空气再一次地进入到动物体内，它们就会再度成为细菌，进而致病。

用这一方法，使炭疽的病原学得到了结论性的解释；而且，这还意味着，有了一种与此病作斗争的方法。人们确实懂得了，从土壤或空气中进入机体的，不是什么笼统的瘴气，而是一种明确的、特定的植物性微—生物。瘴气和接触传染原除了就是细菌及芽孢以外，什么都不是。接下来的问题是要沿着这条路走下去，要着手一种又一种传染病。

科赫本人指引着这条路。受其最早成果的鼓舞，他着手研究伤口感染的问题。1880年，他被召到柏林，进入帝国卫生署。该署1876年成立，作为一个健康部门实施此前两年制订的接种法，这个部门计划成为德国的流行病学研究的中心。在好得多的工作条件之下，科赫就能够详细得多地确定细菌学的工作条理，并确定灭菌的方法或者**消毒**的方法。1882年3月24日，他终于能向柏林生理学协会通报他的发现：结核病的病因找到了，就是结核杆菌。从此，痨病不再是慢性的营养疾病，而实际上是一种慢性的传染病，正如维尔曼[36]的那些实验之后所推测的那样。维尔曼于1865年成功地将结核病从人传给家兔。既然知道了传染媒介，别的一些疾病比如很多皮肤病和明显地属于外科的一些疾病，也证明了就是结核病。这一下有了一个明确的、有助于诊断的征兆，人们也确实理解了杀死细菌就是消灭传染物。

新近出现的疾病也得到了干劲十足的研究。霍乱从印度被传播到了埃及，进而威胁欧洲；科赫前去对付它，找出来病因就是霍乱弧菌，一种逗号形的杆菌。南非在研究牛痘；印度在研究腺鼠疫，而且证明了耶尔森[37]所发现的鼠疫杆菌是通过跳蚤从老鼠传染给人类的。许多去到德属东非研究非洲锥虫病[38]、到爪哇调查研究疟疾的考察队，都得到了许诺进而获取了丰厚的奖赏。

1885年，科赫被选为柏林大学卫生学教授以及柏林大学卫生学研究所所长。不过，他没有兴趣年复一年地向学生们讲授卫生学原理，他是一个调查研究者。因此，1891年他换了一个职位，掌管一家特地为他本人而建立的研究传染疾病的研究所，该所如今仍以他的名字命名。他一直担任这家研究所的所长，直到1904年他从活跃的研究生涯中退下来。

终其一生，结核病以一种奇特的方式占有了他。在1890年柏林举办的第十届国际医学大会上，他发表声明——他已经成功地制造出一种不仅“能在试管里、也能在动物体内抑制结核杆菌的生长”的物质——这引起了巨大的轰动，人们真的以为人类最严重的瘟疫被克服了，世界各地的结核病人都一时激动，要找到这种新药，这药取之于自然，就是培养菌的一种甘油浸出物，被称之为结核菌素。

可是，这新药辜负了人们对它的期望，幻灭随之而来。后来，其他的结核菌素制剂被制成，这些药品如今在诊断上提供了有价值的帮助，而且疗效上的重要性一点儿也不小。

当今最常见的死因，我们已经谈及结核、癌症和循环器官的各种疾病。后者明显是由于疲乏，也许用合理的生活方式有可能限制循环疾病，但是它们绝不可能被彻底地根除，因为在生活的历程中，机体必然会被弄得疲惫不堪，节奏越快，生活就会变得越繁忙、越使人烦恼。关于癌症的病因，我们今天还差不多一无所知，因此，要明智地与它斗争是非常困难的，这还必须限定以尽可能早的确诊和生长物的切除为前提。我们肯定会学会治愈结核病，这倒只是一个时间的问题，我们的乐观基于我们对它的认识，而这一认识，我们首先要归功于罗伯特·科赫，他卓有成就的一生结束于1910年5月20日[39]。

巴斯德和科赫都不孤独。当时，有整整一代的研究者在工作；有新的原则、新的方法，可以着手于一种接着一种的传染病；每一年都有新的发现。这里有一些数据就是最富启发性、最令人敬佩的证明：1873年奥伯迈尔[40]发现了回归热的病因；1879年奈塞尔[41]发现淋球菌，淋病的病因。19世纪80年代格外地果实累累：1880年埃贝特[42]和加夫基[43]发现了伤寒杆菌；汉森[44]发现了麻风的传染媒介；拉韦朗[45]发现疟疾的病原，在这种病例中不是杆菌而是一种动物性的原生动物；1882年，科赫发现了结核杆菌——如我们所知——勒夫勒[46]发现了马鼻疽杆菌；蓬菲克[47]和哈尔茨[48]发现了一种真菌——放线菌——这是表现出特异化脓的慢性传染病的病因，此即放线菌病；1883年，费莱森[49]发现了丹毒的病因，科赫则发现了霍乱的传染媒介。1884年这一年也有几个发现：勒夫勒发现的白喉杆菌，尼古拉尔[50]发现的破伤风杆菌，还有弗伦克尔[51]发现的肺炎病原——肺炎球菌。1887年，引起流行性脊膜炎的脑膜炎双球菌被魏克塞尔鲍姆[52]发现。1894年北里柴三郎[53]和耶尔森发现鼠疫杆菌。1879年克鲁泽[54]和志贺潔[55]发现痢疾的病原。福德[56]、达顿[57]和布鲁斯[58]在1901年发现昏睡病的病菌。1905年绍丁[59]发现了引起梅毒的苍白螺旋体。

但是，对于最普遍的流行病诸如麻疹、百日咳和猩红热，不管有多少热心积极的调查研究，还是没有发现任何病菌，哪怕这些明摆着就是必定由寄生生物所引起的传染病。显然，这些传染媒介小到看不见，即使用最强大的显微镜去看，即使用最精细的滤器滤过。

人称细菌学时代的这一段时间是一个伟大的历史时期。因为这么多疾病病原的发现，不单纯具有科学意义上的重要性，而且还具有伟大的实践意义上的重要性。猎菌者搜寻着细菌，为着要灭杀它们，他们大多功成于斯。大片大片的野地过去简直不宜人类居住，现在被开拓殖民；巴拿马运河的建设，工程师们的成就，就不如医生们的那么多，医生让人们有可能在那一片地区干活儿。许许多多的传染病在很大程度上已经变成可以预防的了。

此时，人们理解了，在各种疾病的发展当中，寄生生物扮演着一种怎样可怕的角色。人们懂得了，过去常被指认的体内那几种虫子并非人类真正的敌人，而这些极细微的实体——单细胞微—生物、动物性的尤其还有植物性的微—生物、细菌——才是我们的仇敌。人们掌握了它们存在于何处，也了解到它们的生活方式；它们能在实验室里得到培育，而且人们也掌握了什么条件适宜于它们的生长、哪些条件则不宜。人们掌握了它们是怎样进入人体的，掌握了从人的身上该怎样又该向何处寻找它们，这些知识都可以让诊断变得更容易。人们掌握了它们以何种方式伤害人体，因而人体怎样对它们起反应、用什么方法自卫。从这一点上看，医生已经卓有成效地学会了，要在适当的时间用自动免疫去支持机体的防御之战。这已经做到了，或者如巴斯德的接种法所实现的那样，或者通过人为地提供相应的抗毒素，还有被动免疫，例如使用贝林[60]的白喉抗毒素所出现的情形。

可以确信，世人难免灰心丧气，每一种方法也自有其缺陷。现在同以往一样，还有像流行性感冒之类的流行病我们依然无力克服；每年仍然有数以千计的人死于结核病；我们知道疟疾是如何传播的，但是永远没有能力去灭杀最后一只蚊子，或者去弄干孑孓生发于其中的最后一池死水。然而，在这短短的半个世纪里在保护健康方面已经完成的一切——多亏了**细菌学**和**血清学**——真是伟大！医学史上带来实践成就如此之多的时期前所未有，怀着感激之情，我们回想起：这些以他们的生命为代价的研究者们——因为与细菌相伴的工作绝不是没有危险的、更因为细菌学的名录上牺牲者排成了长队——使得抗击流行病的、能产生预期效果的战斗成为可能。

我们已经看到，通过空气和食物，或许成为病因的各种支配力影响着人类。人在其环境里并不是消极被动的，他四处运动，为了弄到他的食物他必须运动。他劳动，而且这种劳动往往被容纳到一个社会组成单位的框架之中，这劳动在极大的程度上影响着他的生活方式，而这生活方式也许甚至在最繁重的工作中还很健康，也许可能就是各种各样疾病的病因。

在这样的四处运动当中，碰撞发生了，人和他的环境之间的碰撞。**使用工具**的影响成了疾病的众多起因。**创伤**总会发生，起作用的支配力的类型决定了这伤害所采取的形式，也许是压伤、震伤、扭伤，甚至是连贯整体的一种中断、一处伤口或骨折。相应反应的性质和严重性大多视身体受侵袭的部位而定，循环器官和神经系统对各种伤害以一种异乎寻常的严重方式起着反应，这样的反应并不限于局部的种种变化，还有可能引得整个机体发生交感性的反应。轻微的、不引人注意的一些伤害可能会有严重的后果，比如一个既已受损的器官易受损伤，或者一个针扎的刺孔成了细菌进入之门，甚至一击之后过了许多年，在那旧伤的部位才再一次生起肿块。

今天的劳作方法，将人和能够产生巨大力量的机械联系在了一起，极大地提高了各种机械伤害的可能性。劳动卫生关系到保护劳动者不受这样的伤害，保护劳动者不因种种事故而遭受肉体损伤的愿望，在大多数文明社会里，推动了人身意外伤害保险的建立。医生越来越经常地面对这样一个问题：是否一个不正常的状况与一种伤害有因果关系。关于外伤性病因尤其是关于机械造成的病因及其影响的知识，在今天，对于医生来说是必不可少的。

我们通过休息从劳动当中恢复过来，通过睡眠从不眠之中恢复过来。劳动与休息之间、不眠与睡眠之间的适当关系，对于健康极其重要。假如这关系在长时间里被扰乱，机体就会被弱化其抵抗力，因此平日里不致于为害的那些影响，也会伤身子。

人的生活发生于社会结构之中。通过家庭，通过职业，以及凭着他在党派会社中的成员身分，人和他的若干同胞保持着一种或多或少的亲密关系。他有爱有憎，他过得快活也有忧伤，他控制、也被控制。冲动的欲望不期而至并且要求得到满足，但是因为种种社会原因它们不得不被否决。这样，种种体验就产生了。人不可忍受的情境和人因之而垮掉的情境也都被他意外地碰上了。他不仅被它们弄得不愉快，实际上它们肯定还会助长疾病。对于这样一种伤害，有些人将会合乎其本性地产生一种精神错乱的反应；其他人则会表现出一种精神上的障碍，这障碍往往被表达为一种肉体机能上，换句话说就是，将会发生神经机能症。在其他病例中，这后果将会降低全身的抵抗力，因此各种各样的外在病因就可以发威了。

译注：

1，这是华氏温度。华氏度比摄氏度要小，摄氏温度 c，转换为华氏温度 f，公式是 $f = c \times 9/5 + 32$。华氏 98°就等于摄氏 36.7°。

2，日射病，sun stroke 或 insolation、heat stroke，即中暑，由曝晒于太阳所引起，特征是抽搐、昏迷和皮肤高温。

3，西洛哥风，sirocco，起于北非的干热风，吹经地中海时获得湿气成为湿热风，从南方或东南方吹来，给地中海和欧洲南部带来雨雾。

4，密史脱拉风，mistral，地中海北岸的一种从北方或西北方吹来的干冷强风。冬春多见，一次持续几天，风速超过 100 千米/小时，有时能给庄稼造成重大损害。

5，伦琴，W. K. Roentgen，1845—1923，德国物理学家，1895 年 11 月 8 日在研究低压放电产生阴极射线的效应中发现 X－射线。虽然早有许多科学家研究了阴极射线的一些性质，但是伦琴注意到了别人不曾注意的效应，推断有一种不可见辐射从放电管中透过空气在屏上产生荧光，他把这种新奇的射线命名为 X 射线，表示是性质未知的射线。因这一发现他在 1901 年第一次获得诺贝尔物理学奖。

6，贝可勒尔，A. H. Becquerel，1852—1908，19 至 20 世纪之交法国最杰出的物理学家，从他祖父、父亲到他、他儿子一家四代蝉联国家自然博物馆应用物理学教授之职。1872 年在巴黎综合工科学校学习理科，1874 年在公路桥梁学院工科深造三年，在公路桥梁部任工程师多年，1894 年任总工程师，1895 年任母校的物理学教授。1895 年伦琴发现 X－射线后，1896 年贝可勒尔发表 7 篇论文，阐述他所发现的射线，即后来居里夫人称为放射性的现象。1901 年他报道了他内衣口袋装着的居里夫妇提取的镭样品灼伤了他的消息，引起医生们研究这一课题，辐射的生理效应成了他晚期主要的成就之一。1903 年他和居里夫妇一起获得诺贝尔物理学奖。

7，居里，Pierre Curie，1859—1906，法国物理化学家。父为医生，居里曾受父亲教育，14 岁开始酷爱数学，16 岁入大学，18 岁获理学士学位，19 岁任巴黎大学实验室助理，在其兄协助下研究晶体，居里兄弟发现了压电现象。1882 年任巴黎物理和工业化学学校总监，研究不辍，1895 年以他的磁性论文获得博士学位。1894 年结识玛丽，1895 年 7 月

25日结婚。1896年贝可勒尔发现放射性现象，引起居里夫人的注意，她和丈夫一起在比较原始的条件下开始从沥青铀矿中提取纯物质，居里对新放射物作物理学研究，包括发光作用和化学效应，并观察了镭的生理效应，为镭疗法开辟了道路。为了与玛丽共同研究，居里留在巴黎，1900年被聘为巴黎大学讲师，1903年居里夫妇与贝可勒尔一起获得诺贝尔物理学奖，1904年为教授，1905年入科学院。1906年4月19日被一辆载重马车碾死。

8，居里夫人，Marie Curie，1867—1934，波兰出生的法国物理学家。娘家姓玛丽·斯克罗多夫斯卡，父为数学和物理教师，因投资失败而倾家荡产。玛丽18岁当家庭教师，1891年前往巴黎，在巴黎大学听课，她在学生区的阁楼里往往研读到深夜，真正地以面包、奶油和茶水充饥，1893年获物理学学士学位，1894年又获数学学士学位。1896年贝可勒尔发现一种新现象（玛丽后来称之为放射性），居里夫人正要寻找博士论文的题目，决定试验一下能否在其他物质里找到在铀中所发现的性质，夫妇俩在1898年先后发现钋和镭，钋是玛丽为纪念祖国波兰而命名的。居里潜心研究新放射物的物理化学性质，而玛丽则努力获取金属状态的纯镭，在丈夫的弟子化学家德比耶纳的协助下大功告成，她因此于1903年6月获得理学博士学位。她1897年生女儿伊雷娜、1904年生女儿夏娃，科研工作并未因此而打断，1900年任塞夫尔女子高等师范学校物理学讲师，倡导以实验证明为基础的教学方法。1904年底在居里领导的实验室任主要助理，丈夫意外离世后，受到严重打击的她要独立完成二人的课题，接任丈夫的职位，成为巴黎大学第一位女教授。1911年因分解出纯镭独得诺贝尔化学奖。一战期间她在女儿伊雷娜的协助下大力推广X光照相术的应用，1922年成为医学研究院院士，从此专心研究放射性物质的化学课题以及这些物质在医学上的应用。1934年伊雷娜及其丈夫约里奥一起发现人工放射性，几个月后居里夫人因放射作用所引起的白血病去世。1935年约里奥-居里夫妇（Joliot-Curie）因发现新的人造放射性元素共获诺贝尔化学奖。

9，湖上木排屋，lake dwelling，分布于今德国南部、瑞士、法国和意大利这一地区内湖泊之畔的史前聚落遗迹。木桩打进泥沼中，周围填满大石头，木桩之间搭上树干枝条形成网状平台，平台上建造一间或两间一套的矩形棚屋，地面用泥土拍打而成，牛羊也在平台上喂养。

10，列宁1918年在苏联实行战时共产主义，斯大林在1930年前后实行农业集体化，国家机器再三掠夺性地调用农产品，极大地影响了农村的生活，引起西方为俄罗斯的饥荒担忧。

11，沼地热，swamp fever，也称泥土热，即钩端螺旋体性黄疸。

12，瓦罗，Varro，公元前116—前27年，罗马最伟大的学者和有卓越成就的讽刺家。博学多才，著作极丰富，包括法学、天文、地理、教育、文学，以及讽刺作品、诗歌、演说及信札。他立志通过其作品的训诫教育意义来使罗马更加伟大，竭力将罗马的未来与它的光荣历史联系起来，其著作在罗马建国前后产生了极大影响。唯一完整留存的作品是《论农业》，内有农业、畜牧业的实用指导，是为培养对农村生活的热爱而写的。

13，基歇尔，Athanasius Kircher，1601—1680，德国博学多才的耶稣会教士、学者，有时被称为最后一位文艺复兴人物。他个人起着一种科学文化情报的交换中心的作用，所搜集的资料不仅有欧洲的，也有分布极广的耶稣会教士网的；他研究地理、天文、数学、语言、医学和音乐，对任一学科都抱有一种严格的科学好奇心，这好奇当然被束缚于关于自然规律和自然力的神秘观念之中；他的方法从传统的学院式研究跨越到大胆地进行实验。他虽然没有作出任何至今认为重要的建树，但是他广泛的报道活动，支持了他在知识历史上的地位。

14，此处原文为 contagium animatum，拉丁语，活的接触传染物。

15，巴西，Agostinus Bassi，1773—1856，意大利细菌学家。比巴斯德早10年发现许多疾病由微生物引起。1807年开始研究使意大利和法国蒙受严重经济损失的家蚕白僵病，25年后证实此病由微小的寄生霉菌（今称蚕白僵霉 Beauvaria bassiana）所引起，通过接触和污染食物而在蚕间传播，他所提出防病灭病之措施的成功，使他获得了声誉。1835年在《家蚕白僵病》一书中，他发表了这一发现，并进而作出重要的概括：许多动植物和人类的疾病，是由动物性或植物性的寄生物所引起的。下文说1837年，疑是本书作者或英译者之误。

16，舍恩莱因，Johann Lukas Schönlein，1793—1864，德国医师，是将尿及血液的显微镜检查与化学分析方法结合起来用于诊断疾病的第一人。他试图证实医学是一门自然科学，从而有助于建立临床医学教学和实践的现代方法。1828 年创用血友病一词；1839 年发现并描述了黄癣的病原舍恩莱因氏毛癣菌(Trichophyton Schönleinii)。

17，此处原文为 Achorion Schönleinii。

18，拉图尔，Charles Cagniard de la Tour，1777—1859，法国工程师和物理学家。有许多发明，包括水箱吹风机和改进了的警报器；通过其著名的加农炮管实验，他研究了临界温度；他还研究了酵母的特性和极度寒冷对酵母的影响。1819 年被路易十八封为男爵。

19，亨勒，Jacob Henle，1809—1885，德国病理学家，历史上杰出的解剖学家之一，他对组织发展的影响可与维萨里对人体解剖学的影响媲美。当他还是生理学家 J·弥勒的学生时，就发表著作，最先描述了人类上皮组织的结果与分布以及眼与脑的细微结构。1840 年在《论瘴气与接触传染，兼论瘴气接触传染病》一文中，接受了 G·弗拉卡斯托罗的微生物接触传染学说："导致接触性传染的物质不仅仅是有机物，而且还有生命，是一类寄生生物。"1844—1852 年发表《理性病理学手册》两卷，该书在描述患病器官时，将它与其正常生理功能相联系，这是现代病理学开始的标志。他的学生 R·科赫把他的信念变成了一种学说。

20，巴斯德，Louis Pasteur，法国化学家和微生物学家，他的工作推翻了自然发生的概念。1857 年任高等师范学校科研部主任，他研究酒和牛奶变酸的发酵，结论是酵母菌能在无氧的情况下繁殖(巴斯德效应)。1881 年他改良了一种方法来分离并弱化细菌，仿效 E·詹纳的做法研究炭疽疫苗、霍乱疫苗。1888 年，创建巴斯德研究所，专门研究、预防和治疗狂犬病。

21，科赫，Robert Koch，德国细菌学家。他的一些假设在病理学中一直是很基本的：在生病的动物体内总能找到有机体，而健康动物体内却从未找到；必须在纯净环境中培养；培养出来的有机体一定会使健康的动物生病；必须从刚得病的动物身上分离出来，重新培养，而培养出来的还是原样。1905 年获诺贝尔生理学或医学奖，是细菌学的奠基人。

22，杜马，Jean-Baptiste Dumas，1800—1884，法国化学家。药剂师的学徒，化学教授，巴黎工艺中心学校的创始人之一(1829 年)，拿破仑三世的大臣(1848 年)。他是有机化学特别是有机分析的先驱，21 岁前在生物化学和胚胎学方面已有独到的研究，1818 年与 C · 柯弟德一起用碘治疗甲状腺肿；他发明了用于测定有机化合物中氮含量的燃烧法。

23，自然发生，spontaneous generation，又称无生源现象，生物由非生命物质发展而来的一种假设的过程，也指用该过程解释生命起源的一种古代的学说。许多人之所以相信此说，是因为它能解释腐肉生蛆之类的现象。到 18 世纪已经明白，非生命物质不能产生高等生物，但细菌之类微生物的发生仍未得到解释，直到巴斯德才证明微生物是由繁殖而来的。

24，雷迪，Francesco Redi，1626—1697，意大利医师、诗人。哈维在关于生物发生的著作中推测，虫子和蛙等小动物并不如当时公认的那样是自然发生的，而是由小得看不见的种子和卵产生的。1688 年雷迪读到这些论述，动手做试验：准备一系列装有不同肉块的曲颈瓶，半数封闭半数敞开，后来的试验中又半数敞开，半数覆盖上纱布以便空气进入，结果瓶中肉块都腐烂，但只有敞开且未被覆盖、苍蝇可以自由出入的瓶中肉块生蛆。这是最早的有对照的生物学试验之一。雷迪正确地得出了蛆来自苍蝇卵的结论，但令人遗憾的是，他仍然相信五倍子虫和肠道寄生虫是自然发生的。

25，尼达姆，John Turberville Needham，1713—1781，英国博物学家，第一个成为伦敦皇家学会会员(1768 年)的天主教教士。1738 年受神职，不过很多时间任教师和家庭教师。读了关于"微动物"的文章后，发生对自然科学的兴趣，1746—1749 年在伦敦和巴黎从事科学研究，1750 年发布阐述自然发生学的论文，力图为该学说提供科学论证。1767 年到巴黎的英格兰神学院继续进行科学实验。他是自然发生学说和活力论的坚定拥护者。

26，布丰，Georges-Louis Lecterc Buffon，1707—1788，法国博物学家。官吏家庭出身，母亲极有教养。早年喜爱数学，1723 年遵父命学习法律，1728 年攻读医学、植物学和数学；后去英国，当选为皇家学会会员。母死后回乡钻研概率，并对植物生理学极感兴趣，1735 年翻译 S. 黑尔斯的《植物志》，1740 年翻译牛顿的《流数论》，同时探讨牛顿和莱布尼兹发现微积分的历史。他在皇家博物馆工作时编成巨著《自然史》。1753 年被选入法兰西学院，发表《风格论》，提出"风格即人"的论点。他每年到巴黎短期旅行，是文学和哲学沙龙的常客。他的产业中有动物园、养鸟场和实验室。他是对地质史划分时期的第一人，也曾提出物种绝迹说，还首次提出太阳与彗星碰撞产生行星的理论。1773 年受封伯爵。

27，斯帕兰札尼，Lazzaro Spallanzani，1729—1799，意大利生理学。曾受充分的古典文学和哲学教育，后对科学产生兴趣。1767 年著文反对布丰及尼达姆的理论（生物均含“活力原子”，死后逸出进入土壤，为植物所吸收，即池水和动植物浸出液中可见的能活动的微小物体），支持列文虎克的观点（上述小体是活的生物），他的试验是肉汤煮沸后封闭瓶口，即不能孳生微生物。1768 年研究再生现象。1773 年研究肺部的血液循环。他是“上帝造人，胚种天成”论者，不过他用实验证明了“没有精液就不能怀孕”，认为精液中起作用的物质是其中的固体成分，坚持认为精子是寄生虫。他的主要贡献在于首次成功地进行了低等动物及狗的人工授精实验。他还用实验证明了氧不是在肺而是在组织内形成二氧化碳。

28，普歇，Félix-Archimède Pouchet，1800—1872，法国博物学家。生于鲁昂死于鲁昂，曾任鲁昂自然博物馆馆长和鲁昂植物园园长，1838 年任鲁昂医学院教授。1859 年出版《异源发生》，煞费苦心地列举生物自然发生的很多例子和条件，这些生物被设想为诸如发酵和腐烂等等化学过程的结果。他的支持者主要是那些需要以生命自然发生说为其宗教信仰和哲学信念之依据的人。

29，利斯特，Joseph Lister，1827—1912，英国外科医师、医学科学家。其父为酒商、业余物理学家、显微镜学家，对消色差显微镜的发明有贡献。利斯特 1848 年开始学医，1859 年任格拉斯哥大学钦定外科学教授，1861 年任外科医师。当时外科患者手术后常发生脓毒症而死亡，病原被认为是“瘴气”，但利斯特认为是一种花粉样的微尘，1865 年他接受巴斯德的细菌病原理论，并用石碳酸来消毒外科医师的手和外科器械，四年间他主管的病房手术死亡率从 45% 降到 15%。1867 年他报告了一系列的病例。他的方法在普法战争中广为采用，但在英国和美洲大陆遭到怀疑和反对。1877 年任伦敦皇家学院外科学教授，同年 10 月在国王学院医院用他的消毒法进行骨科手术成功，自此其法得到广泛接受。利斯特为人温和、羞涩、谦逊，对名利十分冷淡。

30，塞麦尔维斯，Ignaz Philipp Semmelweis，1818—1865，匈牙利产科医师。1847 年在维也纳任产科医师，当时住院分娩的产妇死亡率高达

25% –30%，死因多为产褥热，人们认为病因是拥挤、通风不良、哺乳或“瘴气”，他不顾上级的反对进行研究，发现实习医师比助产士导致的死亡率要高，并证明原因是实习生在对产褥热死者进行尸检之后直接进入产房，将疾病传染给健康产妇，便要求实习生每次检查、接生前必须用漂白粉溶液洗手，感染率大降。1848 年他卷入革命运动，受到排挤。1861 年发表《产褥热的病原、实质及预防》，他的产科消毒法在匈牙利得到公认，但是遭到欧美医学人士的激烈反对。1865 年他精神失常，在手术中误伤右手，卒于伤口感染。他用防腐剂预防产褥热，效果显著，在医学科学上开创了一个新纪元，被誉为“母亲的救星”。J · 利斯特对他评价很高。

31，此处原文为 pébrine，法语，蚕的微粒子病。养蚕业的大敌，至今无药可治，其病原可潜伏七八年，在不同阶段有不同的表现，在起蚕期蚕体带铁锈色，在大蚕期蚕体表有许多大小不一的黑褐色斑点。

32，詹纳，Jenner，Edward，1749—1823，英国医师，出身于乡村牧师家庭，幼年随邻近的外科医生为学徒，21 岁满师后赴伦敦师从 J · 亨特，亨特指点他“为什么只凭空揣想，为什么不实地试验一下?”。1773 年回乡行医并研究医学、生物学。18 世纪天花流行，是主要的致死疾病，当时仅有的预防手段是传自东方的人痘接种法，取轻症患者的疱疹内容物接种给健康人，此法不甚安全。詹纳做学徒时已经注意到染过牛痘的人不会感染天花，1796 年他从一位患牛痘的挤奶女工的手指上取病损内容物接种给他自己 8 岁的儿子爱德华，48 天后又给他接种天花患者的脓疱内容物，儿子对此有抵抗力。他的试验结果最初不受重视，得到公认后才传遍全世界，使天花的病死率大大降低。他从未以此发明来谋私利，反而被它拖累，当地医学会指责他践踏了希波克拉底誓词，要开除他的会员资格，皇家学会也不相信一个乡村医生能制服天花，把他当作骗子，在攻击和中伤面前他保持沉默。

33，社区医生，district physician。德国的卫生服务系统有三大支柱：以私人开业为主体的家庭医生组织、医院、公共卫生服务机构。在社区卫生服务方面，公共卫生机构负责公共卫生、环境保护、传染病预防和管理，以及一些公共卫生服务的协调工作；家庭医生诊所负责常见病的门诊服务；医院负责接纳社区卫生机构转诊的病人；而计划生育服务、家庭保健、孕妇指导、新生儿检查和婴幼儿卫生等由私人医师、医院和独立的医师协会共同负责。德国社区卫生服务机构主要有社区医疗服务、社区护理、急救医疗服务、劳动卫生服务。德国居民利用卫生服务的费用主要由第三方支付，因而病人和医生都缺乏费用意识，而健康保险制度限定常见病患者必须在社区卫生服务机构就诊，避免了不必要地使用医院服务，从而节约了卫生费用。德国95%以上的居民享受社会健康保险，健康保险制度规定居民就诊必须先找社区家庭医生，但社区卫生服务的医患关系并非固定不变，病人可以自由选择医生。医院一般不开设门诊，只提供住院服务。德国是社会健康保险的发源地，虽然社区卫生组织的系统性不强，但由于健康保险的人群覆盖率高，管理措施比较完善，对社区卫生服务的支撑作用强，社区卫生服务组织的功能不仅能够得到较好的体现，而且在合理使用卫生资源、满足居民基本健康需求方面的作用至关重要。

34，波伦德，Alloys Pollender，1800—1879，德国兽医，1849 年发现炭疽杆菌。

35，达韦纳，Casimir Davaine，1812—1882，法国医师。1850 年和法国皮肤科医师 Rayer(1793—1867)一起在患病将死的绵羊血液中发现某种微生物，他们从病血中分离出了这种今天众所周知的炭疽杆菌。1863 年达韦纳证实炭疽杆菌可以从一个动物直接地传给另一个动物。他能够辨认肇祸的微生物，但解释不了这是什么造成的，这个问题还要留待科赫来解决。

36，维尔曼，Jean Antoine Villemin，1827—1892，法国医师。他实验性地将死于结核病的患者病损部的物质接种于家兔，三个月后家兔出现结核；又发现家兔接种牛的结核也会患病。1867 年他发表研究结果，不受重视。当时法国人认为结核病是遗传的，德国人则认为任何异物进入体内均可引起结核样反应。维尔曼推断结核病是接触传染病，无畏地宣传自己的观点，直到其他科学家也做了实验之后，他的贡献才为人承认。

37，耶尔森，Alexandre Yersin，1863—1943，出生于瑞士的法国细菌学家。曾师从科赫，1889 年到巴黎巴斯德研究所工作，1890 年赴印度支那探险四年，1894 年中国流行鼠疫，他参加殖民医疗队到香港，和日本的北里柴三郎同时发现鼠疫杆菌(鼠疫巴斯德氏菌，又称鼠疫耶尔森氏菌)，1895 年制成治疗鼠疫的血清。曾在河内创办医学校，又是越南芽庄巴斯德研究所的创办人和所长。据说他曾把橡胶树引入印度支那。

38，此处原文为 tsetse disease，疑为 tsetse-fly disease，即 nagana，非洲锥虫病，一种由采采蝇传播的锥虫感染的动物传染病，感染源为非洲各地的锥虫，此病尤见于家畜，多表现为贫血、高热、消瘦，犬马的角膜浑浊，母牛可能流产。

39，据《不列颠百科全书》，巴斯德和科赫都死于 27 日，但本书说巴斯德死于 28 日，科赫死于 20 日。

40，奥伯迈尔，Otto Obermeier，1843—1873，医学博士，德国寄生虫学的创立者，德国热带医学之父。30 岁时首次发现回归热病人的血液中有螺旋体。

41，奈塞尔，A. Neisser，1855—1916，德国皮肤病学家和性病学家，被称为淋球菌之父。1877 年获得博士学位，1880 年起任副教授，1882 年被指定主管皮肤－性病诊所。研究重点是淋病、梅毒、结核以及麻风，是卓越的研究者，有组织天分，有音乐天赋，擅长小提琴。61 岁时死于脓毒病，他的坟墓后来被纳粹毁坏。

42，埃贝特，Karl Joseph Eberth，1835—1926，德国病理学家和细菌学家。1880 年发现伤寒沙门菌。

43，加夫基，Georg Theodor August Gaffky，1850—1918，德国卫生学家和细菌学家。1884 年分离出伤寒沙门菌。

44，汉森，Otto Hansen，1841—1912，挪威医生。

45，拉韦朗，Alphonse Laveran，1845—1922，法国医师、病理学家、寄生虫学家。1880 年在阿尔及利亚发现疟原虫，因这一发现及后来对原虫病的研究而获得 1907 年诺贝尔生理学或医学奖。他对热带病学的研究影响很大，1907 年在巴斯德研究所建立热带病研究室，1908 年创立外来病病理学会。

46，勒夫勒，Friedrich August Johannes Löffler，1852—1915，德国细菌学家。1874 年在柏林获得医学学位，短期任军医后，1879—1884 年在帝国卫生署任职，与 R · 科赫共事，后任卫生学教授及大学校长，1913 年任柏林罗伯特 · 科赫传染病研究室所长。1882 年与 W · 许兹一起鉴定了马鼻疽的病原；1885 年和 P · 弗罗施共同发现口蹄疫的病原为病毒，这是第一次发现病毒可以引起动物的疾病。

47，蓬菲克，Emil Ponfick，1844—1913，德国病理学家。1874 年为动物对人输血之危险向地方医师协会提出警告。1882 年他在论文中引证了对放线菌的发现。

48，哈尔茨，Carl Otto Harz，1842—1906，德国植物学家、微生物学家。1845 年 Von Langenbeck 报告了人类感染放线菌病的第一个病例，1876 年 Bollinger 进一步描述了牛放线菌，1877 年 5 月在皇家兽医学校工作的哈茨将其中可传染的微生物命名为放线菌，意思是放射线真菌，这反映了当时将这种微生物视为真菌的观念。

49，费莱森，Friedrich Fehleisen，1854—1929，德国外科医师。

50，尼古拉尔，Arthur Nikolaier，1862—1942，德国医学博士，22 岁时为了完成学位论文，在格廷根大学卫生研究所长 Carl Flugge 教授指导下进行破伤风的研究，得到了土中的细菌导致破伤风的重大发现。

51，弗伦克尔，Friedrich Fraenkel，1848—1916，德国内科医师。犹太酒商之子，1870 年毕业，1872 年获得医师和产科医师资格，1884 年成为当时极少数担任教授的犹太人之一。1884 年用肺炎患者的肺渗出液培养出肺炎球菌，后来此菌以他命名。医学以外，他对物理、天文、古典艺术和音乐也感兴趣。

52，魏克塞尔鲍姆，Anton Weichselbaum，1845—1920，奥地利病理学家、细菌学家。

53，北里柴三郎，Shibasaburo Kitasato，1852—1931，日本医师、细菌学家。1894 年香港流行鼠疫，他与 A·耶尔森几乎同时发现鼠疫杆菌。1885—1891 年他在柏林 R·科赫的实验室工作，1892 年回到日本，1914 年建立北里研究所。

54，克鲁泽，Anton Kruse，1864—1943，德国细菌学家，菲尔绍的学生。他的工作主要有关于原生动物和肠道感染细菌学，在德国鲁尔地区流行性痢疾发生期间，成功地发现痢疾杆菌。

55，志贺潔，Kiyoshi Shiga，1870—1957，日本细菌学家。1897 年发现志贺氏杆菌。1896 年毕业于东京大学，毕业前已随北里柴三郎工作两年，1899 年任东京传染病研究所实验室主任，旋即赴欧，1900 年研制成痢疾抗血清，1903 年归国继续与北里合作。1920 年任汉城大学细菌学教授，1929 年任校长，两年后回国，1936 年被任命为帝国皇室官员。1897

年本书说成1879年，也许是手民之误。

56，福德，Robert Michael Forde，1861—1948，英国殖民地的外科医生。1901年在冈比亚诊治一位汽船船长时对人类血液中的锥虫作了第一次明确的观察，起初他认为这是一些虫子。

57，达顿，Joseph Everett Dutton，1874—1905，英国医师。在福德之后几个月从福德的病例中识别出锥虫。

58，布鲁斯，Sir David Bruce，1855—1931，苏格兰军医、细菌学家、病理学家。曾在乌干达组织全国性的捕蝇活动，当地主教也参与其中，当地“蝇童”收集了数以千计的采采蝇送到他的实验室，用以研究锥虫。1915年获得列文虎克奖。昏睡病的病原Trypanosoma brucei是以他的名字命名的。

59，绍丁，Fritz Schaudinn，1871—1906，德国动物学家。1905年与皮肤病专家E·霍夫曼共同发现苍白螺旋体。他因将原生动物学发展成为一门实验科学而闻名。他最先将阿米巴痢疾病原体溶组织内阿米巴与无害的结肠内阿米巴区分开。

60，贝林，Emil von Behring，1854—1917，德国细菌学家。1889年入柏林罗伯特·科赫卫生研究所，与北里柴三郎一起证明给动物注射感染过破伤风的另一动物的血清，克使之获得对破伤风的被动免疫，病提出“抗毒免疫”一词，。后来他用这种技术预防白喉，1892年白喉抗毒素批量生产，注射白喉抗毒素成为白喉的常规治疗方法。1901年获得首次颁发的诺贝尔生理学或医学奖。

第二章　病的内因

打个比方：在一个愉悦的春日，三个人乘船旅游，一场暴风雨袭来，船翻了，他们在冷水里泡了好些时间，人们费了好大的劲才把这几个可怜的倒霉蛋儿捞起来。他们被带上岸暖身子，其中的一个还是得了伤风，另一个则染上了严重的肺炎，与此同时，第三个人啥事儿也没有，完全保持着健康。这到底怎么回事儿？

这三个人全都经历了同样不寻常的境遇，三人绝对都受了冻，不过三个机体以迥异的方式对这场受冻作出反应。其中之一对这短暂的异常境遇能够自适应，它依靠完全正常的生理机制来增加产热以抵消体热的损失，也就根本没有出现什么不正常的现象；剩下的两个机体都病了，降温在其病症中反倒成了疾病的一个起因，它们没有能力足够迅速地自适应。在这两个人身上，受冻引起了助长病菌生长的状况，这病菌在三个人的体内都是有的；不过就这俩人也是以不同的方式生病的，一个是全无危险的小恙，另一个则是重症。

疾病的准备状态——人称**素因**[1]——在上述三人的身上，于翻船之日截然不同，于是，对于同一损伤就有了不同的反应。通过更严密一些的调查，我们就会发现，三者之一，脑袋伤风的那一位，天生体弱，动辄生病，通一阵风顿时就会使他喉咙痛；假如他自己坐到了潮湿的地上，他马上就会得肠卡他；儿时他就很娇弱，经常生病。这样一个人显然不是到这个礼拜日才健康状况不佳的，他总是这样的。他有一种变得不适的天生倾向，这可能是遗传的，因为他母亲也特别易感。

那第二个人，就是染上了肺炎的那一位，则大不一样。他是一个天生强壮、健康的人，不过那一天他处在过度疲劳的状态，他干了好几个星期的艰苦工作，睡得少，既劳累又疲惫。在此，我们看到了一种对于疾病短暂的易感性，这是过度疲劳的结果。我们再深入一点了解到，这同一个人多年前曾经发过一次肺炎，当时他很轻松地就痊愈了。可是通过这一度的发作，一种器质性倾向就形成了，因此这一位对那一场受冻的反应就是肺炎的再一次发作。

至于保持着健康的第三位，他实际上不怎么强壮，不过他在体育运动方面非常地活跃，户外活动很多，他久经锻炼，对疾病有了一定的抵抗力，对于环境条件的多样性他已经增强了适应力，因此受冻对他并无损害。

从这个例子里我们了解到，在疾病的发生中，素因扮演着一种决定性的角色。我们懂得了，**素因**要么是**后天获得**的，要么是**天生**的。如果是天生的，那它就是**因遗传而得**的，或者于出生之前在胚胎期获得的，得自遗传的各种素因都是**家族性**的，其余的则是**个体性**的。

上述例子也向我们显示了，还存在有一种**器官素因**。在这样的情况下，我们所谈论的就是一种**病理性**的器官素因。这样的素因要归咎于旧时的疾病，不过从生理学来看，这些器官相对于某些疾病，其易感性有所区别。就部位和功能而言，有些器官在抵抗伤害上没有被保护得如别的器官那样地好，甚至常常受到比别的器官更严重的磨损和撕扯，对细菌的抵抗力迥异。比如，伤寒杆菌对胃部的损害并不严重，但是对于更下位一些的小肠襻，它们就会导致一系列的严重变化。

生理上的素因还受到年龄、性别和种族的影响。婴幼儿和老人倾向于大不相同的疾病，人生的每一个阶段各有其根源独特的危险，视乎机体在当时所处的健康状况而定。男人和女人因其各自的性别而生理负担大不相同，女人比男人负担重得多；职业以及生活方式都会制造病理性素因，于男于女也大不相同。最后，无疑还有种族的各种素因。昏睡病在黑人中间要比在白种人中间更常见，同时，白种人的黄热病死亡率比有色人种要高。

何为素因的本质，是我们今天所不能确定的。我们一直在人体的完整结构中、在个体的**体质**中寻求。体质论在今天精确的医学上扮演着一个重要的角色，其实际影响将会是什么尚难以言说，因为它还完全是未经检验的。体质论在病理学上很重要，在前面有一章里，我们评述了古人种种疾病理论有说服力地立论于体质，注意到了他们不是根据病而是根据人去分类的，还注意到根据类型将人分类并且身心兼顾地裁定这一切才是他们的目的。

这种方式的首次尝试就是亚里士多德对忧郁质的人的描述。这可不是我们观念中的忧郁者，他为什么被这么指称，我们很快就会明白。他并非一种病理的类型，不过还算是居于正常的范围之内（δυχ ρύσιν），他是易变之人。出众的哲学家、政治家和艺术家都属于这一类群。这真是变化不定之人，此一时心满意足，彼一时又在绝望的深渊。亚里士多德试图从肉体上去解释这一类型的人，用他所能够得到的符合科学规律的帮助——用定性理论——他做到了这一点。世界由四种元素组成，因而人体也由四种体液组成，这些体液因其性质相互抵消、相互弥补，不过它们中的一种可以不超出正常限度地居支配地位。这解释了人的异和同。忧郁质的人就是这么一类人：在他们体内μέλαιυα χολή——黑胆汁——居于支配地位。

古代的体质论必经的改进历程是清晰的。亚里士多德是一位哲学家，医师们只是遵循这些思路在行医，直到公元2世纪上古的终结。我们发现，加伦就有一套清晰的成系统的体质论。

加伦寻求着一整套的标准，恰如用测弦器定音，恰如波利克里托斯[2]创作的雕像之于雕塑艺术。从非常健康的人身上，加伦找到了这样的标准。这样的人每一个身体部位都ἐυ σνμμετρίχ τε χαὶ χάλλει，极匀称极美的，而且他也是身心协调的；他的对立面则绝对是一个病人；而居于这二者之间的就是σὐδέτερος之人，他既不健康也没生病，我们可以把他解释为相对地健康或者相对地有病。于是，一系列的体质类型被确立下来，它们得到了身心兼顾的描述。这样，就有了人的一种类型，人们认他胸膛宽阔、胸毛浓密、脉搏急促，他的呼吸深沉，反应敏捷，有脾气暴躁的倾向，他就属于心中“热”质居支配地位的人。与他相对应的就是胸膛窄狭、胸上无毛、脉搏无力、呼吸轻浅的人，一个什么都不敢做、因而总是犹豫不决的忧虑者，这就是心中“冷”质居支配地位的人。用这样的方法，加伦描述有四十种类型。这个数字并非偶然，因为其中每一种类型的人身上都可能存在有四种主要的器官和四种简单的、四种复杂的体质，而且这八种体质当中的每一种又都可能支配整个机体。毫无疑问，这些编排当中好多都具有纯粹思辨的性质。为了要和他的理论相一致，加伦将这些论据作了不少推断。至此，人们正站在上古的终结点上，站在一个衰落的时代，当时，伟大的、富于创造力的思想渐渐地都被人想出来了，文化已变得不活跃，在每一个领域，我们都能看到一种形成制度的趋向。不过，至少可以确定，必定有过种种观察，加伦才将他那些描述建基于其上。通过加伦的这些类型，人们可以不费多少力气就识别出中风病人和痨病患者来。

古代的体质论，对古代医师们的思维——甚至更多地对他们的行为——施加了强烈的影响。站在其病人面前的古代医师，并不自问：我的病人得了什么病？而是问：躺在我面前的这个人是哪种类型的人？体质的裁定，成了评价症状、诊治病人的基础。

古代思维存续了多久，治疗技巧受制于古人们的教条就有多久，体质的思维当然是一个根源。它支配着中世纪的医学，并且由于阿拉伯医学的侵入而得到强化。阿拉伯的医师们信仰亚里士多德，正因为亚里士多德定义了忧郁质的人，他们也就学着样儿来描述黏液质的人、胆汁质的人和多血质的人。四种气质的理论形成了，后来以对阿拉伯文本的翻译强行打通了它传向西方之路。在经院哲学中，关于人类体质的问题，形成了广泛的文献，所有经院哲学的医师和研究自然科学者，其中以阿尔伯图斯[3]为首，投入了他们大量的时间专门来做这件事。

人类类型的分类系统，以另一种奇特的方法也得到了尝试，那就是自称为占星学的方法。古时候，人们以为在某种气质与某些星辰[4]之间存在着一种联系，这样的星辰也被描述为有着同样的气质。因此，忧郁质的人被与土星联系在了一起，忧郁质的人是受到土星影响的人，就是丢勒[5]在他那幅广为人知的铜版画中所描绘的那种人。用这样的方法，形成了一种关于星辰子民的理论，生下来属于同一个星辰的人们有着固定的特性，接下来就费劲地为每一个星辰规定一种限定的人之类型，这样的人必定被毫不含糊地概括了身心特征，就本性和命运的一切细节而论，他也必须与之相符合。

《忧郁》，丢勒1514年创作的铜版画。24×20厘米，现藏纽约大都会美术博物馆。

文艺复兴突然之间转变了方向。我们已经谈到过，伴随着这一时期的开始，渐渐地，一种新的本体论的疾病观形成了；谈到过西德纳姆给了它明白的分类；谈到过由于病理解剖和病原学研究的推论，它得到了更加轮廓清晰的概括。人陷入到了与疾病形成对照的背景之中，分类系统不再与人有关，而是与病有关；素因的意义并未被忽略，只是它被排到了第二位。因此，1884年科恩海姆[6]觉得用下列言论来谈结核病是正确的："一切取决于结核毒素的特性及其影响，任何一个体内充满着这种毒素的人都会变成结核病人。"

这有点夸张，不过，倒也

可以用细菌学所作出的许多不可思议的发现来解释。一旦发展的速度不那么急促，就会出现反弹的反应。1891 年罗森巴赫[7] 写下了“对科赫方法的批评”，两年后许佩尔[8] 作了“发酵的原因与传染疾病”的演讲，针对疾病的发生，他们俩都强调了机体对感染之反应的重要性；1897 年戈特施泰因[9] 为疾病的起源提出了 C∶P 的公式，界定体质与致病媒介的关系；同年，柏林一个名叫克劳斯[10]的门诊医师发表了他的研究，疲劳被定义为体质的判断标准；一年之后，马蒂乌斯[11]在杜塞尔多夫的自然科学家大会上作了一个值得注意的演讲，在这演讲当中，他不但从传染疾病的发生上，还从整个的发病机理上，强调了体质因素所起的作用。

随着新世纪的到来，工作开始了，起初还有一些踌躇，不过渐渐地变得越来越密集起来。注意力被集中在多数用病理解剖学难以解释的疾病上，这些就是痛风、糖尿病和肥胖症。千万不要忘记，法兰西门诊医院所选择的不同的路线、所采取的平静得多的方式，尤其是他们改进了完成工作所要用到的技巧和器具。

极具重要性的是，1900 年年初由植物学家德弗里斯[12]、切尔马克[13]和科伦斯[14]对孟德尔[15]定律的再发现，给**遗传理论**所带来的新的推动力。有些疾病以及有些倾向是家族性的，意思就是它们代代相传，这长久以来已经为人所知，不过孟德尔的独特贡献在于将数字的观念引入到遗传规律当中。他用他那些巧妙的杂交试验证明，杂种——意思是亲本各种性状的混和融合体——遵循着可以用数字来表示的某些规律（这样的规律依孟德尔之名而被称为孟德尔定律）。他证实了，有些性状是显性的，同时有些是退化[16]的，比如，黑发父亲与金发母亲的孩子一头黑发，那么黑发性状就是显性的而金发性状退化。

更进一步的眼光被投射在了这些问题上面，人们理解了受精作用的物质过程。这就是生殖细胞的分裂深入到了染色体——种种遗传倾向的载体——以及父本和母本染色体的混和融合。

除了受精作用，人们确实也理解了个体一方面决定于亲本遗传倾向的混合，另一方面决定于环境的影响，还理解了以突然的种种骤变而出现的可遗传的新性状（**突变体**）。例如，德国南部和瑞士所有的血榉，都是同一棵血榉的后代，业已证明，这是在 1190 年苏黎世附近自发地产生的，这是突变之一例。

呈现在观察者面前的个体（表现型），是种种遗传倾向（遗传型）以及他的**生活环境**之产物。并非所有的遗传倾向都是显而易见的，不过它们的存在可以被下一代显示出来。

这一下就明白了，这种重要的知识不但适用于动物界、植物界，还适用于人类，尽管人类诸多性状之间的关系复杂得多，因为所有人都是杂种，没有什么纯粹的种族，而且子孙为数不多，就使得遗传的规律更不容易验证。显然，人类的诸多性状都可以"孟德尔"化，这让人很容易地懂得为什么那些穆拉托人[17]的家庭里会突然生出纯种的黑人来。各种疾病的倾向也遵循着同一种可遗传的规律，这样的研究引来了重要的洞察力，洞悉遗传性畸形和疾病倾向之传递的机理，这机理主要地在代谢疾病和精神疾病的发生当中起着极其重要的作用。

有了遗传理论，体质的研究才落实到了牢固的基础上。内分泌的研究又给了它强劲的推动力，人们真的明白了，作为一个整体的机体，在其运转情况当中很大程度上取决于血管球[18]的机能，有些体质类型则可以被解释为激素的类型。

尽管关于人是一种独特之存在的思想从来不曾被忘记，人们再度努力——就像古代医学那样——去确定哪些特性对于不同的人是共同的，并且用这样的方法去把各别的类型分出类来。正是这种要使体质论在实践当中硕果累累的努力，促使人做这样一种分类的工作。如果可以证实这样的类型存在，那么这一确凿性对于医生的思考和他的治疗方法就是有益的帮助，因为假如病人属于一种确定的类型，那么，根据其反应能力得出概括性结论就是有可能的。

例如，1907 年斯蒂勒[19]描述了无力体型：身体虚弱的人不但是一个病人，而且还是一个瘦弱的人，由于虚弱，他的生活成了一段长长的病痛经历。人们认识到，如渗出性素质和关节病素质之类的对于疾病的倾向，就体质而言都是以一定的方式被固定下来的；也认识到了，具有这些倾向的人们必定存在一定的亲缘关系；还认识到，他们必属于一种确定的类型。法兰西门诊医院根据首要的形态特征机能特征，区分出了四种体质类型，它们被定义为呼吸型、消化型、肌型和脑型。

基本上，只有医界人士才会把自己与这体质论联系起来，他基于肉体信赖这一理论；与此同时，我们看到，在另一个领域——在心理学领域——人们正在作同样的努力。杨施[20]、荣格和斯普朗格[21]都试图从心理学上去区分人类的类型。今天，尤其迫切需要一种拥抱身心兼备之完人的体质论，这可以解释克雷奇默[22]那本书名为“体格和性格”的小册子的出版所伴随的巨大成功。性格与身体特征相吻合，早已为人所知，往昔一切时代的相面师的研究正是基于这一认识。残酷狠毒的家伙只会被想象成长着尖鼻子的瘦子，而法尔斯塔夫[23]则被刻画成肥胖而又秃顶的样子。根据他所处置的大量的临床资料，克雷奇默能够定义出三种体质类型，而且他还极令人信服地描绘了它们的特性。这三种类型，第一种是结实体型，这是一个趋向于肥胖秃顶的人，一个前一刻心满意足、后一刻又陷入绝望深渊的人，如果他精神上变得不正常，他就会是躁狂抑郁症患者；另两种是无力型的人和运动员型的人，他们从躯体上而言是迥异的类型，但是在精神上他们相一致，一旦他们在精神方面落下疾病，就都会是精神分裂症。以前的实用知识只是出于直觉地感知到的东西，克雷奇默的研究为之奠定了思想体系的基础，连相面术也感受到了一种新的推动力。

体质论描述了哪种特征对所有人来说是共同的，即典型特征；与此同时，克劳斯和布鲁格施[24]更进了一步，他们的个性理论，基于个性是独一无二的或者个人特有的这样一种认识。他们研究个体的生活环境、完整的身体结构、结构里的组织以及结构的身心平衡，穷尽其对于环境的正常反应，穷尽其所有的周期性、非周期性的变化(布鲁格施)。这些努力取得进展所行的路线，与克拉格斯在他的心理学里所行的路线一样，如我们所知，在他的性格学中，他也是力图弄懂单一的个体、单一的个性。

医学界对体质的关注绝非仅有，设想人之体质的潮流一直在壮大。这也是人类学最必需的问题之一，意在探索将人当作一个心理、生理兼具的单元去研究。只有通过心理学家与哲学家的合作，我们才有望获得一种通用的体质理论，医学界的关注仍将不过是其中的一小部分。

以其目前的创见而论，体质论还是一门非常幼稚的学科，其中的一切都还没有固定下来。未来会证明，它将回报给医学的是何等特别的贡献。

译注：

1，素因，disposition，体格、体质、倾向。据《Dorland's Illustrated Medical Dictionary 28th Edition》(《道兰氏英汉医学辞海》，世界图书出版公

司1998年8月第1版），译为“素因”，指某种体质或精神疾病的素因。下文中的“体质”，英文本原文为constitution。

2，波利克里托斯，Polyclitus，活动时期为公元前5世纪晚期，希腊雕刻家。他是美术史上最有影响的大师之一。其最杰出的是两件雕像《束发的运动员》《荷矛者》，其理论著作《法式》讨论了理想的比例关系，并提出人像雕刻的力学平衡的概念。他的原作现已不存，人们所知的仅为罗马时代的摹制品。

3，阿尔伯图斯，Saint Albertus Magnus，约1200—1280，德国经院哲学家、天主教多明我会的主教。托马斯·阿奎那的老师，首倡把对自然界的研究建成为基督教传统中的一门合法科学，他的著作代表着他那个时代的全部欧洲知识。1245年开始接触由希腊文和阿拉伯文翻译的亚里士多德著作，对其全部已知的著作包括伪作加以注释，代表作为《亚里士多德哲学注疏》，他使亚里士多德关于自然的知识变得容易理解和可以利用。他前后花了约20年诠释所有自然科学各部门、逻辑学、修辞学、数学、天文学、伦理学、经济学、政治学和玄学，他关于自然科学的著作影响深远。他的诠释往往掺杂着一些“题外的话”，以表达他自己的见解、“实验”和推论，实验对他而言意味着观察、叙述和分类的细致过程。他认为有两种获得知识的方法，一是启示和信仰，一是哲学和科学，二者并不对立，并没有“双重真理”，一切真理都是真正的真理。1941年被教皇宣布为所有研究自然科学者的守护神。

4，星辰，planet，占星术用语，命运星辰，人事祸福星辰。指地球以外包括太阳和月球在内的太阳系任一天体。

5，丢勒，Albrecht Dürer，1471—1528，文艺复兴时期德国最重要的油画家、版画家、装饰设计家和理论家。同达·芬奇一样，他具有多方面的才能。他的人文主义思想使其艺术具有知识和理性的特征，他将意大利文艺复兴精神与哥特式艺术技法相结合，主要作品有油画《四圣图》、铜版画《骑士、死神和魔鬼》等。本书此处所指的，是他的铜版画《忧郁》（*melancholic*），以手拿圆规坐着沉思的健壮女子象征忧郁，其中含义美术史家推测不一，有一种说法是这表达了工具和科学仪器所引起的忧郁。丢勒最后的岁月致力于理论与科学著作，涉及绘画技巧、人体比例及建筑工程等方面。

6，科恩海姆，Julius Friedrich Cohnheim，1839—1884，德国实验病理学家，菲尔绍的高足和助手，在确定炎症、结核及其他疾病的病理组织学特异性表现等方面有重要贡献。1867 年证实，炎症时白细胞通过毛细血管壁进入组织，而脓液主要是由这些白细胞分解的碎屑组成。1877 年在兔眼前房诱发结核，使科赫得以发现结核杆菌。其两卷本《病理学总论》是使用时间最长的病理学教科书。他将组织冻结再切片作显微镜检查的方法至今仍是临床上的标准操作程序。

7，罗森巴赫，Ottomar Rosenbach，1851—1907，德国医生。发表过大量的关于临床实验、诊断、治疗、生理学问题和卫生学问题的批评性论文，因对许许多多基于实验室的病理学、细菌学方法的怀疑态度而知名，他试图取而代之以他称之为“功能诊断”的方法。

8，许佩尔，Ferdinand Hueppe，1852—1938，德国军医、细菌学家。其对于化学刺激/抑制的前卫研究给人们留下了深刻印象，“韦博规则”是毒物兴奋效应的一个历史性术语。1900—1904 年担任德国足球联盟的主席。

9，戈特施泰因，Adolf Gottstein，1857—1941，德国卫生学家。

10，克劳斯，Friedrich Kraus，1858—1936，奥地利内科医生。将心电图学和功能诊断引入德国。

11，马蒂乌斯，Martius。此人生平无从考证。

12，德弗里斯，Hugo De Vires，1848—1935，荷兰植物学家、遗传学家。研究物种变异，提出生物进化的突变学说，1900 年与科伦斯和切尔马克同时分别重新发现孟德尔遗传原理，著有《变异论》。

13，切尔马克，Erich von Seysenegg-Tschermak，Erich，1871—1962，奥地利植物学家。1896 年在哈雷大学获博士学位，1898 年春在根特植物园开始豌豆育种试验。次年自愿到皇族基金会工作并在私人花园中继续豌豆实验，在撰写实验结果时，发现一篇文献的参考书目中提到孟德尔的论文，便从维也纳大学图书馆取得该论文，他发现孟德尔的豌豆实验同他的一样，在某些方面还超过自己，1900 年他报道了对孟德尔论文的发现。

14，科伦斯，Hugo Correns，1864—1933，德国植物学家、遗传学家。在蒂宾根大学任植物学讲师期间用豌豆进行试验，得出与孟德尔相同的结论，查阅专题文献时发现了孟德尔三十几年前发表的论文，在试图弄清楚孟德尔定律的正确程度的过程中，他用多种植物比如紫茉莉进行了非孟德尔遗传的经典研究，随后的十几年里他协助提供大量证据支持孟德尔的论文。1909 年首次证明染色体外遗传即细胞质遗传的存在。1914 年任柏林威廉皇帝生物研究所所长。

15，孟德尔，Gregor Mendel，1822—1884，奥地利遗传学家，神父。自幼对自然科学感兴趣，1843 年入布台恩的隐修院，仍自学自然科学，1847 年任神父，1851 年到维也纳大学学习自然科学，1853 年回布台恩在技术中学任自然科学教师。1856 年在隐修院的小花园中用豌豆进行杂交试验，总结出分离规律和自由组合规律。性状决定于遗传单位，遗传单位的显现符合简单的统计学规律，这样就将遗传学建立在数学的基础上。1865 年在布台恩自然科学学会宣读论文《植物杂交实验》，未引起注意。1868 年任隐修院院长。他终生受到同事和居民的爱戴，但到死也没有被看作伟大的生物学家。他的学说被再发现之后，实践证明这不仅对遗传学，就是对整个生物学都有深刻的影响，是生物学的基本原理之一。

16，此处原文为 regressive，退化的，回归的。在遗传学术语中，“显性”应与“隐性”相对，此处却对之以“退化”。按“隐性的”英文为 recessive，是否手民之误或英译者之误？下一句中的“退化”同此疑。

17，穆拉托人，mulatto，指黑人与白人的第一代混血儿或者有黑白两种血统的人。

18，血管球，the vascular glands，血淋巴结。此处正从整体上说内分泌和激素，陡然说及血管球，上下文层次失调。这里只说腺体 glands 就够了，莫非本书英文本窜入了“vascular”一词？

19，斯蒂勒，Berthold Stiller，1837—1922，奥匈帝国的内科医生。1863 年以讨论动物的多种再生形式的论文获得医学博士学位，1874 年成为布达佩斯的犹太人医院的主治医师。1907 年在斯图加特出版著作，首次描述“无力体型的疾病”。

20，杨施，Ehrich Jaensch，1883—1940，德国心理学家。发现了遗觉像，即在刺激消失后留下的清晰的视觉影像。著有《*Eidetic Imagery and Typological Methods of Investigation*》，探讨遗觉像以及调查研究的类型学方法。

21，斯普朗格，Eduard Spranger，1882—1963，德国教育家、哲学

家。W·狄尔泰的学生，继承师业从事人文学科的研究。他重视文化及历史对人类道德和行为的影响，他的教育理论对20世纪20年代的德国教育颇有影响。他的著作有《生活的形式》(1914年)、《青年心理》(1924年)。

22，克雷奇默，Ernst Kretschmer，1888—1964，德国精神病学家，他试图将体态、体质与人格特征及精神疾病联系起来。他的祖系是神学家和医生，本人在蒂宾根大学学习哲学和医学，1913年毕业留校任助教，一战期间任军医并研究癔病，战后回校任讲师至1926年，几乎每年发表一本新书，最有名的是《体格和性格》(1921年)，提出某些精神病在特定体型者中较为常见。他假定有三种主要的体型：瘦高的无力型、肌肉发达的运动员型、滚圆的矮阔型，第一种易患精神分裂症，第二种也如此，只是程度较低，第三种较易发生躁狂抑郁症，易患精神分裂症的个体性情文静孤僻，而矮阔型的人喜怒无常、易动感情、友好愉快。其实，体型的差异也可以解释为因年龄的不同而引起，因此他的著作受到批判，但是人们在一定程度上接受了他的思想，这推动了心理学更深一步的研究。1923年著《癔病、反射及本能》，提出癔病的症状起初是有意识的，后来才为自动机制所接管。1929年发表《天才者的心理学》，认为种族混杂与高度文化相关，这使他与纳粹信条发生冲突。1933年他辞去德国心理治疗学会主席职务，以抗议纳粹接管政府。战时留在德国。

23，法尔斯塔夫，Sir John Falstaff，莎士比亚笔下的喜剧人物，外形肥胖。在《亨利四世》中为放荡的化身，常发表胆小、鲁莽和自私的出于平常见识的评论；在《亨利五世》中他的死十分感人；后来又在《温莎的风流娘儿们》中出现，据说该剧是伊丽莎白一世授意写成的，女王想要看到他在一出剧中堕入情网。

24，布鲁格施，Theodor Brugsch，1878—1963，德国医生，克劳斯的助手。其父为著名的埃及学家 Heinrich Karl Brugsch。

第六篇　医疗的救护

病人是一个处在不幸中的人，他期待着得到帮助，首先是从他的亲人那里得到帮助，从那些跟他最亲近的人那里得到帮助；他需要照顾；他的社交活动受到限制；平常他自己可以做到的一些小事现在必须由别人来完成。不过，他的不幸是一种具有特殊性质的不幸，因此他所要的帮助也必须是具有特殊性质的帮助，因此，他向医生寻求这样的帮助，他想当然地认为这位医生掌握了专门的知识，这知识使医生能够在病苦之中帮得上忙。

一个错误的观念是，以为只有受到核准的医生才会被请求提供这样的服务。许多病例——实际上是大多数病例——从来到不了医生的手里，尤其小病小痛更是如此，它们被病人自己或者被他的亲人给治好了。这样的自我治疗或者家庭治疗也许是依照传统医学的基本法则来施行的。比方，有个小孩咳嗽了，他妈妈派人去请医生，医生发现这是轻微的支气管炎，嘱咐一二；六个月之后这小孩又咳嗽如前，那当妈的没有马上派人请医生，而是按照上一次的医嘱来治疗孩子的咳嗽。要不然，这样的治疗就不是遵循传统医学的基本法则，而更确切些是遵循着民间医学的法则；每一位农妇都熟习许许多多的单方，这些单方，她的妈妈以及她妈妈的妈妈都曾用过。更何况，民间医药也有它自己的专科医生。

另一类疾病不是由医师而是由牧师来疗治的。每一个时代、每一种文化，各有其宗教医学的不同形式，服务于少数人的需求。

医生被请去施助的，只有一部分病例，不过幸亏有深得人心的启蒙，幸亏有疾病保险，求医的这一部分才不断增长。

到此，我们才第一次面对医生的风姿；到此，我们才真正地开始看重医学。因为医学以两种人为先决条件：寻求帮助的病人和施与帮助的医生。医学所研究的就是这两种人之间多种多样的关系。

行文至此，我们已经从总体上论及了人，谈及了病人和他的种种病苦，还谈及了疾病及其起因。我们必须详细地来谈论，因为医生在其职业当中有赖于对人的深刻理解，有赖于关于疾病的深厚知识。本篇将向我们展示他是如何运用这样的知识的。

医生的问题是，要帮助病人恢复他的健康，要保护健康人免患疾病。如果他们的行动要达到救护的目的，那么医生就必须知道，在这场战斗中他所应之敌是什么，换句话说就是，治愈和预防必须以诊断为先决条件。

第一章　疾病的识别

病人带着疾病来到医生跟前，他讲自己的经历，谈自己的病痛，医生边听边问一些问题，医患的关系以一场问答为开头。到现在你就会明白，德语专门名词“Sprechstunde”（谈话耗时）和“Sprechzimmer”（谈话室）是从何而来的。谈话的这俩人通常是陌生人，他们常常来自于迥异的社会阶层，这以后他们在救护路上多少得相伴而行了；医生一步步地引导而病人接受引导，从这首轮的问答中他们试探出了彼此的态度，为了让彼此联系起来他们寻求着什么；病人相信医生，否则他就不会选择这位医生，他克服了自己难为情的感觉，不顾忌将自己的肉体、自己的心理裸露在医生面前，他会透露出即使对最亲近的人也会隐瞒的那些秘密；医生也会倾其全力以证明有资格不辜负这份信任；这样病人必定会立刻感觉自己敲对了门，感觉这位医生理解他，感觉这医生不讨厌他，感觉这医生对他的病痛感兴趣；医生也会试着用病人的语言去说话，和对农夫所说的相比，对受过教育的人他就会用不同的字眼。

病人通常健谈，因为，能说说他的病痛，向医生吐露他的担忧，对他而言就意味着病痛的缓解。鉴于从前他不得不独自承担因病而起的精神负担，现在他觉得其他强壮一些的人正在帮他分担他的重荷，他不需要保留他的思想和担忧，某人正在为他着想，别人理解可能发生的任何新症状的含义，知道这是无害的还是危险的，而他所要做的一切就是遵从这个他者的指引。

对于医生，这样的问答具有巨大的重要性。他想要从中得知他的病人直到其人出现在他面前的那一刻之前的**既往病史**或者以前的病历；他希望知道，这病是怎么开始的，有哪些主观的症状存在，迄今为止的病程，还有是否做过一些什么治疗；他还要试图去发现，病人是否将自己的疾病与任何特别事件相联系。而且，他想了解的比这还要多。他想要了解他的病人是哪一类人，他年纪多大，他的职业是什么，他怎样地生活，在这场病之前他是否一直是健康的，或者是否他还有别的疾病。我们已经明白，遗传在疾病的发生当中起到怎样重要的作用，所以为了确定疾病任何可能的倾向，他还会问起病人的父母兄弟姐妹的健康情况。

病人在讲自己的经历的过程中常常有一点笨拙。他不知道我们急切地想知道的是什么，关于他的状况他自己有一些或许大错特错的想法，诸般感受又往往难以言表。比如，要从孩子的口中获得多少有价值的疾病线索就很困难。假如一个孩子主诉肚子痛，这并不表示更多的意思，因为对孩子而言，肚子指的是从他的下巴到膝盖之间的所有部位。有时会发生病人有意无意地欺骗医生；要么因为他盼着借病得益，要么因为他想要极力唤起我们的同情，他有时也会夸大自己的疾病。我们必须审慎地评价他的陈述，用机敏的提问来引导这场问答，但是要当心，不要用我们的问题去暗示答案。

在有些疾病中，病人太麻木，因此他们不能够令人满意地回答问题，在这样一些病例里，原委就只得从他的亲友那里问来了。

既往病史在我们的施治过程中指引着我们，一份可靠的、以前的病历可以让我们余下的工作容易得多，好些疾病都有非常典型的既往病史。

通过这样的问答获悉了病人以前的病历之后，我们接下来就要确定他当前的身体状况或者他的**当下状态**[1]。我们检查病人，当然这检查早早地就开始了，和他谈话的同时我们就在观察他。我们望见他的面部表情和他的肤色，用常规的方法我们就能够确认他的营养是充分还是不足，关于他精神上的反应是怎样的，我们有了一个印象。打个比方，诊室门一打开，有个人冲进了房间里，他很激动，口若悬河；另一个人安安静静地进来，以一种实事求是的方式用着清晰简洁的字眼说病。这样的交谈给了我们关于这病人的情感、记忆力和智力的信息。

我们知道种种主观的症状，但是，此刻在这种实际的检查中，我们的问题是要明确客观的征兆。我们最初的目标，即我们的首要目的，就是要作出**诊断**，要从我们的病人所承受的苦状当中识别疾病。

希波克拉底医派的医师也检查他们的病人，并且竭力把握尽可能多的症状，不过，他的目标却不同于我们的。他没有关于疾病的本体论观念，以我们使用“疾病”这个词的意思而论他不了解任何“疾病”，所以他自然也不能够诊断出什么疾病来。他检查病人，不过是为了要作出一个预测；他也权衡症状，不过为的是它们对于病人命运的意义。我们也作预后，不过我们得出预后的方法用的是诊断的方法，因为我们有这样一种观念：病人的命运大多由他个人特有的疾病决定。

因此，医学检查取决于人们所持有的疾病观。我们知道，在大多数疾病的病程当中，会发生器官的解剖结构上的变化。为了要识别疾病，我们将试图去理解这些变化；我们对待这活着的病人，将尽可能地同病理学家对待尸体一样地严谨。为此，我们要运用我们的感觉器官。不同的步骤依下列各项：

首先是**望诊**。我们检视病人的裸体，通过这种方法可以觉察到很多东西。我们不光想着察看身体的表面，还希望看到身体的里面。有了器械和仪器的帮助，我们做到了这一点。一个勺子足以让我们能够观察到咽部；有了镜子的帮助，我们就可以观察到喉头。1851 年，亥姆霍兹[2] 发明了检眼镜，这个设备让我们能够看透眼底，在眼病治疗方面开启了新的可能性。用灯具和镜子，我们成功地观察到了人体所有的腔腔洞洞，还能够查明种种变化：深入膀胱内部(膀胱镜检查)、深入直肠内部(直肠镜检查)、深入食管内部(食管内窥镜检查)和胃部(胃镜检查)；尤其是 X 光，让我们能够看透机体的内部以查出种种病变。以外科为起点——尤其是对骨折的诊断——人们渐渐地学会在其他器官比如双肺和心脏内部辨别变化。用各种各样的对比食物，使弯弯曲曲的消化道变成可以看得见的了。X 光诊断已经成为最重要、最有成效的方法之一，它不仅被应用于外科，还被应用到实用医学的一切领域里。

对于诸般变化的确认，眼睛自然是最重要的感觉器官。不过，在这个问题上也调用了其他的感官。运用触觉即用触诊的方式，我们能查明皮肤的弹性、腹部的紧张，还有各种生长物以及各个疼痛部位。

耳听的方法在作出诊断的方面很早就用到了。比方，假如我们想要查明一个桶子是满的还是空的，我们就会敲一敲它，通过敲击声，我们就能够辨别这桶子里装的是空气还是液体。这离敲叩胸腔就不远了，叩击胸腔可以查明肺有否包含着空气或是否充满着分泌物，或者可以查明胸腔里是否存在有液体，或者可以确定心脏的大小。1761 年，莫尔加尼创立病理解剖学的著作出版的同一年，维也纳医生奥恩布鲁格[3] 用一个相当笨拙的标题 *Inventum novum ex percussione thoracis humani ut signo abstrusos interni pectoris morbos detegendi*——意思是"一种用**叩诊**人类胸廓的方法取得种种征兆并由之使隐藏于胸腔之中的各种疾病得到确认的新发明"——出版了一本小小的小册子，叩诊的方法就是建立在这篇论文的基础之上。

然而，这个新方法最初受到推荐的时候并未受到注意，而且相当明显的是，在 18 世纪中叶这一方法尚未普遍流行，解剖学的思维在解剖学上还不常见。所以不难理解，正是法兰西门诊医院于 19 世纪初充分意识到了叩诊的大意义，这所门诊医院描述了大量当代的病象，尤其是在心肺疾病领域内。1803 年科维札尔[4] 将奥恩布鲁格的论文翻译成了法文，他以其全部的工作证实了这一方法所能做到的一切，从这时起，叩诊在身体检查当中才得到普遍的采用。

此时，出自于同一所法兰西门诊医院的另一种同等重要的声学方法即将出现——这就是**听诊法**。把耳朵贴到胸口上的时候心跳的声音就可以被听到，呼吸的声音也一样。在古时候人们也注意到胸部疾病当中有时可以听得见一些异常的声音："像煮沸的醋一样发出汩汩的声音"或者"像皮带一样发出噼啪声"，由于当时没有什么解剖学的思维，用这些准确的观察推断不出多少有意义的结论来。不过接下来，到了 19 世纪初，爱好者开始关注这些声音，人们祈望它们为我们提供关于它们从其中而来的那个器官的健康状况的信息。这些研究者们领悟到，众多肺泡里充满着分泌物的时候比之于它们在每一次呼吸中舒张开来因而空气充盈的时候，气息的声音必定不一样。还有，各种心膜的诸般变化应该也会影响到心跳的声音。这些声音得到了研究，特别是得到了巴黎门诊医师拉埃内克的研究，他经常要听，把自己的耳朵贴在患者胸上直接地听诊。有一天他接诊了一个非常肥胖的心脏病病人，心音不怎么清晰，他只听得到细微的声音，因为病人的左乳妨碍了他的耳朵贴近心脏部位；后来在去病人家的路上他穿过罗浮宫，垃圾和橡木堆在一个角落，一群孩子在上面玩耍，他们发明了一种新游戏，一根长长的橡木横在那里，这一端有个男孩把耳朵贴在上面，而另一端另一个男孩敲打着发出信号，拉埃内克停留了片刻，心想这应该有用，他加快了步伐，到了病人家，要来一卷书写纸，把它卷成筒状，一头贴在病人心尖搏动的部位，自己侧耳从另一头去听，这样果然有效！他听到了心跳的声音，比用他的耳朵直接贴在病人胸上要好得多也清晰得多，他向各处移动这纸筒，全面探听心脏；他还听到了呼吸器官的声音，这些声音太嘈杂，几乎干扰到了纸筒听诊。就这样，听诊器被发明了，听筒成了医生的象征物，就像中世纪的玻璃尿瓶[5]一样。过去直接的听诊现在变成间接的了，拉埃内克一直在改进他的方法，分析器官的声音和各种噪音，辅之以显示出导致这些声音的解剖结构变化的切片来作出确诊。1819 年，他这些研究的成果被印成了厚厚的两卷《论间接听诊或者主要地基于此一探察之新方法对肺心疾病之医治诊断》。

在 X 射线发明之前，心肺里面的病态变化，对于眼睛而言是不可见的；通过运用听诊法和叩诊法，对于耳朵而言这倒得以透露了。

听诊法和叩诊法当然都是间接的检查方法。心肺间的变化并未被看见，它们都是被根据一些明显的身体征兆而推断出来的。在 19 世纪，对于生理机制和发病机理的了解越深入，已被查明的这些细节就越有说服力；如果器官不是生理性地而是病理性地起着反应，这一转变就应该是显然的。尿液应该能告诉我们关于肾脏

雅各布·托伦弗列特(1635～1719)的油画。医生在为病人做诊查，一手在给病人切脉，另一只手举起装着病人尿样的玻璃瓶。验尿在当时仍然显得重要，它为医生提供了很广泛的诊断信息，验尿还用来鉴别贞节和相思病。

机能和代谢作用的信息，尿检在古代医学中早已是很特别的特征，不过在那些时代，含糊笼统的臆测就已经能满足要求了。尿液依据其颜色以及其中混浊物和沉淀物的出现而得到鉴定，接下来，化学成为各类检查可信赖的基础。此后，尿液是含有正常的、还是病理性的成分，它们各是一些什么成分且它们又以怎样的量存在，就都可以得到客观的鉴定了。另外，还有可能做到的是，把沉渣放到显微镜下面，去看它是由什么构成的，看它所含的是化学上的化合物还是形成物。

用于尿液的这同一种方法，也适用于粪便、胃的各种内含物、血液、脑脊髓液，还适用于各种病理性外渗物，用中空的针管抽吸一份抽样就可以了。查验的化学方法和显微镜方法越多越广，关于正常过程及病理性过程的知识就会增进得越多。进步还不限于此：所有用于查明各种生理过程的方法也都成了诊断的方法，因为它们使我们得以查明一个过程是在生理诸变化的各种范围之内还是之外。对于其中没有显而易见的形态变化的那些疾病之诊断，这些方法极具价值，这倒是显而易见的。

此外，我们还了解到，许多传染病都是由一种产生结果的媒介所招致的。因此，假如我们能够在疾病当中证实这样的起因，诊断就得到了核实。比方，如果我们在一处脓肿里面发现梅毒螺旋体、在痰里面发现结核杆菌、在扁桃腺炎当中发现白喉杆菌，我们就会知道我们正在与之打交道的是什么疾病。通常我们不能够证明杆菌，在这些情况下就可以把可疑物注射到实验用动物的体内，通过这动物的反应，疾病就可以得到辨别，因而通常杆菌也就能够被找到。另外，我们都熟悉机体对各种传染物的反应，这反应催化了一些防御的力量，如果我们能在病人的血清里证实这些力量，我们就将得益于另一种有价值的、可用于诊断的帮助。正是基于这样的原则，在伤寒病的领域里就有肥达[6]反应，在梅毒的诊断上就有瓦色曼[7]反应。我们也曾看到过，一种传染病传播过后，机体成了变态反应性的，即机体对于同一种毒物要么过敏、要么低敏。在皮尔凯[8]反应当中，一个我们怀疑他得了结核病的小孩，就可以通过结核菌素得到诊断：如果他是结核性的，或者如果他在更早一些的日子里曾经得过结核感染，那么他对此结核菌素将是过敏的。

诊察病人是一段分析的过程。在检查中，我们很想查明尽可能多的疾病症状；在作出诊断的过程中，我们则要综合。接下来，下一步就是要一丝不苟地评估这些症状，要循着它们回溯其起源，要解释它们，还要辨别它们相关的从属性和独立性。显然这一切只在拥有了渊博的知识储备的前提下才有可能。现在有许多言论谈及医务职业需要直觉、需要出于同情的理解力，其实，每一种并非纯粹技巧性的职业都需要几分有把握的直觉，推销员和实业家为了正确地判定当前有利可图的形势也都比医生需要更多的直觉。当然，医学有非理性的一面，不过探索研究为尽可能多地减少这一面起到了作用。至于诊断，也牵连其中。探索研究正在努力改进各种方法，以便能够客观地、定量地查明种种症状。当然，单单针对各种症状的观察并不能产生出诊断，从而某种理解症状的天赋就是必要的了，换言之即是悟性。对于有直觉的医生，这个问题将会容易一些，不过，今天我们的医学的长处在于它并不以主观因素为基础，还在于它掌握了越来越多的方法和工具以便客观地确认疾病。

假如一切疾病都运行着一种典型的病程，那诊断可就简单了。可这实际上是困难的，有时候甚至是不可能的，因为病人各有不同而疾病又往往显示出异于惯例的明显变化。

我们还必须记住，诊断并非终结本身，而是导向终结的手段。我们作出一个诊断，是为了更有效地与疾病作斗争。一旦我们完成了诊断，我们真正的职责——治疗——才刚刚开始。

检查的各种手段对病人而言通常是引起痛苦的，因此，我们将尽力使用最简单的、可行的方法获得诊断，还要解除病人不必要的不适。

检查也并非一种简单的步骤。只要病人处在我们的看顾之下，我们就要一而再再而三地检查他。我们观察变化中的症状，有一些在消退而另一些则更进了一步。通过这一幅症状之画面中的种种变化，我们密切注意此病的病程。

当我们拿起一份先前的病历，我们会问那病人一些问题；当我们完成了我们的检查，他又会问我们许多问题。接下来，他盼望知道，他得了什么病，他面临的是什么；他想知道，他的状况是否不会导致病痛，或者他的生命是否在危险之中；他想知道，他是否要面临长期卧床，或者他是否将很快地恢复健康；最后，他还盼望知道，这病会不会留下疤痕。

所以此刻，我们必须提出**预后**。作出预言总是一项困难的任务，在无有确证之处我们要规避任何明确的陈述。然而，我们有一些有说服力的优势允许我们给出答案，先是很笼统地用诊断作答。我们知道病人得了什么病，我们更了解各种疾病并且由经验得知它们惯常的病程。我们知道肺炎约莫要持续一周，伤寒则持续三周；我们知道水痘一般是一种轻微的、不致危害的疾病，而结核性脑膜炎几乎总是一种致命的疾病。统计学为我们提供了作为根据的数字，伤寒的死亡率大约10%，这意味着每100个病例中平均有10例是会死人的。

这些笼统的线索极其重要却还不够。对于伤寒病人，绝对必要的是弄清楚他是属于那会死的10%还是属于那会活下去的90%。诊断给我们以疾病大体上的预后，接下来我们就要为正在考虑中的这个病例即病人这个个体给出预后。根据在这个别的病例上的研究结果，我们只能做到这一点。在这个方面发病机理就具有极其重要的重要性。如果我们了解到，在肺炎过程中病人的循环系统作了巨大的抵抗，我们就得特别地注意其心脏。有一颗健全心脏的人所得到的预后，将会比心脏受损的人例如嗜酒者的预后要稍好一些。年龄也值得考虑。糖尿病在小孩身上比在成人身上要严重得多得多；老年人总体的抵抗力比年轻人的差远了，年轻人轻易就能克服的那些疾病，在老人们身上就可能得出一份严重的预后来。

现在我们懂得了，作出关于此种疾病的诊断还不够，我们必须诊断病人这个个体。我们确实不仅要知道病人得的是什么病，我们还要知道他是哪一类的人。为了这个目的，我们必须从最广泛的意义上去查究他的体质。

只确定一个器官在给定时间内的变化发展到了什么程度，只确定这个器官在什么范围内正在传达异常活动的征兆，这在许许多多的病例里都是不够的。我们还必须知道，这病变的器官能够起到的作用还有多少，它是足以胜任还是不能胜任。我们通过使这一器官承担一些定量的任务以试图确认上述要素。比方，为了考验心脏，我们让病人完成一项特定的工作，他被劝着爬了一段楼梯或者按照规定次数屈膝，我们知道正常的心脏对这样的任务是如何作出反应的，从而能够判断这病变心脏的功能。或者，我们给病人一份含有限定混合物的试验早餐，以图判定病人胃的功能，一定的时间之后，我们使病胃排空，去研究这试验餐都发生了什么情况。这些都是功能诊断的方法，它们向我们提供了许多有价值的预后细节，这些细节正是我们所要把握住的。

从这一点上看，关于疾病的理解和关于病人个体的知识支持着预后。我们必须心存惕惧，因为在此病的整个病程中预后可能有变，意料不到的一些并发症可能穿插进来。病人总在询问预后，他不能核实诊断，但是他能证实预后。因此，医生的体面以及他被赋予的信任主要地取决于他提出预后的能力。

译注：

1，此处原文为 status praesens，拉丁文，现在状态。

2，亥姆霍兹，Hermann von Helmholtz，1821—1894，德国物理学家，生理学家。学医出身，曾任军医，1848 年任职柏林解剖陈列馆，在柏林美术专科学校任特聘教授，1849 年成为大学助理教授和生理研究所所长。1858 年后他对自然科学的兴趣偏重于物理学。1871 年任物理学教授，1888 年任柏林物理技术研究所所长。早期受康德哲学的影响，生理学的研究使他转而坚决反对康德的"自然哲学"；他的博士论文激发了他对动物热量的研究，这又使得他坚决反对生机论；他的著名论著《关于力的守恒》，使他成为能量守恒定律的创立者之一；他研究了眼睛的光学结构，发明了检眼镜和眼膜曲率计；1863 年发表《音乐理论的生理基础》。1888 年他的学生赫兹发现了无线电波，这是法拉第、麦克斯韦和亥姆霍兹理论在实践上的证实。亥姆霍兹是 19 世纪最伟大的科学家之一，对生理学、光学、电动力学、数学和气象学都有十分重要的贡献。

3，奥恩布鲁格，Leopold Auenbrugger，1722—1809，奥地利医生。经过七年的研究，于 1761 年发表《新发明》一书，描述叩诊法。直到拿破仑的私人医生让－尼古拉·科维札尔·德马雷的法文译本在 1808 年出版，这个方法才得到世界的承认。叩诊至今仍是诊断的基本程序。

4，科维札尔，Jean-Nicolas Corvisart，1755—1821，法国医学史上的重要人物，拉埃内克的老师。成名于将奥恩布鲁格的《新发明》一书从拉丁文译为法文并完善了这一技巧。1797 在法兰西学院任教，在此获得心脏病学专家的声誉。1804 年任拿破仑的私人医生，直到 1815 年 10 月拿破仑被流放为止。

5，玻璃尿瓶，urine glass，一种用来检查尿液的容器。它是透明而薄的玻璃小瓶，围绕着草编带子，上有瓶盖和把手。中世纪的书中插图往往画着医生手拿玻璃尿瓶对着光检查尿样，玻璃尿瓶成了当时医生的职业象征之一。

6，肥达，Fernand-Isidore Widal，又译维达尔，1862—1929，法国医师、细菌学家。1896 年将细菌的凝集现象应用于伤寒的诊断，此即肥达反应。

7，瓦色曼，August von Wassermann，1866—1925，德国细菌学家。1890—1913 年在柏林罗伯特·科赫研究所工作。发现梅毒血清试验，将免疫学的基本原则扩展到诊断领域。瓦色曼反应至今仍为诊断梅毒的可靠指征之一。

8，皮尔凯，Clemens von Pirquet，1874—1929，奥地利医师。1906 年他注意到：接受过马血清注射或接种过牛痘苗的人再次接受这些物质时往往迅速出现严重反应，他称之为“变应反应”。通过对变应反应的研究，他提出了关于传染病潜伏期及抗体形成的新理论。他发明了诊断结核病的皮肤试验(皮尔凯试验)：将一滴结核菌素滴在皮肤上，划破皮肤，若局部出现红肿(皮尔凯反应)，则表明受试者已感染结核病。

第二章　疾病的治疗

我们作出了一项诊断，这一下我们知道了病人得的是什么病。既往病史也告诉我们关于病人先前的病历以及这一次生病的起点。我们还给出了预后，而且也料想到了他有一些什么样的痊愈机会、有一些什么样的危险在等着他。

接下来，我们真正的工作开始了。我们马上就要试着帮助病人恢复其健康，我们或多或少地自知促成治愈的不会是我们，而是大自然，大自然凭着其固有的、有疗效的活力施行救治；我们能做的一切只是要扶持这一活力，要增强它、引导它，并且要为它变得更有效力创造最有利的条件，我们必须防止那些可能造成伤害结果的影响。

许多疾病没有治疗就痊愈了，这是否意味着对这些病例来说我们是多余的？不，因为我们守卫着病人，我们关心着正在进行中的这场斗争的进展，随时准备投入进去，以防情况变得更糟、更凶险。还有，如果我们用我们的救治缩短了此病的持续时间，并且使病人的痛苦变好忍受一些了，我们也就是在为他服务了。有的时候，单是我们的在场，就足够了，医生在那儿的感觉将给病人带来勇气，由此促进他的治疗，“医生面前再无危害”[1] 这句话绝不是嘲弄。

因此，我们不能拒绝帮助某些病情无望的病人。古代东方的医生——与希波克拉底医派的医生一样——感觉到，他们没有理由干预这样的病例；但是，我们有，我们至少可以试着缓解疼痛，试着让这痛苦的结局可堪忍受。

医生干预自然的过程这样一个事实，一直没有被人们认为是理所当然的。对原始人而言，大自然是神圣的、强大的、富于创造力的，大自然就是伟大的医治者。随着文明的进步，扶助自然力、增进自然力的愿望觉醒了。大自然是富于创造力的，这创造力得到了增强，于是农业产生了；大自然是伟大的医治者，这医治力得到了增强，于是治疗技巧发展了。人们——比如古希腊人——很坦率地相信，人管自然的闲事这样的念头，是一种极其荒谬的杂念；他们用关于治疗之神阿斯克勒庇俄斯的神话来表述这一信念，他因为从死神手中救人，才被宙斯的霹雳所击杀。柏拉图甚至还意识到了为医师辩护的必要，断言医师有益于城邦。

治疗或**疗法**开始于**管理**病人的生活方式。病人想要知道，他该怎么作出反应，该做什么，不该做什么，什么对他有好处，什么又有害处。在许多轻微的病例里，额外的处方并非必不可少，病人可以按照他的习惯去过日子。只要他能起床走动，有了所能够得到的各种待遇的扶助，这病无论如何都会自己好起来的。对于其他病例，明确的限制是必要的，病人不得过热，还得避开风口，在他耗费了气力的过程中一定要穿插有休息的间隙。

对于一切严重得多的疾病，尤其是对于发烧的突然发作，卧床休息绝对是必要的；而从这一点上来看，病人的生活从根本上改变了。机体处于一种危急的状态，体内正在激烈地进行着一场斗争，病人必须独力地去赢得这场反抗疾病的斗争。我们不能帮助他摆脱这场斗争，不过我们会通过在这场斗争中创造尽可能有利于他的条件，试图笼统地帮助他。我们要小心地保证病室通风良好，要排除一切的外界刺激，比如强光和噪音，要看着他舒舒服服地卧床，判断他的食物要易于消化，保证他定时地排泄掉他的废物。

我们还要操心让他在心理方面保持一种良好的精神状态。我们要让他感觉到他并不孤单，感觉到医生们正在为他着想，感觉到他在医生中间有一个同盟者。怀着长夜煎熬的渴望，他期待着医生的临诊，每一次临诊都必定激起病人新的希望，我们要焕发出一种实力与信心十足的感染力，去感染我们的病友。从中世纪的一本教科书里，我们读到医生必须是使人感到振奋的；读到当一位令人振奋的医生步入病室时如光入闇。先前为恐惧和忧郁所主宰的地方，现在注入了精力充沛的勇气，因而给病人以重生的力量，这是千真万确的。我们要避免因我们嘈杂的介入而搅扰了病人，还要避免弄得病人对比之下反倒比以往任何时候更加注重自己的处境，实际上，就连我们出现在他面前所说的安慰话，都将起到一种增进健康的乐观主义的作用，也将有益于他。在整日的繁忙中，我们要欢快地、无忧无虑地露面，并不总是容易的事情，这是毋庸置疑的；进入病室之前，在每一个病人的门边，我们自己一定要镇静下来，因为我们不是仅仅作为个人走进去，而是代表着一种职业，代表医生。在这里，我们要有个人的特色，就像在别的治疗当中一样。每一个病人都必须得到有区别的对待，不过我们要确信，我们总是引导者；还有许多的病例，在治疗的过程中，我们会要对病人有一点点强硬，这是为了有助于他的治疗，我们不必有顾虑。

从前面所谈到的一切来看，显而易见，对**病人**的**照料**有着一种重大的影响。我们当医生的不是自己去护理病人，但这护理是由病人家属或者尤其是由受过特殊培训的护理员来完成的；不过，我们还是要对照料病人了如指掌，既是为了给病人家属提供建议，也是为了掌握什么事情必须、什么事情不必召唤护士。

前面有一篇里，我们看到，对病人的照料由基督教执行得很精彩。甚至到了今天，护理的职业还是由宗教界来掌握的。这是一个充满艰难困苦的行业，它要求太多的理想主义、太多的乐于奉献以及恼人的煞费苦心。但是，它也是一个使人产生美感的职业，因为病人的福祉大半取决于那些照料他的人们。每一份负累都被从这生了病的机体上移去，每一声免于病害的心跳声都是劫余的幸运。对病人而言非同小可的那些小事，数量有多少，变化又如何：在合适的时间安放在合适位置上的一个枕头，护托双膝的一个卷筒，放下来为病人遮挡耀眼光线的一道帷幔……集合所有的这些小事小物，就成了治疗过程中真切而重大的因素。我们这些当医生的而今只是短时间地看了看病人，我们只是发出各种命令或者给出各种建议，做护理的人有责任执行它们并使得它们产生效力，因此这样的人是我们最有力的同盟者。正是这样的人，施行护理，怀着爱常伴在病人的左右，对于病中的这份爱，病人是特别强烈地需要的。

护理病人的重要性对医院的创立起了主要的作用，为的是让那些在家中得不到适当照料的人们不会感到无人援助。起初，这些只是为贫困病人而设的机构，但是，随着医学的发展，随着检查治疗的方法变得越来越复杂，随着外科学作用范围的不断扩大，结果就是，越来越广泛的社会阶层走进了医院。可以设想，这个方向上的发展还是方兴未艾的。

到目前为止，本书所描述的，纯粹还只是普通常规的治疗方法。这方法限定本身运用常规的方法比如护理和饮食等等，为机体的治疗预先准备最适宜的条件，这是顺病人的本能行为而采取的最自然的治疗方法。感觉到得了病的人躺倒了，躲避着外界的各种刺激并且拒绝某些食品，在这个范围内医学所要做的就是要研究这些外在的条件，要改进它们，还要更确切地界定其效用的范围。

对于有些疾病，我们能够做也愿意做的，仅仅就是用常规的方法去医治；而对于其他疾病，我们将着手于该病本身。我们的治疗是受疾病的病原学、病理学观念支配的，如果疾病的起因还在起作用，我们就要试图去消除它。假使致病的损害是可以治愈的，那么遵循下面这句格言“**远因则果除**”[2]，我们将最快地达到我们的目的。我们的治疗在这些病例中将会是**病因疗法**，在一些病例中这相对容易一点。比如：遇到维生素缺乏，所缺的维生素补上就行了；假如因为一种激素的缺乏疾病才发生，这激素就会被当作一种药物来供给；如果一种异体的物体正在致病，它将被移除；各种寄生虫也会被驱除；各种毒物必须被无效化；在传染病中，我们则将试图消除此病的病因。这些在机体之外都是容易做到的。但是，杀菌剂不可以被供给到体内，因为它们不仅仅杀死细菌，也杀死体细胞；从这一点上看，它们毁灭人体的自然防御机制，而这一机制正是我们在一切情形之下都必须保全的。对于很少几种疾病，我们有专门的措施，比如奎宁对疟疾有奇效，水杨酸则应对急性风湿病，还有水银之于梅毒，或许这些药剂直接地攻击了该病的介质。针对其他类似的药剂所作出的探索，以埃尔利希[3]的研究为最，他的设想是一种**大量灭菌疗法**[4]，这意味着一种必须通过一次化学体的预防注射来成功地消除刺激物。一心想着找寻这样一种物质，埃尔利希制造出了洒尔佛散[5]，一种砷制剂，今天梅毒的治疗中几乎处处用到了它。从**大量灭菌疗法**的意义上来看，它不仅对梅毒，还对回归热，都发挥过实际的作用。

在极少数的病例中，消除原发性病因是有可能的。不过，在我们关于疾病之发病机理的知识基础之上，如果我们成功地干预了该病的机理，就会获益匪浅。对于肺炎，人为地灭菌是不可能的，我们还得任凭这肺病行进其病程，我们知道，威胁到病人生命的危险就在他的心脏里面，这危险必将对大势造成不利。由此，我们将首先也是首要地把我们的注意力聚焦于病人的心脏。如果我们看到它渐渐衰竭，我们就要拿心脏兴奋剂去强化它；在我们的控制之下，我们要尽一切可能使它保持运转，除非危象已经结束，血管阻力已经消除且血液循环畅通无阻。因此，尽管肺炎是一种肺部的疾病，我们的治疗还是直指心脏的。从这样的例子里不难理解，在治疗中掌握发病机理最全面的知识具有何等惊人的重要性！我们也明白，研究的重心就在这个范围之内。

接着就会有许许多多的病例，上述针对发病机理的治疗方法对于它们并无裨益，在此我们将受到限制，要跟一些独特的症状作斗争，这症状对于病人而言，要么是最危险的，要么是最疼痛的。既然是这样，相应的疗法就是治表的了。我们差不多总是在跟单一的症状斗法，这里不妨再回头看一看肺炎的例子：如果热度过高，我们就会用冷裹法使之保持在某一限度之内；因为肺炎常常伴随着一种胸膜炎，病人的一侧通常会有刺痛，这疼痛妨碍到他的呼吸而让他不得安眠，如果我们能以一次吗啡注射来完全镇住这样的疼痛，我们就能使这位病人的呼吸不那么费力，尽管或许只是短暂的自如，而用这样的方式总可以容他深呼吸几个小时。这些都只是针对症状的方法，这些方法并不能直接地影响到疾病本身，不过，通过给病人片刻的喘息，增强了他的抵抗力，这些方法倒也确实有间接的效力。

这样，我们看到，当我们试图为病人的机体确立最有利的条件以便它能够自己应付疾病的时候，治疗，在一定程度上是效力及于全身的，在一定的程度上它又是有特种用途的。我们会做得直接，直截了当地致力于病因，这样的攻势会以不同的强烈程度从三个方面进击：通过试图去除不同的症状而消解主症状；或者我们做得更深入，用我们的力量去跟那发病机理作斗争，并且向一个症候群的起因开战；要不然，我们就试着从它的根子上从它的原发性病因上根治这场疾病。我们究竟从哪一方面着手，就要取决于这一场疾病，还取决于为此一战能供我们使用的工具。当然，我们力求做到尽可能接近病根地打这一战。人们总是渴望着针对病因的治疗，其实，在许多情况下它并非病象的一部分，比如当病因已然停止活动的时候。疾病的许多病因，尤其肉体上的病因，还有其中首要的机理性病因，只会短暂地作用于病人的机体，它们引起紊乱、引起伤害，而疾病就发生在这个力图修复这损害的机体内部。在这样的病例中，治疗，在于扶助机体自我治愈的全部努力，最终用一些的方法让机体免于一死。例如，我们知道坏死组织一般会蜕去，我们还可以用手术刀人为地除去它们，那么，用这样的方法我们就加速了痊愈。

我们谈过了治疗的过程，接下来就要评述其不同的方法。

治疗在于促使各种力对病体或病体的一部分产生影响，这些力可能是病体自身的，或者可能是病人环境里的成分。

我们已经看到有些疾病的形态，从本性上肯定就是防御的步骤和有疗效的步骤。我们可以尝试着人为地制造这些步骤，试着用它们去促进痊愈。我们知道一个机体如何保护自己不受感染；我们还知道它能生产出各种抗毒素来跟病菌的毒素作战，不过，这些抗毒素的制造要花若干的时间。假如病体不能在足够短的时间里生产出够用的抗毒素来，它就会被细菌产生的毒物——即毒素——压垮，在这样的情况下，我们的反击也许会非常地有效，因为我们能够就在疾病初起时人为地、以充足的剂量将相应的抗毒素引入病体。正是基于这样的原则，白喉的治疗采用了贝林血清的注射法。我们实在不能够等待病体有效地免疫，而是要人为地尽快促使病体被动地免疫。抗白喉血清是通过将白喉培养菌的滤出液——其中当然含有白喉毒素——多次地注射到马身上而获得的，那些马还真的没有死，过了一段时间之后它们反而开始有效地免疫，到那时它们的血清里就会含有大量的抗毒素，这样的血清我们就可以注射到病人的体内了；我们还可以将它当作预防措施来运这种病用，把它提供给那些可能容易感染该病的健康的人们，万一他们感染了它，他们体内早已备有相应的抗毒素，那么这种病就不会发作了。

对于破伤风，我们也因为这样的方法而取得了巨大的成功。每当我们遇到一个可疑的伤口，作为一种预防措施，我们就会注射破伤风血清。如此治疗的显著效果在第一次世界大战中得到了证明。1914 年夏季，破伤风弄得满目疮痍，尤其是在香槟地区[6]。等到系统免疫可以在受伤后尽可能快地被引入的时候，破伤风就几乎绝迹了。同样的预防方法也被运用到了瘟疫上。

我们还知道，发烧和炎症都是防御和治疗的反应。因而，在某些病例里我们将人为地制造它们。用压迫法，我们可以引起充血，以作为一种有疗效的措施（比尔[7] 充血疗法）；通过各种刺激剂例如异体蛋白的注射，我们能够激发病体的防御力，使慢性过程急性化，以此方式推进治疗的进程。值得注意的发现是，通过导致发烧来治疗随梅毒感染而来的一种心理疾病——进行性麻痹——这发烧是通过人为地使病人患上疟疾而制造出来的。

在所有这些情形下，我们都援用了病体内在的各种力，它们都是我们所启用的病理性生理机制，我们介入到了一个自然的事件当中。我们用实例向病人证明他曾经自己错失了多少治疗的机会，进而迫使其身体利用这些潜在价值。

相形之下，外在世界也存在着作用于病体或其部分的各种力，这样的力都有哪些？它们与我们曾经学着去掌握的病因是同样的力；我们提到过，这些力损害人体，因为人体对它们而言不是没有亲和力的，它们对人体有影响。如果不容这些力失控，如果我们操之在手，在正确的时刻正确的部位去控制它们、诱导它们，它们对于病体的影响，就不会是有害的而是有益的了。我们熟悉这些力，比如，我们知道食物也可以引起疾病，我们也将把饮食用作治疗的要素，这就是**食疗**；我们曾经谈到过作用于机体的化学力的害处，不过我们为治愈所作的努力中也会用到这样一些力，这就是**药理学疗法**或者用药物治疗；最后，我们还学到过各种物理力对人体发挥着作用，而我们在**理疗**当中运用到了这些力。

食疗是运用得最普遍的措施。人终其一生总要吃吃喝喝，因而我们就有了一种用食物影响机体的方法。

膳食，在希波克拉底医派的医学里起着重大的作用，这是其主要的治疗方法。由于受到当时的疾病观的影响，这一疗法因此成了普遍的治疗方法，从而病人的饮食得到了意在治疗的关注。病人在适宜于和不适宜于他的食物之间出于本能地学会作出区分，希波克拉底的文集里的一篇文章从中找到了治疗技巧的证据来源。采用简单的饮食、半流质食物凡此等等，希波克拉底医派的医师们试图滋补病体，同时又不给病体加重负担，食物施之于病人身体的影响以及区分食物——例如肉类、面包、蔬菜、水果还有各种饮品——的好处，作为一种典型的时尚，得到了研究。

膳食的研究很难符合公式，它有赖于不定的个人特色，因此必须有一种可靠的医学判断力。哪里有这样的判断力，哪里的膳食才会成为一种极有效的治疗方法。

生理化学的发展在这里也结出了果实。尽管早先的膳食知识局限于纯粹地以经验为依据的意见，人们还是开始具有一种对某种食物的生理作用的深刻见解，这样，食疗就被赋予了更坚实的基础。膳食是治疗的一种常见方法，它对每一种其他的治疗也起到了支持的作用；它对于代谢疾病、消化疾病更是一种专门措施，在这样的疾病当中，通过规定饮食，我们能够在很大的程度上影响到这病的发病机理。膳食学在儿科学上取得了显著的成功，在这里食物可能实际上起着毒物的作用，而且，营养障碍根本不是什么消化疾病，倒是集中地体现了总体上的病态。再没有什么比看到一个骨瘦如柴的幼儿因为正确的喂养而再度茁壮成长更感人的了，婴幼儿死亡率如此显著地锐减，这一业绩首先是营养障碍治疗技巧之进展的结果，而这只可能是由于我们洞悉了这些障碍的发病机理的特性。

前些年有实验说明，食疗可能还有别的效用。用一套食肝疗法来成功地对抗从前致命的一种血液病——恶性贫血是有可能的，在这样的治疗中，肝是允许病人食用的惟一的肉食。对于结核病，一套适宜的饮食将产生有利的效用，似乎也是可能的。

今天，对于治疗中饮食学方法的进展，形势是有利的。既然思维大多主张疾病是由局部原因引起的，而且精准又成了治疗的崇高理想，那么，用一定的剂量去影响特定的细胞群落的药物去治疗，就是显而易见的方法了；这就是为什么我们在那一段时间里见证了药理学方面大发展的原因。饮食学则从来也不是十分精准的，因为它所讨论的终究不是纯药。在前面提到的那个病程中食疗是有用的，不过它只限于确定无疑的一类疾病，对这一类疾病而言，传统的做法就是局部的、还算精准的。今日之疾病观——比如体质理论中所表达的疾病观——支持了这样的思想：通过不断地影响并扭转整个机体，我们就可以向疾病开战了。

从饮食学到**药物疗法**的转变完全是逐步的。营养包含于蔬菜、动物和矿物质之中，而药物也是包含于这些同样的原料之中。何处是食物的结尾和药物的开头呢？要在这两个领域之间划出轮廓分明的界线来是不可能的事儿。水果无疑是一种食物，但它也是一种泻剂。加伦，花了大量的时间来辩论这些问题的，他把在人体内其结果是变了样儿的一切东西都称为药，相形之下，其结果基本上就是长个子的东西才是食物。他打着比方表达了他的思想，宣称：食物是被人制服了的，然而药物是会获胜的。

用各种药物治疗，是最古老的治疗方法之一。生病的动物都会出于本能去寻找某种药草；正因为本能和味觉本领的指引，甚至可以说原始人在他生病的时候也必定会大口吞下一些不属于其日常食物的草药；这样的经验代代相传了下来，今天的原始种族还保留着相当可观的关于药物的知识。最古老的医学作品——埃及的纸草纸卷轴和巴比伦楔形文字的刻写板——大多都是药物学著作。不仅单一的植物、单一的动物器官，甚至食盐、泻盐、浴盐、嗅盐都得到了运用，人们掌握了如何通过几种药材的搭配去增强药效，于是各种药方被记了下来；要靠记忆去记住各种处方又是一件难事儿，因而它们被书写了下来。在那些最古老的记载中，我们可以找到我们今日之处方的所有组成部分：所用药物的适应症；简明的药方或者医方；必须遵守的剂量指示，药物配制的操作说明，药物服法、用法的方法和时间。回溯这些时代，我们可以发现我们今天所用药物的一些形态，例如软膏、硬膏和浆液。

对于希波克拉底医派的医师来说，药物疗法比规定饮食的疗法重要性小得多。单一的草药、含几种原料的配药还有古来常用的家用疗法都在用，它们被用作对食疗的一种辅助，用作导泻的、催吐的和利尿的手段以增进排毒。

公元前4世纪，伴随着植物学的进步，人们开始着手于药物学的诸多研究。卡里斯托的狄奥克莱斯[9]——最古老的希腊文草药志的作者——写了一本关于毒物的书。亚历山大学派的成员们和经验主义者们都对药物给予了高度的评价。希罗菲卢斯把药物称为“诸神之手”，而且据说他对一切疾病都会用到药物。到了公元前1世纪，药物学著作都装饰有许多植物的图画，以便它们能够被更容易地识别；药物学和毒物学成了时尚，它们给诗歌以灵感，引以为荣的半吊子们——其中以米特拉达梯六世 Eupator[10]为榜样——兀自忙于此等研究，对于中毒的恐惧再加上要找到解毒剂的渴望驱使着他们，解毒糖剂[11]就被认为是已经找到了的这样一种解毒剂，这是一种除了许多其他成分以外还掺杂着各种毒蛇肉的药方，此方一直留传到了相当晚近的时代。

到了罗马帝国初期，大批药物学文献泛滥于尘世。一位来自行省的名叫迪奥斯科里斯[12]的罗马军医写了一本《药物论》，这书直到现代还很好地保留着它权威性的重要地位，而且在东方现在还在用它的阿拉伯文译本。古代文化越古老，创造性思维越僵化，药物在治疗中所占的地位就越夸张。在加伦以其药物学理论作出简单分类之后，情况尤其如此。

迪奥斯科里斯像

加伦创造了第一个封闭的药物学系统，它企图树立决定药物的实质及其药理学效用的诸般法则。他用他那个时代的科学能够供他使用的方法，即借助于“质”的观念，来达成这一切。为了要正确地利用各种药物，哪些是它们占优势的“质”，是必须弄清楚的。通过所谈论的物质作用于人体之上的效用，运用以经验为依据的实验方法，这些“质”被确定了下来。比如，海水本身是湿性的，不过从药物学上来看它是干性的，因为它作用于人有一种失水的效用。加伦区分出两个主要的“质”：

火是温热的能量，纯粹的温热，似乎这是因为其内在的本性；胡椒正相反，是ἐπίχρατεία，因为这样的"质"占了它的主导地位。不过，关于主"质"的这样简单的理论，并不能涵盖所有的问题。用这样的分类法，加伦不能满意地解释某些药物的味道这种未决的问题，也不能解释某些物质诸如泻药、催吐剂及其他排除药的确切作用；因此他又创设了关于第二种"质"的理论，把物质分类为是甜的、酸的、苦的还是咸的；而第三种"质"则在导泻或催吐的作用中清晰可见。所有这些药物自然都有一种基本的"质"，不过就治疗而论，这"质"是隐在背景之中的；有特殊作用之"质"的根据，要到诸般要素的确切对比当中去寻找，进而就有必要再创立另一种分类法，这就是能用数量来表示的方法。用这样的方式，医药物质根据其效用的强度被分成了四种程度，即：不知不觉中起作用的物质，公开地起作用的物质，剧烈地起作用的物质，最后还有那些完整地起作用的物质。

由于疾病可以根据一个简单的系统被分出类来，遵循**以毒攻毒**[14]原则的实践应用，此刻简直就成了一道简单的数学例题。一种其"质"为第二等的凉性的疾病，一般就用具有同样第二等之温性的一种药物或一些药物的混合来与之敌对。加伦本人在其论简单药方的书里（第六卷的开篇）提出了一些表格，从中可以查出各种药用原料三六九等的"质"来。在治疗中，手续自然必须是个性化的，而且不光是这疾病，还有这病人的"质"乃至病变部位的"质"，都要被纳入考虑之中。

用这样的方式创立的系统固然是人为的，不过它还是以其完整性给人留下了深刻的印象。对这样一种系统的需求，从它的兴旺当中就可以显见。东西方的学究们带着渴望，急切地接受了加伦理论的这一部分，而且它还成了他们诸般研究当中所偏爱的一个主题。

中世纪延续着这些古代的观念。在各处修道院的花园里，都布置有专门的花坛，其中种植着最重要的药用植物；阿拉伯文献向西方透露了新的药物知识；各种药方在数量和复杂性上都有增加；药业在总体的经济体系里占据越来越重要的地位。为了控制在开处方上的混乱状态，各处医学院系及其他医学社团还印行了各种药典以及药典许可之处方的汇集，这些处方已被证明是恰当的，其中还附有对其配制的操作指南，准备供医师、药剂师之用。保护公众免受假药之害的严格法律也约束着药商。

要查明一种药物施之于人的影响，总是很难。即使一个病人恢复了健康，也很难说痊愈是因药物而实现的；更难弄清楚的是它们的有益影响，如果药不是单一地而是以充分的混合状态被施用——正如中世后半段的情形那样。我们现在会明白：为什么很难因为一种药特别没效而下决心停用它，只要它得到了古代著作者中的泰斗的褒奖。既然是这样，药店就不断地变得更大、更加无所不包。几乎没有哪一种植物、哪一种动物的成分不被当作医药来运用，甚至还包括最令人恶心的排泄物。

就在这个时刻，帕拉切尔苏斯介入了进来。因为比他那个时代的许多人更通晓化学，帕拉切尔苏斯认识到，各种化学体比起经常使用的多种植物含含糊糊的混合体来，有着大得多也多得多的明显效果。他把旧时那些处方说成是“一团糟”，并将化学在治疗中的运用推进到了一个众所不曾知的程度。实际上，他宣告了，各种药物的制备将要成为化学最重要的问题之一；他讲授铅、硫、锑、汞、铁和铜以其不同的化合物之药用；为了弄清楚各种矿泉水的作用，他分析了它们。帕拉切尔苏斯并不是没有反对者，他被指控给病人以毒药，他答道：“一切皆毒药，也没有什么不含毒药的东西，不过所用的剂量可以让一种东西无毒。”“以下所述你们要牢记：对人类有利的就不是毒药，仅仅是有害于人的、不但无助于人反而有损于人的才是毒药。”这取决于必用药的有效原则，而这原则必是从原料状态的药材中推论而来的。“我把那不属于秘方的药从那属于秘方的药当中拿掉，然后将秘方规定适当的剂量。”治疗的最终目的就是明确地施治。

药店药品的卓有疗效和提纯精制是可怕的。在旧时的“加伦派”药理学信徒与拥有人称“炼金术的”[15]制剂的新进群体之间，一场激烈的持久战在火爆地进行着。尤其是锑这一种药，多年来成了引起有才智的人长期不和——以法国之为尤——的口令，这口令把他们分成了两个敌对的阵营。巴黎医务界竟然用谩骂和耻辱将它的一位成员排斥在外，就因为他赞同锑制剂的药用。尽管在写作上联系密切，有两位医生——1631 年创办第一份日报的勒诺多[16]和马萨林[17]的反对派居伊·帕坦[18]——还是带着火一般的热情各自采取了正面的和反面的立场。在 17 世纪期间，这一争论因来自美洲的新医药而恶化，这些美洲药都是草药制剂，它们就像化学制剂一样，就算没有附加其他的药材，也发挥出了强大甚至更有特效的效用。其中首要的就是奎宁[19]，居伊把它说成是“一种荒谬的新玩意儿”，不过，它对于疟疾的效用太明显了，因而长时间里不容任何的反对者提出针对其用处的异议来，甚至巴黎医务界都不得不面带愧色地认可了它。就这样，各种化学制剂以及种种新药，都成了药典的基本部分。

随后的这些年给医药治疗带来了许多有价值的肥料。此中最杰出的是，威瑟灵[20]（1778 年）将洋地黄引入心脏疾病的治疗当中，还有药剂师泽尔蒂纳（1805 年）对吗啡的发现，这一发现前文已经提到过。但是，直到上世纪后半叶，药物学还是一种纯粹的以经验为依据的技巧。各种药物因其在病人床边的实际效用而得到评判，这么做通常是十分含糊困难的，这一点我们早就说到过。所施用的药物有加热合剂、浸剂、浸膏和酊剂，从各种结果来判定，其作用要么是微弱的，要么是剧烈的，因此用药的剂量就难以计算。药物是每一次治疗的内容，病人们要求服用它们，而医生们也常常用它们来给药，**为了演示积极的治疗正在进行中而作势给药**[21]。一种短暂的反动，一时之间盛行于维也纳，新维也纳学派的医生们，大约在这个世纪的中叶，将效用似乎不怎么灵验的一切药物都抛弃了，留下来的药品如此之少，弄得人们不得不采取一种事实上的治疗虚无主义，这当然不会对病人带来任何值得注意的好处。

随着化学和物理学的发展，药理学成为了一门有着新目标、新方法的独立学科。药物一种接着一种地得到分析，人们努力去测定它们所含的化学成分，这样的研究随后更进一步，研究这些不同物质作用于人体的效用，而且首先研究作用于健康人体的效用。通过动物试验，就有可能弄清楚，身体上的机能受化学的化合物之影响都到了什么程度。还有，当所用的药物不是化合物而是纯品的时候，要弄清楚哪种影响更大——这些都可以被精确地、定量地做到——同时生理上的各种变化也要得到确切的记录。用这样的方法，就有可能查出一种药物在什么部位行其攻击，并查出它的效用又具有什么性质；而且还要查明的是：为了引起这样的反应需要什么样的剂量，什么剂量身体可以忍受无虞（最大剂量），还有什么剂量会导致死亡（致死量）。药物中毒的这些现象，都得到了研究，随后还要研究那些解毒物质的作用。

药理学成了一门基于实验的科学。它最适合用生理学的工具手段来控制它研究生命过程的实验条件，因为化学体的引入都是反常的。从这一点上看，它与基于实验的病理学——其目标也是在异常的病理条件之下去查明生命过程——有着紧密的关系。药理学、病理学和生理学处处携手并进，因而能够在许多方面相互支持。

我们明白了，不管在我们目前的医学研究当中有多少分工、有多少专门化，同样的基于功能的观念仍然是一切努力的基础，同样的工具手段仍然在各处得到运用。尽管有许多只手在起作用，医学研究仍然是一个正在形成中的、封闭统一的大结构，道路总是一条：根据人在正常的和病态的状况下的自我表露，尽可能少留空白地去查明人的生命变化过程。走这样的路，不是要为了求知本身而去获取关于生理的知识，而是为了要用这样的知识去治愈病人、去保护健康之中的人们。

一旦药理学查明了各种化学体施之于健康动物体的作用方式，就意味着关于它们常规的治疗用途我们有了宝贵的基础。如果我们知道一种物质总能使周围神经系统麻痹——例如阿托品[22]所做到的那样——我们就将在患有这样一种机能遏抑的病例中用到它，就像在某些并发惊厥的疾病中所做的那样。

跟正常的机体相比，生病的机体常常以不同的方式对药物起反应。我们想要影响病态的机能，许多药品则只在人体机能有所改变的时候才有效。比如，各种发烧药施之于健康机体就没有什么明显的作用，不过体温一上升，那作用就非常地高效。因此，我们不要满足于在健康的机体上研究一种化合物的作用，而要联系上各种各样的疾病过程来作这样的研究；为了这样的研究，我们还将做各种动物实验。

自从药理学家从动物身上通过实验查明，一种药物是怎样作用于健康的和生病的动物体的、其有效因素是什么且其最大剂量又为多少；随后，门诊医师也行动了起来。他可不是从含糊笼统的经验入手的，他绝对清楚：他正在处理的是一种什么类型的药、其特性是什么以及它可望起到什么作用。他带着对目标的把握发起了针对疾病的进攻，他关于各种疾病之发病机理的知识越是经常使用，他的把握就越大。

由各种动物实验所得来的结论应该被运用到人类身上，这是完全正当的。在早先的一章里，我们谈到过，一切哺乳动物都是依照同样的结构蓝图构造出来的，它们包含有同样的生命物质，而且它们基本的功能都相似。当然，它们对各种化学体的反应方式上应该有一定的差异。向病人给药所记录下来的经验，就不同于从动物身上所记录的那些经验。不过，动物实验给我们指引了每一个病例中的常规方法，尤其是它给了我们关于一种药物对活物有毒到什么程度、在什么程度上它又是无害的信息。人体实验——从前是测定一种药物的作用的惟一方法——现在被降低到了最低限度，而且，其危险性也被去除。

通过现代药理学，运用药物的治疗被建立在了一个崭新的坚实基础之上，而且医生也多了一件全新的有效武器以备战疾病。

而且，药理学还引出了别样的知识。业已证明，许多昔日所传下来的药物包含着非常多的化学上的化合物，而其中仅仅只有此一种或彼一种化合物从药理学上讲是有效的；而正因为此，人们勉力想分离各种有效的成分，甚至要用人工合成的方法去制造它们。化学工业在很大程度上取得了制备各种药用制剂的主导地位，这些制剂按照精确的剂量被估定售价，日常备用。这样，有一种转变便发生了：一度自己搜集、试验、保存药物并且依照医生的处方配制药剂的药剂师，日渐成为药厂和病人之间的中间人。

还有一点也被证实了：在一种物质的化学结构及其药理作用之间，通常存在着一种合乎逻辑的关系。这一点极其重要，因为它使得有计划、有步骤地寻找新药成为可能，也就是在实验室里人工合成具有某些特性且人们可以预期其作用的各种化学体。正是用这样的方法，埃尔利希找到了一种治疗梅毒的特效药，他制出来的第 606 份制剂就是胂凡纳明。

上世纪初，迈森[23]城里的一位医师提倡一种特别的药理学理论，他名叫哈内曼[24]，很精通化学。这位哈内曼提出了他的理论：疾病产生于生命力的不和谐，而这些力此刻被认为是纯粹精神上的；医生不需要操心疾病的性质，他的职责就是治愈，他应该接受各种症状的指引。哈内曼在自己身上作了如下观察：健康人服用的奎宁也能导致类似于疟疾的那些症状，而奎宁却是治疗疟疾的特效药。用其他药物作更进一步的研究，似乎也证实了这样的观察，因此哈内曼确立了总的治疗原则：有些药物会引起跟所对治的疾病相类似的症状，这样的药就可以治好这样的病；不光是这样，还应该以非常稀薄的浓度运用这些药物。用这样的方式，治疗被建基于**同类相治**[25]的原则之上，哈内曼把他的理论称为**顺势疗法**，跟古代疗法奉为原则的**以毒攻毒**相区别——因而这被哈内曼称作**对抗疗法**。1810 年，哈内曼最重要的著作发表，即《合理疗法的原则》[26]。

顺势疗法遭受了来自各个方面的攻击，这样的攻击部分地指向其原则，部分地也指向它对药物夸张的稀释。很难想象，一种药物被稀释得那么严重，弄得那药水里含有不到一个摩尔[27]的药质，它还会有效。要精确地弄清楚顺势疗法微量药物的作用，也是不可能的。人们还是要相信一般的临床效果。到了近世，人们所作的许多观察还被认为可以支持这样的理论。阿恩特[28]和舒尔茨[29]请人们注意这样的事实：一些药物的药效随着浓度而改变，比如少量的一种物质会引起兴奋，在大剂量上它却引起抑制。血清学上的许多经验也显示出，哪怕是在最名副其实的稀溶液当中，反应也还是可能的。大多数使用顺势疗法的医生，都再也不提“药水要稀、药效才高”了。

因此，迄今为止，对于顺势疗法还不能作出裁决。我们的药物治疗还因一些顺势疗法的药方而得到了丰富和深化，也是有可能的。

为着治疗的目的，我们不仅把一些化学作用应用于人体，还选择了一些物理作用投入使用，而这实际上就是我们早先认作病因的那一切作用。

理疗并不是新生事物。热的运用以及热敷的运用，甚至可以说是原始医学一条可信赖的信念，也就像在揉擦身体的异常部位或按摩过程中所做的那样。假使我们碰撞了什么东西，那么自己按摩自己对我们来说似乎就是本能。出于本能，人们试着以冷镇热，实际生活中的冷一般是从水中来的。

理疗最早有系统的发展，是由一个古代的医生流派所展开的，那就是方法医学派[30]的医生们。到了以体液—病理的模式去思考的时候，到了从体液中去寻找与疾病相伴随的变故的时候，这努力就有可能消除体液的病态并去除那些出了毛病的体液，这是显然的；可想而知的方法就是规定饮食法和药物治疗了。不过，这些方法医学者们如我们所了解的都是固体病理学家，他们把固体部分认作是对机体必不可少的，他们想象这些固体部分由各种原子、各种原生体所组成，疾病的基本形态则是紧绷的状态、松弛的状态[31]或二者的混合。治疗首先被预期着要增强机体为疾病所耗尽的体力，然后就要转变其精神状态。后来，为了这样的目的，这些医生用上了各种物理的力量——比如花样玩尽的按摩——主动和被动的肌肉运动，尤其是用水——热水或冷水——几乎对每一种疾病都利用到水，洗澡、冲浴、冷热敷布或冰袋任意选用一种。甚至公元前1世纪的希腊医生阿斯克列皮阿德斯——他先于方法医学派、因而为之铺平了道路——就是一个注重水疗的人，经常使用水疗，弄得被人取绰号叫做“冷水医生”，阿斯克列皮阿德斯还创作过一句关于医生的被广为引用的格言：医生必须“tuto, celeriter, jucunde”[32]，即：无危险地、迅捷地并且带着一种和蔼可亲的风度去领导一场治疗。这句话无疑就是有益于健康之治疗的努力目标。

其他的物理因素，也都得到了运用，比如用阳光来暖身、用热砂浴来热身子，同样地还运用了光线、空气和气候的变化。各种慢性病主要就是用这种方法来治疗，治疗的目的都是同样的：“要使病体从底子上好转然后再去调适它”。假如我们今天将病人送到山区去疗养，我们就正在奉行方法医学派的基本原则。

尽管方法医学派在中世纪作用于医学上的影响一开始还是蛮可观的，加伦学说却在随后的岁月里迫使它隐入背景之中，实际上，退隐过了头，弄得大多数方法医学派的著作到我们的时代都佚失了。这就是为什么体液病理学再度占了上风，此后随之而来的还有饮食学和药物学。不过，疾病的物理疗法从来不曾彻底失传，甚至在医学与这些理疗几乎没有关系的许多时候，它们还留存在人们的记忆当中，因为一般人拿它们当作自然疗法。两个门外汉——文岑茨[33]和天主教牧师塞巴斯蒂安·克奈普[34]——使各界广泛接受水疗法。新鲜空气和日光对于人类之安康的重要性，还有其治疗上的价值，越来越为人们所理解。许许多多的社团被建立了起来，他们怀着最像他们对宗教观念之热爱的那样一种热诚，杂乱无章地、有所偏袒地发展着这些自然疗法当中的这一种或那一种。他们的种种夸张先不必去管他，毫无疑问，他们倒也提供了宝贵的服务，这为许多阶层带来了积极的健康目标，并且将普遍的注意力引向了那外在世界之物理作用对治愈过程的益处。

医学本身绝对也没闲着。生理学知识越详尽、对环境影响作用于人体的效力理解得越精确，为着治疗的目的而运用到的物理作用就越多，多得让今天大多数的医学院系也为物理疗法留出了一席之地。那些号称自然疗法的方法，都成了治疗的一个组成部分，不过，它们不是不顾后果地用于一切病例，而是仅仅用在实际上显示出必须作此等治疗的地方，用在如果一定的物理作用被拿来对疾病的事态施加影响而我们就可以预期有益之结果的地方。

水疗法常有狂热的支持者，甚至就在业界之内。光——尤其是紫外光——的生物学作用也被查明之后，人们就学着去利用它们；后来还真的发现了，阳光可以促进各种伤口的治疗，进而日光疗法就成了治疗的一个重要的分支，尤其是对于外科的结核病治疗而言。我们已经提到过X光和镭辐射的生物学作用，其实用的范围现在日渐扩大。电几乎是一经发现就被选用到治疗服务当中，在早期不可避免的种种夸张之后，其真正的重要性——例如对确定的几种麻痹症的治疗而言——还是被人们认识到了。通过运动使僵直的关节变得柔韧，这不难理解；运动疗法得到了日益广泛的应用，人们对关节之机理的理解也越来越有把握，进而这又发展成为治疗最重要的方法之一——矫形外科学。人们发现，对古人生活的影响如此重要的体育，并不是只有卫生的益处、教育的益处；古代相当普及的有疗效的体操，在上世纪初由瑞典人复兴了起来；今天，在各种韵律操当中，我们有了不仅从肉体上而且从精神上对人类大大地起作用的手段。

在气候疗法当中，即当我们把病人送到山间、海滨或者任何有着不同气候的地带的时候，各物理因素的组合也在共同地起着作用。在此，我们并不关心对一个确定的器官之影响或对一种疾病之发病机理的直接影响，我们倒是将努力指向对整个机体的影响，指向为了增进机体自然的防御力而调养之。空气的变化对总体代谢往往起到如鞭之一击的作用。当然，各种精神的因素也参与其中，病人被迫脱离了他惯处的环境，在这样的一种"治愈"期间，他与众不同地享受到了他特权的地位。

矿泉水的疗效，具有十分复杂的性质。各种物理作用在洗浴治疗当中起着作用，而各种化学作用则作用于饮水治疗。除了这些以外，气候的当然还有精神的诸多因素也加入到这个场景之中；通常，特殊的饮食也是这种治疗的一个部分。

古来人们就发现，有些泉水在温度、色泽甚至口感上异乎寻常。从古到今，它们都被用于治疗病人。在圣莫里茨[35]的那一眼泉水在史前时代就被用围墙圈了起来；在古罗马时期人们就到许多温泉——当代兴旺的沐浴胜地——逗留游览；要说分布于讲德语的国家和地区的此等胜地，就有亚琛、威斯巴登、巴登维勒、维也纳附近的巴登还有瑞士境内的巴登。在民族迁徙的过程中它们开始破败，后来在中世纪被重新发现，起初不过为附近居民所用，但是它们的名声传播开来，来自越来越远的远方的朝圣者们在这泉边寻求康复。在这些矿泉中之一处获得治疗，成了一种固定的习俗；这浴池不仅仅是健康的中心，还是社交生活的中心，在这里人们找到了爽快和松弛。这么多的健康胜地，足以回顾一种持续了多少个世纪的传统。在这一时期，人们也获得了大量的医学知识，实践往往超前于理论，并且被戴上成功的桂冠，哪怕还不大可能解释其所以然。

外科，在治疗的各式方法当中占据着一种特殊的地位。“外科”chirurgia[36]这个词意思是手工活儿，或者更恰当一点，就是用手操作的手术：正如在拉丁文里所说的那样——manus operatio。这样，我们就明白了，外科，就是试图用手工的常规去完成一项治疗的手段，就是由器械和仪器设备所强化的结果。

外科是一种治疗的措施，借助于它，医生试图要解决许许多多的问题。首先，有一类急性的、险恶的疾病，遇上了它，机体就不能克服伤害，到此生命只有借助于立即的外科手术才能够获救。假如一根大血管的出血不立即用人工方法止住，这样的出血就必将导致死亡。机体一般能够独力地克服白喉，尽管这有时候要凭借内科治疗的扶助；但是一旦白喉侵入喉部，病人就只好等死了，不是因为被白喉本身弄得体力不支而是因为窒息，要是不马上在喉部以下做一个切入气管的切口的话。同理，假如不以手术的方式让粪便的通道可用的话，肠梗塞也会在短时间内导致死亡。在所有这些病例当中，外科手术的干预实际上都是在救命；那病并没有被治愈，它会继续发展，那病人也还可能被它弄得不支；对症治疗是治表的，不过它去除了一个关键的症状，也就消除了死亡随时可能发生的危险。

外科医师的另一个职责是去除各种异物。人体对各种外来物体并不是未设防的，比如，射入身体的一颗子弹可以被处理得很好，它被包裹上一层结缔质囊，就在体内睡上几十年懒觉也不惹麻烦；一根棘刺则往往引起炎症最终随脓一起被排出。但是，由于其大小和部位，一些外来的物体可以造成严重的伤害，它们甚至可能危及生命，因而我们不得不试着去除之。假如我们干预其间并去除了那棘刺，机体本身就无虞了，我们为它免去了炎症的过程，因而解除了病人不必要的疼痛。在这样的情形下，治疗就是病因疗法。

某些病理性的形成物——尤其是各种肿瘤——形同异物。我们谈到过，各种良性肿瘤贻害机体之多与少，视乎其位置和大小，一旦它们开始添麻烦，我们就要切除它们。而各种恶性肿瘤，则必须尽可能早地被切除，因为它们会形成转移瘤——如我们所知——最终毒害全身。

其他的病灶，也必须被从身体上移除。发炎的阑尾不用手术也可以治愈，但是它可能化脓，而这脓又可能流入腹腔，从而导致全面的腹腔炎，这使得此病的预后十分令人担心。因此，阑尾炎的每一次发作都伴随着凶险。如果我们切除了那生了病的阑尾，我们就消除了此病的本身；手术之后那病人就不是一个生了病的人，这意味着他现在没有阑尾炎了，只有一个无害的外科手术伤口，而这在一段非常短的时间里就会愈合。这作为一个例子，是外科治疗的一个典型病例，因为那病灶部位确定，毕竟就是一个残遗器官——这不会切不中的——因此由这一场手术所引起的器官残缺是可以忽略不计的。对人体而言并非绝对必要的一个器官或器官之一部分无论在哪里病变，治疗的常规是同样的。当然，要到了各种更保守的方法成功的希望渺茫的情况下，甚至到了这手术要消除一个凶险的严重危险的时候，外科手术才可以插手干预。

治愈也可以因外科治疗而加速。一处脓肿，脓终将会被排出，不过这要花时间，而且脓肿位置越深，排脓的时间就越长，这就意味着一场长期拖延的疾病；而且和每一个感染的病灶都可以成为一场细菌性血行感染的病因一样，它对于病体也意味着持续时间很长的危险；通过切开一个切口让聚积的脓液流出来，我们肯定影响到了发病机理。我们顺其自然，用我们的干预，使机体节省了其体力的消耗，减小了疾病的力量并消除了危险。

外科另一个必须解决的问题在于，为使疾病不造成紊乱的结果，用器械来引导治疗。一条断腿迟早会痊愈的，断骨的两端通过病理性生长接合起来，其结果可能就是形成有各种外生骨疣或者所谓的骨痂；但是，肌肉的张力引起了断骨两端的位移，因此到了接受治疗的时候，断腿不但没有恢复其旧日的形状，反而变短了，这样一个人一瘸一拐地走路，由于这一场骨折，他变成了一个跛子。外科须解决的是要把断骨两端固定到适当的位置上，以使愈合之后根本不缩短；只要肌肉不会改变位置，断骨就应该达到其正常的长度并被接合。

许多形形色色的疾病之病程都能引起麻烦来：变短了、弯曲了、变窄了、变宽了还有神经无力。外科医生要么直接地通过手术，要么通过理疗，试图抵制这些病态。骨骼结构之不正常状态的矫正，被称为**矫形外科学**。

外科手术因为其常规往往会造成新的伤口，因此它总是要面对愈合伤口的迫切问题。在外科学当中，伤口的治疗一直具有比较大的重要性。古时候，外科医生和伤科医生是同义词。

从前，外科医生只是一个很少被人注意的手艺人，今天他们享受着那些与治疗有关的人们最美好的尊敬。对外科医生之评价的如此转变，应归功于19世纪在外科学上所取得的了不起的进步。不过，还有一种心理因素在起作用。没有哪一个医学领域，医生在治疗过程中的直接参与能像外科这样地明显，也不会有任何领域一个救治手续的成与败能像这里一样如此迅速如此清晰地显示出来。外科医生确实不仅必须要增进知识，他还得能够动手操作。尽管，医药治疗通常在于给出忠告和诸多医嘱，这些是病人自己或那些护理他的人们所要执行的，但是在外科上，执行者却是医生自己。而且他那些程序手续步骤都如此地令人敬畏，因为它们介入生死之间，因为它们都不是纯理论的而是个人特有的。一处肠道的缝合是进行还是不进行，思辨毫无助益，惟一能算作成功之出路的是那外科医生的技能及其切实可行的知识。外科医生从前只是一个手艺人，现在他是一位有行医执照的医师了；不过除了他的医学知识以外，他还掌握了一门有赖于大量训练的手艺，这也给他带来了优越性。

我们作为学生所目睹的第一场手术，真是一段超乎寻常的经历。手术室有着一种特殊的气氛，处处洁净到了极致，这屋子亮堂堂的，医生护士们都穿着耀眼的白大褂，各种器械摊开摆放在那里。谁都会得到这样的印象：有什么绝非儿戏的重大事件就要发生了，不知不觉让人联想起古代的那些祭礼。接着，病人被带了进来，被安置在手术台上，然后做好了准备，他苍白而镇定，顺从他的命运；他已经同意了这一场手术，凭着他生病的体验，他知道自己此刻已经到了一个决定性的关头，知道他正要经历的这一个程序是必要的，还知道这舍此无他地指明了通往治愈之路。不过，我们知道每一场手术对病人都意味着一种强烈的心理重负；也知道这接受手术的决心往往很难下定，我们必须让他作好心理准备，给他所有可能的鼓励，同时避免任何可能惊吓他的言辞；我们还知道，每一场手术当中都有危险的成分，因此除非病情显示必须作手术治疗否则我们不会去动手术的。麻醉药一上，意识就渐渐消失，病人无能为力了，他被交托在了我们的照顾之下，而接下来，真正的手术开始了：外科医生、他那些助手还有护士们，都在超乎寻常的紧张状态之下专心工作；皮肤被切开，出血被止住，手术在以高度的精确性继续下去；在那些所发现的病理性解剖状况出乎意料的时刻，又靠着急智的决定，这场手术的进程将不得不改变；病人的总体状况处在持续的监控之下，麻醉药用药时间越短，对病人越有利；到了最后，手术完成，创口的皮肤被缝合，病人被用担架车推送离开，他将在病床上苏醒。重要的术后护理又开始了。

明摆着，外科医生的职业要求他拿出来的东西很多很多：职业方面的诸多要求既是精神上的，也是肉体上的。只有那些坚强的、精力充沛的医生——他们有着一双灵巧的手、具备脑子反应快地作决定的能力而且还遇事不慌——才适宜当外科医生。不过，对外科职业而言，做手术决不是它全部的要求。外科医生不仅是一个手艺人，他还得是一位内科医师。一次成功手术的基础是他所作出的正确诊断，而一场手术的成功在极大的程度上取决于术后护理。因此，好的外科医生首先必须是一位好的内科医师。

今天外科学所从事的领域就比百年前它所从事的领域要广泛得多，这一事实是医学整体发展的结果。外科的干预属于最古老的治疗措施，它也是源自本能。出于本能，进入体内的一根棘刺或者任何别的异物都会被取出来；还有，本能也教我们用按压来止血。在原始医学当中，各种损伤还被用巫术来医治。一本梅泽堡[37]的手抄本里的巫咒——腿归腿，血归血，它们仿佛相黏结——就是此中明证；在《奥德赛》[38]中，一场出血就是用符咒巫术止住的。不过，成败的界线如此明确的外科学，很早就使自己渐渐摆脱了神奇的宗教影响。可以设想，甚至在史前时代，各种骨折就被用夹板来固定。大多发现于法国的那些留有环钻痕迹的颅骨——确定其年代可以回溯到旧石器时代——为这样一个事实提供了证据：哪怕用最原始的器械，人们也能够动手做相当危急的手术。在古巴比伦的法律文献中，外科医生的很多行为受到了讨论；而在古埃及，我们找到了第一本真正的外科学教科书（埃德温·史密斯纸草文稿[39]），这为公元前第二个千年期外科学的较高水平提供了证据。

各种处方是以书面形式给人的，它们又都可以从本本上学来。手术，绝对只能在亲身实践中学习，只有通过实践。从这一点上看，外科学的传授迥异于医学教学的其他部门。外科一般是从口头上父传子、师传徒。内科医师都是从读书人阶层里吸收来的，而在很多时期，外科医生则是一些没受过教育的手艺人。这就可以解释：我们能找到一个世纪里大量的外科知识，但是对于它的源流，我们全然不知，因为世上没有任何关于它的书面文字。我们也看到，各种医学观念与当时的文化有着密切的关系，它们从一种文化搬到另一种文化当中是不可能传续下去的，倒是外科技术却可以。就像一个人学着建造一条沟渠或者学着丈量一所库房的容量一样，谁都可以用同样的方式在异国他乡学着做手术，这样，外科技术就从这个大洲漫游到了那个大洲。

公元前 7 世纪，爱奥尼亚的军队追随法老萨姆提克[40]征战，哪里有大军哪里就有外科医生。可以这么认为，外科知识以这样的方式从埃及被带到了希腊，因为我们从希腊找到了许多写于公元前 5 世纪的非常值得注意的外科学著作。希波克拉底医派的医生们展开对各种骨折和脱臼的研究，而且在那个时代就盛行着骨外科，角斗场上的救治给了他们观察和实践的机会。

这样的文献，从希波克拉底医派著作对脱臼的肩膀各种症状的描述中，可以找到一例。“关于关节的复位术，”这文献写道：“根据下列征兆，一个医生必须确认上臂是否脱位：首先他必须——既然人体的双手双腿都是对称地构成的——用健康一侧与生病一侧作比较，然后再用生病一侧与健康一侧作比较；在这么做的过程中，我们不要察看其他个体的相同关节——因为它们在一些人身上比在其他人身上要凸出得多——而要为了判断健康一侧与生病一侧是否不相似去查看这病人本人的异常关节。这基本上才是真实的，就从这一着眼点来看，还有可能不起眼地出错，而且要单单凭着理论去掌握这技巧也确实满足不了要求，但是，必须明白如何通过实践去运用它。许多人因为疼痛的缘故或者为了非脱位的一些原因，都不能够摆出那健康身体所能够做到的某些姿势。因此，这样一种姿势必须被观察到，并将之纳入到考虑之中。

“可以看到，脱了臼的上臂肱骨圆头比之于健康上臂在腋窝里的位置更深，在肩峰顶部会出现一个凹穴，与此同时肩骨往往突出，因为那关节头已经降低了；还会出现的是，脱了臼的手臂肘部比之于另一只手臂肘部离肋骨要更远一些，如果用力，是有可能使之移近，不过就是有点儿痛；最后，病人们不能够抬高伸开的手肘贴近同侧的耳朵，就像他们用健康的手肘所能做到的那样。这些都是肩膀脱臼的征兆。”

关于复位方法的这一描述，与今天所运用的那些方法相当类似。

希波克拉底医派的外科医生肯定还敢于做危急得多的手术：因颅骨所受种种损害而施行的环钻是众所周知的，遇到脓性渗漏对腹部和胸部所施行的开腔，还有对各种痔疮的烧烙，等等等等。

在外科知识方面，每一个世纪都带来了进展。耳朵的截面图证实了在塞尔苏斯[41]和稍后的埃伊纳岛的保卢斯[42]手中就有这样的进展；血管的结扎方法被找到，从而更大一些的手术也得以施行而不必为致命的出血提心吊胆；使用毒参茄汁——如我们今天所知其中包含常见的麻醉剂东莨菪碱——在许多病例中让病人们在手术之

白内障手术。中世纪的医生认为，白内障的病因是眼球晶状体前面或者晶状体上存在一层不透明的膜，这也是承袭了古希腊罗马医学的观点。直到1656年，罗尔芬克获知白内障为水晶体混浊。

前就处于睡眠状态，是一个有把握但并未摆脱了危险的措施。随着需求的上升，外科器械的供应也增长了，这些因素为大量手术的精细巧妙奠定了基础，这些手术现已成为经典的了，例如气管造口术、疝和膀胱石以及瘘的手术、扁桃体切除术、颈腺切除术、肿瘤切除术还有从晶状体上摘除白内障[43]，最后的这一类手术无疑在 18 世纪又被重新发现。产科的各种手术也有改进，比如胎儿头足异位的倒转和畸胎死胎的切除。费事的清洁被当作一种强加于外科医生的职责——也适用于所谓的无菌法的目的。

施行手术的理发师。在中世纪，理发师也做一些小手术。放在右边窗台上的代凹沿的盆子是刮脸时放在顾客下巴下面的，悬挂在天花板上的动物标本(通常是短吻鳄)是为了驱除鬼怪用的。这种手术对"医生"和病人来说，都需要足够的忍耐能力。

中世纪来了，我们多少个世纪里再也听不到任何有关外科学的消息，但是，古代外科学还没有死，它从口头上流传了下来。到了 13 世纪，我们发现它又复活了而且正在充分施展，尤其是在意大利和法国，在这里外科医生就是医师，既作研究也写书。在德国它倒是没有兴旺发达，在这儿，医师们自顾自地忙于外科理论，与此同时，外科业务却都在理发师和澡堂堂倌的掌握之中。到了 14 世纪，各种火器的引进，带有大量的铅沙弹——因为常常造成感染了的伤口——导致了那要命的观念：脓的形成是一个正常的伤口愈合的步骤。尽管早在 13 世纪，不化脓的伤口还曾经是要为之奋斗的目标。

到了 16 世纪，从根本上改变医学的解剖学之诞生——正如我们一再看到的那样——首先影响到了外科学；此时，没有解剖学上的知识，外科学是难以置信的。如果手术被标明了边界，凭着相对朴素的局部解剖学知识要勉强对付过去还算是办得到；不过，医生对人的身体结构察看得越详尽，外科手术的目的就可能越明确。在16世纪，一位杰出的外科名人给了我们深刻的印象：帕雷[44]（1610—1690）。他出身正派，做过理发师的学徒，作为军队外科医生参加过一些战役，逐渐获得了有价值的经验，后来做了国王查理九世的贴身御医，通过重新发现久被遗忘的外科方法比如截肢后血管的结扎，他将外科学的整个领域向前推进；他改进了无数的手术，写下了许多的论文。作为一个有着无可指责的品德和高贵的谦恭之人，帕雷永垂千古，他的声明"我迷疾病，上帝医之"[45]最好地彰显了他的品德。

帕雷像

在很长的一段时间里，法国在外科学上居于领先的地位。不过，外科仍然只是技巧，它从来就是一门手艺。手术的程序有限，外科的范围也有限，而且历经多少个世纪它已经很难再扩大范围。若干经典的手术广为人知，人们也作出过要从技巧上改进它们的努力，可是这些努力并无成功相伴随。我们要明白，在这时，外科医生仍然被列为更低一档次的医务人士，他只是执业医师为了某些治疗的程序要用到的人手而已。

这样的态度随着疾病观的发展而彻底地改变了。我们已经查考过解剖学思想在17世纪作用于生理学、在18世纪作用于病理学以及在19世纪作用于临床医学的影响，关于疾病必然生于某一部位的信念，还有疾病是解剖结构变化之结果的信念，也已经觉醒。一旦这样的思想流行，人们真就要期待医疗的努力将能消除这样的解剖结构之变化了。外科医生具体的专业就是解剖结构上的纠正，他用他的手术刀介入到病变组织中去，接着人为地制造一些有利于病人的结构上的状况。如果各种胃病都被认为要归咎于种种体液的变质，或者归咎于生命精元的既变状态或一种紊乱，那么食疗或药疗当然就是有可能做得到的全部了；一旦人们知道存在胃溃疡、幽门狭窄还有胃癌，通过外科手术的介入，要切除病灶、要给胃腔肠道开刀这样的念头就会生起。

很显然，渐次渗透到医学各个领域的解剖学思想并没有在还没来得及用于治疗之前就止步。如此改变了的态度为19世纪下半叶外科学扩大其扩展性的结构打下了基础。现代外科学是肇始于文艺复兴之长期发展的最后一步，也是解剖学思想在治疗上最有力的表达。

在这一发展尚未自由地展开之前，总在限制着外科学的两重需要认真对待的枷锁必须被打破。直到此时，外科手术的程序不得不在短时间内完成，因为那病人不能够长时间地忍住手术的疼痛。除此以外，那些最成功的手术往往毁于接踵而至的伤口感染，这感染在手术病例当中竟有如此之大的比例是致命的。

这两重枷锁都被打破了。如何让病人没有疼痛感的问题，在一切时代都够外科医生们忙活的。不仅仅因为他们希望为病人解除这手术让人承受的疼痛，还因为他们希望能够在一具放松了的躯体上动手术。我们提到过古人们对东莨菪碱麻醉法的运用，在中世纪这方法并没有佚失而是被遗忘了；别的方法也曾尝试过，冰雪、压迫神经干以及电，全都曾经用于至少引起局部的失去知觉，甚至那病人会被用含酒精的饮料灌得昏昏沉沉的。

不过，这些措施的效力太不完美。人们一直也没有取得什么重大的进展，直到18世纪末，人们开始着手研究一些气体的疗效。1800年化学家戴维[46]发现，由普里斯特利所发现的一种叫做氧化亚氮的气体具有麻醉的效用，他称之为笑气，因为只要被吸入一点点，其作用就会让人兴奋。由于这样的效用，笑气在杂耍表演的演出中被当作一种噱头来展示。直到几十年之后，1844年，一位美国牙医韦尔斯[46]的一次拔牙手术，以实例说明了笑气作为一种吸入麻醉剂的用处。这样的示范相当成功，人们普遍感觉到，这以后我们就会有一种使病人失去知觉的方法，可惜它并不完美，因为其效用太无常，而且这气体用起来也不易操控。

人们还在寻找具有相同效用的其他材料，随后另一种麻醉材料被找到了，这就是乙醚。从16世纪起，乙醚就作为一种有疗效的药引子而广为人知——比如像当时在霍夫曼[48]止痛药里所用到的酒精一样——到如今还在流行；荣誉应该归于美国人，因为他们普及了乙醚麻醉法的运用。一位医生——朗[49]——在四十挂零的年纪上拿它做试验，可惜他没有发表他那些实验结果，因此这些结果不为人知。在同一个时代，1841 年，化学家杰克逊[50]在乙醚完全破坏知觉的示范中成功，在仔细研究之后，他建议把乙醚当作麻醉剂。到了 1846 年，就有名字叫做莫顿[51]的另一位牙医首次示范了乙醚麻醉。他的成功激励着一位波士顿的外科医生——名叫沃伦[52]——在长时间的手术中运用乙醚麻醉法。从那时候起，它在外科上的普及大有进展。

不过，没有竞争，麻醉法就不会充分。1847 年 3 月，爱丁堡的一位产科医生辛普森[53]开始在他的诊所里应用乙醚麻醉，但是同年 11 月，他报道了应用另一种麻醉药的成功；这就是氯仿，李比希 1831 年发现的一种化学物质，由苏贝朗[54]制备出来，后来，其麻醉效用则由弗卢朗[55]在一些动物实验中有所发现。

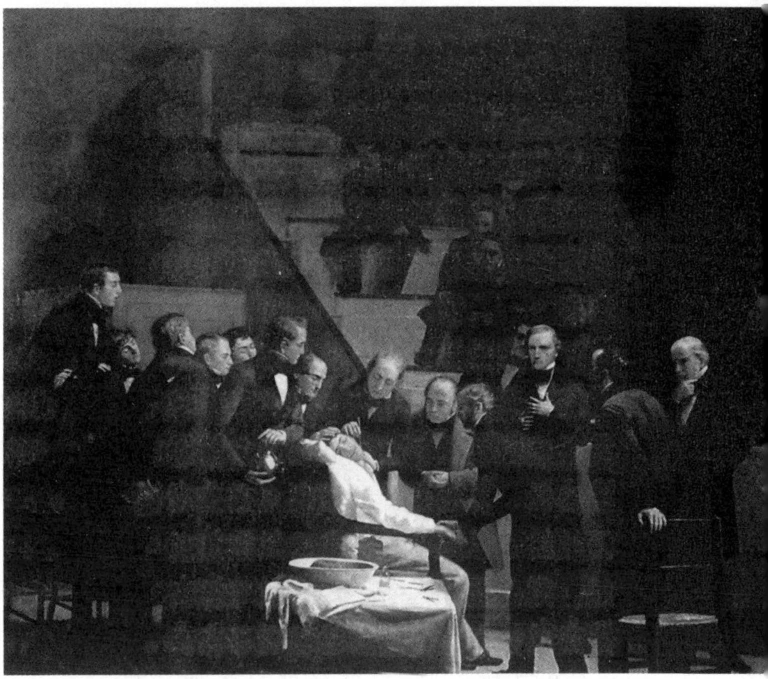
1846 年 10 月 16 日，在美国马萨诸塞州综合医院，第一次成功地向公众进行的麻醉术示范。

就这样，现在吸入麻醉剂被发现了；从这个世纪中叶开始，我们有了几种获得完全麻醉的方法。这些麻醉药并非完全无害，麻醉死亡事故时有发生，这些都多少证明了对之不能再抱有幻想。这引起了一种更谨慎的研究以及对麻醉方法的改进，以使其施用的危险降到最低限度。

今天，手术危险的最低限度，实际上还是有的；肯定有不少的病例，不可以施用麻醉剂，例如当血液循环受到妨碍的时候。还有一些手术，如果病人不被施行全身麻醉，手术做起来容易得多，那病人也好受得多。因此，找到局部地镇痛的方法相当重要，换一句话说，就是**局部麻醉**。用冷冻可以使得皮肤表面的一个区域失去知觉，早已是日常的知识了。通过喷涂乙醚或氯乙烷，这样一种麻醉效果也很容易获得，而这往往能够满足诸如穿刺术和切开术之类小手术的要求。

可卡因的引入——1884 年经维也纳医生科勒[56]的手——也发挥了重大的影响。安第斯山中的印第安人从来就用咀嚼古柯树叶来战胜疲劳。科勒能够证实，用在各种粘膜上的古柯碱，抑制了它们的知觉。施莱希[57]、布劳恩[58]以及比尔都证明过运用局部麻醉方法切实可行：浸润麻醉、传导麻醉和腰椎麻醉。可卡因多少有些危险性，取而代之被用到的是其他相关的无毒化合物比如奴佛卡因[59]，因此，我们今天就能够不用全身麻醉而仅仅使手术部位对疼痛完全失去知觉，这样，危险也在把握之中了。自不待言，通过这样的途径我们得到了一种极有价值的手术方法，尤其是对于外科小手术而言。如果说牙医现在对于普通大众来说不再是引起恐怖的人，这多半是因为局部麻醉法的缘故。

另一重枷锁也被打破了，结果是伤口感染也得以制服。巴斯德关于细菌无处不在的发现，带来了这样的结果。假如空气和围绕着人的一切物事都满是细菌，那么伤口感染必将因之而起：细菌从空气中进入伤口，它们会在这适宜的温床上自我繁殖。因此，制服伤口感染的目标，必须是要保护伤口不接触空气，这样，就是使细菌进不来，进来的灭杀之。这是英国外科医生利斯特的想法。通过向手术室的空气里喷洒石碳酸，通过对伤口使用在石碳酸溶液里浸泡过的各种敷料，他力图为伤口杀菌，同时保护伤口(1867 年)。因为他的经过杀菌的敷料，人们获得了多么卓越的成就！伤口感染的数量锐减，外科的病房、急救站、研究所出现了明显的改观，细菌性的败血症[60]、脓毒症、脓血症变少了，医院坏疽也消失了。

不过，利斯特也免不了招人反对。这多半是由于，在维也纳，外科医生们那时正因为伤口的暴露疗法取得了一些令人满意的结果，而暴露在空气之中，正是利斯特所谴责的。很快，利斯特认识到，来自空气的危险远小于那些与伤口接触的物件儿——各种器械、各种敷料还有查体医生的那双手——所带来的危险；显然，用作消毒剂的那些材料不但没有杀死细菌，还加害于伤口组织，从而削弱了病体固有的抵抗力。物理的杀菌法渐渐地取代了化学的，只有像那些在沸水里被煮过的或者在蒸汽压力下被消过毒的东西，才被允许接近伤口。从此，抗菌变成了**无菌**，就像我们今天在任何一个手术室里所见到的一样。

麻醉法和无菌法都给了外科学推动力，这动力是随着西方医学的整体发展而来的。还有止血方面的改进，比如由埃斯马尔希[61]所发明的方法。一个接着一个的器官部位被外科医生的手术刀切、挑动；从基于解剖的思维到基于机能的思维的发展，在外科学上也证明了自己的有效性。尽管一开始外科医生所施行的介入只是用来求得解剖结构上的矫正，接下来，越来越多的关乎机能的动机就会将介入进行到底。对疾病之发病机理的洞悉越详尽，可用于治疗程序的诸般指征就会越清晰。

今天，外科学上的发展将平静得多地继续下去。外科代有才人出，各展身手辟新田。

外科学今天在医学上自有其已经确立的地位。先前专由外科专家来完成的各种手术，现在经如此改进如此简化，因而今天它们都成了日常的固有属性。如今在所有的文明之邦，在任何一个小城镇，都有极好的外科医生；昔日遭人看不起的澡堂堂倌和剃头师傅，现在变成了备受尊敬的医师。

外科学上的大进展，注定要影响到相关的领域，尤其以**产科学**和**妇科学**为甚。分娩是一个生理过程，但是产褥期中的女人总像是一个病人，一个需要帮助的人。这样的生产帮助过去是由别的女人提供给她的，这些人都是亲戚或者非常内行的接生婆。但是，分娩有可能会滑向病态。一个骨盆异常狭小的女人，就不可能把一个大胖小子带到这个世界上来，这个胎儿也许是以一种分娩不成的姿势躺在子宫里的。在整个妊娠期且于其中、于其后，不同类型的分娩障碍都有可能发生，对于所有这样的病例，普通的护理是不够的，因而不得不寻求专门的医护救助。事实上，因为一般要到危及那将为人母者之性命的紧要关头，人们才会去求取这样的医疗救助，所以，外科手术的干预往往就是必要的了。

我们在本书前面提到过，就算在古代，人们也掌握了一些产科手术的知识，比如胎儿的倒转术、颅骨切开术和切除术。产科学发展上常为阻碍的一种作用要归咎于这样一个史实：在一些时期，习俗禁止医生对产科有任何实践的兴趣，这样，有孕女人就听凭接生婆来全权照料了。自然，生理学和解剖学的诸多进展在这个领域里也都具有大意义。为了能够从所有的状态中目的明确地施行干预，谁都必须熟悉性器官的结构，熟悉其中的细胞，并熟悉生育的机制。最早的产科医生都是外科医生，比如 16 世纪的帕雷，他对于臀先露重新采用倒转术，并使之成为一种行之有效的手术。我们也注意到，法国在外科学上居于领先的地位，在产科学上也领先。巴黎有最早的产科公共机构，在法国，产科学最早成为外科学的一个独立的分支。17 世纪带来了产钳的发明，一开始这种器械是由英国产科世家钱伯伦家族[62]所保留的一个家传秘器，他们原曾想通过保守这种器械之用处的机密来获利，可是，一个名叫帕尔芬[63]的日耳曼人重新发明了它，还公开地示范其用法。从那时起它得到了许许多多的改进，到现在还是产科学一种最必不可少的辅助物。

现代外科学的发展在产科的可能性上作出了新的冒险。剖腹产术，在古代就常常施行；在中世纪则施之于死了的产妇身上，也间或企图在她还活着的时候施之于她；在文艺复兴期间，因为麻醉法和无菌法的发明，也有成功相伴随。而且，尤其是妇科，由于腹部外科方法的运用，成了一门全新的学科。

眼科学和**牙科学**是外科学发展的必然结果。直到 18 世纪，这两个医学领域主要为江湖郎中所把持，这些庸医从一个集市游荡到另一个集市，在货摊、窝棚中操练他们的手艺。18 世纪使这两个领域都发生了改良。杰出的外科医生们——尤其是法国人——把注意力转向了这两个特殊的专业，改进了手术技巧，改良了手术程序，并且把所有这些印到了教科书里面。因为 1728 年福夏尔[64]所发表的书——题为“牙齿的外科学”[65]——牙医学上的一个新纪元开始了。与此同时，一些讨论眼科学的精彩书籍也在法国出版，麻醉法和无菌法也给这个行业带来了丰厚的酬劳，过去不可能做到的那些治疗程序，在这之后都得以成功地执行。

我们现在还有一种治疗要讨论，它在治疗的各种方法之中占到了无与伦比的地位，我们曾经在疾病之发生、疾病之病程上对心理方面的意义老调重弹。疾病对于病人而言是一种体验，因此它自然会形成一种心理压力；疾病意味着正在经受损害，而且还得从心理上去克服。我们身体的每一个细胞都在中枢神经系统的作用之下，这样就会受到心理反应的支配。凭借着心理学，我们接近我们的病人，并在我们的行动中受它的指引。因此，我们或许会对我们就病体之治疗所借重的诸般物质作用从来都不满意——管它是化学的、物理的还是生物的——但是在治疗渐渐生效的过程中，我们终将会对施之于病人心理方面的心理作用之运用感兴趣。我们必须用到**心理治疗**。每一段医疗都有心理学的成分，只不过主治医生常常完全意识不到它罢了。我们获悉既往病史的方法，我们宣布诊断或预后、给出治疗建议甚至在一个疼痛的手续之前安抚病人之恐惧的方法，都或多或少地在其暗示作用中带有心理学的成分。我们的心理学思维能力越充分，感知病人、同情病人的能力越大，操作性应答语的智慧越高超，我们的治疗就会越加有效。我们已经提到过人因为疾病会对忠告变得如何地不设防，也提到过医生必须谨慎地权衡每一个字。适时一词，抵得过最高效的药物治疗；反之，无心一语，则贻害无穷。心理学的训练在这个方向上并非关系重大，它更多地有赖于人的实践知识，有赖于个人的天赋。

所有这一切就是日常的心理治疗。但是，当病人的心理色彩在病象之中特别地突出的时候，甚至假如这病成了一种心理障碍，情况就变了。这时，对于神经官能症和精神病，用说服疗法和暗示我们也走不了多远。进行性麻痹是我们看得到的一个例证，它证明了外因性精神病可以从肉体上得到治疗。不过，对于各种神经官能症以及由遗传病倾向所引发的内源性精神病，我们虽然能用肉体上的方法去攻克不同的症状，但是治愈，只能靠心理治疗来实现，在有限的程度上，谈及精神变态个体的治愈倒也是可能的。

心理治疗一般是被运用到意识思维的不同层面之上。古代医学中的医治，医病人之心远比医病人之身所带来的自我满足要多得多。阿斯克勒庇俄斯神殿里的各种神迹的医治，都是心理治疗。怀着对治愈最饱满的祈望，病人开始前往这座神殿去朝圣；斋戒、献祭、沐浴，谈论记录下来的医治神迹，做着种种充满激情的举动，他为这件大事做好了准备；在强烈的易受暗示的状态中，他在这神殿里躺下入睡；他梦见医神带着祂的使徒到他的近前来医治他，一觉醒来病就好了；要不然，他就向祭司讲述他的梦，这祭司会解梦，还会给出指引。天主教的医治与此根本没什么不同，依靠驱魔召鬼的咒语医治疯人的牧师，也是用心理的武器来与病斗法的。朝圣者当中所发生的各种治愈，基督教科学派的那些治愈，在宗教医药流传的每个地方所出现的那些治愈，都是心理疗法的反应，尽管人们不承认它们就是心理反应；它们都是可能发生的，因为它们发生在一个宗教社区的既定秩序里，因为那医病的牧师正在履行他上帝之使者的职责。

科学和宗教在哪里被绑在一起，哪里的医师和牧师就往往携手当差。但是，启蒙促进了分离。一种基于全新的自然科学知识之上的全新的心理疗法，得以确立。它的必由之路，与肉体治疗所走的是同一条道路：关于正常的机能——亦即正常的精神生活——的知识以及关于发病机理的知识。19 世纪初的精神科医生犹豫不决地尝试着心理治疗。夏尔科在巴黎所开设的诊所，因为他对歇斯底里症状之心因性本质的理解而成为了当代心理治疗的摇篮，雅内[66]和弗洛伊德都在夏尔科诊所工作过。催眠，首先似乎是接近无意识的最佳方法，而且还开发了暗示的潜在价值。南锡学派[67]更进一步地发展了催眠，使之成为心理治疗的一个固定的辅助手段。不过，催眠术的领袖们却背弃了它。惹奈[68]和一位来自伯尔尼名叫迪布瓦[69]的医生，试图用醒着的暗示和劝说去有教育意义地影响他们的病人。弗洛伊德也想出了他对不眠的分析。

前面有一章里，我们就弗洛伊德的那些精神病学发现谈得足够多了。基于他的种种理论，他的疗法确立了下来。本能理论给了我们一种好得多的悟性，去洞察神经官能症的发病机理；借助于精神分析，人们作出了一种尝试，试图看透遮掩着潜意识的迷雾，试着要把被压抑的各种情结——因为这压抑它们已经变成了疾病的因素——带回到意识中来，这样，它们起作用时就能够被感觉到。

因此，最近五十年，在心理治疗的领域里收获甚丰，这些都伴随着巨大的成功。心理治疗师在现代医学界有了一种全新的、明确的地位。有许许多多的方法，选用其中的哪一种，既取决于医生的个性，也取决于病人——他的疾病类型以及病况的剧烈程度。在这里同在治疗领域的每一处一样，目的都是要**安全地**、**迅速地**、**愉快地**治病。因此也就不难理解，治疗要求一种特殊的才能。每一位医生都必须有通达人情的理解力，心理治疗师对这一理解力的需要则到了一种异乎寻常的程度，而且除此以外，他还必须成为一位合乎人性的引导者。因为，在这个领域里，医患之间的关系格外地亲密。在病中，病人特别孤单、特别害怕、特别虚弱，往往需要一种强有力的指导，心理治疗就是心理指导的咨询服务。

这些都是经过了总体概括的、不同的治疗方法。治疗从来不只采用一种方法，肯定是采用许多方法的组合。方法的选择有三种支配因素：疾病、生病的个体以及主治医生的个性。通常，能产生预期结果的那些准则，只有在极罕见的病例中才被人采用。临床经验已经为不同疾病的治疗制定出了一定的路线，这可能被称之为"选出来的方法"——这意味着它们原本极令人满意才被选用，假如存在选择的话——只要特殊的境况不迫使我们采用其他的一些常规。不过，我们终将不得不使之个性化，每一个人都必须得到与众不同的医治。主治医师的个人权威也将影响到治疗及其成败，不同的治疗方法，在一些医生的手中所起到的作用，也会比在另一些医生手中要好一些。治疗的最后成功以及治愈的结局，就是这两类人在一场抗病斗争中的合作之结果。

我们还必须触及另一个问题。我们的治疗要到什么时候才算完呢？病人要到什么时候才算好呢？单单那病人的主观感觉并不是决定因素。恢复期病人会觉得健康恢复得很好，不过我们知道还有旧病复发的危险，知道他需要长时间的护理。病变器官解剖结构上的修复也不是决定性的因素。我们看到，病程之外，紊乱失调障碍时有发生，这些对病人来说全无益处，比如一个皮肤疤痕。的确，决定性因素一定包括机能的属性，甚至更进一步，具有社会的属性。当一个人重新胜任生活所给予他的种种要求时，当他在他原有的地位上——或者旧的不可能那就在新的地位上——再一次成为其社区的一个有用的成员时，他就被治好了，我们的引导才能也就得到了报偿。要为他找一个新位置，不是我们的问题；在这里，经济方面的关心会起作用。不过，我们才是有资格的法官，独立地判定一个曾经生病的人还有能力完成什么样的任务，判定多少任务对于他的机体来说才算是适宜的。

译注：

1，此处原文为 praesente medico nil nocet，拉丁谚语，即 praesente

medico nihil nocet，译成英文是 In the presence of a doctor nothing can harm，医生面前再无危害，可以引申为有备无患。

2，此处原文为 causa remota cessat effectus，拉丁文，causa remota 意思是远因、间接原因，cessat effectus 意思是结果消失。拉丁语中另有 cessante causa，cessat effectus，意思是原因消失结果也就消失。

3，埃尔利希，Paul Ehrlich，1854—1915，德国医学家。在大学学习时即能独立进行研究；毕业后任职柏林慈善医院，发明了结核杆菌的染色方法；1889 年到科赫的传染病研究所从事免疫学研究，提出侧链理论，指出细胞可以吸收、同化某些毒物；1910 年在秦佐八郎(Sahachiro Hata)的协助下发明抗梅毒药六〇六(新胂凡纳明)，与他合作的厂商免费为世界各地的梅毒患者提供65000 单位的药品，引起嫉妒者攻击，他被迫起诉并胜诉。他开创了化学疗法，最早促进科研与工业生产相结合。他逝世后《泰晤士报》评论：他打开了通往未知世界的大门，全世界都受他的恩惠。

4，此处原文为 therapia sterilisans magna，拉丁文，大量灭菌疗法，即以某种能歼灭病人体内寄生物而又不致使机体中毒的化学药物进行治疗。

5，洒尔佛散，Salvarsan，安全砷剂，即胂凡纳明(arsphenamine)，化学名二氨基二氧偶砷苯，商标名六〇六，据说是在试验到第 606 次之后才成功。1922 年被用来给列宁治病。

6，香槟，Champagne，法国历史和文化地区，包括今法国东北部几个省的部分地区，与前香槟省相当。公元 10 世纪形成政治实体，1790 年与其他传统省份一同撤销。当地居民多为凯尔特人后裔，香槟一名源出凯尔特语“康盘”，意为“白色乡村”。该地区传统上分为干香槟和湿香槟两个部分，前者仅河谷地区可种植牧草饲料，后者几乎到处可经营农业。该地特产香槟酒是一种高级的发泡葡萄酒。

7，比尔，August Karl Gustav Bier，1861—1949，德国外科医生和脊椎麻醉的先驱。1908 年他开创了静脉普鲁卡因止痛法的运用，麻醉学家们至今还在使用术语“Bier's block”即比尔氏阻滞法来指静脉局部麻醉，将局部麻醉剂一般为丙胺卡因注射到止血带以下的肢端静脉中，这静脉有足够高的血压使麻醉剂限制在局部。他广为人知的名言是“医学科学家都是好人，不过你不该让他们来治你”。

8，硬膏，plaster，可涂敷于皮肤且在体温下有粘性的糊状混合物。硬膏可以是保护剂和抗刺激剂等。

9，狄奥克莱斯，Diocles，约公元前375—前300，希腊哲学家，医学家。亚里士多德的同时代人，传统上认为他的名声能力仅次于希波克拉底。通常认为他是教条主义学派的主要代表，写过动物解剖学、饮食学、生理学、胚胎学及医用植物学等方面的著作。他重组了医学，这在理论上是重要的，而在实践医学方面则仅仅只是开端。

10，Eupator，古代小亚细亚本都王国国王米特拉达梯六世（Mithridates Ⅵ，公元前120—前63年在位）的姓氏。泽兰属植物（eupatorium）以之命名，相传是他首先以这种植物入药。

11，解毒糖剂，Theriac，古代治疗虫蛇咬蜇的制剂。

12，迪奥斯科里斯，Pedanius Dioscorides，约40—约90，希腊医生、药理学家。他曾作为外科医生随同罗马皇帝尼禄的军队到处征战，得以研究各地的植物矿物的特征、分布及药效。他的《药物论》详尽描述了近600种植物，论述了近千种简单药物，该书第二册描述了牛奶、蜂蜜等有医疗价值、营养价值的动物产品，第五册简要介绍了化学药物，如水银（包括从硃砂中制备水银的方法）、砒霜（书中称为雌黄）等。他明确提出，从鸦片和毒参茄根中提炼出的安眠药可以用作外科麻醉药。《药物论》一书为现代植物术语学提供了最经典的原始材料，在16个世纪里一直是药理学的主要教材，该书以希腊文写成，此后至少以七种文字再版过。

13，这里三处希腊文，ἐνεργείᾳ的英文意思是energy，ἁπλῶς的英文意思是simply，ἐπίχρατεία不知何解，留待方家考证。

14，此处原文为contraria contrariis，希波克拉底名言的拉丁文，完整的说法是contraria contrariis curantur，以毒攻毒，相反相成。

15，炼金术，spagiric，另一种拼法是spagyric，据说这个词是帕拉切尔苏斯造出来的。

16，勒诺多，Théophraste Renaudot，1568？—1653，法国医生，法国新闻业之父。曾任路易十三的御医。1631年创办《新闻报》，自任主编和发行人。1635年开设免费医疗所，他在公共卫生事业方面的措施遭到巴黎医务界的反对，路易十三死后，1644年他们不准他在巴黎行医，1646年他被任命为路易十四的史官。

17，马萨林，Jules Cardinal Mazarin，1602—1661，法国枢机主教黎塞

留的继任者。生于罗马附近，在大学学习法律，曾任教皇军上尉，后在教廷任职，1634 年作为教皇特使驻在法国宫廷，深得权势人物的眷爱。1642 年黎塞留死后，他成为法国首相，曾任路易十四的导师。

18，居伊，Guy Patin，1601—1672，法国医生，书信作家。曾任巴黎医科学校的校长和法兰西学院的教授。他的大量书信是医学史家的重要文件，其书信的风格轻快而又诙谐。

19，奎宁，quinine，金鸡纳树皮中最重要的生物碱，自引入西方至一战这 300 年间曾为惟一有效的抗疟药，迄今为止经奎宁治疗的人数比经任何其他药物治疗的传染病患者数都多。1944 年在实验室里经人工可合成。由于奎宁不能根治疟疾，人们一直在寻找更好的抗疟药，获得了一些成果，但有些疟原虫对合成药产生耐药性，对奎宁仍敏感，所以奎宁还是备选的抗疟用药。

20，威瑟灵，William Withering，1741—1799，英国医师，植物学家。最先使用洋地黄来治疗水肿。在《洋地黄及其医学应用》(1785 年)中，他总结了用此药所进行的广泛临床试验的结果，还描述了洋地黄中毒的症状，细致地讲述了适当的服用方法。尽管他谆谆告诫，19 世纪此药还是被滥用。

21，此处原文为 ut aliquid fieri videatur，拉丁短语，大意是为了公开演示积极的行动正在进行中这一目的而去做某事。这里是指医生用药还有给病人以暗示的目的，另一方面也许不排除有给医生自己暗示的作用。

22，阿托品，atropine，颠茄碱。有毒的结晶性生物碱，用于缓解平滑肌的疼痛和痉挛，眼科用于散瞳。由提取自茄科植物颠茄、天仙子、曼陀罗等的左旋莨菪碱衍生而成。

23，迈森，Meissen，德国东部德累斯顿地区的城市。以用当地瓷土生产的瓷器闻名，自 1710 年开始生产至今，这是真正由欧洲最早制造的瓷器。

24，哈内曼，Samuel Hahnemann，1755—1843，德国医师。他观察到治疗疟疾的奎宁在健康人身上却产生类似疟疾的症状，1796 年提出“类似定律”，认为应该用小剂量的、能使健康人产生某种疾病症状的药物来治疗该病。在《合理疗法的原则》(1810 年)中他将上述原理扩展成一个体系，称之为顺势疗法。其《纯药论》(1811 年，6 卷)是一部顺势疗法的药物目录，详述了每一种药物给健康人应用后所产生的效应。他的小剂量主张激起了传统医学界尤其是药剂师的敌意，虽然顺势疗法从未得到科学的证实，但是在19世纪初广为流行，相比于那些激烈的正统疗法比如放血、峻泻、催吐以及使用大剂量毒药，倒不失为一种于人无害的替代办法。

25，此处原文为 similia similibus，拉丁短语，完整的说法是 similia similibus curantur，同类相治，同病相怜。

26，此处原文为《*Organon of Rational Medical Science*》。

27，摩尔，molecule。分子的分子量为其组分原子的原子量总和，若一个分子的分子量为m，则称m克该物质为1摩尔，用1升溶液中所含溶质的摩尔数来表示的溶液的浓度叫摩尔浓度。词源是拉丁文 moles，原意是大量和堆积。

28，阿恩特，Arndt，Rudolf，1835—1900，德国精神病学家。

29，舒尔茨，Hugo Schulz，1853—1932，德国药理学家。药理学上有一条关于药物或毒药各自在高浓度上作用低下的法则，叫做阿恩特－舒尔茨法则。

30，方法医学派，Methodist，古罗马的医学流派，受公元前希腊诗人阿斯克列皮阿德斯（Asclepiades）的影响，由 Themison 创立于公元前50年，由 Tralles 的 Thessalus 发展完善。该流派信奉原子学说和固体病理学说，其最著名的代表人物是索拉努斯（Soranus，活动于公元2世纪，希腊妇产科、儿科医生，他的著作支配医学界长达1500年。他描述了多种避孕方法，介绍了产科椅和胎足倒转术，他所建议的疗法类同于现代的心理疗法。）。

31，此处原文为 status strictus、status laxus，拉丁文。

32，此处原文为 Tuto，celeriter，jucunde，拉丁文，英文意思是“Safely，speedily，agreeably”。英国萨顿的盾形纹章（Coat of Arms）上的版本是“Tuto，celeriter，et jucunde”。

33，文岑茨，Vinzenz Priessnitz，1799—1851，西里西亚农夫，他深信他家井水的医药价值，1841年出版《家庭水书》，使水疗法作为正式的治疗系统成了一种时尚。

34，塞巴斯蒂安，Sebastian Kneipp，1821—1897，巴伐利亚牧师，自然疗法的医学运动的创始人，他写有《我的水疗法》等书，以水疗中的

“Kneipp 疗法”即践露疗法而知名，践露疗法指一组包括应用冷水的水疗，如冷水浴及在早晨露水中赤脚而行。他还是整体治疗的倡导者，告诫人们五条主要原则：水疗法、服用草药、运动、食用五谷水果蔬菜和有限的肉、健康的头脑产生健康的人。

35，圣莫里茨，St. Moritz，瑞士东南部的一个小城，人口不到一万，滑雪胜地，国际知名的古镇。

36，此处原文为 chirurgia，拉丁文，英文即 surgery，字源是希腊文“Cheir”(手)和“Ergon”(工作)组合而成。

37，梅泽堡，Merseburg，德国东部城市，建于公元 800 年前后，其城堡和大教堂引人注目。使之名扬德国的是梅泽堡咒语“脱离苦难，打开枷锁”，出自一部藏于大教堂图书馆内的十世纪原始手抄本中，这是全世界惟一保存下来的用古德语记载的日耳曼异教文化的咒语。从前，这两句有名的咒语是解决日常琐事的好办法：前半句有助于脱臼的部位复原，后半句帮助被囚者逃出牢笼。300 年的褐煤采掘及 20 世纪兴起的化工产业使这里臭气熏天、尘土飞扬、寸草不生，曾经是前民主德国最脏的城市，现已恢复一新。

38，《奥德赛》，*Odyssey*，一译《奥德修纪》，也有译为《十年归》的。传统认为是古希腊诗人荷马的史诗，记述伊萨卡国王奥德修斯(又称乌利西斯)流浪十年、收复国土、合家团聚的故事。在荷马笔下他的智慧、口才、机敏、勇气和耐性都很出众，古希腊作家有时把他说成是肆无忌惮的政客，有时又把他说成是明智可敬的政治家。实际上，历代的人们都在不破坏原始形象的前提下，按照自己的方式来解读这位“具有多种气质的人”。

39，埃德温·史密斯纸草文稿，Edwin Smith papyrus。1862 年埃及学先驱美国人 E·史密斯得之于卢克索。这是大约公元前 1600 年的古埃及医学论文，据信是公元前约 3000 年一部作品的抄本。这显然是一份外科学教材，文章一开头就说及头部外伤的临床病例，并从头到脚系统详细地描述各个病例的检查、诊断、治疗及预后，可见古埃及人已经知道脉搏与心跳的关系，知道肠胃及大血管的活动和功能。

40，法老萨姆提克，Pharaoh Psammetic。埃及第 26 王朝(公元前 672—前 525)的统治者，前后有一世(前 664—前 610)和二世(前 610—前

595)。“法老”(Pharaoh)一词埃及语的意思是大房子，原指埃及王宫，从第18王朝起为埃及国王的同义词，后演变为埃及所有国王的通称。这有一点像汉语里的“陛下”。

41，塞尔苏斯，Celsus，活跃于公元1世纪，公认的最伟大的罗马医学作家，写过一部关于农业、军事艺术、修辞学、哲学、法律和医学的百科全书，可惜只有医学部分留存了下来。《医学》一文是最优秀的医学经典著作之一——当时不受重视而后被教皇尼古拉五世发现——最早由印刷机印制的医学著作之一，在文艺复兴的欧洲是最受欢迎的医学教材之一，该书文风生动，医学内容广博，文章根据各种疾病对治疗的需求分成饮食、药物和外科治疗三部分，文中有许多当时十分先进的论述：他主张清洁，伤口必须洗净并涂以食醋、百里香油之类，现在认为这些物质都有消毒作用；描述了移植身体其他部位皮肤的面部整形外科，确立了炎症的四个基本体征——红、肿、热、痛；首次提到心脏病及精神病，提到用结扎法来止血。本文的历史部分极为重要，现所谓希腊主义时期医学及亚历山大利亚解剖学外科学的知识，主要或全部来自该文。塞尔苏斯被尊为“医学界的西塞罗”及“罗马的希波克拉底”。

42，保卢斯，Paulus of Ægineta，即Paula of Aegina，625？—690？希腊医生，生于埃伊纳岛，擅长外科妇科。以所著的医学百科全书《医学纲要》(七卷本)而知名，其中第六卷主要聚焦于外科学并成为这一领域未来发展的蓝图。

43，白内障，cataract，一眼或双眼部分或完全的眼睛晶状体或晶状体囊的混浊，尤其是引起视力不良或失明的混浊。根据其形态(大小、形状、部位)和病因(原因和发生时间)的不同，白内障可分为许多种。手术摘除混浊的晶体后，要植入人工晶体，以恢复视力，恢复眼内的解剖关系。中医史上治疗白内障的手术方法“金针拨障”，是古代从印度传入中国的，就是用针将晶体周围的悬韧带拨断，造成晶体的脱位，游离的晶体下沉到玻璃体腔内，原先被混浊的晶体阻挡的光线就可以进入眼内。金针拨障只能暂时的解决部分的问题，由于没有了晶体屈光作用，患者相当于19D(1900度)左右的远视，晶体沉入玻璃体腔后，难免会发生炎症，最终导致视力的完全丧失。西医白内障手术摘除的开端是1745年Daviel的手术；1775年美洲医生Sharp最早施行囊内摘除晶体；1865年后，Von

Graef 白内障手术进行了一系列的改进，其中一些改良方法成为现代手术的基础，Von Graef 设计了白内障刀，提倡施行虹膜切除；1867 年，Wilians 首先开始施行角膜伤口的缝合技术；1917 年 Barrauer 设计了一个吸引装置，通过空气吸引的方法来娩出晶状体；1961 年，Krwawicz 引入了冷冻器；目前，白内障摘除有两种方法：一是手术显微镜下的手控吸或自动注吸技术，一是超声乳化白内障摘除；还有激光乳化手术。本书英文本说“从晶状体上摘除白内障”，表述有误。

44，帕雷，Ambroise Paré，1510—1590，法国外科医生，某些医学史家认为他是近代外科学之父。约 1533 年他到巴黎主宫医院做理发师兼外科牙科医生的学徒，1537 年被雇为军医。他初入军队时，外科医生们认为枪伤有毒，用煮沸的油来处理伤口，一次，油供应不上，他用蛋黄、玫瑰油和松节油的混合物代替沸油，结果比前法还好，他在《火绳枪及其他火器伤口的治疗方法》(1545 年)一书中报告了这个发现，可是因为该文是用法文而非拉丁文写成，故受到当时医学界的嘲弄。他另一项革新是截肢时重新采用结扎大血管的方法来止血以代替用烙铁烧灼血管，这同样没有得到医学界的立即承认。他只在万不得已的情况下才进行手术。1552 年他颇负盛名，甚至成为国王的外科医生，先后侍奉过四位法国国王。他发明了许多科学的医疗器械。本书英文本把他的生卒年推后了一百年。

45，此处原文为 Je le pensai，Dieu le guerit，法文，英文大意是 I thought it，God cures it。

46，戴维，Humphry Davy，1778—1829，英国化学家。1795 年曾经跟一位外科医生兼药剂师学艺，希望有朝一日获得医生资格。在 D. 吉迪和吉尔伯特(1827—1839 年皇家学会会长)的帮助下开始研究化学，1798 年被委任为气体研究所化学方面的负责人，研究各种气体的医疗作用，表现出了实验技巧上的杰出才能。他报道了吸入氧化亚氮的后果，还差一点因吸入水煤气而丧命。1800 年发表《化学和哲学研究》，因此出名。1802 年成为化学教授，1803 年被接纳为皇家学会会员，1807 年被推举为学会秘书，在这里他提携了法拉第，1813 年让法拉第做实验室的助手。1813—1815 年他随身带着一个小小的手提式“实验室”游历欧洲大陆，归国后受邀研究煤矿爆炸现象，发明矿工安全灯，由此获得伦福德奖章。1827 年他因病辞去皇家学会会长的职务。

47，韦尔斯，Horace Wells，1815—1848，美国牙医。曾与合伙人莫顿开办牙科业务，1844年他自愿接受一位巡回马戏团的人对他施用笑气，他确实失去了知觉，同年晚些时候他让他的同事给麻醉状态下的自己拔牙，随后他开始在自己的业务中利用笑气，他没有为此申请专利，主张疼痛的缓解应该“像空气一样免费”。不幸1845年的一次教学示范因笑气操作不当而麻醉失败，他被人嘲笑为“骗子”而在医务界名誉扫地，尽管此后又有成功病例，他还是放弃了牙科，做了两年往来各地的商品推销员。1847年在帮助幸运的前同事莫顿做了一次麻醉示范之后，他去了巴黎，在欧洲为莫顿推销麻醉剂并扮演这个课题上的欧洲专家，据说他此时开始对氯仿上瘾。1848年1月他拿自己做了一个星期的氯仿试验，神志不清之间上街用硫酸泼妓女，被关进纽约臭名昭著的公墓监狱，药劲消退，他万念俱灰，在吸入止痛剂量的氯仿之后，贺拉斯·韦尔斯医生割断大腿动脉自尽，终年33岁。

48，霍夫曼，Friedrich Hoffmann，1660—1742，德国医师。他的研究和著述涉及各种各样的主题，诸如儿科、矿泉水和气象学，他还将很多药物引入实用当中，例如霍夫曼止痛药（Hoffmann's anodyne，又名复方醚酹）。酹（xǔ）剂就是挥发性的物质溶解在酒精中所成的制剂。

49，朗，Long，1815—1878，美国外科医生。行医多年之后，发现在学生们的“乙醚聚会”上，吸过乙醚的人碰伤后毫无痛觉，1842年应用乙醚麻醉施行颈部肿瘤切除手术成功，随后另有一些成功病例，但直到1849年才著文报道。而1846年W. 莫顿已发表了手术运用乙醚麻醉的报道。尽管莫顿要求拥有专利权，但人们都认为朗是第一个在外科手术中用乙醚作麻醉药的人。朗的全名为Crawford Williamson Long，本书英文本作W. C. Long，也许是将他的教名和自取名的缩写颠倒了；另，他相应的工作都是在二三十岁做的，本书却说in the early forties，有误。

50，杰克逊，Charles T. Jackson，1805—1880，美国医师、化学家，地质学及矿物学的先驱。曾于哈佛医学院和巴黎大学学医，又在法国学习过地质学。初开业行医，后弃医从事分析化学的教学。曾与他的学生W·莫顿一同研究用化学药品进行无痛牙科手术的方法，他告诉莫顿乙醚可用于局部麻醉，1846年9月又建议可吸入给药，10月莫顿的麻醉示范成功。但杰克逊宣称他早在1842年就发明乙醚麻醉，称莫顿是个骗子，随后与之进行了几年的争执和诉讼；后C·朗也宣称他发现乙醚麻醉在先，杰克逊便企图与之联手，宣称他自己发现乙醚麻醉而朗是第一个付诸实践者，朗拒绝后，杰克逊撤回自己对发现权的要求，承认朗的发现权，藉以损坏莫顿的名誉。杰克逊还曾为电报的发明与S·莫尔斯诉讼多年。后受政府委托去研究苏必利尔湖区的情况，同事指责他为了个人的经济利益改动研究资料，杰克逊被除名。1873年杰克逊因精神病入精神病院，在此度过余生。他的成就主要还是在地质学方面。

51，莫顿，William Morton，1819—1868，美国牙外科医生。1844年在波士顿做牙医；韦尔斯失败后，莫顿决心找到一种更可靠的止痛药，向化学家杰克逊求教，尽管杰克逊对莫顿的想法持怀疑态度，还是建议他试用乙醚，1846年9月莫顿第一次使用乙醚拔牙，10月就在韦尔斯失败的同一间手术室用乙醚麻醉为一名肿瘤患者做手术成功。遗憾的是，莫顿为了乙醚麻醉的专利权，用他的余生与杰克逊进行争讼，到最后官方却承认韦尔斯和C·朗的优先权。

52，沃伦，J. C. Warren，1778—1856，美国外科医生，哈佛医学院教授，曾任教务长。1845年1月20日沃伦为韦尔斯安排了笑气麻醉的教学示范，失败的示范以学生们“骗子！骗子”的哄笑收场。沃伦虽不大相信麻醉的效用，还是在1846年10月16日他主刀做一个外科小手术时，允许莫顿提供乙醚麻醉，手术持续10分钟，患者神情自若，术后沃伦对记者说“先生们，这不是什么骗子”。在这一段麻醉往事中，沃伦是一位德高望重的长者，败也沃伦，成也沃伦；本书却说他受莫顿之成功的激励，厚薄失当。

53，辛普森，James Young Simpson，1811—1870，英国产科医生，爱丁堡大学产科学教授。1846年手术运用乙醚麻醉的消息传到苏格兰，次年1月(本书说是3月)他即试用于产科，同年改用氯仿，发表其经典著作《一种新麻醉药》。尽管其他产科医生和牧师反对，他仍坚持用氯仿来缓解分娩疼痛。他发明了一种以他的名字命名的长产钳，他还因医学史的著作而闻名。

54，苏贝朗，Soubeiran，Eugène，1793—1858，法国药理学家，1831年制备出氯仿，是氯仿的三个独立发现人之一，另两人为李比希和居特里(Samuel Guthrie，1782—1848)。本书英文本把他的名字错误拼写为Souberain。

55，弗卢朗，Marie-Jean-Pierre Flourens，1794—1867，法国生理学家。1814—1822年，在居维叶的倡议下，做了一系列动物试验，研究脑功能，1824年写成《脊椎动物神经系统性质与功能的实验研究》。

56，科勒，Karl Koller，1857—1944，奥地利眼科医生，先做过外科医生，在维也纳综合医院跟S. 弗洛伊德同事。他为眼科手术引入古柯碱作为局部麻醉剂，此前他用动物来试验水合氯醛（催眠药）和吗啡作为眼部麻醉药的效果，不成功；弗洛伊德认为古柯碱的性能全在于镇痛，科勒则看中了它使组织失去知觉的性能，1844年向医学界示范了它作为局部麻醉剂的潜力，这是重大的医学突破，此前眼科手术很难做，因为眼睛会对细微刺激产生不受意识控制的反射活动。1888年移居美国。人们给他取了一个绰号，叫做“古柯科勒”。

57，施莱希，Karl Ludwig Schleich，1859—1922，德国外科医生，作家。曾任韦尔绍的助手。19世纪90年代早期他引入了浸润麻醉的一套方法，用高度稀释的古柯碱溶剂导致局部麻醉。他还是成功的诗人和小说家，《*Fantasy about the Meaning of Life*》为他的名作之一，他的自传《*Besonnte Vergangenheit*》是最好的德语回忆录之一，畅销百万册。

58，布劳恩，Heinrich Braun，1862—1934，德国外科医生，被称为“局部麻醉之父”。1887年获医学博士学位。1891—1905年在莱比锡的不附属于大学的几家医院任职，1894年晋升为执业医生，并以无薪大学教师（日耳曼语国家里报酬直接来自学生学费的大学老师）的身分讲授全身及局部麻醉的课程；1901年他设计了混合麻醉气体的装置，并报道了用乙醚和氯仿混合进行吸入麻醉的实验。1903年他根据进一步的实验研究提出建议，以作为血管收缩剂的肾上腺素列为局部麻醉剂。1905年他所写的手册《局部麻醉——科学基础及医学实践》初版发表。

59，奴佛卡因，novocaine，局部麻醉药盐酸普鲁卡因的商品名。

60，败血症，blood-poisoning，由致病菌进入血液发育繁殖或其毒素存在于血液中所引起的一种全身性疾病，又称septicemia。

61，埃斯马尔希，Friedrich von Esmarch，1823—1908，德国外科医生，对军事外科贡献突出，首创战地急救绷带。曾任军医总监，任内历经多次对外战争，著有军事外科技术手册，并制定文职和军职人员的急救训练措施，被广泛采用。后因娶皇家女而成为德皇威廉二世的长辈，1887年被封为贵族。

62，钱伯伦家族，Chamberlens。老彼得·钱伯伦，1560年生于巴黎，9岁随父移居英国，是著名的助产士，曾为英国詹姆士一世和查理一世的王后助产，据说于1630年发明产钳，秘不示人，以便为家族谋利。其侄子老休·钱伯伦(1630—约1720)，曾为查理二世的王后助产，他充分利用他在宫廷中的地位及海外关系藉产钳来牟利，1670年他想把产钳献给法国政府因索价太高未果，他创立土地银行、发起国家医疗服务及鼠疫预防工作等项目虽轰动一时但终遭失败，被迫离开英格兰去苏格兰，后转赴荷兰，把产钳卖给了荷兰外科医生R·V·龙赫伊森。

63，帕尔芬，Jehan Palfyn，1650—1730，比利时医生。出生于根特(Ghent)。1721年他独立地发明了类似于钱伯伦产钳的器械，1723年他将之呈交给法兰西科学院。

64，福夏尔，Pierre Fauchard，1678—1761，法国医生。他1728年所发表的书被说成是牙科学上第一份完整的学科陈述，其中他描述了口腔解剖学结构及功能、口腔病理学的征兆及症状、腐烂质的清除和补牙的有效方法、牙周炎、正牙学、缺损牙的置换等等内容。

65，此处原文为Le Chirurgien Dentiste，法文，英文意思是The Dental Surgeon或The Surgeon Dentist。

66，雅内，Pierre Janet，又译让内，1859—1947，法国心理学家，神经病学家。他主张经院心理学要与精神病的临床治疗相结合，强调催眠中的心理因素，对一系列精神和情绪障碍的现代概念的建立作出了贡献。1882年他报告了一例罕见的催眠和千里眼病例，引起J·夏尔科的注意。1889年他在自己的书里引入无意识的概念，但没有详加阐述，后与S·弗洛伊德为谁先提出这一概念而争论。1889年应夏尔科之邀，主持巴黎最大的精神病院萨尔佩特里埃尔医院心理实验室，在此完成其博士论文《癔病患者的心理状态》，夏尔科在该书序言中赞同他关于心理学和医学应当合作的主张。

67，南锡学派，The School of Nancy，19世纪后半叶围绕催眠术而争论的两个心理学学派之一，另一个是巴黎学派。巴黎学派认为催眠状态是病理性的，其代表为神经学家沙可，他分析催眠的三种状态：昏迷、萎靡、梦游；南锡学派则相信催眠是由暗示引起的完全正常的生理效应，与病理无关，催成的睡眠与自然的睡眠没有根本上的不同，其开山人物是李厄保，旧南锡学派之后有新南锡学派，其代表是库维，他抛开催眠术，代以自暗示。弗洛伊德先师从沙可，后往南锡听取李厄保等人的教导，他接受了两派的影响。南锡是法国东北部的城市。

68，惹奈，Pierre Marie Felix Janet，1859—1947，法国心理学家，神经病学家。神经衰弱被称为惹奈病。

69，迪布瓦，Paul Charles Dubois，1848—1918，瑞士神经病理学家。伯尔尼大学学医之后，他就在伯尔尼开业。他以“说服疗法”而闻名，这是他采用苏格拉底对话的形式而创设的运用医患关系去劝说病人改变其行为的一种心理治疗方法，他相信为了消除病人消极和自残的习惯而去求助于病人的智力和理性是必要的，还相信医生有必要使病人认识到他/她的神经质的感知和思维过程之不合理。1904 年他颇负盛名的书出版，后被翻译成英语，即《精神障碍的心理疗法(精神神经病及其道德疗法)》。

第三章　疾病的预防

医学的责任就是治病，不过它还另有一个同样重要的目标：保护健康的人不生疾病。贴近治疗的是**预防**。我们永远都不能防止死亡，每一个机体经过一段时间以后都会要磨损，变老，死去。生理上正常的自然老死很难得，大多数人有朝一日总会疾病缠身，无可救药。不过，要从不合时宜的死亡过程中救人，在许多情形下还是可能做得到的。许许多多的疾病都可以避免，要从这些可以避免的疾病当中保护人类，正是**卫生学**的目标，这是医学科学之一部分，它致力于研究增进健康防止疾病的方法和手段。

我们提到过疾病的各种病因，也认识到它们可能是外在的或内在的起因。卫生学的诸般努力就是指向使人避开外在的病因，避免来自于其环境中的损害的可能性。而且，它也抗击内在的病因。它试图增强一个人的体质，试图用适当的生活方式克服各种遗传倾向；它力图使一个人强壮到一定的程度，在这个程度之上他对其环境影响的适应能力足够地大，大到能够使他免遭伤害，而这伤害则是因为尚在生理反应的限度之内的诸般刺激。

因此，卫生学就有了双重的责任。我们可以划分出积极的卫生学来，它积极地介入人的日常生活，积极地以他们应有的生活方式去组织单个的个体，为了保持健康，也为了赋予他们充分的抵抗力。而且我们还可以划分出一种或许能界定为消极的卫生学来，它所着手的不是人体本身而是他的环境，它试图以排除外在的种种伤害来间接地维护健康。

一个医生在直接的卫生学方面孤掌难鸣，因为一般说来，在有人得病之前，没有人会来请他的。不过，今天，我们发现许多健康的个体主动接近医疗咨询，这很令人关注。而且，作为精明地关注其被保险人的健康和寿命的金融机构，许多保险公司已经开始要求其被保险人定期作预防性的体检，就算在他们自以为完全健康的时候。公共福利事业之诸般努力有着不断扩大的重要性，我们稍后还将谈到这些努力。

医生作为一名与官员和教师协作的专家，间接地在卫生保健方面起着作用。个人卫生主要是一个教育的问题，清洁、有节制、井井有条的生活方式要尽可能早地一点一点灌输给每一个人，在这方面，学校往往扮演着一种决定性的角色。另一方面，公共卫生则以一个大系统为先决条件，而且只能经由国家来实现。环境的有害影响，确实不仅仅危及单个的人的生活，还会危及生活在同一环境中的全体人群的生活，因此，就其本身而论，必须警戒的不是个人而是社会。今日卫生学的诸般问题是最富于启发性的，如果我们密切关注其发展历程的话。

听上去会很引人注意的是，卫生学不是源自医学而是源自宗教，源自各种古老的迷信。古代的宗教要求拜谒神所之人必须洁净，当然这洁净的意义一般解释为心灵的洁净。埃皮达鲁斯[1] 的阿斯克勒庇俄斯神庙里的碑文如下：

> 谒此华香神殿者须得洁净，
> 惟有心存虔敬者堪称洁净。

然而，这样的心灵洁净还必须有肉体上的体现。古埃及祭司留着修剪齐根的头发，穿着各式白色的长袍，为了不使自己被玷污，他避免接触不洁之物。尽管这真是为着宗教的原因才做的，它还是有着卫生的结果；我们也尽力保护自己免于不洁——不过是为了不同的原因——因为我们知道浊物含有细菌。殊途而同归。

这些洁净的戒律在犹太人的生活中受到了极其明确的规定，首先就表现在食物的禁忌上。洁净与不洁的动物是不同的，只有洁净的动物（反刍动物、长有偶蹄[2]的动物）才能够食用，只有这样的没有任何致死伤病的动物才能够被宰杀，它们还必须是被用一把没有凹槽刻痕的刀子活杀的而且不得挤压，血和包裹器官的肥肉都不得食用。倘若以为这些戒律都是出于卫生的原因才形成的，或许很荒谬，它们本质上纯粹都是宗教性的。每一个种族都认定有神圣的和受诅咒的动物——图腾动物——它们都不得被宰杀或食用。这些律令肯定有一定的卫生学价值，它们类似于一种强制性的执行到户的肉食检验，它们确保只有好牲口才会被宰杀、被吞食，它们的宰杀方法确保了放血尽净，这样，保存这些肉也就容易得多。

其他的律令跟这差不多一样。不洁的限制通常是实在没法儿，而有的时候是一种本分；不洁有的时候并不受到禁止，也不存在任何洁净的义务。肯定是因为不洁会造成传染病，一个不洁的人在社会上才变得让人难以接受。此后，不洁之人被排斥在对上帝的礼拜之外，而每个人在逾越节都必须进入主的殿堂，这就出现了一种明确的追求洁净的强迫。

一个人怎么就变得不洁了呢？因为触摸了不洁之人或不洁之物。死尸是不洁的，谁要是碰触了死尸甚至走进停尸的帐棚，七日之内就是不洁的。而这样的人又如何净化呢？宰杀一头红色的母牛，把它放到雪松和牛膝草[3]的柴堆上烧化，然后把骨灰撒到泉水里，用这水喷洒这不洁之人三到七天，然后，他还要洗净他的衣物并且沐浴。

不洁也往往是一些生理过程的结果，尤其是因为与性有关的功能。正在行经的女人七日内是不洁的，生殖器出血使她不洁，与行经的女人交媾是弥天大罪。分娩中的女人也是不洁的，从她的分娩阵痛开始到分娩之后，假如她的婴儿是男孩就有四十天的时间，假如是女婴那就有八十天的时间，她依然不洁如前。古希腊女人在她的孩子诞生之后四十天里也被禁止进入神庙。

男人遗精往往也是不洁的。无论谁尿道里流出㞞子来，在部落的游牧过程中，他就必须留在远离中心的营地上，跟其他的人都离得远远的，他的鞍具以及他所有的物件儿都是不洁的，遗精过后的七天当中他一直是不洁的，接下来，他得洗净他的衣物并且沐浴，自我净化。

不洁到了夸张程度的情形是，有人得了麻风病，这种不洁是谁都自己难以摆脱的。《利未记》[4] 里就此般情形所记叙的详细规定，还有那些成了抗击麻风病的野蛮战争之榜样的详细规定，都已经在别处的上下文里被引证过了。

别的宗教戒律，比如规定献祭之前、分享食物之前要洗净双手，性交之后要沐浴，行经之后、割礼之后要受洗礼，这一切都有卫生学上的价值。

被我们所继承的另外一套具有显著的卫生学意义的习俗，来自犹太教：一周一次的休息日。在古巴比伦，每个月的 7 号、14 号、21 号、28 号都是不吉利的，不进行任何有价值的买卖交易。犹太人则把这样的日子改在主日，这一天专用于休息和教化。基督教和伊斯兰教沿用了这一习俗，这给我们的生活带来了一种分明而又有益于健康的节奏。

我花了这么长的篇幅强调犹太人的迷信，只是要用这样的例证来表明，被认为是宗教之一部分的戒律确实具有卫生学的意义。在所有的古代部落中，我们都接触到了这样的洁净之观念。再后来，医生出现了，并且他们也赞同许许多多如此这般的戒律，而这些戒律是人们早已习惯了的，不过，为的是全然不同的理由。

在古希腊，我们也发现了卫生的宗教根子，它们主要出现在毕达哥拉斯学派中。毕达哥拉斯信徒的生活——通过饮食努力做到保持人的身心平衡以支持他抵抗冲击和剧变——在希腊人的精神生活中留下了许多的痕迹。

卫生学另有一个注重实效的基础，而这根植于国家的迫切需要。每一个关注自身独立的国家，不能由外国军队来守卫，而必须由自己的公民来保卫，它会致力于确保自己拥有能够从军的男子汉，拥有能够生育健康后代的女人。这样注重实效的结果，通过希腊式的训练——不光有斯巴达式的还有雅典式的——得到了保证，ἐγχύχλος ηαιδεία包括文法、音乐和体操。从六岁开始，雅典的男孩子就被他的老师带到角力学校接受体育活动的训练；到了 16 岁，年轻人在运动场里学习各种武器的使用，他赤身裸体并涂满橄榄油，操练着日常的练习，沐浴或者至少与沐浴有关的事物也成了这种训练的一部分。奥林匹克运动会也激励着青年男子去竞赛。

不过，更重要的是：古希腊人超越笃信宗教的、有意义的领域，产生出了一种关于健康人的信念，这信念不仅仅受到医生们的鼓吹，还被当作理所当然的准则受到遵从，后来成了总体生命观的一个组成部分。而这是绝对必要的。假如民众没有关于健康的努力目标，教给他健康也没用。另一方面，我们知道那些“为健康而活着”的人们，对他们而言，保健不是达到终点的手段而是终点本身，他们变得极端迂腐，也确实没有对生命作出多大贡献来。

依照古希腊人的观念，匀称的人是健康的，他身体的每一个方面都很均衡。而这样的匀称，是通过锻炼和节制而获得的。正确的作息关系、饮食与斋戒的关系、肉体活动与精神活动的关系，才是健康的关键。匀称者不单单健康，还很美，求美之路便是健康之路。不过，只有当健康的身体装着健康的头脑的时候，这样的匀称才完整。常常被人引作格言的愿望——**健全的心智寓于健全的身体**[5]——表达了一切时代卫生保健的最高理想。超出了象征意义的是，雅典的那些运动场，不单单是运动之表演场地，实际上还是心智教育的发源地。

非常优雅的个人卫生之发展是古希腊人的功劳。不过，要认识到，这样的卫生并未普及，它只影响到了较高的社会阶层，大多数的普通平民、奴隶、农夫和工匠对此可都没有份儿。

古罗马人的组织能力给了公共卫生一股巨大的推动力。在整个帝国时期，公共卫生被强制执行。死尸必须在罗马城以外埋葬；阴沟顶部巨大的拱形结构，作为帝国关注其居民之健康的、令人钦佩的物证，至今还保留着；各个城市是按照有益于健康的法则建起来的，房屋花园也是带着同样的观点建造的；巨大的沟渠渡槽将水从远处引到城里来，在这里，有充足的清水供人使用，满足了必不可少的健康规定。两千年后的今天，在较早时期的一些罗马行省的遗址上，这些沟渠中的一部分依然还在发挥着它们起初的用途。

尽管早期不是没有一些相反的意见，古希腊人的个人卫生办法还是被沿用了下来。大的温泉浴场成了公共生活的中心，集运动场、游泳池、蒸汽浴室、图书馆、演讲厅、露天市场和咖啡屋于一身。其中一个浴场里面的活动，我们从塞内加[6]的一封信里可以看到一段栩栩如生的描述，他写道：

> “安静对于学习而言可不是像有的人可能认为的那样必要。我住在人们常去的一个浴场里，你可以想见这里所有的刺耳噪音。人们操

练得越激烈，他们披挂重甲的双手就挥舞得越来劲儿；当他们用尽全力或者要让人以为他们用上了他们全部的力量时，我都听得到他们在哼哈；每当他们喷出憋在肺里面的气，我也听得到他们的呼啸声和重重的喘气声；要是另外有人懒洋洋地斜躺着，正被人揉擦油膏，我也能听见拍打他肩膀的那只手的声音，还能分辨出推拿过程中手掌是平直的还是窝着的；接着，要是又有一个玩球的人来了，开始数起他的投球来，我所有的攻读研究就算是完了。闹中求静之间，我听得到或叫骂或捉贼，或者有人在浴中欣赏自己的唱腔，另外有人跳进浴池发出响亮的溅泼声；除了那些至少还弄出惹人发笑的声音之人，更有拔毛者自己故意要惹人注意而发出尖锐刺耳、让人不舒服的各种声线，他给他的主顾痛拔腋毛，只有在他强迫那主顾不要发出痛苦尖叫的时候，他才会安静下来。除了这一切噪音之外，还有小贩们卖糕饼、卖香肠、卖糖果蜜饯的叫卖声。”

我们今天称作土耳其浴室的那些场所，实际上就是由阿拉伯人承继下来的罗马浴室，绕了这么一个圈子又被我们继承了下来。

古风俱往矣，个人卫生退化。人们确实忘了，卫生就只是文化的一种手段，绝不是文化的本身。就其本身而言，卫生竟成了目标。澡堂浴场里生活的条理变成了无条理，活人不但没有变得强壮反倒变得没了阳刚气概，于是抱怨的声音突然响起：**洗浴、美酒和情欲给我们的身体带来了衰败**，不过有一个附带的说明：**更装点了生活**[7]。体育变成了竞技，如今，运动者不再是为着他那月桂枝叶花冠而一争高下的自由民，他成了奴隶，就像为着金牌力图创造一项纪录的职业运动员那样的奴隶。将庄严的奥林匹克优胜者雕像与卡拉卡拉大浴场[8]令人作呕的运动员画像作比较，就很可以让人理解这样的退化是多么地极端。古老罗马的简朴，久矣不再，此世间变得颓废软弱。放眼北望，倒是那些野蛮人似乎在以一种自然健康的方式过着他们的日子。

基督教来了。它主要是在人口的较低阶层中寻找其信众，下等阶层与卫生保健毫不相干，或者只有极少的参与。基督教反柔弱奢侈之道而行之，这样没完没了地满足身体的需要是为什么，这些言过其实的痛苦又是为什么？别无他物，惟有心灵。民族迁徙的大动荡正在酝酿，生活越变越艰难，老式的卫生保健退化了。

中世纪的各个城市都拥挤不堪，被设防的防御土墙圈定的房子，相互紧贴着靠在一起，一丁点儿的空气、一丁点儿的光线漏进屋子里面。水没有用管道输送到户，还得从井里汲取，谁都知道，这可是地下水。污水和排泄物又不再通过排水系统排走，在有些地方，把它从窗口扔出去扔到近邻的陋巷里，甚至都成了一种习惯。家人、亲属、家族近距离地挤在一起，一旦瘟疫爆发，许多人就牺牲了。

放血的益处。萨莱诺的医学诗中的一幅版画插图，描绘了当时流行的放血疗法，其相关的诗句是："流血可以使忧虑的人快乐，除去爱情灼人的熊熊火焰"。

但即使是这个时候，居民们还期望着保持健康。他们想要知道，为了要保持健康，该怎样生活。答案重复了若干卫生指导[9]——健康的各种规则——里面古人的话，还有一些从散文中来、从诗句中来，因此，人们很容易记住它们。此中最广为人知的是所谓的萨莱诺体诗歌，其中流传至今并且几经翻译的诗句比如有"饭后汝当立，平地信步千"。泻药和催吐药都被用作了预防的措施，还有春季和秋季的放血，也是这种养生法中的一个部分。人们相信洗浴是健康的，不再用什么温水浴池和游泳池，洗浴就在家里进行，用一个朴实无华的木盆。到了中世纪末期，浴室建造了起来，在这里人们可以同时洗蒸气浴、修面、理发还有拔毛。

在瘟疫方面，也不乏行动。我们已经看到，人们带着不屈不挠的干劲抗击麻风病。1348 年鼠疫降临，蹂躏了欧洲。为了要抗击它，一切的可能都做到了，从那一年开始，抗击瘟疫的预防性措施在广泛的范围里得到承认。首先是拉古萨[10]，接下来是马赛，最后所有的港口都建立了隔离所和医院。瘟疫病人的隔离、强制报告、消毒，还有用小册子对全体公民作普遍性的启蒙、禁闭病人的房门，以及为旅行者颁发通行证，都是1400年到1800年间为了抗击瘟疫所推行的法律。

尽管有凡此种种的努力，中世纪之后几个世纪的卫生状况还是很糟糕，尤其是儿童的死亡率极高。从有些特征看来，相比于中世纪之前的时代还有倒退。在16世纪浴室成了传染的渊薮，它们被废弃、被关闭；甚至到了18世纪，哪怕是在最高层的上流社会中，水和肥皂就算用也用得很有限。

巴罗克时期，专制政府凭着治安组织的常规，在公共卫生的管理方面建树良多，它能够强制执行那些已经在各个城市颁布的条令，那些在很多地方确实堪称典范的条令，比如在纽伦堡。这是一种或许可以界定为“来自君上的卫生”的卫生形式，官府或者更确切地说是君王需要健康的臣民，他制订法令以保障健康，他也会禁止那些可能危害健康的事物。

伴随着18世纪中叶那一场吸引了大众的觉醒，一种相当新颖的趋势显而易见。1762年，卢梭[11]的《社会契约论》出版。人人平等，平民执政，贵族教养受到诅咒，返璞归真，回归一种合乎人性的生活方式，人性本善，但是，人们受到了君上仗着暴政和腐化而施行的统治。平民中间有的是质朴、真诚和童真，他们不幸福而且还没有摆脱偏见迷信，他们生病是因为他们无知，关于影响到健康疾病的一切，他们必须得到启蒙。于是，一种“来自下层的卫生”开始了，巨大数量的文献印行于世，其中包括专门向平民传授卫生方法的各种期刊。

也就是在那个时代，儿童被发现了。儿童似乎比成人更贴近自然一些。小乖乖依然懵懂无知。小乖乖被看成什么了呢？大人们的玩具。小乖乖被交给保姆奶妈和家庭教师看护，他被塞进那些对他长成的身材来说碍手碍脚的衣服里面，小孩子只得过着一种损害其身心健康的生活。必须让小孩子自由，教育的诸般疑难问题一直受着热烈的争辩，卢梭还写成了他的《爱弥儿》。乐善好施的人们力图从宗教——至少是武断的宗教——手中把教育解放出来，取而代之以一种合乎人性的信念。母乳喂养受到竭力推广。恰逢此时，矫形外科学的出现，决不是偶然的。1741年，安德里[12]写了“*L' orthopédie ou l' art de prévenir et corriger dans les enfants les difformités du corps*”（矫形外科学即儿童身体上各种畸形的预防及矫正方法），这本书和这一门新的学科都兆示了儿童解放的斗争。1794年，比克堡的一位名叫浮士德[13]的可信赖的医生，写了一套关于健康的问答，在这本书中用简单的问答方法教育儿童：为了保持健康，也为了发育成一个健壮的人，他应该怎样地生活。这是一本小书，被译成各种语言并且再版了很多次。

18 世纪与牛痘接种法的发明很接近了，这一发明将对卫生保健具有重大的重要性。人们早已注意到，如果一个受天花侵害的人经受住了这一场侵袭，他就会免于第二次侵袭。后来有人作了一种尝试，为了保护健康的人们不遭受一次更严重的侵袭，在这种疾病轻度流行期间就有目的地使他们感染上此病。在印度，小孩子们被包裹在那些得过此病的人穿过的衣服里；在中国，则是用一根小管子把痘痂粉末吹进人的鼻孔里；非洲的奴隶主们为了防止他们的"财产"有损失，给他们的奴隶做接种。18 世纪初，驻在君士坦丁堡的英国大使夫人蒙塔古太太[14]，得知了这种方法，并允许人给她自己的孩子接种——如当时所称呼的那样——随之而来的是成功的报偿，回到英格兰之后，她说服她的朋友威尔士亲王夫人接受和她的孩子同样的处理，先是用七个囚犯和六个孤儿做试验接种，然后就清楚地看到他们并没有感染此病。紧接着这件事情，1722 年，王侯的孩子们都被接种了牛痘。到了这个份儿上，这种被称之为引痘法的措施就得到了认可，于是就有了做这种治疗的专科医生，1749 年在伦敦还专设了接种站所。这种引痘法从英格兰传到了欧洲大陆，先是传到日内瓦，在这里是特龙岑[15]使之为人们所接受的，伏尔泰[16]还为之写了广告。毫无疑问，多少生灵因引痘法而得到挽救，但是这一方法并非绝对没有危险，接种人痘是由人到人的，因此存在连带传染危险的，不仅仅有天花病毒，还可能有别的疾病比如梅毒。用引痘法，谁都可以试探着引起一场轻微的天花侵袭，不过难掌握的是天花病毒要用什么样的浓度，后来这些被接种的人死于天花的情况也偶有发生。形形色色用来减弱这东西强度的方法都试过了，可是没有发现任何可靠度确实高的方法。

因此，到了人们放弃人痘接种而选择牛痘接种的时候，到了用天花接种变为用牛痘接种的时候，这就是前进的一大步。牛有的时候会得一种病，乳房上起痘疱样的脓疮，这种病具有接触传染性但是对人类无害，这通过送牛奶的人和挤奶女工就可以观察得到，他们感染过一次此病却从来没有得过真正的天花。英国医生詹纳能够在几轮天花流行期间证实此类观察的真实性，他得出了他自己的结论，并且在 1796 年 5 月 14 日，他用牛痘给一个小男孩接种，此时他使这个男孩处在天花的作用之下，稍后没有发生任何反应，这个男孩有了免疫力。到此，针对接种，终于找到了一种可获得的未经污染的理想物，它可以不必危及人们生命而使之具有免疫力。

一种不可避免的幻灭随之发生了，人们又看到，那些已被接种过了的人许多年后还会感染此病。这才发现，以大约 12 年为间隔的再接种是必要的。1870 至 1871 年的普法战争，成了引痘法之实际效果的一场大规模的结论性实验。未经接种的法国军队因天花损失 23400 人，同样地，德国军队减员总数则为 297 人。1874 年牛痘接种在德国被用法律强制推行，而大约在这一时间前后其他的国家也如此实施，从那时候起，天花就可以不予理会了。

接种的法律在理论上也具有很大的重要性。这是第一次，一个现代国家敢于以这样一种强制的方式来插手个人的肉体生活。征税、兵役和义务就学[17]都是 19 世纪人人必须承认的法律，国家在关于个体之健康疾病的诸多问题上肯定也有发言权，这些问题使得政府强迫人们接受自己被人为地致病——尽管不严重——为了保护他们和他们的社会免于严重的伤害，这倒是一个新的开端。就算在今天，接种法还会遭到反对，在瑞士，反对意见太激烈，以致于这条法律在一些州被民意否决了，人们十分在意自己的危险。

主动免疫者或者在一些情况下的被动免疫者的概念，怎样经巴斯德、贝林以及其他人而再一次地被人们所接受，而且从这一点上看，他们在确立一种有效的保护以防御许多传染性疾病的方面是如何成功的，我们在前面的一章里已经讨论过了。

英国是天花预防接种的发源地，在 19 世纪，英国也是现代卫生学的引路人并且以坚定的步伐遵循着它。德国，则对卫生学作了许多理论化的工作，书写了不少，建议也有。不过，英国还是在实际应用方面领先，为什么英国在此居先呢？

我们已经看到，一种有效的个人卫生是以一种明确的健康人完美典型为先决条件的。英国的典型并非不均衡的运用脑力的一类，这是真正字义上的人道主义的，而且力争达到灵与肉发展的均衡。体育在这里成了教育不可缺少的组成部分。体育受到严肃对待的地方，就会出现许多卫生执行机构；体育需要训练——这意味着饮食上的节制以及作与息、眠与醒之间正确的平衡——它指的是穿着轻便的衣服在室外空气里锻炼，并且顺其自然地趋向整洁。也就是在英格兰，体育运动首度成为社会一切阶层多数人都喜爱的事情，后来又从英格兰成功地登上欧洲大陆。

完善的公共卫生，只会存在于其自身就很稳健的体制里。日耳曼在那个时候还分裂为许多小小的邦国，法国则在一场又一场的革命中动荡不已，只有在英国，环境适宜了。1830 至 1836 年在欧洲，尤其是 1832 年在英国，引起大毁灭的那一场霍乱，激起了英格兰的行动。每一种新的流行病都是对公共卫生机制的一次检验，它需要对尚在实施中的公共卫生措施进行修改，并且还增加了供讨论的新问题。对卫生学甚至更具显著重要性的是，一场剧变已经在不知不觉中发生，这就是**工业革命**。

18 世纪初，英国的木材供应开始告罄，在这之前用以炼铁成钢的木炭，就不得不用煤炭来代替了。于是各处的煤矿被开掘，蒸汽机被用来给矿井抽水。这就是瓦特[18]所发明的蒸汽机，他 1775 年取得第一份专利。不久这机器被用于纺织工业，还用于运输，从而工业主义[19]形成，工业主义将如此彻底地改变 19 世纪的面貌。借助于机器，人口中一贫如洗的那一部分人只要牺牲简单的身体本钱就可以找得到工作。新的运输方法，使得人口的增长赶上并超过了土地的自然物力，因为便宜的物资总能够从外界获得。有技能的手艺人变得一文不值了，各种新机器向没有技能的劳动者、能力弱的人们、妇女和儿童都提供了一份活命的工钱。

结果是人口的剧增和流动。从乡村流往各工业中心，流往各个城市，在那里大群大群的人安顿下来，这些人都没有资本，他们仅有的本钱就是他们做工的体力智力，这些人在最悲惨的生活工作条件下过着一种做工糊口的生活。一个新的阶级形成了：从事工业的无产阶级，就传统或组织而言，无产阶级没有任何的权利，还不如先前时代的那些工匠、水手和矿工。每一次经济危机都会带来难以置信的苦难。

描绘各种社会斗争并非本书的本分，不过，我们还是关心工业化过程中卫生保健的重要性。肯定不难理解，在这些早期的工业中心，卫生的状况是可怕的，死亡率的比率也是吓人的。很快，因为劳工人数的问题造成了混乱，于是就让六七岁的儿童上机器做工，童工现象随处可见。谁都得承认，全体民众的健康受到了这些状况的严重危害。

1802 年，英国通过了一部法律[20]，禁止工厂主们雇用学徒每天工作长于 12 个小时，并且夜间不得用工，可这法律的结果是不起作用的。1833 年，第一部工厂法确立：12 周岁以下的儿童工作不得长于 8 小时，13 至 18 岁者则不得长于 12 小时，夜班不得雇用任何未成熟工人；政府还雇请了许多工场督察来巡视这法律的实施情况。1842 年，起草了一部新的法律[21]，禁止雇用女工和 10 岁以下的童工到地底下做工。接着 1847 年规定女工童工工作 10 小时。一直要到 1874 年，10 岁以下儿童才被禁止到工厂里做工。

在普鲁士，一位将军令人忧虑的报告——关于莱茵河地区服兵役的健康合格人口的减少——将政府的注意力引向工厂工人的健康状况，并且导致了类似于英国诸法的一系列法律的正式通过。

显然，此等法律只不过规定了工作的时长，而避免这最恶劣的工厂生活之副产品的法律还嫌不够。出现了全新的卫生问题亟待解决，这些问题变得越来越紧迫，国家的劳动力数量越大，城市的人口就越密集。除此以外，政府不得不亢自执行这些法律，不会听任它们由着雇主们爱用不用。英国在这个方面还是领路人，1843 年，设立了一个调查委员会，负责统计资料以作为立法行政监督的必要材料；1848 年，公共卫生法开始施行，这是一部促进公共卫生之管理的法律；中央卫生署指导着一些地方的卫生专业行政部门；完成了大规模的各种改革；整片整片的城镇地段被拆除，然后以新的视角去重建，建造了新的水系和排水系统，食物受到了严格的监管。各种成效很快就显露了出来，健康的总体状况改善了，死亡率下降。英国的进程成了别国政府迟早要仿效的一个榜样。

单凭经验就可以实行卫生学。经验教我们懂得，对于人类的健康，一些事物是好的而一些则是坏的，尽管谁也不知其所以然。普通的医学知识越是经常使用，卫生学的方法就越有效，其作用就越大。19 世纪下半叶，医学所获得的自然科学知识——尤其是生理学和病因学知识的增长——注定会要非常真切地影响到卫生学。

生理学研究机体的运转性能，研究在什么环境条件之下这一运转性能是完美的。卫生学则希望了解，为了正常的机能可以不断地运转，要满足什么样的条件，又在哪一点上机体的各种状况变得不正常，因为它们造成了病理性反应的后果。而首先，它希望了解机体的最适条件，因为卫生学有着实用的目的，试图找到为机体确定这些最适条件的方法，然后煞费苦心去排除异常的环境条件。为了这样的责任，卫生学运用了与生理学同样的方法，这当然就是实验法，此即**实验卫生学**。这一学科的奠基人是慕尼黑的卫生学家佩滕科费尔[22]，他本人和他的后继者用这样的方式研究了人的环境。他们不仅观察了人的自然环境，还观察了人周围由文化所创造的世界。从这一点上来看，研究大气的物理构成、空气的成分，研究土壤、水、食物、服装以及人们的居所，研究它们的热量调节、通风、照明，还有研究垃圾的处理和死者的丧葬，都被卫生学视为己任。

卫生学肯定还要研究人于其中完成工作的场所，还研究人劳作时所处的状况；并且，卫生学还试图从工人的环境当中移除那些有害的因素，在这个意义上，就是**工业卫生学**。工厂劳作往往会引起不正常的环境事态，许多种类的毒物被释放出来，污染了空气，这些就是灰尘、毒气或烟雾，光和声音因素也会变成有害的了，整个的环境很不正常，在这样的条件下日复一日劳作的劳动者会落下一些明确的疾病。自帕拉切尔苏斯以后，职业病就已经得到了研究，现在，防止各种职业病成了卫生学首要的责任。不过，就算是在各项条件都优于责难之所及的时候，工业也许还是会致伤的，比如要是它们是单侧操作的或者必须以一种反常的姿势去完成，遇到了这些问题，人们还得咨询医生。

对卫生学最具价值的是病因学研究的诸多成果，尤其是细菌的发现。要支持一个人自己成功地御敌，就得知敌，须知其强度、其强度之所凭依及其动向。瘴气和接触传染原多半都是难以捉摸的敌手，因为人们对它们知之不详。到了巴斯德、科赫以及其他细菌学家的研究之后，人们才认识了大量疾病的刺激物。在保护人类不得传染病的方面，卫生学的问题得到了清晰的概括：让病因远离人类，如果可能的话要消除这些因素。接下来，必要的手段都近在手边，因为各个城市广泛分布着卫生设备，还因为此刻人们懂得了在对一套供水或者排水系统所要作出的评估上究竟什么具有最大的重要性。各国政府——它们或者是地方自治或者是很大程度上的独裁——都面临着各种新的责任。因为瘟疫不问国界，所以为了使不同的政府有可能合作抗击疾病，国际组织就是必要的了。这一方向上随之发生的一步是，在国际联盟[23]中组成了一个卫生处，这非常清晰地表达了要把健康当作最大的财富之一来珍视的思想，表达了保障健康是政府最严肃的责任之一的思想。

在前细菌学时代，英国所确立的一些卫生学手段，到了细菌被识别而不得不设计新方法的时候，就被证明是不能胜任的了。尽管如此，英格兰还是该当荣耀的，因为她通过她的示范将卫生学的思想普及全球，还因为她证明了，卫生学是精神的财富、也是文明的组成成分。我们十分清楚，文化和肥皂不是一回事儿。在悲惨的卫生条件之下，伟大的文化成就也能够发生发展，而肥皂，只是通往文化的许多路径之一。卫生学使人摆脱了许许多多的束缚，使他远离忧患，从而创造谋求幸福的种种可能性，并且增进同时关乎个人和社会的功效。苦难或许也能结出果实来，不过，尽管有可能将疾病限定到最低的限度，人间总还是会有足够多的苦难的。

细菌学的大成功，给了公共卫生一股巨大的前推力，大到卫生学的其他问题都被掩入背景里面了。这就好比在整个医学领域里注意力被主要集中到了疾病上面而人却被忽视了一样，就这样，卫生保健方面的进击是指向疾病的那些外因的。当然，这是最紧迫的责任，因为这损害的外因对人类的大多数构成了威胁，而这些对于社会的极大危险必须先克服。

不过，确实要不了多久人们就会明白，这些被动的措施犹嫌不足，必须实行主动的卫生保健，不仅仅要防止疾病还要促进健康。人们日渐明白的是，**健康远超出疾病的缺席**[24]。某一群人的环境得到了控制是不够的，人所吸收的物质以及他所排泄的那些物质受到了监督也是不够的；与社会群体分开了的个体还应该得到关心，对他的生活方式也必须采取一种主动的介入。这就是反击疾病之内因的斗争。一个人的体质改善了，因而他也就能够应付那些影响到自己的环境作用。

20 世纪的此刻恰如 18 世纪，一场启蒙运动开始酝酿。就像早先的年代里科学知识受人传播一样，今天现代医学的知识也同样有人传给大众。卫生方面广受欢迎的讲学是每一个文明国家卫生计划中的一个要素。通过学校，借助于演讲、报纸、广播、展览、博物馆、招贴以及一切现代宣传手段，个体了解到他的身体及其功能，了解到健康疾病的基本状况；他学会了为了保持健康他该怎样生活，并且也得到了关于危险的告诫。这样的启蒙只要用正确的方式操作，就不会像有的时候被断言的那样导致对疾病的恐惧或者导致神经衰弱。要意识到卫生学应当运用其特殊的方法；还要意识到，大学里的医学教育，与对门外汉讲卫生学截然不同。科学知识从来不会作为一个整体被大众化，它的一些结论倒是有这样的可能。假如医学科学实在总结不出有把握的总体结论，那它就是不中用的了，因为这些总体结论是要被植入到公共意识当中去、最终成为日后子子孙孙的行为依据的。

一个国家发展成为福利国家，政府终归会要从医生的手中接管越来越多须解决的问题，这在卫生学领域里具有显著的重要性，因为这么多的卫生学规定的强制执行要取决于社会经济的诸多因素。我们都知道一处有益于健康的住宅看上去应该是怎样的，但是，尽管有这样的常识，千百万人还是生活在明摆着不卫生的环境里，财主们与那些无产阶级的成员比起来则过着健康得多的生活。发病率和死亡率在这些可怜得多的阶级中间当然要高一些，因此，首先要关心那些经济上弱势的人们——尤其是在他们占人口的大多数的时候——这成了国家的一项毋庸置疑的责任。1925 年德国所作的工业人口普查显示 1700 万人正在就业，相比之下，1907 年那一年为 1300 万。工业人口中健康的正常状况，不单单有利于个体，也对全社会的福利起到了作用。

在世纪之交，住宅和医院的环境卫生仍然是社会最重要的卫生问题。不过今天，社会卫生本身越来越多地对保健感兴趣。通过一系列的咨询委员会和福利机构，国家有能力提供帮助，并且不计回报地向一切没钱没辙的人——在有些情形下则是向社会任一阶层的任何人——提出医药忠告。

现在，孕妇可以向专门的机构寻求建议。孩子出生后，年轻的妈妈也能够找得到该如何喂养孩子、照料孩子的操作指南，一到六岁儿童的妈妈为了工作的缘故或者因为生病而不能够照料他们，托儿所和幼儿园可以照料他们。孩子入学后，从他的老师那里，小家伙学到了个人卫生的基本要素，随后在他整个的就学阶段处于医疗的监管之下。校医在有些地方还不常见，但还是可望成为卫生学最有效的帮手之一，因为他会指导所有的孩子并且在病起之初对症施治。他有可能借助于特殊的安排——比如特殊的班级和度假住房等等——对纤弱的和畸形的孩子们的发育施加有益的影响。孩子们长大了，在其职业选择上还可以得到医疗委员会和专门机构的建议。最近，我们还为优生委员会设立了一些机构，这些机构可以对所有的性卫生问题给出建议。

毫无疑问，这一方向上的发展将更加深入。在美国，有一种新的卫生学分支，叫做精神卫生学，在有些地方，出于神经官能症的预防思路，已经设立了一些顾问机构。

人们有时会表示担忧，担心这样的卫生建议可能会产生保护人的影响，担心因为卫生保健的成就或许会让人们变得有依赖性。这样的观念目前还没有任何道理。除了校医们的各种检查之外，上述这些机构的服务局限于提出建议，何况这些服务是人们在特殊的、重大的危险局面中自由地选择的。

今天，个人卫生所由之路，无疑是正确的、有预见性的：普遍卫生方面广泛的宣传，还有在一切特殊情形当中个人卫生的咨询。因为其成员的安康大有益于一个体制，所以它将会努力地把指导的责任交到那些胜任的、尤其是训练有素的医生手中，也会慷慨地提供这样的服务并且不计回报。

在保持健康的努力方面，我们还将更进一步。国家将支持所有的为健康服务的行动，例如体育锻炼。医生们和教师们必须通力合作，在人的儿童期和青春期来解决这样的问题，教育一定不能不均衡，不能只重智力，就像上个世纪大多数国家的情形那样；它必须同步增进体能和心智。重要的是，年青人们应该从他们的体育锻炼中得到乐趣，他们应该感觉到身体活动令人陶醉的作用和户外运动的佳趣。于是，体育将成为生活的必需，并将超越求学期而继续进行下去。假使那样的话，我们就将再一次接近古希腊关于匀称的人的理想：他身心平衡，高贵而健美。

我们不要忘记，卫生学及其目标——健康——并非终点本身，而是到达终点的手段。健康是一种鲜明的灵与肉的态度，这一态度可以拿来帮助我们为着同胞们的身体益处而有效地工作，也有助于让我们的生活充满乐趣。

卫生学和社会福利的进步，结果造成那些体能低下的个体之生命的保养，他们在别的年代里可能早就被委弃了。数以千计的傻子、聋哑人还有因为天生畸形而背负精神包袱的人们活了下来，他们当中的许许多多人一定得着国家的扶助，他们中的大多数有能力生育，而这些畸形有很多是可遗传的，显然，这一事实对未来世代的品质呈现出一种令人担忧的重大危害。问题明摆着，卫生学是否有理由继续深入；它是否有理由控制遗传，以便确保最好的可能结果，以便干预最糟糕的低劣性状传递。涉及到这些问题的这一部分卫生学，就是优生学。优生学的活动在大多数文明的社会里都在进行中，但是，因为一个个体的绝育——而这在大多数情形下将是问题之所在——往往会使医生陷入一场关乎其人身自由的、非同小可的冲突当中，在这个范围内，优生学要普遍地起作用，还得等绝育的理论基础比今天更安全、更坚固的那一天。从家谱入手，体质与遗传的研究拿出了一些素材，基于这些材料，他日或许可以大规模地为优生学制定明确的法律。显然，在此我们是在谈论医学上、政治上都具有极其重要的价值的问题，预防的理想是人从生命的诞生起就开始对其一生的疾病发挥作用。可是，迄今为止我们尚未接近这样的理想。

在医科学生受教育的进展当中，卫生学教学承担着重要的责任。一开始，病因学知识增进了，学生了解到各种细菌并在实验室里通过实践学着去处置它们；后来，他学习血清学的诸般方法，并成为种痘的专家。但是，赋予卫生学最大教学价值的是它作为向导的角色，它引导学生介入生活的不同领域，尤其是介入一些社会问题。在生理学中，我们研究各种食物；在这里，我们研究总人口的食物供应。在临床教学上我们试着辨别和治疗结核病，在病理学中我们看到器官因结核病而形成的毁坏痕迹；这也使我们熟悉了作为社会问题的结核病。我们从人的环境——从学校、工厂、矿场还有阁楼——去研究人，我们扫视那广泛的保护社会的管理机构，我们调查屠宰场[25]、水厂、下水道、焚化炉还有消毒中心，我们简略地谈及技术、经济还有政治问题。正是在这里，如果不是在别的什么地方的话，我们都受到医药职业了不起的社会意义的吸引，也受到我们作为医务界之一员所担当的重大的社会责任的吸引。虽然平时我们的研究关乎疾病及其治疗，但是在这个范围之内，我们主要还是对健康感兴趣；尽管在我们引导病人恢复了健康的时候我们的问题通常就算解决了，但是在这种情况下，把托付给我们照料的健康当作我们必须保卫的宝贵财富，还只是刚刚开始。

我们中间那些安顿在远离任何一个城市的乡村新居的医生，不仅仅担当了医治者，还担当了卫生学观念的支持者，担当了卫生保健的先锋。这里没有什么委员会，在这里，单枪匹马的医生，成了那些远远超出医药范围之问题的顾问；在这里，觉悟到更高责任的医生，可能成为他社区里一位可以信赖的施惠之人。

译注：

1，埃皮达鲁斯，Epidaurus，古希腊伯罗奔尼撒半岛沿海商业中心，以公元前4世纪修建的医药之神阿斯克勒庇俄斯的神庙而著名，经发掘，除阿斯克勒庇俄斯和阿耳忒弥斯的神庙外，还有剧场、运动场、体育馆、澡堂、医院、病房等建筑。

2，偶蹄，split hooves，其单数形式一般写作cloven hoof，指的是偶蹄目哺乳动物的肢端。偶蹄动物包括大部分大型草食性有蹄动物。第三和第四趾特别发达，与人手的第三第四指为同源器官，且彼此等长，用以支持身体，趾端有蹄第一趾缺，第二和第五趾很小且不着地，或退化消失。偶蹄动物分反刍、不反刍两类，常见的有牛、羊、鹿、猪等。

3，牛膝草，ysop，古英语单词ysope的变化形式。别称为神香草、柳薄荷，唇形科海索草属，拉丁学名Hyssopus officinalis，英文名Hyssop，该名是由希伯来文Ezoph与希腊文Azob而来的，用作香草、药草。牛膝草是犹太教的传统圣草，有吃它来净身的习俗，这应是指这种植物对瘟疫、麻疯和胸痛的净化效果。圣经《诗篇》第51篇第7则写着古希伯来王国的第二代大卫王发觉自己罪孽深重："求你用牛膝草洁净我，我就干净"。事实上，由于它具有除臭的特性，人们常用它来净化神圣的祭坛与庙宇，因此牛膝草一直以来都被认为是圣草。《约翰福音》第19章第30节中也记载，人们在牛膝草上绑着浸满醋的海绒，递给耶稣解渴。牛膝草大概是在10世纪左右，由本笃会的僧侣引进欧洲，人们用它来泡茶，用它来做菜，而其药效也在民间疗法中派上用场；在中世纪时，人们拿牛膝草来喷洒虱子，它的叶子有时被拿来包裹伤口，或磨成细粉消肿。全草经水蒸气蒸馏后可做成精油，香味甚佳，香水制造者评价很高，价格比薰衣草还要贵。

4，《利未记》，Leviticus，基督教圣经《旧约全书》中的一卷。主要是关于利未人祭司和祭司职务之事的手册，分五个部分，后三个部分为：关于礼仪性洁净的律法，有关圣洁的律法，有关向圣所献祭和许愿的补充说明。其资料来源可以上溯到更为古远的《圣洁法典》。

5，此处原文为 mens sana in corpore sano，拉丁文，英文大意是 a healthy mind in a healthy body，也常被译为 A sound mind in a sound body，出自罗马诗人尤维纳利斯（Juvenal，55 至 60？—127）的 16 首《讽刺诗》的第 10 首第 356 行。

6，塞内加，Seneca，Lucius Annaeus，父子同名。父亲（公元前 55—公元 39）为罗马著名的修辞学导师，只留下了半部论雄辩术的著作；儿子（公元前 4—约公元 65），为古罗马政治家、哲学家、雄辩家、悲剧作家，传世的作品不少。这里所引的信，可能是儿子写的。

7，这两处黑体的原文分别为"balnea，vina，Venus corrumpunt corpora nostra"和"sed vitam faciunt"，是拉丁文，出自 Gruter（疑为生于 1560 年、卒于 1627 年的荷兰批评家和学者 Jan Gruter）墓碑上的碑文，完整的版本是"Balnea，vina，Venus corrumpunt corpora nostra；sed vitam faciunt balnea，vina，Venus"，英文大意是"Baths，wine and Venus bring decay to our bodies；but baths，wine and Venus make up life"。

8，卡拉卡拉大浴场，the Caracalla baths，又称安东尼大浴场，古罗马公共浴场。公元 206 年皇帝 A. 塞维鲁开始修建，216 年由他的儿子皇帝卡拉卡拉完成，这是罗马最漂亮最豪华的浴场之一，设计容量 1600 人，一直使用到 6 世纪。主建筑占地约 40 亩，内设一组宽敞的拱顶浴室，另有庭院和附属房屋，周围是花园，其中有运动和游戏场地，还有露天的游泳池，有三个主要的浴室：冷水、热水、温水，大厅为大拱顶高侧窗，是中世纪教堂拱顶中堂的原型。建筑中大量使用大理石，室内有雕像、镶嵌图案、壁画和其他装饰。

9，此处原文为 Regimen sanitatis，拉丁文，意思是卫生指导。出自一首题为"Regimen sanitatis Salernitanum"的诗文，这是 12 世纪意大利萨莱诺（Salerno）医学校的最优秀的文献成果，这首诗共 362 行，其中一些格言至今仍为人们所传诵。萨莱诺医学大师研究了许多内科和外科问题，这些欧洲学者像阿拉伯人一样避免解剖人体，但他们留下了有关猪体解剖的文献，他们在药理学和眼疾方面的著作得到广泛应用。通常，他们都强调洗澡（萨莱诺浴场以及该地区的其他温泉甚至在诗文中都非常显眼）、饮食和简单有效的治疗方法。

10，拉古萨，Ragusa，或译腊古扎，意大利西西里岛东南部城市。

11，卢梭，Jean-Jacques Rousseau，1712—1778，近代哲学家中最少学究气者，他的思想标志着理性时代的终结和浪漫主义的诞生。他把政治思维和伦理思维推向新的方向。他在音乐及其他艺术上的变革都具有革命性。他对人们的生活方式的影响深远，他教导父母对待孩子要不拘陈规因材施教；他深化了友谊和爱情的感情表现；使自由成为人人渴望的目标。1762年，他的《社会契约论》所关注的是获得自由的问题，而《爱弥儿》所关注的是获得幸福和智慧的问题。

12，安德里，Nicholas Andry，1658—1742，法国儿科医生。1741年出版了他的名著，创造了矫形外科学 orthopaedia 这个词，词源来自希腊文，orthos 等于英语的 straight，paidion 等于英语的 child，字面意思是将儿童扳直的方法。该学科现在分为成人矫形术和儿童矫形术，前者是语义误译，后者是冗笔。安德里是矫形外科学之父，不过也有人说这个头衔应该归于 Venel(1740—1791)，安德里做了基础性工作，可以算作矫形外科学的祖父。

13，浮士德，Bernhard Christoph Faust，1755—1842，德国医生。写过一本医学的大众启蒙的书《*Gesundheitskatechismus zum Gebrauch in Schulen und beim h? uslichen Unterricht*》，涉及助产术、医药在战争中的运用、天花接种的改进，还讨论了健康状况与居住条件的关系。

14，蒙塔古太太，Lady Mary Wortley Montague，1689—1762，英国书信作家、杂文家、女权论者、旅行家。年轻时患天花，容貌被严重损坏。1714年随其夫出使土耳其，住在君士坦丁堡，看到当地预防天花的方法效果显著，1718年应召回国后，首先提倡接种疫苗来预防这种疾病。她的文学声誉主要来自于52封发自驻土耳其大使馆的写得十分漂亮的书信。

15，特龙岑，Theodore Tronchin，1709—1781，瑞士医生。先入剑桥大学，后入莱顿大学，是 Hermann Boerhaave(1668—1738)的学生，1730年在阿姆斯特丹获得医学博士学位，18世纪50年代早期在日内瓦行医。他是一位有高度影响力的医生，声望播及欧洲皇室和上流社会，他著名的朋友有伏尔泰、卢梭和狄德罗。他是引痘法的主要拥护者，在瑞士、法国、荷兰为几千人接种。他怀疑放血、催吐之类的传统疗法，提倡简单自然的生活方式：呼吸新鲜空气、注意饮食、锻炼等等，他嘲弄惯于久坐和过多睡眠的生活方式。

16，伏尔泰，Voltaire，1694—1778，法国、欧洲乃至全人类最伟大的作家之一。尽管有着投机的皮相，他还是被视为反对暴政、偏狭和残酷的英勇斗士，宽容精神的捍卫者。

17，历史上的“义务就学”一词最先出现在德国(schulpflicht)，1619年(中国明朝末年)德意志魏玛邦国率先公布了“义务就学规定”，规定父母应送6至12岁的男女儿童入学，否则政府强迫其履行义务，这就是“义务就学法”的开端。1717年(清康熙五十五年)，普鲁士帝国国王弗里德里希·威廉一世实施“义务就学法”，规定国内所有5至12岁的孩子(1754年时增加至14岁，现代的规定是至少18岁)，必须上学，接受学校教育，不将孩子送到学校的家长要受到处罚。所有的学龄儿童：“冬季，必须每天上课；夏天，除了帮父母做农活外，每星期至少也要上学一至二日，以使冬季学到的知识不致被遗忘。学费每星期6分尼，付不起学费的家庭，要由当地政府担负。”1763年8月12日(清乾隆二十七年)，威廉一世的儿子弗里德里希大帝签署了世界上第一个“普通义务就学法”，将这项诏书以法律的形式确立了下来。在这项法规里，将就学义务规定为8年。类似的法规，在法国1880年才开始制定，在英国则要到1882年；中国台湾在日本占领时期于1907年开始普及六年小学义务教育，1968年蒋政权开始实行九年义务教育；香港于1978年实施普及免费的九年教育制度；中国大陆于1986年开始实行九年义务教育。

18，瓦特，James Watt，1736—1819，苏格兰发明家。17岁立志成为数学仪器制造家，1757年在大学里开店并制造数学仪器，结识了许多科学家，与提出潜热概念的J·布莱克交往。1764年他在修理一台纽科门型蒸汽机时，认为损失潜热是其最大缺陷，1765年在汽缸外加上一个冷凝器，由布莱克提供贷款，他与J·罗巴克合作于1768年制造出一台试验性蒸汽机，翌年(1769年，本书说1775年，不知所指为何?)获得“降低火力发动机的蒸汽和燃料消耗的新方法”的专利。1775年开始与M·博尔凯合作，在25年的时间里陆续发明了各种蒸汽机及其附件，他由此致富。1785年成为伦敦皇家学会会员，1806年被授予格拉斯哥大学法学博士，1814年被选为法国科学院外籍院士。

19，工业主义，industrialism，或译产业主义，指主要依靠工业获得财富的社会体制。

20，指的是《学徒健康和道德法》。

21，指的是《矿场法》。

22，佩滕科费尔，Max Pettenkofer，1818—1901，德国医药化学家，医生。1837 年入慕尼黑大学学医，1843 年获得药师和医师资格证书 。1847 年任慕尼黑大学医用化学教授 ，1865 年任该校卫生学教授，1879 年创建卫生学研究所并任主任。主要从事环境卫生研究，是环境卫生学的创始人。早年主要研究霍乱与环境因素的关系，认为霍乱的发生与传染的细菌、时间和地点及个人因素有关，特别强调时间和地点的重要性。以后又研究医院的换气和人工通风问题，认为可以利用确切的资料和数据来阐明住宅的卫生问题，设计了一种简便的二氧化碳分析法来测定室内二氧化碳的含量，还研究了墙壁、衣物、土壤透气及照明、采暖设备对空气的污染，也重视供水的卫生。促使许多大学设立卫生学课程。1865 年与 C. 法伊特等创办《生物学杂志》，1882 年与 H. 乔姆森合著《卫生学手册》，还写过赞扬化学及化学家的《化学十四行诗》。他将医学专门知识与物理学化学统计学等知识相结合，这种今天称之为交叉思维的研究方法，使得卫生学成为了第一个跨学科的医学领域。

23，国际联盟，League of Nations，第一次世界大战末由胜利的协约国倡议成立的国际合作组织。1919 年巴黎和会提出盟约，旨在集体安全、国际争端仲裁、裁减军备、公开外交等等，根据盟约设立国联的指导机构。国联在阻止日本向中国扩张时未见成效，对意大利入侵埃塞俄比亚也束手无策，对希特勒撕毁凡尔赛和约也毫无办法，最后名誉扫地，第二次世界大战期间停止活动。战后，1946 年联合国成立，取代了国际联盟。

24，此处原文为 Health is much more than the absence of disease，类似于世界卫生组织的定义，完整的版本是 Health is much more than the absence of disease; it is an active state of well-being。类似的意思也见于 Dorland ́s medical Dictionary。

25，此处原文为 abbatoir，法文。屠宰场，拳击、摔跤、斗牛的角斗场。

第七篇　行医的人

医药的职业，必然意味着对人类的奉献。其他的行业也服务于社会，农夫供给我们粮食，商人为我们带来他的商品，律师捍卫我们的权利，所有的人都为他们的同胞服务。从事医药职业，绝对不只是要满足一种需要，还要主动关心人的整体。每一种疾病都是对生命的一种威胁，一个小小的疖子都可能致死；每一种疾病都意味着苦痛，而医生在此困难之时就是帮助者。因此，他的职业，只可能比之于人类其他帮助者的职业，例如，比之于与医职共有其起源的神职。

我们反复谈论过原始医学。我们发现，它有三种组成成分：一为经验，一为宗教，一为巫术。原始社会里的医生是集医生、祭司和巫师于一身的，这复合之人被北美印第安人或萨满教徒称为巫医。萨满教巫医是尘世与神界之间的中保，他能够制作或破解巫魔的符咒，令人敬畏。在一些种族里，萨满教巫医的公职是世袭的；而在另一些种族里，成为萨满教巫医的人是由不可思议的神迹来指定担当此等臣仆的：生来就有皮褶或者牙齿的人，或者儿时就与他们的玩伴迥异的那些人，其余的人则因为奇迹应验在了他们的身上，或许他们从高高的树上掉下来而不伤毫发。年少时，这些特别的人被交给一位年长的萨满教巫医来调教，他们跟他学习深奥的技巧，直到有一天，他们被授以圣职负责节日庆典，成为独立门户的萨满教巫医。

我们循着文化的进程，得知原始医学分为发展路线不同的三种组成成分，这也注定了巫医人格上的一种分化。早在公元前 16 世纪，一份古埃及医学的纸草纸卷轴——人称埃伯斯纸草文稿[1]——指出医生、祭司和巫师是三种不同的人。在其他文明种族这样的发展阶段上，祭司和医生合二为一，特别是在宗教控制着文化生活的那些地方，在祭司使天启有了形体、因而成为真理之惟一阐释者的那些地方。在巴比伦和印度，还有在中世纪早期的欧洲，情况也是这样。这分化迟早会要出现。

在希腊，我们邂逅了阿斯克列皮阿德，这是一个安在不同类型的人们头上的名字。一方面，他们是阿斯克勒庇俄斯的祭司，他们的医术纯粹是宗教上的法术；有一个学派的医生也自称为阿斯克列皮阿德斯，他们是希波克拉底的先驱，以为自己是健康之神阿斯克勒庇俄斯的后裔。希腊医生都是有别于祭司的俗人，他们都是手艺人，治疗的技巧就是一种手艺。和别的手艺人一样，医生做手艺，从一地游走到另一地、从一家游走到另一家，随时提供、他们的服务。一旦他们定居下来，他们就会开起他们的店铺、他们的作坊——诊所[2]——在这里，他们给病人治病，做手术，甚至和我们今天在私人诊所里所做的一样偶尔为病人提供住处。就像别的手艺人所做的那样，他们拜师傅做徒弟学手艺。他们为报酬而做事，因此他们在社会上并没有取得多么高的令人尊敬的地位。不过，健康被认为是一种宝贵的财富，使病人恢复健康的医生总比大多数手艺人要多受尊重一点，和诡辩家或者美术家相仿佛。

在罗马，一开始，医生只是一些奴隶。对他们的需求很大，所以买这样的奴隶和买阉人一样，是要出高价的。这些奴隶中的一些人因为他们所提供的服务，被他们的主人出于感激之情恢复了他们的自由之身。罗马的医务行业就是这样开始发生发展的。公元前 3 世纪初，希腊的医生们移民进来，先是那些遭遇激烈反对的投机取巧者，接着越来越多的医生到来，他们高超的医术令人赏识，进而罗马鼓励他们前来，罗马军队雇用了许多医生。沿着社会阶梯向上爬的步伐迈开了。公元前 46 年这一年，尤里乌斯 · 凯撒[3] 将罗马居民的特权授予所有定居在罗马土地上的希腊医生。奥古斯都[4] 封他的贴身医生穆萨[5] 为爵士。特权越来越大，医生们被免除了纳税的负担，还免除了公职、兵役还有款待宿夜者等等义务。不过，在古代，什么人算是医生呢？当时不像今天，没有任何考试来确认他的资格，任何人自称医生就可以利益均沾。人们感觉到了限制的必要。在安东尼 · 庇护[6] 治下，确立了“限制名额”[7] 的办法：视乎城区的大小，每个城市专设五名、七名乃至十名医生，承认其特权。他们就是**大医**[8]。加入这个群体的录用由一个公共委员会来管理，而在罗马则由皇帝本人来控制。这以后，医生就得证明自己有当一名医生的学识。这成了国家认证的起源。

国家之监督指导的发展，同样地得到了医学教学的加注。起初，医学上的教学在罗马是一种民间事务，就像在希腊一样，学生挑老师。在罗马时代，亚历山大城仍然是古代科学的中心，保持着它医学最高权威的声望，一直到被阿拉伯人征服。到了公元 2 世纪，国家将诊所和讲堂交给可靠的医生来处置；到了 3 世纪，在塞维鲁[9] 的治下，医学指导者由国家来指定。

希波克拉底医派的医生治疗一切类型的病人，因而运用一切种类的方法。在罗马帝国里，有数不清的专科医生：耳医、眼医、牙医和外科医生。外科医生中间又有专做痔疮手术的，另有一些则专做膀胱结石手术；有的医生专用水来治疗，而另外有人则专用酒来治疗。这里有着数不清的学派，各自的信徒们没完没了地互相争斗。今天医学上的专科化，很难被说成是一种现代的现象，即使在古罗马，这也算不上新生事物。公元前两千年，在埃及文化最兴盛的时期，还没有专科医生，但是，到了希罗多德[10]游历这片土地的时候，他发现生活中医生泛滥。针对身体的每一个部位，针对每一种疾病，都有一门专科的医生，这证明了什么呢？证明了专业化是每种文化中作为一种固有的必然性而发生的一种现象，常常发生于这种文化发展到一定阶段的时刻。这样的时刻总会到来，每当知识的增进是如此地综合而研究方法又如此地繁多，弄得任谁一个人都不再能够全面把握研究主题，研究的领域就必须要细分。

在古罗马，大多数医生独立地执业；而在罗马军队里、在角斗士学校里，在剧院、洗浴胜地或者花园里，医生则有固定的职责。

我们还可以找到各种医学会社的早期萌芽。联合起来供奉保护神——阿斯克勒庇俄斯和许革亚[11]——的一些医生团体也组织了起来；许多铭文碑文使我们相信，这些团体成员当时也忙于不少的科学问题。作为一个例子，我们知道，在以弗所[12]，医生们的社团每年都会颁奖给当年报告了最成功的治愈病例或发明了最巧妙的外科器械的成员。

各民族的迁移临近了，世间的局面剧变。医生这个古老的职业在东罗马帝国流传了下来，而在西罗马帝国，基督教承袭了古老科学的继承权。病人在社会中的地位被从根本上改变了，健康和疾病没有被赋予同样的价值，针对人类身体的态度也变了样儿。基督教信仰起初不承认异教徒的医药，加伦的基督徒学生就都被逐出了教会。基督治愈病人是不用药的，不过，病人当受人看顾；此身是灵魂所宿之处，该当保全；医学为之提供了方法手段，所以它也得被争取过来。狄奥多里克[13]的大臣卡西奥多鲁斯[14]——与努尔西亚的圣本笃是同时代的人——宣称一个人花时间忙于古代文献是一种侍奉主的行为，在他的图书馆里就有医学书籍，而且他鼓励他的僧侣们研究它们。卡斯奥多鲁斯的那些基本原则为本笃会修士所采用，后来他们的修道院成了医学研究的中心，中古时代早期的医生一般就是神职人员。

不过，基督教并未赞成其神职人员忙于医学。医学是尘世的一门技巧，它往往引得神职人员迷失了他真实而重大的责任，12 世纪批准了一些法令，外科尤其被认为不宜于牧师。每一场手术或许都是致命的，我们可以想象，在那些岁月里有多少病人在手术台上让自己送了命。人们不鼓励牧师执行任何危及生命的手术。1215 年第四次拉特兰公会[15]禁止牧师参与任何外科手术。

教会能通过这样一条法律，是因为此时由于教育的传播使得足够多的能从事医务职业的人不信教。我们必须对教会感恩，因为教会一直在看顾病人并治愈他们，还因为教会在多少个漫长艰难的世纪里使古代西方医学的实践流传了下来。而且，这些世纪过后，教会依然作出了有价值的贡献，无论到哪里，它都作为倡导者在信众中引领着医治之路，它传播医学知识，并且关心那些在其看顾之下的人们的肉体安康。

医生的职业再一次落到了俗人的手中。12 世纪，那不勒斯南部的萨莱诺大学，因为西方第一个医学院系而繁荣兴旺。腓特烈二世[16]——霍亨斯陶芬王朝的皇帝——于 1240 年还为医生颁布了一道敕令。

没有哪一种职业中知识的缺乏在其后果上像医学这样严重。一项错误的司法判决，还可以由那些有更高一级权限的人们来予以纠正；一次错误的诊断或者错误的治疗，结果就可以造成病人的死亡，难怪社会要力图保护自己不受医学知识不充分之害。腓特烈二世曾经根据通过规定之考试的能力授权给执业医生，这样的认证在萨莱诺颁发，要求学习三年哲学、五年医学还有一年的实习。

大学发展了。医师成为了一位学者、一位医生，此后一直就是一体的。医学博士的学位给了他在欧洲各地执业的权利，科学是超越国界的，所有的大学在用一种而且是同一种语言教学，一名学生可以今年在波伦亚上医学院，下一年去蒙彼利埃，随后一年又去牛津。教学是纯理论的，书很贵，教授大声念，学生埋头记。今天，书倒是便宜了，不过讲座在现代教学中还是要花大量的时间的，尤其是在欧洲，这必定是从昔日的欧洲各大学发展而来的。学生从谈吐上获得实践的各种讨论也经常举行，这就是我们的各种研究班的雏形。关于解剖方面和临床方面的教学是如何进入这些大学的，前文已经提过了。

医生随处定居下来执业的权利，在德国遭到了巴罗克时期的独裁政府的反对。德意志各省都产生了德医公会，大学里得来的医生头衔在帝国内任何地方都做不了诊所医院的股东，他的执业权利取决于他获得认证的能力，这认证不再由各大学颁发，而是由各省的执照医生协会来颁发，认证仅仅适用于相应的该省。

我们已经看到，即使在古代文化中，也存在有医学专科化盛行的历史时期。19 世纪，因为自然科学各种方法的应用以及疾病知识的显著增长，在医学上所取得的巨大进步，必然导致专科化。最初的成果就是研究方面的专科化，研究的各种方法日趋完善且高度专门化。正如我们在教学方面所深信的那样，任何处在活跃的研究当中的人，只要做了一名学究式的教师，医学教学就会越来越专科化。在中世纪，医学院系由两类教授组成，一类教实用知识，另一类则教理论医学。到了文艺复兴期间，第三类加入了进来，解剖学及外科学的教授。今天，每一个院系都有超过二十名教授，通过教育训练所得到的知识技能也极大地扩展了。毋庸置疑，这给学生带来了益处，每一门分科都由一名最专业的教授来讲授；不过随之而来的危险是，副修科目可能会凌驾于主修科目之上，知识的覆盖面可能更广但却不怎么深；就时间而论，这也导致了学生负担的加重，使得真正的学习目的——思维缜密的、有独立见解的努力——之达成愈加地困难。从单个的教师手里、从校园里的过度拥挤当中分担教学任务，光是增加教师人数这样一种安排，就已经造成了教师和学生之间联系的松散，结果是教学越来越多地采取提出知识布置给学生学习的方式，而以文化的和教育的教学常规来完成的教学则越来越少。

专科化在执业上也取得了进展。只要家庭医生的形象还存在，专科医生就只会是到特殊时刻才有人请的会诊医生。今天对一般民众的医学普及的结果，引起了一种不断增强的倾向——有病立刻找专科医生，换句话说：病人自己从他的疾病中得出了关于病变器官的诊断，于是为着这一个器官去拜访一位专科医生。如果这位医生不仅仅是一位专科医生，在普通医学修养方面也很精通，并且知道自己的局限何在，那么找专科医生就没有了生死攸关的含意。不过，很明显，一位在其职业生涯中只看限定的一类疾病的医生有偏科的危险，他或许会在他的专科领域里力图治疗那病变器官却没有认识到他的患者是病痛中一个整体的人。

在美洲，不同门类的专科医生们已经形成了共同工作的群体，联合医疗的想法无疑是令人满意的。医院的长足之处在于，全体不同门类的医生都现成可用。然而，更重要的是，治疗应该不由这个组合而是由一位医生来施行的，其他的医生则作为专科医生而听命于他。医患关系往往是只限于少数人的——一种我和你的关系。这一场治疗在于人生道路上一段气氛融洽的友谊，引导者——主治医生——不可以被一个组织所取代。

历史教我们懂得，医学专科化是一种当需求发生的时候才会出现的基本现象，要想与之斗争是不会有成效的。因为工作被分担，医学已经变得效率更高；我们已经看到，在一切医学程序中，诊断具有什么样必不可少的重要性，诊断的技巧已经大踏步地进步了，而诊断的方法总是非常复杂的，并且有赖于很多的设备器材；治疗的方法也已为数众多；而最后，医学本身则增加了其问题的广度，因为这样的原因，医学工作必须受到分割。大概，专科化的发展并没有走到头，还将比今日更进一步。不过，专科医生越多，似乎全科开业医生的稀缺就越确定无疑，他可以作为讲究实际的搭档，还可以作为与相关专科医生之间的交流纽带。现在，优秀的专科医生多得数不清，要成为一名令人满意的全科开业医生却困难，因为寄予他的期望太多。对全科医生的需要肯定很大，因此，前景倒也是相当可观的。今天，专科医生比全科医生所受的礼遇要高一些，兴许这样的关系迟早会要颠倒过来的，全科医生似乎总会崭露出他们实际上就有的头角来的，就好比医务部队中的排头兵。

对于专科化——正如变得机械化、工艺化的趋势一样——的种种风险，最好的应对方法是，不管每一个年轻的医科学生最终选择什么专门的分科来作为他的专科，都要依照知识广博的全科设计思路，向他提供尽可能深的教育程度，要跟最无所不包的医学训练一样地深奥。

医生一般由病人来支付其服务的酬劳，很明显，医学的救助是一件难于用金钱来衡量的事情。医务职业是一种坦率的理想主义的职业，而此刻，医生还得以之作为自己的生活方式。任何一个人无论贫富都会走到需要医疗救助的地步的，有钱人能够轻松地付给医生酬劳；而那些收入只够买最低限度的生活必需品的病人，那因为疾病而失去了挣钱能力的病人，总认为去看医生是承受不起的事情。假如慈善机制关心不到他，他就会陷入无人照顾的状态之中。好在每一个社团对于其成员的安康有着非同一般的影响，不单单为了人道主义，也是为了一些讲求实效的原因，不过，这还需要医学救助对于一切人都是现成可用的。

在一切时代，人们都寻求着一种制度，可以向社会提供能满足需要的医疗救护，同时又能足够地酬谢医生的劳动，这一模式迄今为止还没有找到。

在原始社会里，人们根据其治疗的效果付给医生酬劳。他因为一场成功的治愈可以得到一些天然的资财或者几个宝贝[17]贝壳；他的病人地位越高，他所得的酬金就越多；万一那病人死了，医生就得不到酬劳，间或他甚至还得避开那些迁怒的亲戚。我们发现公元前 2000 年在汉穆拉比法典[18]当中就有医生之价目的萌芽。在汉穆拉比的制度中，诊费的总额取决于那病人的地位：如果病人是自由民，那么为一次成功的手术，要付给医生 10 谢克尔[19]的银币；如果他是一名被解放了的奴隶就付 5 谢克尔；如果是一个奴隶，那奴隶主就得出 2 谢克尔。医生使折骨复位或治愈内科疾病可以根据病人的地位而收取 5 谢克尔、3 谢克尔或 2 谢克尔银币。不过，在这一方面，也有诊费取决于疗效这样未开化的观念存在。万一手术不成功，病人死了，那医生不但没有酬劳，还代之以受罚，他的双手或许会要被砍断；如果那病死的是一个奴隶，这医生就得照赔一个给原主。法律太严苛，因此，假如严格执行它们的话，外科学的发展就不可能发生了。

根据治疗的效果决定酬劳，是一种不公正的制度；而不管用哪一种医疗技巧，有些疾病都会有一个致命的结局，就算在古代这也是公认了的；接下来，根据他的努力来付给医生酬劳就成了惯例，这就和今天几乎各处都在实行的制度几乎一样了。不过，这还不完全令人满意，它并不符合病人的病情越糟糕就越显出医生医术好的看法，也不符合医生理应从他所医病人的迅速康复当中取得一点物质利益的看法。

其他的制度在古代都尝试过。在战争期间或流行病传播期间，医生们都受到政府的雇用。大约在公元前 600 年，希腊的个别地区开始指定医生，其酬劳从公众的税金里面支出，他们供这个地区使用，没有任何收取礼节性酬金的权利，但是可以接受病人们表示感激的礼物。这样的安排似乎运作得很好，因为它在5世纪末变得普遍了。前文提到过，在罗马就有大批的医生做着公益服务。至于一个人的医药顾问，个人选择医生的重要性在古代已为人所知，塞内加说过：“**再没有什么比病人自己所选医生的照料更能帮助病人的了**。”[20]社区医生在很大程度上就是面向贫困者的医生。

我们在古罗马还发现了一种做法，个别的一些人付给医生一份年薪，为此他在这一年中间给这些人及其亲友治病。必须承认如此所产生的令人愉快的关系，病人的遗嘱里面确实常常会有这样的愿望：死后应当继续付给那医生年薪。并非因为医生的服务而欠了他一笔债而是馈赠给他一份年薪，这样的惯例，在好些地方沿用，后来到了更加近现代一些的时代里——实际上迟至19世纪末——有的阶层还在采用。这样的原则所引以为基础的观念，还是关于贴身医生的老观念。君主总是资助他自己的医生，单个的市民养不起医生，不过可以通过付给医生年金让他来负责自己的医药看顾。

中世纪和现代关于服务费制度的创新并不多，医患关系上的根本变化要到19世纪下半叶通过**社会保险**才会发生。

一个人因为健全的日子里的努力成果而有权在困难之时得到援助，这样的想法由来已久。罗马的工匠们就有丧葬基金的管理机构，叫做无常会[21]或者健旺会[22]。每一个成员每年缴纳一定的金额，作为回报领受一场由这基金出钱操办的体面葬礼。

在中世纪，会社组织总是很牢固。工匠们都被组织进了他们各自的工会——同业公会——里面；学徒们有他们自己的会社，也有专门的基金，使他们有能力去帮助同业公会里因为疾病或别的一些不幸而堕入贫困之中的兄弟。富有的同业公会建起了他们自己的医院；其余的则向修道院的医院定期支付费用，请它负责生了病的同业公会兄弟的吃住和护理。一旦一个兄弟死了，同业公会就会安排葬礼的一切，并且付给死者家庭一笔抚恤金。

专制政体破坏了同业公会的自治。我们看到，取代同业公会章程的是工业法令，而后者通常支持同业公会的福利办法。除了工匠以外，许多在其工作当中也容易遭受危害的、通常要比同业公会组织得好一些的行业群体，也有类似的福利办法。矿工们在这一方面是积极的。矿主们、工头们和斜井罐笼工们形成了劳资联盟，如果发生疾病，雇主必须支付四个礼拜——有的时候是八个礼拜——的费用给这个生了病的雇工，此后，由同业公会的基金管理机构来照顾他们。

1800 年前后，针对某些行业群体，出现了一种非常全面的疾病福利制度。此时，一个全新的工人阶级，开始拥有了史无前例的存在方式，结果也没有了传统意义上的组织系统和福利安排；然而，与此同时，还是有一个阶层的成员之健康主要地因为其工作而受着损害，这就是工厂工人们。假如一个工人病了，丢了他的饭碗，他就会无依无靠，最终很快地垮下来，如果慈善事业照顾不到他的话。只有依靠工会的组成，这个工人才有可能使他的命运变得更好。19 世纪社会斗争的历史，不属于本书讨论的范围，不过，简短的陈述总会要涉及到些许史实。1878 年一次对皇帝威廉一世的袭击导致了所谓的社会党法令[23]——“反对社会民主党企图危害社会治安”的非常法令——这个法令完全禁止工人们的各种组织。俾斯麦[24]看得够远的，他意识到社会的不公正不能够用压制而最好是用积极的社会保障政策来纠正，皇帝威廉一世 1881 年 11 月 1 日所颁布的一份告谕[25]——由俾斯麦起草——将成为德国社会保障政策的大宪章。

短短的九年中，社会保险在德国发展了起来，大量的险种以前从来没有过。显然，按照经验先天不足的设计思路不可能造出一台完美的机器来，因此不断的完善也是必要的。尽管这样，德国社会保险制度的采用还是一桩划时代的世界性事件。德国的局面成为了一种典范，在随后的几十年里差不多所有的欧洲政府都步其后尘。这些别国政府有德国经验可学，因此这一有利条件将避免他们的失误。

社会保险是一种集大成的创新，它采用一个包括不同险种——疾病险、意外险、伤残险、养老保险、遗族保险、员工险、联合险以及失业保险——的制度。我们将仅仅开始谈论疾病保险，因为它极大地改变了医患关系。

疾病保险是强制险。经济能力弱的人，被强制为难免的疾病存钱，因为他的付出，他应得受助的权利。还有一种做法：支付给工人一笔高薪，留待他自己病时去找解决的办法。不过，因为今天的政府不会允许哪怕一个社会成员被疾病击垮，还因为它特别关注其居民的健康，这个没有储存分文的工人——尽管其工资很高——如果发生疾病就可能成为社会的负担，这样，保险就是最有实用价值的方式了，它对于公众的健康具有显著的重要性，因为它会随时提供医药建议以及医疗救助，哪怕是针对没有财产的工人。

工人们的疾病基金管理机构就是雇员们在政府监督之下组成的社团。保险费只是工资的一部分，雇主承担三分之一，雇员承担三分之二，以这样的方式，基金按照1：2的比例得到管理。有一些职业群体是被强制代办保险手续的：工人、店员、短工、学徒、佣人和海员；其他的都只是被强制自己投保，假如他们的收入低于一年3600马克的话。疾病基金的用途就是疾病照料，这包括医治、配药、眼镜等等等等，不过，被保险人要承担一部分药费；它还包括补助费，额度为最低工资的一半——在发病后第四天支付——如果必要的话也包括住院治疗。这些补助费在整个的疾病持续期间都会得到给付，不过通常不长于26周。所提供的另外的补助费有针对被保险妇女的生育照料，这是分娩前后当时立即提供的；还有，被保险人身故之后的丧葬费用。

运用疾病保险——从有些方面来看这像是政府对病人的关怀——医生可以发现自己处在一个全新的环境里。仗着保险政策，看医生的人数在持续增长。在1885年，有400万人投保；到了1928年，投保人数超过了2200万。由此，保户在居民当中所占的比例由9.16%上升到33%，这样，越来越多的社会阶层享受到了疾病保险金。原因是，许多人的收入提高虽然超过了强制参保的底限，这反倒给不再被强制参保却自愿地利用保险的人群留出了余地。

在采用保险制度之前，因为病人自己觉得从财务上没有能力支付专家费用，许多可能从来跟医生沾不上边儿的病例，现在都被安排在他的照料之下以求医治了。保险制度对于医生意味着工作量的增加，不过也意味着收入的增加。虽然过去医生们照料许多贫困的病人却得不到酬劳，现在保险公司会出这笔费用。结果是医生人数的显著增加，从1875年到1885年，德国人口增长了9.7%而医生增加了15.4%；保险制度采用之后，1887年至1898年之间，人口增长14%而医生增加了52%。尽管1887年每3000个居民就有一名医生，我们现在是每1580个居民就有一名医生。

这样，医疗服务在今天是好得多了，不过，竞争也变得更加激烈。

主要的问题是，如何让医生配合保险制度。最简单的解决办法似乎是，保险公司应该雇用一定数量的医生，他们和每一位代理保险商一样也领一份限定的薪水，他们应该不计酬劳地负责照料被保险人，正如老式的社区医生和中世纪的城镇医师所做的那样。这样一种制度主要的不利在于，病人不能够出于他们的选择去就医，而是被迫求助于受雇的医生，不管他们信不信任他。现在，信任是一切医务工作的基本要素之一，因此，只要可能的话，个人选择的原则就必须坚持。

理想的解决方法应该是不限制自由选择医生，采取一种允许病人选择任何一位适合他的医生的制度，这应当还是一种以保险公司而不是以病人为必要条件去替医生安排好进账的制度。不过，这样的制度是不可能的，因为福利基金在来源上并非是无限的，它必须靠保险费才对付得过去，它不会无节制地付费，它向医生保证他的服务费但这必须被保持在一定的限度之内。

因此，中庸的解决办法已在德国证明是迄今为止最有效的：在略有局限的意义上自由选择医生。病人并不被允许去看任何一位他所喜欢的医生，而是只能找与该保险公司订有合同的医生之一。这些保险公司不会和无数的医生达成协议，但是有着人员录取的最高限额[26]，它所限定的医生人数为：每一名医生对应每1350个被保险人，或者一名医生对应每1000个被保险人再加上他们的家庭。今天，在德国有三万名医生，大多数是保险医师，这样，病人实际上就有了几乎不受限制的选择自由。

社会保险制度的采用，是一个重大的实验，它没能完美地与最初的角色分配相吻合，因为缺少任何可以用来调整它的先导经验，倒是不缺少政党的阻碍。每一个方面都不得不建立在当前形势的基础上，这注定了大量的无用功。医生与福利基金管理机构的关系并未从法律上得到承认，而只是根据成文法留下了一份协议。因此，在这个领域里，盛行着极不公平的情况，也引起了各保险公司和医学教授之间许许多多令人不愉快的争执。各保险服务公司作为代表雇员的机构，都是这些医生们的老板，它经营着巨量的金融资源。医生们人数众多，而且在他们为每天的面包而竞争的过程中，他们还经常相互压价。这些在医务职业上预料不及的、令人不快的状况，导致了1901年医生协会的建立。这是一个与每一种常见财源（各种慈善基金、援助罢工基金等等等等）作交易的联盟，此即“德国医生经济利益保护协会”，人称哈特曼协会[27]。这个组织成功地从实质上提高医生的地位，最终使医生与社会保险服务的关系好转。

毫无疑问，疾病保险有一些不足之处。许多这样的机构需要一个相当大的办公工作体系来料理它们的事务。保险对于病人的品行总有诱惑之虞，就像它对医生的品行一样。一份保险契约的投保人，根据其保险费交付的多少，已经获得了享受医疗救助的权利，他还会有利用每一个可能的时机强行索要此等救助的意向，病人的独特地位因而演变为一种占大便宜的地位。谅必还有好多人在某些情况下想要用疾病去逃避讨厌的现实，想要逗留在承保范围之内。意外险则引起了它特有的疾病——事故性神经机能病。根据所完成的工作得到酬劳的医生，还有由于个别病例进账微薄的医生，都会想要超出需要的标准夸大他的个人努力。当然，这个制度不可避免的缺点是，医生和病人实质上所直接关心的都不是迅速的康复。因为常发生对事实的歪曲，社会不得不设立一个有核查官员和机要医生的核查机构。

不过，疾病保险给公共卫生所带来的好处极大，它们抵消掉种种损失还绰绰有余。尽管病期的平均天数的数字在增加——1888 年 100 个被保险人平均得病 547 天而 1925 年这个数字为 1250 天——这并不意味着今天人们的健康有丝毫的减少，恰恰相反，他们都更健康了，就因为治疗的天数越来越多，先前根本得不到治疗的疾病，今天都被及时地置于医生的照料之下了。甚至那些经济能力最差的人们都可以指望医疗救助——不管他们是什么样的生活地位，他们都没有渐渐沦为救济的对象——而且疾病不再必然地给病家带来贫困和绝望，和这样给人印象深刻的事实比起来，如果一个受保人被告发比绝对必要的病期多病了几天，这究竟又有什么关系呢？

工人们的各种疾病基金管理机构，正越来越多地意识到它们的责任不单单是治疗，而是预防疾病，因而在这个领域内还有很多事情等着去做。不言而喻，其员工中间的高水平健康就是雇主的一项资产。

要明白，疾病保险和社会保险作为一个整体，创设了具有最显著重要性的社会卫生工作体系。如果德国战败后——历经匮乏和通货膨胀之后——还展现出了一个不亚于任何一个战胜国的卫生国家的形象，如果各处人居密集的工业区有着和农业区一样健康的人口，这首要地归功于社会保险。

由人构成的制度绝不会完美。这对于一个像社会保险这样广泛又同样年轻的制度而言，千真万确。五十年过去弹指一挥间。如果证明种种改革对于社会的利益是必要的，就要有足够的勇气去着手实施它们。何况，社会保险的基本思想已经牢牢地扎下了根。

个别的医生可能会认为，往日里他和他的病人之间亲密的关系要愉快得多。可是，世界变了，变得越来越冷静、越来越客观。体制在不可阻挡地继续着它的进化，而社会也明确了医生今天在从事劳动的社会生活中的地位。

医生的职业赋予他力量。医生懂得多种毒物，不止于此，各种具有高效力的化学性毒物、物理性毒物还有生物性毒物被大量地托付于他的手中。医生凭借其职业可以进入一切家庭，病人可能不愿意告诉其最亲密之亲友的那些秘密都会向他泄露，而亲友们又给了医生处置这病人的权力。

要明白，此等权力的滥用，对社会是一种严重的威胁。社会尊重医生并给他以荣誉，因为社会急切地需要他的忠告、他的帮助，不过社会也肯定在尽力保护自己，以医务行为之标准的规定，来规避医生权力的滥用。

我们的行动并不自由。在每一种情形之下，我们都不能做那一刻看上去正确的事情。作为医生，我们有着要去履行的一种责任；而这样的责任要求我们将我们种种的意愿服从于总体的道德规范。

规范医务行为的各种准则来源于三个迥异的领域：政府、医务职业以及个人良心。

通过立法，政府从根本上保护了病人。立法肯定也保护医生的法定权利。我们已经看到，在古巴比伦，法规就涉及到了有关医学界的问题。在中世纪，又有教会——充当着政府的代理人——来规定医生的行为标准；强加给他不少责任：不计报酬地照料穷人、照顾绝症病人以及为自己的行为承担责任。

随着政府的发展壮大，越来越多的医学界问题都要靠法规来裁决了，因此今天医生与法律的关系在许多方面非常地紧密。行业规则决定了医生的公共法律地位。医生和病人之间，从法律意义上来讲存在着一种服务的合同关系。假如医生在其约定责任的履行过程中有意或无意地疏忽大意，按照民法他是要承担责任的；假如他忽视了他的职位所要求的照管病人，他就应该对相应的损害负有法律责任。假如迫于形势和他的个人条件，他疏忽了他应该承担且他又有资格履行的照管责任的话，他还有可能要承担刑事责任呢，可能因为过失杀人或者因为伤及病人身体而被起诉。法律保护病人不受随心所欲的医务干预之害，一场手术必须经过病人的同意。

法律还保护病人的隐私。医生未经允许泄露了那些服从医务要求、由病人自己或某个第三人吐露给他的私事，是要被起诉的，哪怕是在法庭上引证这个证据也是违法的。除非病人知道，所有他给医生的信息以及医生关于他的所有发现都会被信守秘密，病人对他的医生就不会有完全的信任。缄默的责任在极早的年代里就被强加给医生了，后来又深深地根植于这种职业的情理之中。不过，令人关注的是，要注意到，职业机密越来越经常地受到侵犯。在这里，我们也发现了一种置个人的康乐于公众利益之下的趋向。在有些情况下，医生到了被迫公开病人之个人秘密的地步，比如他被迫报告传染病，被迫签署死亡证明书。在德国，刑法的新草案解释得非常清晰，“若他为了揭示合法的公众或个人利益之要点而公开一件秘密，此一要点又别无他法可以获悉，且当此一受危及之利益为至关重要者之时”，医生不负有法律责任。

保护孕育生命的法律法令受到了热烈的争论。依照此法，今天，医生只有在用有益于健康的要求来衡量中止怀孕是必须采取的治疗手段时——即仅仅当他在那件事上是要救那母亲的性命或者保护她免受严重的健康损害的时候——才被允许中止怀孕；尽管有社会的或优生的种种原因，也不可以中止任何妊娠。结果是，成千上万的女人不去求医而是去求一些江湖郎中，每一年都有无数的女人死于脓毒性流产，这是法律与现实之间的断裂的受害者。法律，代表着牢固地根植于历史中的道德律令；现实，则要沿着另一条道路运转。毫无疑问，流产不是好的生育控制办法，而任何其他办法都要更可取一些，尤其是避孕的办法，可以认为避孕是一种预防的形式。医生当然总会尽力救人命的，如果此世间有谁敬重造物的话，那么这人一定是医生。不过，在这种情形下的问题是，究竟是母亲的生命还是胎儿的生命对于社会更有价值一些。

政府并不满足于用它的法律法规去保护病人。它积极参与到卫生事业当中，往往越来越明显、越来越经常地侵犯个人自由。在不同国家中强制种痘的接种法令，都属于这一性质的法律。

德国1927年通过的一部与性病作斗争的法律，从社会学上来看具有重大的意义。它极清晰地以性卫生事业的新发展为特征，任何人得了传染性的性病——他承认这一事实或者他从所出现的病情中猜测谅必是性病——都得到法律的保证去接受一位经过认证的医生的治疗。假如他试图逃避这一法律，他就可能被强制去遵守它。治疗这样一个病人的医生，也有必要向卫生行政管理机构报告，如果这病人在治疗或观察当中退缩，甚至他在行为当中或在其他个人关系上正危害别人。任何人明知别人患有性病还和他睡觉的，应受三年监禁；那些不让婚姻伴侣知道寡人有疾还结成夫妻的病人，要同样受罚。卫生官员们会强迫疑似患有性病的任何人递交一份健康的医学证明书。

瑞士颁布了结核病法令，该法令也允许执法者在一定的条件下介入并强制执行治疗。因此，我们认识到，存在着一种正在增长的趋势：为了社会的健康，穷尽政府的措施手段——包括强制措施——去干预个人的健康疾病之状况。

医生不仅仅是法律的对象，他作为顾问的身分越来越恰当地得到了承认。我们渐渐地把医生认作是一切公共卫生问题的专家。各个领域里有关卫生法规以外的、数不胜数的其他法律法令法规，除非建立在医学经验的基础之上，否则是行不通的。

在法令的强制推行过程中，医生也担当了一种越来越重要的角色。他是司法程序上自然科学事项的专家。通过运用化学的、物理学的以及生物学的方法手段，他协助廓清意外事故和犯罪情形，在许许多多这样的案例里，因果关系只有经过医生的论证才能够被确立下来。从这一角度来看，**法医**已经成为了医学的一个独立的分支，它满足了一种极为明显的需要。因而，医生对法律保障也作出了相当大的贡献。

医生还是法律事务上的心理学专家。司法界往往要识别病人的独特状况，并且主张如果嫌疑人心智健全他就要为自己的行为负责。因此，医生会经常被要求去鉴定一个人在犯法的那一刻是否精神正常，是可以承担部分责任，还是完全疯狂。从这一点上看，严肃重要的判决被置于医生的掌握之中。最近，心理学和精神病理学给了我们重要的信息，有助于我们理解反社会者的行为，为了更人道的刑法和更明智的惩罚去接受挑战，将成为医生作为这些观念之提倡者的责任。

我们看到，今日之政府，在医学界强力推行它的法律，到了前所未有的程度；我们看到它制订了许多标准，大规模地规范这一职业的行为。

更深远的道德影响源自医学社团内部。医生们无论在哪里联合成宗教的、职业的、科学的或者经济的社团，一定的行为准则就会作为符合职业道德标准的规矩而强加给它的成员。

最古老同时又最著名的文献就是希波克拉底誓言。这是一份古希腊的行业誓言，它起源于一个严谨的阶层，昔日那些完成了他们的学业并将被这个行业所接受的年轻医生们用它来起誓。因为被收入希波克拉底的文集中，它才保存到了我们的时代。鉴于它对后世的巨大影响，本书将之收录如次(引自 W. H. S. 琼斯的英文译本)：

"以医治者阿波罗的名义，以阿斯克勒庇俄斯的名义，以人之健康的名义，以万灵药的名义，并以一切男女神祇的名义，我起誓。请诸神为我见证，我将根据我的能力和判断力，去兑现这一誓言和契约：

"我将敬爱授业之师如同敬爱父母；我将视他为终身师友，当他拮据时与他分享我的钱财；我将认他的子女作我的兄弟，设若他们要求学习这门手艺，我将教会他们，不收学费且不立师徒契约；我将传授规诫、口诀及所有学问给我的儿子，给吾师之子，给订立师徒契约并发誓遵从医者戒律的学徒，此外不传他人。

"我将根据我的能力及判断力，运用医术以助病人，绝不用医术伤害或欺骗他们。

"即使人求我，我也不会授人以毒药，也不启发此等阴谋；同此，我将不会给妇人以子宫托而致其堕胎。为了清白、为了神圣，我将约束我的生活方式和我的医术。

"我也不会在结石病人身上动刀子，不过我将让位于那些此中巧匠。

“无论我进到什么房子里，我将如此作为以助病人，让我自己摆脱一切故意的恶行和伤害，尤其是摆脱与女人或男人、奴隶或自由民的奸淫之事。

“无论我在行医过程中（甚至是我行医以外从社交往来当中）看到或听到什么绝不应该四处散布之事，我不会泄露，而将此等情事认作由神来赏罚的秘密。

“此后，若我严守此誓始终不渝，愿我以我的生命和医术，在众人中间长享荣耀；我但有违犯，背弃自身，愿耻辱降临于我！”

希波克拉底誓言是西医道德的基础，它多次被译为拉丁文，被基督教化，直到最晚近的时代，一些医学院即将毕业的学生还在以它来宣誓，只是字句上有一些很无足轻重的变化。如我们已经看到的那样，其中好些规矩还被法律所采用。

古代医学的组织体制都很松散，比如，我们所曾谈到过的罗马的社团。与之相反，中世纪的院系则是一种有着强大力量的封闭组合，所有的教师都要属于它才有权利去教书，这种安排在斯堪的纳维亚诸国至今还在执行。今天的医学院系纯粹是一个教学团体罢了，其成员都是各自领域里的教员和研究者，医学院肯定不再像是一个高标着固执教条的团体；过去的医学院则不仅仅教授一种理论，还有责任去维护这一理论。医学院是一切医学事务上的最高权威，也训练了一些便宜行事的活动力。到了16世纪，医生们开始联合起来组成从事科学的协会社团。1518年，伦敦皇家医生学会成立。在随后的岁月里，许多地方的医学院系越来越狭隘，因为它们从不间断地固守传统；只是在一些医学学会或其他科学协会里才有明显的进步。

在专制体制之下，医学考试与医学院一起出现在德国。医学院固然有一定的代表权，而考试委员会通常主要是由经官方承认的那些医生和管理官员所组成，委员会颁发认证，他们都是政府的医学专家。医学院在医学事务上的话语权越来越小，它们越来越多地被局限在它们的教学上，18世纪以后，它们又越来越多地全神贯注于研究方面。开业医师们在涉及医学的立法方面发言权一直甚少，就在启蒙时期，他们感觉到了一种必须在事关公共福利的话题上表达自我的不断增长的需要，当时存在着一个将卫生学思想传递给民众的大问题，他们并不想成为一台但行职责的机器，他们希望有权去提供具有建设性的帮助，他们拿起笔作为他们仅有的武器，写书，写小册子。

将近19世纪末，作为德国一个地区——例如一个行政区——所有医生的由法律所规定的公共社团，“Arzte Kammern”（医学委员会）设立。每一位定居于德国的医生都被迫隶属于一个社团，这些社团的代表组成一个议事会，人称“医药局”，这是医生在政府里惟一合法的代表。医学委员会还得到授权在名誉法庭上担当法官。

在其他的国家，我们也意外地看到极其相似的状况。在美国，殖民时期恪守教规的领袖都是一副首领派头的医师。在这个国家里我能够找得到的讨论医学道德的最早文献，是一封写于1643年的信，伦敦的爱德华·斯塔福德致马萨诸塞的约翰·温思罗普[28]；它大部分抄录自杰勒德[29]的药草书，它包含下列文字：“彼当事人未蒙昭彰恩典之前，无人可凭一付好心肠而收取诊费或酬劳：其时他不得强求何物，除领受上帝感化当事人之心而致送之物以外；且他不得拒绝礼物，此为他应得之物，因它来自于主。医者不得疏忽当事人，一经措手，该当一日一望；且闲事少管，方可医人疾病。设若如此，他将在上帝和世人面前尽虔诚之心。”

早在1649年，马萨诸塞就确立了一项诊费的法规；弗吉尼亚在1736年仿效了这个榜样；1760年纽约州规定了考试以及行医执照；革命之后，费城、纽约和波士顿建起了医学院，名副其实的教师们做出了医务行为的生动榜样。国家的迅速扩张伴随着医生人数的极大增长，他们的医学训练有时候是很有缺陷的，医务职业道德的水平低而又低。到了19世纪，就发生了一场反动，当时在1823年纽约州医学协会正式通过了一项道德规范，马里兰的内外科医务界在1832年也经历了这同样的过程，最后，美利坚医学会于1846年成立，医学会有它的道德规范和它的监察委员会，并且行使着与英国的不列颠医学会同样的职能。

我们看到，道德的双重标准在很大程度上决定了医学的常规：一方面是有其律法的国家，另一方面是自有其规范的医务行业。不过，第三重标准重要得多，强制性也大得多，它来自医生个人自身。

前面说到过的那些规范迄今为止都是表面文章。一般地讲，它们都是泛泛而论再加上常常禁止，这些禁律为社会立起盾牌防范种种越界干犯，违犯这些法规的医生要受到惩罚。通常，这些法规都是笼统的标准。比如，职业秘密未经授权不得泄露，在什么时候医生能得到授权公开作出坦白的陈述呢？又在什么时刻第三方的合法利益重于病人的合法利益呢？这些都必须由医生个人来判定。

执行了这些法规之条文的医生，还有并未违犯其禁律的医生，仍然有可能既非良医也非听上去品行端正的医生。法律只是指明了程序，道德的本质存在于坚定的信仰当中。

一个医生什么时候算好，什么时候算不好？我们自觉的法官——让我们能够立刻感觉出好和坏的评价来——就是我们的良心。

当我们晚上被请去看一位病人而没有应诊，因为我们在累人的日常工作之后精疲力竭了，因为屋外一场暴风雨就要袭来，或者因为我们有印象这个病例并不紧急，于是我们就会问心有愧。其实，我们也觉得心神不安，自己并不高兴，我们谴责自己的行为，并为之悔恨，我们会为这偶然事件的结果变得焦虑。反之，如果我们出夜诊，即使我们明白这并不必要，我们就会问心无愧。

问题出来了：针对关于一个行动的称赞或谴责，就良心而论我们有什么样的尺度呢？

尺度就是合乎道德的最终目的，在这个问题上就是医学的最终目的。有此医学的最终目的，我们的良心就可以得到指引，如果我们依照这一目的行事，我们就有问心无愧。

医学最终目的的本质是什么？假如我们更彻底地去研究它，我们将会明白它由两个部分组成。其一是亘古不变的，由医学本身的本质所决定，医学实践的特征就是服务，甚至就像帕拉切尔苏斯所表达的那样：医学的前提在于爱。因此，像乐于助人、爱人、自我牺牲这样的特征，从所有的医学最终目的中都会找得到。

另一个成分受限于时间，因而每一个时期都有其独特的道德理想，每一个时代对医生的期待和要求都不同。这第二种成分受着当时社会结构的影响，医学最终目的的历史，就是人类社会的历史。

我们已经看到古希腊医生就是一名手艺人，看到罗马的医生一开始只是一名奴隶，而中世纪早期的医生是一名神职人员，中世纪后期的才是一位医生。病人在社会中的地位因每一文化时期而不同，因此对医生的要求及其在社会结构中的地位也不断地在变，即使有悟性的医生也经受了各种变化，他与科学俱进。莫里哀[30]在他的那些喜剧里如此无情地讽刺着的那些医生都是学究，不过他们的言行荒诞不经，因为他们盲从于过时陈腐的科学标准。17 世纪期待着从它的医生那里得到截然不同的治疗，也有了新的医学最终目的。

甚至都到了这样的程度，在文艺复兴时期，在巴罗克时期，在启蒙时代，在资产阶级时代，社会给医生的要求在细节上是存小异、在基本主张上却是求大同的。

良医就是那些觉得自己与时代之医学理想密切相关的医生。希波克拉底、西德纳姆、拉埃内克、比尔罗特[31]和奥斯勒[32]一流的人们，因此都成为伟大的医生，因为他们最贴近他们时代的医学理想。对流行的医学理想的清晰理解，具有显著的重要性；朝着这一理想，针对年轻医者的教育必将得到指引。因为每一个教学程序都遵循着一个道德目标，医学教育受道德目标的支配，也是必然的。

不过我们必须认识到，任何一个时代的道德，都不是单单由医生来决定的，而是由他们所服务的社会来决定的。

这样一来，每一个社会当中又都是几代人肩并肩地生活在一起，对立和紧张必然会发生，这在飞速发展的时代将会变得越来越显著，正如我们今天正在经历的一样。

过去三十年中，社会经历了重大的转变，直到今天仍在这变革的进程当中。第一次世界大战前潜滋暗长的各种趋势，已经浮上表面，而且正开始呈现出它们的势力。医生应该会要受到如此变化的影响，这才合乎常情。

本世纪初，在欧洲，我们的社会依旧阶级界线分明。出身和财产在很大程度上决定了一个人的社会地位。大学教育受到了高度尊重，将大量的社会特权报偿给了它的享有者，职业的社群被明确地区分开来，并且朝着广泛的自主权奋斗。

作为一个大学毕业生，医生在这样的社会等级中占有一种稳固无忧的地位。他是志愿职业的一个代表，还作为一位学者受着高度的尊敬。自然科学受着高度的尊重，而医生就是一位自然科学家，最终也会大获成功。

病人意识得到自己是一个个体，而在其家庭结构中去服务于单个病人的家庭医生，无疑集中地体现了当代的理想典型。

战争和革命来了，我们慢慢地意识到，世界已经改变。阶级和职业之间的种种不同都被抹去了，自然科学不再是一种世界观；普通民众都在医学事物方面受到了启蒙，医学也不再是什么奥秘的知识，而医生也已失去了他魔术般的光环，医患关系变得更通情达理、更切合实际。

个人主义在今天不那么明显了。要相信每一个病人都是一个个体，他绝对还是其社区之中的一员；医生也是这社区的一员，被紧密结合于其中，而在治疗病人的过程中，他所治疗的不仅仅是一个个体，还是这个社区的一员。在一切范围内，政府都以其法规条例越来越多地侵犯个人的领域。健康和疾病都不再是私人所关心的事情了。带着热忱，政府已经为健康而战。病弱者对他的社区是没有用处的，他成了社区的一个包袱。政府将保持或恢复健康的措施方法安排到了每一个人伸手可及的范围之内；作为交换，它要求公民个人的健康，并且在某些情况之下强制执行之。

医生今天站在了十字路口。如果他阻挠进步，墨守昨日的医学理想，他将会被推到一边，他的力气也将白费。实际上，另一番景象是：如果——带着对今日之科学需要的明确理解——他乐意于把自己定位为全新医学理想的仆人，这一理想的轮廓就会变得比以往任何时候都清晰。社会也前所未有地向医生提供了如此广阔的活动天地，赋予了像今天这么多的影响力。如果从前不然，那么今天，医生必然会成为一位政治家，一位柏拉图理想中的“政治医者”[33]。

凭着预见，尼采[34]写下如下文字的时候，使这全新的医学理想之要点形象化了：

> “世上没有什么行业能像医师的职业这样地被放大，尤其是因为牧师——所谓的灵魂救助者——不再能够伴随着公众的赞许经营他们的魔术一般的技巧，还因为有才智的人们避开牧师们的出没之处。接下来，当一位医生掌握了最新最好的手段并且操作起来也很熟练的时候，当他对病因和影响匆匆作出结论——诊断学家们正以此能力而著名——的时候，他还没有达到最高的心灵进化。他还必须具有使自己适应于每一种个性的谈话技巧并且能从那人的心窝子里引出实质来，具有一种一瞬间消除沮丧（这磨人的痛苦在每一个病人身上滋长）的

男子气概，具有一种在那一些向治愈求幸福的人们和这一些在其完全健康的状态中必定且能够传播幸福的人们之间斡旋如外交家的敏捷；还要具有侦探或律师的诡诈，他们往往不经泄密也能推断出一个家伙的秘密来。简言之，医生现在需要具有一切其他职业门类中所有的灵巧和复杂精细。用这样的方式准备下来，他就能够成为社会全体的恩人，通过增进有益的工作、精神乐趣和成效，通过避开罪恶的思想、阴谋和流氓行径（这些行径令人恶心的根源往往就在下腹），通过创造灵与肉的贵族（以比赛安排者的身分，然后再以比赛破坏者的身分[35]），并且通过出于好意地切断一切所谓的心灵痛苦和良心谴责的痛苦：单从这一角度来看，医者成了一颗救星，并不必完成人间奇迹，也不必屈从于苦难。”

译注：

1，埃伯斯纸草文稿，Papyrus Ebers。约公元前1550年的埃及医学文集，已知的最古老的医学著作之一。其中收录巫医处方和民间偏方700个，用来治疗从鳄鱼咬伤到趾甲痛等一系列的伤病，还包括如何驱除居室内的蝇、鼠、蝎等害虫。该文对循环系统的描述之精确令人叹止，如注意到全身都有血管、心脏是其中心。这份纸草文于1873年为德国埃及学家兼小说家G·M·埃伯斯所获。

2，此处原文为iatreion，希腊词汇，诊所。

3，凯撒，Julius Caesar，公元前102/100？—前44年，罗马将军、政治家。历任最高祭司团成员、军事保民官、会计官、大营造司长官、最高祭司、行省总督、执政官。他按照自己的理想使治理不善的罗马以及希腊—罗马世界建立了更好的统治秩序。

4，奥古斯都，Augustus，公元前63—公元14年，罗马帝国的始皇帝。凯撒的义子，原名屋大维。他执政后维持由他作为“第一公民”（即元首）的共和政体，公元前27年罗马元老院授予他“奥古斯都”（神圣伟大的意思）的称号，不久他又被称为“祖国之父”。除征战外，他花了大量心血美化罗马市容，在各行省兴建城市，鼓励农业生产，奖掖学术文化，保护艺术创作。他一生多病，却活到了75岁的高龄。公元14年8月，在他去世后，罗马元老院决定将他列入“神”的行列，并将8月称为“奥古斯都”

月，这也是欧洲语文中 8 月的来源。

5，此处原文为 Musa。

6，安东尼·庇护，Antonius Pius，86—161，罗马皇帝(138—161 在位)。“五贤君”中的第四位。原籍高卢，120 年任执政官，134 年出任亚细亚行省总督，138 年被哈德良皇帝收为义子，被指定为皇位继承人。142 年筑起横贯苏格兰南部、长达 58 公里的“哈德里安长城”，在他的治下，罗马帝国一派升平景象。

7，此处原文为 numerus clausus，closed number 的拉丁语说法。第二次世界大战前，东欧诸国主要针对犹太学生所实行的一种就学限制，各国纷纷仿效，并推广到公共事务领域。numerus clausus 的原则可以在罗马法典中找到根源。

8，此处原文为 valde docti，拉丁文。

9，塞维鲁·亚历山大，Macus Aurelius Severus Alexander，208—235，罗马帝国塞维鲁王朝的最后一个皇帝(222—235 在位)。在位期间由他的祖母和母亲垂帘听政，因为用钱财向外敌换取停战，军队大哗，他母子二人被士兵所杀。本书英文本写成 Alexander Severus，弄颠倒了。

10，希罗多德，Herodotus，约公元前 484—前 430/前 420，希腊历史学家，他所写的希波战争史是古代第一部夹叙夹议的伟大史书。他是亚洲籍的希腊人，后来又离开亚洲前往雅典和西方，这两方面的经历对他的智力同等重要，他从亚洲和爱奥尼亚哲学家的传统中掌握了历史学的研究方法，即提出问题、搜集材料、得出结论，他将整个历史理解为东方和西方的斗争史。他最著名的一次旅游是去埃及，他用《历史》第 2 卷叙述了他对埃及的考察。然而，他不是纯粹的理性主义者，信仰神灵和天理，他试图调和信仰与理性的矛盾，在令人信服的论述中夹杂着许多虚妄的成分。

11，许革亚，Hygeia，希腊的健康女神，最早对她的崇拜发生在科林斯以西的提塔尼，起初她与阿斯克勒庇俄斯并无特殊关系，渐渐地被当作祂的女儿，后来又被描述为祂的妻子。对她和祂的崇拜同时得到传播并于公元前 293 年引入罗马。后来她和祂都成了保护神。

12，以弗所，Ephesus，希腊爱奥尼亚最重要的城市，故址在今土耳其西部。该城扼欧亚大商道的西端，以建于公元前 600 年的阿耳忒弥斯神庙而闻名。公元前 286—281 年被马其顿征服，从此开始了该城希腊化的繁荣。公元262年哥特人入侵，该城连同它的神庙一起毁于兵燹。19世纪下半叶开始的发掘，显露出该城不同时期的建筑：可容两万五千人的剧院、柱廊环绕的市场、图书馆、澡堂、健身房、运动场、音乐厅、喷泉和水渠。

13，狄奥多里克，Theodoric，约454—526，东哥特人的国王，带领东哥特人在乱世中求生存，罗马皇帝泽诺任命他为地方行政长官和督军，488年泽诺命令他夺取意大利，代表皇帝统治亚平宁半岛，他自立为意大利国王，承认东罗马皇帝的宗主权，不过他的权力还是有限：未经皇帝许可不得委任执政官，无权颁布法令，无权将罗马公民权授予哥特人，无权任命哥特人当文官或进入元老院。他实际上是罗马人和意大利蛮族人的国王，极力保持哥特人和罗马人的和睦相处，约束哥特人不为害罗马人，从不搞宗教迫害，时时宣扬“文明”的思想，这意味着保持和平秩序和种族平等，惩处压迫和暴行。晚年因杀害罗马学者波伊提乌而声名狼藉。

14，卡西奥多鲁斯，Cassiodorus，约490—约585，古罗马历史学家、政治家、僧侣。东哥特人统治意大利时期，他历任度支官（507—511年）、执政官（514年）和文官之首（526年），533年出任行政长官，540年后不久退出公职，建起一座寺院，保存了罗马文化的精华。他组织了手稿的收集工作，责成僧侣们抄录，所抄既有基督徒的作品，也有异教徒的作品。他最主要的著作是《论宗教文学与世俗文学》，该书第二部分对七种人文科学作了简要的说明，是一种关于异教徒知识的百科全书。

15，拉特兰公会，Lateran Council，1123—1512年间天主教在罗马市内的拉特兰宫（教皇的宫殿）所举行的公会，前后举行了五次。第四次会议即第十二次普世会议（ecumenism），会议就教产的使用、什一税、司法程序、主教的优先地位等作出了决定，命令犹太人和萨拉森人穿着特殊服装，并谴责清洁派（Cathari）和韦尔多派，同时教皇命令基督教君主休战四年，以图再次发起十字军东征。

16，腓特烈二世，Frederick the Second，1194—1250，神圣罗马帝国皇帝、德意志国王和西西里国王。1224年他在那不勒斯创立欧洲第一所国立大学。1231年颁布西西里王国新宪法，其中有开明专制主义和国家集权制度的萌芽思想。

17，此处原文为cauri，法语，即cowrie，宝贝，一种生长在暖海中的螺类，小圆丘状，壳光滑、透明、坚硬，唇缘厚，可具齿。金黄宝贝长10厘米，是太平洋岛屿王族的传统饰品；钱宝贝长2.5厘米，古时在西非一带作贝币用。

18，汉穆拉比法典，Code of Hammurabi，又译汉谟拉比法典，现存最完整最全面的古巴比伦法律的汇编，是巴比伦第一个王朝的君主汉穆拉比（公元前1792—前1750）在位时期发展出来。这282条法律包括经济条款（物价、关税、交易和商务）、家庭法（结婚和离婚）以及刑法（袭击、盗窃）和民法（债务、奴隶制），刑罚则根据罪犯的身分和犯罪情况而有所不同，虽然残留了一些家庭团结、神明裁决和狭隘的以眼还眼、以牙还牙的原始取向，但它比部落习惯进步得多，不承认血亲复仇、私人报复和抢婚。这部法典旨在适用于更广泛的疆域而不仅仅是一个国家。法典被篆刻在巴比伦民族神马尔达克庙内的一座石柱上，1901年被法国东方学家让-樊尚·施伊尔发现，现存于罗浮宫。

19，此处原文为shekel，谢克尔，古巴比伦、古希伯来等地的货币或重量单位。

20，此处原文为nihil magis aegris prodest quam ab eo curari a quo volunt，拉丁文，英文大意是Nothing helps the sick more than to be attended by the doctor of their choice，自老塞内加的Excerpta Controversiarum Libri Quarti，辩论术小册子的摘要。

21，此处原文为collegia tenuiorum，拉丁文，前一字有会社的意思，后一字接近英文的thin。

22，此处原文为collegia salutaria，拉丁文，后一字接近英文的health。

23，19世纪70年代德国发生经济危机，城市工人在经济上社会上处境艰难。1878年5至6月，两个受偏激的政治思想影响的男子谋刺德皇威廉一世，俾斯麦政府将这两次事件归罪于社会民主党，于10月21日颁布并实施反社会党人非常法（全称《反对社会民主党企图危害治安的法令》）。法令共30条，规定任何团体、报刊、印刷品及任何集会，如果是社会民主党的、社会主义或共产主义的一律禁止；对这种团体的任何支持均为非法，将被处以巨额罚金或判重刑；政府可不经法律程序，随时可宣布戒严，逮捕和放逐被认为是危害治安的“危险分子”。法令实施期间，有上千种进步书刊被查封，数百个工人组织被解散，数千人被监禁和流放。1903 年，社会党人奥古斯特·倍倍尔在回忆德国社会民主党的这段艰苦而又难忘的岁月时讲到："打击密如冰雹，所有的一切都被破坏了……，成千上万的同志失业了……，我们就像长了疥疮的狗一样被赶出了家园。"德国国会于 1890 年 9 月 30 日宣布废除这项法令。

24，俾斯麦，Otto von Bismarck，1815—1898，普鲁士政治家，于 1871 年建立德意志帝国并作为第一任首相任职 19 年。他成功地维护了欧洲近 20 年的和平，施政有欠温和，将一种恶毒的辱骂式论战模式引入德国的政治。早在 1876 年，他就谋求通过立法手段宣布社会主义政党为非法，在两起暗杀威廉一世的事件之后，他掀起一场攻击社会主义者是谋杀事件主谋的宣传运动，1878 年社会民主党被取缔，这一禁令直到 1890 年还有效。他摧毁社会民主运动的第二战略是通过社会立法来软化工人，使之远离政治激进主义，在 19 世纪 80 年代，由政府实行工伤事故和老年保险制度以及一种社会化的医疗制度。

25，1881 年 11 月德皇威廉一世颁布"皇帝告谕"(《黄金诏书》)，提出：工人因患病、事故、伤残和年老而出现经济困难时应得到保障，他们有权得到救济；工人保障应由工人自行管理。由此开始了社会保障制度的建立和完善。

26，此处原文为 numerus clausus，拉丁文，字面意思是 closed number，人员录取的最高限额，一般用于学术性的机构。

27，此处原文为 Hartmann Society。

28，温思罗普，John Winthrop，1588—1649，英属北美马萨诸塞湾殖民地首任总督。1629 年被马萨诸塞湾公司任命为总督，随后近 20 年里 12 次当选总督，他领导移民建设城镇网，每一城镇都设有教堂。他的儿子为康涅狄格总督。

29，杰勒德，John Geard，1545—1612，英国植物学家。1562 年在伦敦做理发师－外科医生的学徒，数年后获准开业。他在住处附近建了一座花园，很快闻名遐迩，经常收到来自世界各地的稀有植物和种子，他也经常应邀帮助管理贵族的花园。1596 年编纂自己花园里的植物名录，1597 年发表著名的《草药志，或植物源流》。该书搜集了 1000 多种植物，是有关植物名录的第一部著作，全书分 800 多个章节，介绍了所有当时已知的植物物种、其俗名和学名、生境、花期及用途，还收有许多民间传说。不过该书可能是在多东斯《植物六志》译本的基础上写成的。全书1600幅木刻插图，只有16幅是他自己绘制，其余均取自雅各布等人的《植物图鉴》。杰勒德的《草药志》曾经广为流传。

30，莫里哀，Molière，1622—1673，法国最伟大的剧作家。1658年在罗浮宫为路易十四演出高乃依的《尼科梅德》，之后作为余兴演出了他的作品《多情的医生》，竟然一举成名。1673年2月17日在演出第九场《没病找病》时，他在舞台上昏倒，被人抬回家中即与世长辞。他另一部与医学有关的剧本是《屈打成医》。

31，比尔罗特，Theodor Billroth，1829—1894，维也纳外科医师，公认的现代腹部外科的奠基人。1863年出版其经典著作《普通外科病理学及治疗学》，他是最早研究创伤性发热的细菌性病原学的人之一，将抗菌技术应用于外科临床。他对以往视为禁区的某些器官做手术，1872年切除一段食管，1873年切除全喉，1881年他已使肠道外科手术成为常规手术。他还酷爱艺术，终生都是勃拉姆斯的挚友。

32，奥斯勒，Sir William Osler，1849—1919，加拿大医师、医学教育家。1888年到美国巴尔的摩的约翰·霍普金斯大学任内科学教授，与W. H. 韦尔奇等人一起改革了临床教学的组织及课程，让学生在病房观察患者并进行化验检查，此法不久即风行。这将医学院内师生之间、教师之间、教师与患者之间的冷冰冰的、拘谨的关系变得温暖而友善。他为人好客幽默，生前说自己的墓志铭应该写上：他将医学带进病房。

33，此处原文为Asklepios politicos，政治加阿斯克勒庇俄斯。

34，尼采的著名言论是“上帝已死”。1879年尼采因病辞去教职，专事著述。他由于失恋，感到孤独和绝望，于是写了谶语式的格言著作《查拉图斯特拉如是说》或《苏鲁支语录》，试图全面阐述其思想。在1886年的《善恶之彼岸》和1887年的《道德体系论》中，尼采用通俗的散文形式解释了他的思想。1889年1月他完全失去了精神控制，摔倒在街上，事后他发出了古怪而意味深长的短简。他生命的最后11年陷入精神昏迷之中。本书结尾的引文出处待查。

35，此处原文为as match-maker and match-breaker。

译后记

这个选题等于是胡适先生介绍给我的。《胡适全集》(安徽教育出版社2003年9月第1版)第20卷上有一篇《〈人与医学〉中译本序》，对本书极为推崇，说"我们因为要学得如何做病人，所以不可不读这部有趣味又有用的书。"

不过，胡适在序言里对中译本(上海商务印书馆1936年4月出版，顾谦吉译)表示了不满，我在国家图书馆查到这个版本的台湾翻印本，译文确实不适合现在的读者阅读，再查对英文原文，更觉得有必要重新翻译。

我做过不少翻译图书的责任编辑，大学里也学过生物学、细胞学、生理学、胚胎学、解剖学、生物化学等等跟医学相关的课程，即使是这样，这本西医文化史，却让我译得很艰难。这书是以讲座的演讲稿为基础整理而成的，口语成分重，英文中夹杂着拉丁文、法文、德文、希腊文，时空跨度和学科跨度又很大。我犯难的时候，总在想，当年真难为顾先生了。20世纪30年代，工具书简陋，资料检索又不容易，即使有协和医学院的教授帮忙、有胡适的关注，也真难做到令人满意。

我自己在翻译的过程中，查阅了英语词典、医学词典，用电子词典查英文单词短语和不列颠简明百科全书，通过互联网查术语、医学人物、历史事件和西文互译，向医学界人士请教，校改两次，历时两年多，译成了现在这个样子。为了便于读者理解，我加了注释，这是原书所没有的。原书也没有插图，我找了一些图片作为点缀。在翻译中，我还指明了原书的几处错误。出版前，为了突出特色，改书名为《西医文化史》，并且沿用了胡适为1936年中译本所写的序言。

相隔七八十的两个中译本的翻译，从另一个侧面印证了本书作者Henry E. Sigerist博士的思路"以总的文化为背景，描绘医学的全景"，因为，总的文化背景的进化，为学术研究准备了比前人更好的工作条件。为了这好的条件，我心存感激。

在此，我要感谢美国的朋友李如玢女士为我买来了《Man And Medicine》1932年的英文初版，明尼苏达大学医学院癫痫中心神经内科助理教授沙志一博士为我买来了这书1970年的重印本；我尤其要感谢湖南妇幼保健院的黄健希医生和她的丈夫汤江波先生以及他们学生物统计的女儿汤茗小姐，他们为我寻购工具书，为我解答专业问题，这个译本的出版出现了曲折，他们为我分忧。他们给我的支持，是很可感念的。

在最后校改的日子里，家母卧病在床，我边照顾病人边校改译稿。胡适先生在序言里说："古人说，为人子者不可不知医。其实是，凡是人都不可不知道医学的常识。尤其是我们中国人更应该读这样的一部书。"我体会胡适的意思，他要说的是，为人子者不可不知西医。但愿，总的文化背景的进化，也刷新了大家关于医学的思维——不论西医、中医。

欲知西医，这是一本好书。倘若还是译得不好，敬请读者指正。

朱　晓

2012年6月25日于长沙

图书在版编目(CIP)数据
西医文化史：人与医学／(瑞士)西格里斯特著；
朱晓译. －－海口：海南出版社，2012．8
ISBN 978－7－5443－4545－3
Ⅰ．①西… Ⅱ．①西… ②朱… Ⅲ．①医学史－文化
史－西方国家 Ⅳ．①R－095
中国版本图书馆 CIP 数据核字(2012)第 178956 号

西医文化史

原　　著：[瑞士]亨利·E·西格里斯特博士
译　　注：朱　晓
责任编辑：李向阳
装帧设计：北京学古国际传媒广告有限公司
印刷装订：长沙长大成彩印有限公司
海南出版社　出版发行
地　　址：海口市金盘开发区建设三横路2号
邮　　编：570216
电　　话：0898－66812772
经　　销：全国新华书店经销
出版日期：2012年10月第1版　2012年10月第1次印刷
开　　本：710mm×1000mm 1/16
印　　张：21.75
字　　数：297千
书　　号：ISBN 978－7－5443－4545－3
定　　价：39．80元